U0529280

本书出版得到云南省"中国陆地边疆治理协同创新中心"资助。

云南大学
周边外交研究丛书

邹应猛 ◎ 著

网络力与
东亚伙伴外交

中国社会科学出版社

图书在版编目（CIP）数据

网络力与东亚伙伴外交/邹应猛著．—北京：中国社会科学出版社，2019.5

（云南大学周边外交研究丛书）

ISBN 978－7－5161－9706－6

Ⅰ.①网… Ⅱ.①邹… Ⅲ.①中外关系—研究—东亚 Ⅳ.①D822.331

中国版本图书馆 CIP 数据核字（2016）第 316167 号

出 版 人	赵剑英
责任编辑	马　明
特约编辑	李凯凯
责任校对	任晓晓
责任印制	王　超

出　　版	中国社会科学出版社
社　　址	北京鼓楼西大街甲 158 号
邮　　编	100720
网　　址	http://www.csspw.cn
发 行 部	010－84083685
门 市 部	010－84029450
经　　销	新华书店及其他书店
印　　刷	北京君升印刷有限公司
装　　订	廊坊市广阳区广增装订厂
版　　次	2019 年 5 月第 1 版
印　　次	2019 年 5 月第 1 次印刷
开　　本	710×1000　1/16
印　　张	20.5
插　　页	2
字　　数	315 千字
定　　价	86.00 元

凡购买中国社会科学出版社图书，如有质量问题请与本社营销中心联系调换
电话：010－84083683
版权所有　侵权必究

云南大学周边外交研究中心
学术委员会名单

主 任 委 员： 郑永年

副主任委员： 邢广程　朱成虎　肖　宪

委　　　员：（按姓氏笔画排序）

王逸舟　孔建勋　石源华
卢光盛　刘　稚　许利平
李一平　李明江　李晨阳
杨　恕　吴　磊　陈东晓
张景全　张振江　范祚军
胡仕胜　高祖贵　翟　崑
潘志平

《云南大学周边外交研究丛书》
编委会名单

编委会主任： 林文勋

编委会副主任： 杨泽宇　肖　宪

编委会委员：（按姓氏笔画排序）
　　　　　　　　孔建勋　卢光盛　刘　稚
　　　　　　　　毕世鸿　李晨阳　吴　磊
　　　　　　　　翟　崑

总　序

　　近年来，全球局势急剧变化，国际社会所关切的一个重要议题是：中国在发展成为世界第二大经济体之后，其外交政策是否会从防御转变为具有进攻性？是否会挑战现存的大国和国际秩序，甚至会单独建立自己主导的国际体系？的确，中国外交在转变。这些年来，中国已经形成了三位一体的新型大外交，我把它称为"两条腿，一个圈"。一条腿是"与美、欧、俄等建立新型的大国关系，尤其是建立中美新型大国关系"；另一条腿为主要针对广大发展中国家的发展战略，即"一带一路"。"一个圈"则体现于中国的周边外交。这三者相互关联，互相影响。不难理解，其中周边外交是中国外交的核心，也是影响两条腿行走的关键。这是由中国本身特殊的地缘政治考量所决定的。首先，周边外交是中国在新形势下全球谋篇布局的起点。中国的外交中心在亚洲，亚洲的和平与稳定对中国至关重要，因此能否处理好与周边国家关系的良性发展，克服周边复杂的地缘政治环境将成为影响中国在亚洲崛起并建设亚洲命运共同体的关键。其次，周边外交是助推中国"一带一路"主体外交政策的关键之举。"一带一路"已确定为中国的主体外交政策，而围绕着"一带一路"的诸多方案意在推动周边国家的社会经济发展，考量的是如何多做一些有利于周边国家的事，并让周边国家适应中国从"韬光养晦"到"有所作为"的转变，并使之愿意合作，加强对中国的信任。无疑，这是对周边外交智慧与策略的极大考验。最后，周边外交也是中国解决中美对抗、中日对抗等大国关系的重要方式与途径。中国充分发挥周边外交效用，巩固与加强同周边国家的友好合作关系，支持周边国家的发展壮大，提升中国的向心力，将降低美日等大国在中国周边地区与国家中的影响力，并化解美国在亚洲同盟与中国对抗的可能性与风险，促成周边国家自觉地对中国的外交政策做出适当的调整。

从近几年中国周边外交不断转型和升级来看，中国已经在客观上认识到了周边外交局势的复杂性，并做出积极调整。不过，目前还没能拿出一个更为具体、系统的战略。不难观察到，中国在周边外交的很多方面既缺乏方向，更缺乏行动力，与周边国家的关系始终处于"若即若离"的状态。其中导致该问题的一个重要原因是对周边外交研究的不足与相关智库建设的缺失，致使中国的周边外交还有很大的提升和改进空间。云南大学周边外交中心一直紧扣中国周边外交发展的新形势，在中国周边外交研究方面有着深厚的基础、特色定位，并在学术成果与外交实践上硕果颇丰，能为中国周边外交实践起到智力支撑与建言献策的重要作用。第一，在周边外交研究的基础上，云南大学周边外交中心扎实稳固，发展迅速。该中心所依托的云南大学国际问题研究院从20世纪40年代起就开始了相关研究。进入21世纪初，在东南亚、南亚等领域的研究开始发展与成熟，并与国内外相关研究机构建立了良好的合作关系，同时自2010年起每年举办的西南论坛会议成为中国西南地区最高层次的学术性和政策性论坛。2014年申报成功的云南省高校新型智库"西南周边环境与周边外交"中心更在中央、省级相关周边外交决策中发挥着重要作用。第二，在周边外交的研究定位上，云南大学周边外交中心有着鲜明的特色。该中心以东南亚、南亚为研究主体，以大湄公河次区域经济合作机制（GMS）、孟中印缅经济走廊（BCIM）和澜沧江—湄公河合作机制（LMC）等为重点研究方向，并具体围绕区域经济合作、区域安全合作、人文交流、南海问题、跨界民族、水资源合作、替代种植等重点领域进行深入研究并不断创新。第三，在周边外交的实际推动工作上，云南大学周边外交中心在服务决策、服务社会方面取得了初步成效。据了解，迄今为止该中心完成的多个应用性对策报告得到了相关部门的采纳和认可，起到了很好的资政服务作用。

云南大学周边外交中心推出的《云南大学周边外交研究丛书》系列与《云南大学周边外交研究中心智库报告》等系列丛书正是基于中国周边外交新形势以及自身多年在该领域学术研究与实践考察的

深厚积淀之上。从周边外交理论研究方面来看，这两套丛书力求基于具体的区域范畴考察、细致的国别研究、详细的案例分析，来构建起一套有助于建设亚洲命运共同体、利益共同体的新型周边外交理论，并力求在澜沧江—湄公河合作机制、孟中印缅经济合作机制、水资源合作机制等方面有所突破与创新。从周边外交的具体案例研究来看，丛书结合地缘政治、地缘经济的实际情况以及实事求是的田野调查，以安全合作、经济合作、人文合作、环境合作、边界冲突等为议题，进行了细致的研究、客观独立的分析与思考。从对于国内外中国周边外交学术研究与对外实践外交工作的意义来看，丛书不仅将为国内相关研究同人提供借鉴，也将会在国际学界起到交流作用。与此同时，这两套丛书也将为中国周边外交实践工作的展开提供智力支撑与建言献策的积极作用。

郑永年

2016 年 11 月

目　录

第一章　谜题：东亚的伙伴关系网 …………………………（1）
　第一节　引言 ……………………………………………（1）
　第二节　本书的主题 ……………………………………（7）
　第三节　伙伴关系及其争鸣 ……………………………（9）
　第四节　本书的研究对象 ………………………………（18）

第二章　国际关系网络 ………………………………………（22）
　第一节　国际关系的网络化 ……………………………（22）
　第二节　国际关系网络 …………………………………（33）
　第三节　权力与网络 ……………………………………（39）
　小　结 ……………………………………………………（51）

第三章　东亚国际关系网络 …………………………………（53）
　第一节　冷战时期东亚的轴辐安全体系 ………………（53）
　第二节　东亚国际关系的网络化 ………………………（60）
　第三节　东亚面临的"威胁三角"问题 …………………（66）
　小　结 ……………………………………………………（76）

第四章　国家的战略菜单：同盟、国际制度与伙伴关系 …（79）
　第一节　同盟、制度化合作与"不可能三角"困境 ……（79）
　第二节　战略伙伴关系与威胁应对 ……………………（91）
　第三节　网络力与伙伴关系网：一个分析框架 ………（101）
　小　结 ……………………………………………………（111）

第五章　东盟的伙伴关系网 ………………………………… (113)
　　第一节　东亚网络中的东盟 ………………………………… (113)
　　第二节　东盟伙伴关系网络中的关键节点 ………………… (126)
　　第三节　东盟的安全利益与伙伴关系网的构建 …………… (138)
　　第四节　东盟的"嵌入"策略：国际制度与东盟的
　　　　　　网络力 ……………………………………………… (152)
　　小　结 ………………………………………………………… (166)

第六章　日本的伙伴关系网 ………………………………… (169)
　　第一节　东亚网络中的日本 ………………………………… (169)
　　第二节　日本伙伴关系网络中的关键节点 ………………… (177)
　　第三节　日本的安全利益与伙伴关系网的构建 …………… (193)
　　第四节　日本的"嵌入"策略：价值观外交与日本的
　　　　　　网络力 ……………………………………………… (211)
　　小　结 ………………………………………………………… (223)

第七章　美国在东亚的伙伴关系 …………………………… (225)
　　第一节　轴辐安全体系及其在后冷战时代的挑战 ………… (226)
　　第二节　美国伙伴关系网络中的关键节点 ………………… (236)
　　第三节　美国的安全利益与伙伴关系网的构建 …………… (249)
　　第四节　美国的"嵌入"策略：从"轴辐"到"蛛网" …… (266)
　　小　结 ………………………………………………………… (279)

第八章　结论 ………………………………………………… (281)
　　第一节　伙伴关系与东亚的多节点政治 …………………… (281)
　　第二节　伙伴关系与国际关系研究 ………………………… (293)

参考文献 ……………………………………………………… (297)

后　记 ………………………………………………………… (315)

第 一 章

谜题：东亚的伙伴关系网

第一节　引言

2013年7月25日，越南国家主席张晋创访问美国，与美国总统奥巴马共同发布建立越美"全面伙伴关系"的联合声明。声明指出，伙伴关系为推动越美关系的发展提供了"总体框架"（an overarching framework），并将政治外交、贸易经济、科学技术、教育、环境卫生、战争遗留问题、防务安全、保护人权、文化旅游等领域列为双方合作的主要内容。[①] 会晤后奥巴马宣称，伙伴关系意味着美越两国关系"不断取得进展并得以巩固"，标志着美越关系走向成熟，并进入了新阶段。张晋创也强调，"鉴于过去18年双边关系取得的进展，现在是构建全面伙伴关系以进一步加强两国在不同领域关系的时候"[②]。此后美越双边高层互访频繁，关系取得了不少突破。2016年5月，美国时任总统奥巴马访越期间宣布将全面解除对越南的武器销售禁令。2017年5月，越南总理阮春福访美期间双边签署了价值多达150亿美元的商品和服务协议。2017年11月，特朗普就任美国总统之后将越南作为其亚太之行的首站，并强调此次出访目的

[①] The White House, *Joint Statement by President Barack Obama of the United States of America and President Truong Tan Sang of the Socialist Republic of Vietnam*, July 25, 2013, https://obamawhitehouse.archives.gov/the-press-office/2013/07/25/joint-statement-president-barack-obama-united-states-america-and-preside.

[②] 李博雅：《美越建立全面伙伴关系》，《人民日报》2013年7月27日第11版。

是为了加强美越全面伙伴关系，使其"符合亚太地区的发展趋势"。①

在美国重返亚太的背景下，美越伙伴关系得到了政策界和学界的广泛关注。全面伙伴关系的建立，反映了美越双边关系的改善。观察者们指出了其背后的经济、政治、外交和安全等推动因素。其中，一些观点将中国作为参照对象，强调美越伙伴关系旨在通过相互借力，来"削弱"或者"制衡"中国不断增强的区域和全球影响力。② 事实上，早在2008年越南就与中国建立了全面战略合作伙伴关系。在全面战略伙伴关系框架下，中越双边关系也得到了迅速发展。在越南与美国宣布建立全面伙伴关系的前一个月即2013年6月，中越两国在越南国家主席张晋创访华期间还联合签署了推动伙伴关系深化的文件——《中越两国政府落实中越全面战略合作伙伴关系行动计划》。2017年1月，越南共产党中央委员会总书记阮富仲访华期间，双方发布的《中越联合公报》重申了"推动中越全面战略合作伙伴关系持续健康稳定发展"。③ 显然，美越全面伙伴关系的建立，并没有阻碍中越关系的发展。将美越伙伴关系视为"制衡"中国的工具，显然是站不住脚的。有学者对此提出警示，认为"关注美越合作无可厚非，但在解读中扯上中越关系，不免有恶意炒作之嫌，也未必符合事实"④。

事实上，自进入21世纪以来，伙伴关系已成了越南广泛采用的外交战略工具。除了中国和美国，越南还与俄罗斯（2001）、日本（2007）、印度（2007）、韩国（2009）、西班牙（2009）、英国（2010）、德国（2011）、意大利（2013）、新加坡（2013）、泰国（2013）、印度尼西亚

---

① 刘乐凯：《越战结束40载后，美越欲加强全面伙伴关系》，2017年11月10日，澎湃新闻（https：//www.thepaper.cn/newsDetail_forward_1857969）。

② 罗会钧：《美越防务安全合作及其对中国的影响》，《国际安全研究》2017年第3期；Murray Hiebert and Phuong Nguyen, *A New Era in U.S.-Vietnam Relations: Deepening Ties Two Decades after Normalization*, CSIS Reports, Washington, D.C.: Center for Strategic & International Studies, Jun 27, 2014; Alexander Vuving, "Why Trump Is Capitalizing on Obama's U.S.-Vietnam Comprehensive Partnership", *The National Interest*, June 7, 2017。

③ 《中越联合公报》，2017年1月14日，新华社（http：//www.xinhuanet.com/world/2017-01/14/c_1120312428.htm）。

④ 苏晓晖：《美越合作不能改变中越关系》，《人民日报·海外版》2016年5月24日第1版。

(2013) 等 10 多个国家建立了不同类型的伙伴关系。2013 年越南总理阮晋勇在出席当年度的香格里拉论坛时,明确表示越南希望与所有联合国安理会常任理事国建立战略伙伴关系。①

环顾东亚,越南并非特例。冷战结束至今,中国已与全球 67 个国家、5 个区域组织建立了 72 对不同形式、不同程度的伙伴关系,基本覆盖了世界上主要国家和地区。2014 年 12 月中国外交部长王毅将"构建全球伙伴关系网络"列为 2014 年中国外交理念的创新成果之一。② 日本、东盟、韩国以及美国等其他国家和组织,都在积极与域内外国家寻求建立和提升伙伴关系。日本已与澳大利亚(1995)、中国(1998)、韩国(1998)、印度(2000)、菲律宾(2006)、印度尼西亚(2006)、越南(2007)、东盟(2005)等国家和区域组织建立了伙伴关系。作为整体的东盟,已与中国(2003)、韩国(2004)、印度(2004)、美国(2005)、日本(2005)、俄罗斯(2005)、澳大利亚(2007)等国建立了伙伴关系。

值得关注的是,作为东亚的一支重要力量,美国在冷战后除了继续保持与韩国、日本、菲律宾和泰国等国的同盟关系外,还与中国(1997)、新加坡(2003)、印度(2010)、印度尼西亚(2010)、越南(2013)、马来西亚(2014)等国家新建立了伙伴关系。除此之外,美国还与日本(1992)、韩国(2005)等国在保持同盟关系的基础上,新确立了伙伴关系合作框架。

当前除了朝鲜,东亚其他国家都不同程度地与域内、外国家建立和发展了多组伙伴关系。这些伙伴关系相互交叉,连成了一个个伙伴关系网。如果用一张图标注出来,东亚国家间伙伴关系网已经形成了一个"意大利面条碗"。当然,根据国家间关系紧密程度和重要性的差异,这些伙伴关系被冠以不同名称,诸如"全球伙伴关系""战略伙伴关系""战略合作伙伴关系",等等。双方还会根据关系的成熟程度和国际局势的变化,动态调整伙伴关系的类型,甚至自然消亡。例如,中巴伙伴关系经过多年发展,已经确立了"全天候战略合作

---

① Tinh Le, "Vietnam's Prime Minister Speaks at Shangri-La 2013", *The Diplomat*: *ASEAN Beat*, June 5, 2013, https://ssrn.com/abstract=2284004.
② 王毅:《盘点 2014:中国外交丰收之年》,《国际问题研究》2015 年第 1 期。

伙伴关系";中俄伙伴关系也从最初的"面向21世纪的建设性伙伴关系"发展到"全面战略协作伙伴关系"的新阶段;中美在20世纪90年代确立了"建设性战略伙伴关系""战略合作伙伴关系"之后,最近重新确立了建设"新型大国关系"的合作框架。

作为国家间持续良性互动的结果,东亚伙伴关系网呈现出的一些特征值得关注。第一,相比冷战时期东亚涌现出大量同盟关系,冷战结束之后东亚则迎来了伙伴关系的高峰。伙伴关系不仅出现在新建立外交关系的国家之间,比如中国与韩国1998年建立了"面向21世纪的合作伙伴关系",而且美国与一些盟友在保持同盟关系的基础上,也新建立了伙伴关系。比如,美日在保留同盟关系的同时,建立了"全球伙伴关系"。伙伴关系成了东亚国家的重要外交战略工具。

第二,在伙伴关系的分布上,东亚的国家往往同时与美国、中国、日本等大国建立伙伴关系。比如,作为一个整体的东盟同时与中、美、日等国都建立了伙伴关系。而且,美国的一些盟友诸如韩国、泰国、澳大利亚等国,也与中国建立和发展了伙伴关系。

第三,作为界定国家间关系性质的机制,伙伴关系往往还被"嵌入"双边关系和多边关系之中,从而衍生出复杂的国家间关系网络。在双边关系上,伙伴关系与同盟关系并存。东亚的区域合作机制,也"嵌套"着大量伙伴关系。更进一步的,双边伙伴关系往往是多边区域制度建立和运行的基础。例如,东盟就明确将是否具有实质性外交关系作为加入东亚峰会成员的条件之一,是否具有"实质性"外交关系很大程度上体现为是不是伙伴关系。到目前为止,东亚峰会所有成员国都与东盟建立了伙伴关系。类似的,东盟+3合作机制中"嵌套"着3个东盟+1伙伴关系。此外,在东亚次地区多边机制大湄公河次区域经济合作组织和跨地区的孟中印缅甸经济走廊等多边机制中,同样"嵌套"着大量伙伴关系。

用"伙伴关系"来界定双边关系的做法,始于1990年美国和苏联在协调欧洲安全问题上的谈判。[①] 美国希望与苏联在欧洲安全问题

---

① Sean Kay, "What is a Strategic Partnership?", *Problems of Post-Communism*, Vol. 47, No. 3, May 2000, pp. 15 – 24.

上建立一种双边协调机制，以管控分歧。这种新机制既不同于具有明确权利义务约定的同盟关系，也不是松散的外交互动，而是具有指导国家间关系的框架和原则。这种关系被冠以"伙伴关系"。

冷战结束初期，伙伴关系迎来了第一个高峰。这一时期缔结伙伴关系的行为主要发生在欧亚大国间，既包括了中俄、中美、中法等国在冷战结束初期缺乏指导两国关系原则和框架的国家之间建立的伙伴关系，也包括了美国与盟友日本、韩国等在保留同盟关系框架下新确立的伙伴关系。伙伴关系扩散的第二个高峰，始于21世纪初。2003年在中国与东盟建立伙伴关系后，同年日本和韩国分别与东盟建立了伙伴关系。此后，东亚国家间掀起了建立伙伴关系的小高潮。

值得注意的是，除了东亚，其他地区并没有出现伙伴关系大幅扩散的现象，而是代之以区域一体化的扩展和深化。欧洲在冷战结束之后不久，即实现了从关税联盟—货币联盟—政治、经济和外交高度一体化的区域性组织。美国、墨西哥和加拿大建立了北美自由贸易区。拉美、中东甚至非洲地区也进入了一体化的快车道。在区域一体化的水平方面，东亚已经远远地落后了。

冷战的结束对国际和地区局势产生的冲击，显然是东亚伙伴关系网形成的一个重要因素。冷战的突然结束给东亚带来了诸多不确定性，许多国家无所适从。东亚领导人开始频繁地用诸如"不确定""不稳定""动荡"等词语来描述外部战略环境。1995年7月，马来西亚总理马哈蒂尔在东盟领导人大会上指出，"我们生活在一个充满惊喜和不确定的世界"。3个月之后的1995年不结盟国家领导人会议上，马哈蒂尔再一次强调其对冷战后国际环境的判断，认为国际环境"陷入了不确定的古老状态"。1997年，越南外交部长阮孟琴认为国际环境正经历"快速的变迁"，在这种环境中"遍地都是导致不稳定的因素"。[1] 类似的，1992年的中共十四大的报告中用"大动荡"来描述冷战结束之后的不确定环境，并在报告中明确指出："当今世界正处在大变动的历史时期，两极格局已经终结，各种力量分化组合，

---

[1] Khong Yuen Foong, "Coping with Strateg Uncertainty", in Suh, Peter Katzenstein and Allen Carlson eds., *Rethinking Security in East Asia: Identity, Power, and Efficiency*, California: Stanford University Press, 2004, p.175.

世界正朝着多极化方向发展。新格局的形成将是长期的、复杂的过程。"①

与政界人士关于东亚充满不确定性的判断相印证，学界对后冷战时代东亚将"向何处去"也得出了相互矛盾、莫衷一是的预测。现实主义学者将分析重点放在传统军事安全威胁上。他们指出，随着苏联从东亚撤退，美国留在东亚的意愿降低，从而使东亚出现"权力真空"。届时，日本将重新军事化，中国在经济和军事力量增强之后开始争夺地区霸权，东亚进入白热化的军备竞赛……总之，"欧洲的过去正是亚洲的未来"。② 自由主义和建构主义学者对东亚的未来持相对乐观的态度。他们认为冷战结束后东亚经济上一体化的深入和互动关系的增多，将推动地区"安全共同体"的出现。③ 也有学者从东亚历史、文化的独特性出发，预测后冷战时代的东亚将形成以中国为中心的"新朝贡体系"。④

正是在这种背景下，伙伴关系在处于十字路口的东亚找到了土壤落地生根，并迅速发展壮大。与同盟、国际制度等框架下的互动关系模式相比，伙伴关系无疑是新事物。刘江永将国家间建立伙伴关系的热潮称之为"国际关系伙伴化"，并认为这一新型互动形式将引发新国际秩序的产生。⑤ 李义虎则进一步指出，国际关系伙伴化现象"说

---

① 江泽民：《加快改革开放和现代化建设步伐，夺取有中国特色社会主义事业的更大胜利》，1992年10月12日，新华网（http://news.xinhuanet.com/ziliao/2003-01/20/content_697148.htm）。

② Aaron L. Friedberg, "Will Europe's past be Asia's future?", *Survival*, Vol. 42, No. 3, December 2000, pp. 147–159; Aaron L. Friedberg, "Ripe for Rivalry: Prospects for Peace in a Multipolar Asia", *International security*, Vol. 18, No. 3, Winter 1993/94, pp. 5–33; 更多观点参考 Richard K. Betts, "Wealth, Power, and Instability: East Asia and the United States after the Cold War", *International Security*, Vol. 18, No. 3, Winter 1993/94, pp. 34–77; G. Segal, "The Coming Confrontation between China and Japan?" *World Policy Journal*, Vol. 10, No. 2, Summer 1993, pp. 27–32; Ross Bernstein and Ross H. Munro, "The Coming Conflict with America", *Foreign Affairs*, Vol. 76, No. 2, March–April 1997, pp. 18–32.

③ ［加］阿米塔·阿查亚：《建构安全共同体》，王正毅、冯怀信译，上海人民出版社2004年版。

④ David C. Kang, *China Rising: Peace, Power, and Order in East Asia*, New York: Columbia University Press, 2010.

⑤ 刘江永：《国际关系伙伴化及其面临的挑战》，《现代国际关系》1999年第4期。

明国际关系的内容和样式正在发生翻新变化,并且毫无疑问具有某种国际社会结构性改革的意义"①。为何冷战结束之后东亚国家涌现出了大量伙伴关系?伙伴关系究竟在一国外交中扮演了何种角色?又将如何影响国家间关系?区域和全球政治的走向如何?尚需更为深入和系统的研究。

第二节 本书的主题

本书以东亚国家的伙伴关系战略为研究对象,围绕后冷战时代东亚伙伴关系网产生的背景、主要国家伙伴关系网的构建战略及其对国际政治的潜在影响等议题展开,涵盖以下三大内容。

其一,伙伴关系网形成的国际、地区环境,及其背后蕴含的国际体系和国际秩序等深层次要素的变革趋势。伙伴关系是冷战结束之后才出现的新事物,东亚伙伴关系网络的形成更是在进入 21 世纪以来才出现。自冷战结束以来,学界、政策界都在关注后冷战时代的国际体系层次上的变化。吉尔平在探讨国际政治中的变革时,将国际体系的变革分为三种类型:体系变更,即行为体的性质(诸如帝国、民族国家,等等);系统性变化,即对体系的统治;互动的变化(国家间作用过程)。② 毫无疑问,冷战结束之后国际关系中战略伙伴关系这种互动形式的大量出现,正反映了行为体之间"互动的变化"。这种互动形式的变化同样还隐藏着秦亚青教授所指的"体系内部要素转型"的元素。③ 因此,对伙伴关系网络的考察,为我们对国际体系转型的分析提供了一个重要切入点。

---

① 李义虎:《论 21 世纪的新型大国关系》,《教学与研究》1999 年第 5 期,第 70 页。
② [美]罗伯特·吉尔平:《世界政治中的战争与变革》,宋新宁、杜建平译,上海人民出版社 2007 年版。
③ 秦亚青教授从"体系本体"和"体系要素"两个角度来分析国际体系转型,认为"体系要素"包括体系结构、体系制度和体系文化三个方面。战略伙伴关系无疑体现了一种国家间新的互动形式,大量战略伙伴关系的出现,肯定会对体系文化、体系制度等要素产生影响。从这一视角而言,对战略伙伴关系的研究,对于分析国际体系转型的趋势就具有了重要意义。参见秦亚青《国际体系的延续与变革》,《外交评论》2010 年第 1 期。

东亚国家在外交上对伙伴关系的大量应用，可能反映了未来国际秩序的某些元素。国际秩序反映了"国际社会的某种有序状态"，"是各种国际行为体主体在解决国际问题中互动的结果"，"是通过一定的国际规则维系和发展的"。① 伙伴关系反映了行为体之间特定的互动形式，并且以特定的规则进行互动，这种互动的结果显然会产生某种地区秩序或者构成国际秩序的一个组成部分。由此，对伙伴关系的研究必然与对转型的国际秩序的考察紧密相关。事实上，安妮-玛丽·斯劳特对世界新秩序的设想，就是建立在政府间各个部门的跨国合作基础之上。② 跨政府的合作，则是伙伴关系的重要内容。

其二，伙伴关系框架下国家间的互动内容。在伙伴关系出现之前，国家之间持续互动的结果主要体现为缔结同盟、成立或加入国际组织等外交活动。传统上，同盟或者国际组织框架的互动，有时也会涉及经济领域的合作等"低政治"议题，但经济议题往往让位于传统安全议题，从而战争与和平等"高政治"议题成为关注的焦点。随着全球化的推进，尤其是国际关系网络化趋势的加强，非军事议题领域的互动占据着越来越重要的位置。相对而言，伙伴关系更为关注政治、经济、社会等领域的非军事议题的合作。

与同盟和国际制度类似，在营造一国外部环境、稳定行为体的预期，甚至塑造行为体的身份等方面，伙伴关系也可以发挥特定作用。与同盟和国际制度往往具有相对明确的规范、规则和合作程序不同，伙伴关系更多被作为规范国家间关系的框架，合作内容处于动态调整和完善中。因此，对东亚伙伴关系内容的研究，构成了本书的重要主题。

其三，东亚国家的伙伴关系战略。东亚伙伴关系网络的形成，意味着在伙伴关系扩散的过程中，东亚国家往往倾向于同时与多国建立伙伴关系。这就形成了伙伴关系网络的"轮辐—轴心"结构：每个国家都致力于以打造以自身为轴心、其他伙伴关系国为轮辐的伙伴关系网络。伙伴关系的大量涌现并形成网络，表明两国建立伙伴关系的

---

① 潘忠岐：《世界秩序：结构、机制与模式》，上海人民出版社2004年版，第14页。
② ［美］安妮-玛丽·斯劳特：《世界新秩序》，任晓等译，复旦大学出版社2010年版。

行为并不能简单地从"象征意义"上去理解,而要关注其潜在的战略后果。

与冷战期间美国在东亚缔造的"轴辐"式同盟网络类似,后冷战时代东亚伙伴关系网络同样是国家精心设计的产物。在这一过程中,选择与谁建立伙伴关系、建立什么性质的伙伴关系、如何维系自身伙伴关系网络,就构成了一国的伙伴关系战略。

第三节 伙伴关系及其争鸣

既有关于伙伴关系的有限文献,主要围绕一些伙伴关系个案进行分析,而从一般意义上对伙伴关系这一新型国际合作模式进行系统研究尤其是理论研究的成果,则相对缺乏。尽管如此,这些个案研究仍然为笔者提供了启发。笔者将这些实证研究观点总结归纳出一些共同观点,并进行评述。我们先对学界关于战略伙伴关系的定义进行梳理,在此基础上给出本书的定义。下面笔者对学界关于战略伙伴关系尤其是东亚的战略伙伴关系的相关研究进行评述。

有学者指出,"战略伙伴关系"一词已经成为东亚后冷战时代外交场合最为时髦的话语。[1] 究竟战略伙伴关系始于何时,学界尚没有清晰的结论。毫无疑问,东亚地区战略伙伴关系的大量出现,是冷战结束之后尤其是进入 21 世纪以来的现象。西恩·卡伊(Sean Kay)认为国家之间用战略伙伴关系来界定双边关系的做法始于 1990 年美国和苏联在协调冷战后期的欧洲安全问题上的谈判。[2] 苏联希望与美国在欧洲安全问题上建立一种双边合作关系,这种合作关系既不同于美国与欧洲之间那种不对称的权威关系,也不同于苏联与东欧国家之间的同盟关系。为此,苏联和美国将这种关系界定为战略伙伴关系。

---

[1] Methrota, on Indo-Russian Strategic Partnership in the Current World Order, In Shams Ud Bin ed., *India and Russia: Towards a Strategic Partnership*, New Delhi: Lancer Books, 2001, p. 80.

[2] Sean Kay, "What is a Strategic Partnership?", *Problems of Post-Communism*, Vol. 47, No. 3, January 2016, pp. 15 – 24.

莱恩·麦特拉（Lynn Mytelka）在对组织学的文献中使用战略伙伴关系一词的研究后发现，组织学中不存在一个单一的战略伙伴关系的定义。[1] 在国际关系研究中，这一现象就更为明显。战略伙伴关系往往被学者们不加解释地使用，但并没有形成清晰一致的指涉对象。

战略伙伴关系在组织学理论中已经成为一个常见的对象，我们可以从中获得启发。战略伙伴关系在组织管理学中经常被称为战略合作伙伴（strategic partner）或者战略同盟（strategic alliance）。[2] 战略伙伴关系的经典定义为：

> 组织为了利用市场机遇，或者对客户做出更好的反应，而采取的结构性合作。这种结构性合作使得组织在应对上述问题时，要比单独自身应对更为有效。战略伙伴关系既存在于公共部门，也存在于私人部门。战略伙伴关系除了可以通过共享获得信息、技术和资源之外，其还可以在参与者之间分担风险。[3]

在借鉴这一定义的基础上，国际关系学者托马斯·威尔金斯（Thomas Wilkins）将国际关系中的战略伙伴关系定义为：

> 国家（或者其他国际行为体）之间为了更为有效地利用经济机遇或者应对安全挑战而开展的结构化合作。这种合作关系使得一国能比单独应对上述问题更为有效。战略伙伴关系既可以发生在国际部门，也可以在国内部门。战略伙伴关系除了让参与者之间共享信息、技术和资源之外，还可以分担风险。[4]

---

[1] Lynn Krieger Mytelka, *Strategic Partnerships: States, Firms and International Cooperation*, London: Pinter, 1991, p. xi.

[2] 在组织学理论中，战略合作伙伴与战略同盟并没有区分。但是，在国际关系中，联盟与伙伴关系之间的区别却是无法忽略的。越来越多的国际实践表明，伙伴关系与同盟关系是两种不同性质的合作关系。这种差异也是本书要探讨的一个重要内容。为了避免混淆，笔者将组织学中的战略伙伴和战略同盟统一称为战略伙伴。

[3] BNET Business Dictionary, http://dictionary.bnet.com/definition/strategicppartnering.html.

[4] Thomas S. Wilkins, "Russo-Chinese Strategic Partnership: A New Form of Security Co-operation?", *Contemporary Security Policy*m, Vol. 29, No. 2, September 2008, pp. 358–383.

韦恩的这一定义突出了战略伙伴关系作为一种结构化合作的特征及其目的。基于研究的需要，本书在这一定义基础上，将战略伙伴关系界定为：一国（或者其他国际行为体）为了应对来自国内、地区和全球等层次的军事、经济和政治等不同领域的安全挑战，利用各种可能的机遇，而与其他利益攸关者和重要力量在战略层面所建立的松散但结构化的合作框架。这一定义包含以下几层含义。

第一，战略伙伴关系是国家之间的一种结构化合作框架。这一要点在于，战略伙伴关系的建立是由两国在协商一致的基础上，对双边关系的一般形态做出的战略定位。战略伙伴关系的建立，是通过两国政府（通常是由两国的国家元首或者外交部长联合签署）共同签署的联合宣言、协议等文件来确立的。因此，判断两国间关系是不是战略伙伴关系，从理论研究的角度而言，存在着客观依据。

这种战略关系的定位可以不同的名称体现出来。例如，我们常见的"建设性战略伙伴关系""全球伙伴关系""全面伙伴关系""互惠伙伴关系"，等等。这些名称尽管存在差异，但都是两国之间围绕着共同的战略利益而展开的对话与合作，其确立了双边关系的总体框架、行为体共同能够接受的合作范围，以及在此框架下将开展的一系列具体合作。① 它们都体现了两国在战略层面对双边关系进行的定位，因而都是战略伙伴关系。② 从这一角度而言，"战略"一词强调

---

① 金熙德：《"中日伙伴关系"的背景、实质及趋势》，《日本学刊》2000年第5期，第10页。

② 一些学者提出了与此不同的观点，他们倾向于将战略伙伴关系界定为两国之间更为成熟、稳定的友好关系状态。例如，郁庆治教授在研究中美"全面合作伙伴关系"时，得出结论认为"中美关系最终难成为一种真正意义上的战略伙伴关系"。其得出结论的依据在于"中美之间总体实力的巨大差异不仅影响到双方合作的对等伙伴关系性质，也使战略利益和政治文化的差异很容易发展成为正面的冲突"。显然，这一观点中的战略伙伴关系的定义包含了对其效果的评价。如果按照这一定义，国家之间的战略伙伴关系就沦为一种外交辞令，而无法作为分析的概念。因此，笔者认为，应该从行为体之间互动的内容和形式上进行定义，从而使其成为一个可以研究的概念。从内容上看，战略伙伴关系包括了行为体之间全方位各个领域的合作，但不具备安全保障承诺的功能，从而使其与同盟区分开。同时，战略伙伴关系是两国之间围绕战略层面展开的对话与合作，这与两国之间在具体领域的伙伴关系区分开，比如经济伙伴关系、能源伙伴关系。具体领域的伙伴关系可能是战略伙伴关系框架下的进一步细化。因此，本书对战略伙伴关系的研究，并不试图从具体的合作效果上进行细分，而是突出战略伙伴关系作为界定行为体之间互动关系的总体框架

的是双方合作和对话的层次。

对战略伙伴关系的这一界定,与国际关系理论中对同盟的界定是类似的。从合作关系的紧密程度上,同盟包含着从互不侵犯协定,到对方与第三方发生武装冲突时保持中立,再到相互提供安全保障承诺等不同程度的合作。但这些合作都反映了行为体之间应对军事威胁时的合作预期,因此,这些在军事领域的不同合作形式都属于同盟。[①]类似的,战略伙伴关系也存在着不同紧密程度的对话和合作关系。因此,尽管不同国家之间战略伙伴关系的名称有差异,但只要是两国基于战略利益层面达成的对双边关系的定位,本书都将其统称为战略伙伴关系,而不具体指明到底是"建设性战略伙伴关系"还是"全面战略伙伴关系"。另外,本书为了概念的精练,在以下部分都将战略伙伴关系简称为伙伴关系,但在引用相关文献时仍然保持原样。

(接上页注)这一视角。进而,本书认为中美"建设性"战略伙伴关系以及最近提升为"中美新型大国关系",都属于战略伙伴关系。类似的,东盟与日本2003年建立的"东盟—日本互利和持久的伙伴关系"以及2009年升级为"东盟—日本面向民主、和平与繁荣的战略伙伴关系",两者都是战略伙伴关系,尽管前者并没有"战略"的界定,但这一组关系无疑是双方在战略层面的合作。相反的观点参见郇庆治、王珂《"全面合作伙伴关系":从比较的观点看》,《现代国际关系》2002年第5期。类似的观点参见金灿荣《更多的"建设性"——评江主席访美以来的中美关系》,《当代亚太》1998年第6期。

据笔者推测,国内学者之所以将双边伙伴关系中明确用"战略"来界定的伙伴关系才称之为战略伙伴关系,而将"普通"的伙伴关系不视为"战略伙伴关系",这可能与中国对外发展伙伴关系的习惯做法有关。例如,有研究将战略伙伴关系分为"一般层次伙伴关系""全面合作伙伴关系""战略合作伙伴关系"。这是基于中国发展伙伴关系的外交实践基础上的分类。但是,这种分类在理论研究中面临的一个问题就是,用于研究中国的伙伴关系战略目前可能还行得通,但用于范围更为广泛的其他国家就会受到限制。比如,美国与韩国、日本建立的都是"全球伙伴关系",名称中并没有"战略"的界定。而且,将战略伙伴关系与"一般伙伴关系"并列,还面临着一个分类上的麻烦,就是如何界定两国间在具体领域建立的伙伴关系,如中国东盟教育伙伴关系。

[①] 关于同盟的定义及类型学分析参见:Bruce M. Russett, "An Empirical Typology of International Military Alliances", *Midwest Journal of Political Science*, Vol. 15, No. 2, May 1971, pp. 262 – 289; Glenn H. Snyder, *Alliance Politics*, Ithaca: Cornell University Press, 1997; George Liska, *Alliances and the Third World*, Baltimore: Johns Hopkins Press, 1968; James D. Morrow, "Alliances and asymmetry: An Alternative to the Capability Aggregation Model of Alliances", *American Journal of Political Science*, Vol. 35, No. 4, November 1991, pp. 904 – 933。

第二，战略伙伴关系是国家之间松散的合作形式。与同盟关系和国际制度不同，战略伙伴关系并不具有很强的拘束力。战略伙伴关系的建立只需要两国元首或者代表国家的外交部长联合签署声明或者协议，而不需要经过国家的立法机构审批，即可宣布建立了战略伙伴关系。同盟关系的确立或者加入某一国际制度，往往需要经过国内立法机构的审批。因此，同盟和国际制度要更为正式，约束力更强。

第三，战略伙伴关系是国家之间在战略领域的对话与合作，包括行为体之间在军事、经济和政治等范围更为广泛领域的内容。但是，战略伙伴关系强调的重点在于战略层面的对话框架。战略伙伴关系建立之后，一般会在此框架之下，建立更为具体的政府部门之间的政策协调和执行机制。同时，在战略伙伴关系框架下，还可能推动具体领域的进一步合作，从而在具体领域建立伙伴关系。例如，中国与东盟战略伙伴关系框架下，已经建立了经济伙伴关系、教育全面伙伴关系，最近中国正提议建立海洋伙伴关系。显然，这些伙伴关系都属于战略伙伴关系这一整体框架之下的具体合作。因此，我们要将战略伙伴关系与这种具体领域的合作伙伴关系区分开来。为此，本书中所指的伙伴关系都是战略伙伴关系，当涉及伙伴国之间在某一具体领域建立的合作伙伴关系时，本书将特别指明，以示区分。

本书在战略伙伴关系的性质、其在一国外交战略中所发挥的作用以及其对地区和全球国际关系的影响等问题上的核心观点，与其他学者相比有着较大差异。在中国2015年明确提出构建全球伙伴关系网络之前，学界通常不太会认真地去思考战略伙伴关系及其意义。尽管到目前为止，战略伙伴关系并未对国家间的关系带来强有力的约束，但其作为管理国家间互动关系的一种工具，的确已经在东亚一些国家尤其是中国的外交战略中，扮演了重要角色。

首先，具有现实主义倾向的学者，往往将伙伴关系等同于同盟关系，或者将其视为同盟关系的"变种"，并容易从权力制衡的角度来看待伙伴关系的价值。持这一看法的典型代表，要数美国学者韦达·娜达倪（Vidya Nadkarni）对亚洲中、俄、印三个新兴大国之间伙伴关系的分析。娜达倪将中、俄、印三国之间的伙伴关系所产生的效果，称为"没有同盟的制衡"。认为由于美国的单极霸权地位以及后冷战时代行为体之间的相互依赖，使得中等发达国家通过结盟来挑战处于单极地位的美国越来越不可行。因此，三国通过发展伙伴关系，相互支持核心利益，对美国的单极霸权地位进行了约束。①

还有一些持类似观点的学者，并未将同盟与伙伴关系进行区分。例如，有学者对美印伙伴关系的分析中强调：

> 美印在南亚和印度洋的战略伙伴关系及美日在东亚和西太平洋的军事同盟，是中国在亚太地区新的大国游戏中的两个最主要的安全关切。不断加强中的美印安全关系对中国在亚太地区上升的影响力是一个潜在的制衡力量。②

显然，在这一分析中，美印战略伙伴关系与美日同盟关系同时被视为"制衡"中国的工具。换言之，战略伙伴关系具有了或者等同于同盟的功能。

其次，具有自由主义倾向的学者，从全球化的角度将伙伴关系视为一种全新的国家间互动关系模式，认为其体现了"国际安全合作范式的转变"，③并有可能引发新的国际秩序的产生。④例如，李义虎指出，"大国之间出现伙伴化的现象，说明国际关系的内容和样式正在发生翻新变化，并且毫无疑问具有某种国际社会结构性改革的意义"⑤。帕拉·卡纳（Parag Khanna）也认为，由于大量伙伴关系的出现，使我们正在走向一个"结伴而不结盟"的世界。⑥与这种判断类

---

① Vidya Nadkarni, *Strategic Partnerships in Asia: Balancing without Alliances*, London: Routledge, 2000.
② 张贵洪：《美印战略伙伴关系与中国：影响和对策》，《当代亚太》2005年第5期，第33、34页。
③ Thomas S. Wilkins, "Alignment, Not 'Alliance' – The Shifting Paradigm of International Security Cooperation: Toward a Conceptual Taxonomy of Alignment", *Review of International Studies*, Vol. 38, No. 1, 2012, pp. 53 – 76.
④ 刘江永：《国际关系伙伴化及其面临的挑战》，《现代国际关系》1999年第4期。
⑤ 李义虎：《论21世纪的新型大国关系》，《教学与研究》1999年第5期，第70页。
⑥ Khanna, Parag, *The Second World: Empires and Influence in the New Global Order*, New York: Random House. May 2008, p. 324. 类似观点参见 Plihip G. Cerny, *Rethinking World Politics: A Theory of Transnational Neopluralism*, New York: Oxford University Press, 2010。

似，苏长和指出：

> "结伴不结盟"正在成为新型国际关系和当前国际安全发展中的一个新潮流。其实，不只是中国，其他新兴大国也在追求结伴不结盟的外交实践。而且，即便在美欧内部，也存在结伴的和平发展思潮。更重要的是，中国所构筑的结伴体系也包容了仍然注重结盟的美欧等国，中国与美国、法国、德国、英国、欧盟等都形成了不同类型的伙伴关系。①

持这一观点的学者往往通过对国家间结伴（allignment）与结盟（alliance）二者的区分来突出伙伴关系的特性。布鲁诺·特泰斯（Bruno Tertrais）认为，冷战结束之后，国家之间产生了大量的不同于传统的军事同盟范式的"结伴"，诸如"志愿者联盟""安全共同体"以及"战略伙伴关系"。并强调一国在对外战略中，需要对这些新的合作形式与同盟关系区分开，否则容易导致战略误判。② 还有学者认为随着国际环境的变化，同盟关系自身面临的不可避免的缺陷，将被更能适应新环境的伙伴关系替代，从而导致"同盟的终结"。③

自由主义视角下的伙伴关系的研究，更多是从规范角度来展开的，其所提的观点能否站得住脚，有待于对一些深层次的问题进行进一步研究。

最后，一些严肃的学者质疑伙伴关系是国家出于对两国不稳定关系的模糊定义的外交辞令，还是具有战略性质的外交工具。不同于同盟关系或者国际制度需要国家立法机关立法，伙伴关系只需两国元首

---

① 苏长和：《结伴不结盟》，《解放日报》2013年10月15日第6版。类似观点参见苏长和《共生型国际体系的可能——在一个多极世界中如何构建新型大国关系》，《世界经济与政治》2013年第9期。

② Bruno Tertrais, "The Changing Nature of Military Alliances", *The Washington Quarterly*, Vol. 27, No. 2, Spring 2004, p. 148.

③ Rajin Menon, *The End of Alliances*, New York: Oxford University Press. 2003; James N. Rosenau, *Turbulence in World Politics: A Theory of Change and Continuity*, Princeton: Princeton University Press, 2003. 相反的观点参见 Kurt M. Campbell, "The end of alliances? Not so fast", *Washington Quarterly*, Vol. 27, No. 2, January 2010, pp. 151 – 163。

或者外交部门签署合作协议即生效，也缺乏对国家的硬性约束。因此，对伙伴关系的批评主要集中于两点：一方面，伙伴关系被视为"既不是敌人，也不是朋友"的模糊关系。例如，一些对中国与东南亚小国之间伙伴关系的研究，东南亚小国倾向于同时与其利益相关的多个大国保持良好关系，而对外采取对冲战略。结果，一些国家在巩固和发展与美国的传统盟友伙伴关系的同时，也积极与中国建立伙伴关系。[①] 另一方面，一些学者将伙伴关系等同于直接的利益交换，并不关注其能否产生长期的战略性影响。这一视角强调国家间建立伙伴关系的目的旨在通过稳定两国关系，通过"优势互补"以获得经济、政治或者安全利益，并不关注伙伴关系所产生的外部影响和长期影响。比如，通过建立伙伴关系获得一国发展所需要的石油、天然气等能源、原材料；通过建立伙伴关系来获得稳定的商品出口市场；以及通过伙伴关系来更好地进入一国的武器交易市场。[②] 这些观点被广泛地应用于工业发达大国和新兴国家与东南亚、非洲、中东等国家之间的伙伴关系。伙伴关系为改善两国关系进而开展经济活动提供了可预期的环境。一些大国出于获得稳定的能源、原材料供应的目的，通过与主要原材料和能源来源国建立伙伴关系，改善了一国的经济社会发展环境。

[①] 例如，李奕鹏：《试析东盟的"平衡大国"外交战略》，《东南亚研究》1998年第5期，第38—41页；王森、杨光海：《东盟"大国平衡外交"在南海问题上的应用》，《当代亚太》2014年第1期，第35—57页；范宏伟、刘晓民：《日本在缅甸的平衡外交：特点与困境》，《当代亚太》2011年第2期，第127—146页；于镭、萨姆苏尔·康：《"中等强国"在全球体系中生存策略的理论分析》，《太平洋学报》2014年第1期，第49—60页；Patricia A. Weitsman, *Dangerous Alliances: Proponents of Peace, Weapons of War*, Stanford, California: Stanford University Press, 2000, p. 20。

[②] 例如，Gawdat Bahgat, "Energy Partnership: China and the Gulf states", *OPEC Review*, Vol. 29, No. 2, June 2005, pp. 115 – 131; Goldstein Avery, "The Diplomatic Face of China's Grand Strategy: A Rising Power's Emerging Choice", *The China Quarterly*, Vol. 168, No. 1, December 2001, pp. 835 – 864; J. van de Looy and L. J. de Haan, "Africa and China: A Strategic Partnership?", *Strategic Analysis*, Vol. 30, No. 3, January 2006, pp. 562 – 575; Alden, Chris Large, Daniel and liveira, Ricardo Soares deeds, *China Returns to Africa: A Rising Power and a Continent Embrace*, New York: Columbia University Press, 2008；王鹤：《战略伙伴关系与市场经济地位》，《世界知识》2004年第11期；李冠杰：《一种正常的战略伙伴关系——印俄战略合作的成效与前景》，《俄罗斯研究》2012年第4期；于向东、彭超：《浅析越南与日本的战略伙伴关系》，《东南亚研究》2013年第5期。

伙伴关系的确包括双边在政治、经济和传统安全广泛领域的合作。而且随着国际环境的转好，经济因素在一国外交中所占的比例日益增大。这从许多国家元首出访所带领的庞大的商业团队，就不难看出经济关系在双边外交中所占据的地位。但是，通过伙伴关系框架下两国在经济、政治和传统安全领域的合作，在长期对双边关系、地区乃至全球，会产生什么影响？因此，我们对战略伙伴关系的分析，既要关注这些具体层面的国家间互动内容，更要关注这些互动所产生的更为长远的后果。当然，这些具体层面的研究，同样为我们系统分析战略伙伴关系提供了丰富的材料。

以上这些关于伙伴关系的观点都很重要，我们必须认真严肃地加以辨别和吸收。然而，那些持伙伴关系要么与同盟关系只不过是"新瓶装旧酒"，要么只是权宜之计的外交辞令的观点，都存在一个共同问题，即其无视了国际政治的变化，或明或隐晦地接受了现实主义大师罗伯特·吉尔平的观点。[①] 如果将伙伴关系视为只是将同盟关系换了一套说辞或者其"变种"，而不是从性质上将其视为一种新的国家间互动模式，可能在理论上会面临着无法自洽的困境。例如，美日、美韩已经是同盟关系了，为何还要建立伙伴关系？难道同盟关系"围堵"中国的效果不如伙伴关系强烈？为何印度、东盟同时与中国和美国都建立了伙伴关系？印度、东盟要同时对美国和中国两国进行"制衡"？为何美国的盟友泰国、韩国和澳大利亚也都与中国建立了伙伴关系？

同样，将伙伴关系理想化地视为国际关系"新范式"的观点，可能也需要更多谨慎的分析。首先，伙伴关系是两国间的松散合作形式。双边合作产生的效果如何会扩散到多边、进而引发国际关系出现"结构性改革"或者"范式"的变化，尚需要更为充足的理由和可靠的证据。因为伙伴关系是建立在双边基础上的互动，这种双边框架下的互动所产生的影响，并不能通过线性的方式直接转变到多边的国际关系之中。其次，从当前伙伴关系发展的实践来看，一些伙伴关系已

---

① 参见［美］罗伯特·吉尔平《世界政治中的战争与变革》，宋新宁、杜建平译，上海人民出版社2007年版，第214页。

经因为各种原因宣布结束或者停滞不前。① 例如，中美伙伴关系经历了从"建设性战略伙伴关系"到"竞争对手"再到"全面合作伙伴"之间的曲折，最近中美之间又开始探讨"新兴大国关系"。之前的伙伴关系是否对两国关系产生了不可逆的积极影响，显然是需要谨慎评估的。②

总之，学界目前最需要的，就是从伙伴关系对一国战略全局、对地区乃至全球国际关系的影响等深层次角度来理解和分析。如果我们能够将伙伴关系与同盟、国际制度等国家间互动关系模式置于同一高度来思考和分析，并认真探讨伙伴关系产生背后的深层次驱动因素，以及伙伴关系与同盟、国际制度等的相互作用及影响，我们也许就会更加关注和重视伙伴关系背后所蕴含和体现出的全球政治变动的趋势和国家间互动关系模式所体现出的新特点。从这一视角出发，本书所关注的兴趣点，正是伙伴关系为何在冷战之后的东亚涌现出来，其如何被一国战略性地应用于外交实践之中，其又将如何影响整个地区国际关系的演变。

第四节 本书的研究对象

国际政治的运行是遵循着亘古不变、超越时空的铁律，还是"一切以时间、地点和条件为转移"、变幻莫测？坚定的现实主义者如罗伯特·吉尔平持第一种观点。在《世界政治中的战争与变革》一书中写道："如果修昔底德今天重新降临人世，他对于当代世界政治并不会感到诧异和陌生，因为世界政治仍然以他当年所认识的方式在进行。"③ 显然，对于吉尔平而言，冷战前后的变化对东亚国际关系的影响是微乎其微的，尽管冷战结束之后东亚国家之间已经开始采

---

① Angela Stent and Lilia Shevtsova, "America, Russia and Europe: a Realignment?", *Survival*, Vol. 44, No. 4, Winter 2002 – 2003, pp. 121 – 134.

② D. Shambaugh, "Sino-American Strategic Relations: From Partners to Competitors", *Survival*, Vol. 42, No. 1, December 2010, pp. 97 – 115.

③ [美] 罗伯特·吉尔平：《世界政治中的战争与变革》，宋新宁、杜建平译，上海人民出版社2007年版。

取了伙伴关系这一新型的互动模式。然而，对于理想主义者而言，冷战的结束意味着战争的雾霾已经散去，东亚国际关系翻开了新的一页。无疑，伙伴关系的出现，一定程度上印证了这一推测的合理性。

然而，如果我们不过分执迷于特定学说的信条，将思维从抽象的逻辑演绎回到对现实的观察，不难发现约瑟夫·奈对国际关系的洞见所展现出的深刻。约瑟夫·奈基于对历史上国际冲突的演变的研究，得出"21世纪的世界是一个延续与变迁的混合体"。[①] 这一结论也适用于东亚。东亚的国际关系也包含了"延续与变迁"的因素：一些现状有着历史的根源，另一些现状则是源于新地缘政治环境下互动的产物。

正是因为这一原因，我们在对东亚伙伴关系网络的分析中，需要厘清其形成的时空环境。一方面，东亚伙伴关系网络本身是冷战结束之后才浮现出的现象，既需要把握其背后的历史根源，也需要结合新时期的环境分析其产生和发展的土壤。另一方面，相较于欧盟，东亚伙伴关系网络又存在着自身形成的特殊地缘政治环境。我们要对其形成背后基于区域性的地方性知识加以研究。这两条主线，构成了本书的研究对象。

从时间范围来看，本书关注的是冷战结束之后，尤其是进入21世纪以来的东亚国际关系。因为伙伴关系作为一种现象，其产生于冷战结束之后，并在进入21世纪以来得以大力扩散，形成了网络。伙伴关系这一新型互动关系模式，相对同盟或者国际制度而言，无疑具有质的区别。对这一段时间国际地缘政治环境所体现出的深层次上的变化，需要加以更多分析。

首先，冷战结束之后，国家对外关注的优先议题发生了变化。安全问题仍然是各国关注的焦点，但安全威胁的来源、性质以及影响国际关系的方式等，都发生了变化。这些变化，显然构成了分析伙伴关系网络运行环境的重要指征。

其次，基于上述分析，再加上受到科技进步、国家实力对比变化

---

① [美]约瑟夫·奈：《理解国际冲突：历史与理论》，张小明译，上海人民出版社2009年版，第2页。

等因素的影响，一国应对威胁的手段也发生了变化。这就意味着一国在对外战略上更可能采取不同的政策工具，或者具有了更多的战略选择。这也是伙伴关系得以产生并迅速扩散的一大背景。

最后，国家间互动关系的内容发生了变化。冷战期间，与世界其他地区一样，东亚国家对外关注的焦点是战争与和平问题。在这一背景下，东亚各国之间的互动关系在范围上主要局限于各阵营内部，内容上主要以传统安全合作为主题，政治、经济和社会等领域的互动，都服务于国家安全合作的需要。冷战结束之后，东亚地区和国家内部的安全环境发生了巨大变化。国家之间关系的正常化，进一步丰富了各国之间的互动，除了传统安全领域，经济、社会等领域的互动日益频繁，并朝着"去安全化"的方向转型。各国建立的伙伴关系，为管理两国间各个领域的互动关系提供了新的框架。

从范围上看，对于"东亚"的界定主要有两种观点：一种是以东盟十国+东北亚的中日韩三国，构成了东亚地区的主体，即"东盟+3"。另一种观点则是扩大了的东亚范围，将印度、澳大利亚、新西兰纳入进来，形成"东盟+6"，即东亚峰会。这一概念随着最近俄罗斯和美国的加入，又形成了"东盟+8"。

从行为体之间的互动历史和现实来看，"东盟+3"仍然是东亚地区合作的主要平台。从东亚行为体之间的合作意向来看，尽管存在着东亚峰会，但是在东亚峰会召开之后，中国和东盟都表示"东盟+3"构成了地区合作的主要平台。因此，本书也将东亚范围界定为"东盟+3"基础上的合作，即东盟十国与东北亚的中国、日本和韩国之间的互动。

但是，这一人为的界定仍然不是完美无缺的。考虑到美国在东亚安全合作中的优势位置，东亚地区架构的建立和维系，显然与地区外国家尤其是美国的影响密切相关。同时，"东盟+3"的所有四个行为体都与周边的印度、澳大利亚等国建立了伙伴关系。因此，本书在探讨日本、东盟和美国等的伙伴关系战略时，同样会考虑到这些国家与"东盟+3"成员之间的互动关系。这样，本书探讨的重点仍然以"东盟+3"这一范围内行为体的对外战略为主线，同时不排除其他可能。另外，考虑到美国的地位和角色，本书也将探讨美国在东亚的战略，更为全面地勾画东亚伙伴关系的面貌。

在选择研究对象时，本书将重点分析东盟、日本和美国的伙伴关系战略。巴里·布赞指出，一国要在更大范围内发挥影响力，首先要摆脱所在地区的纠缠。① 显然，韩国仍囿于朝鲜半岛问题。由于地缘政治因素和韩国的对外战略取向，使韩国的影响力主要局限于东北亚地区，对东亚架构的整体塑造能力仍然有限。② 因此，本书限于研究精力，不对韩国的对外战略做更详细的考察，只在必要的时候提及。另外，由于国内关于中国的伙伴关系战略的研究，已经产生了大量的成果，而且本书在研究东盟、日本和美国时，每一章节都会对这些国家如何与中国在伙伴关系框架下互动，进行专门分析。因此，本书不准备将中国作为单独案例。

本书试图追寻并描绘出冷战结束以来东亚伙伴关系网络的大致轮廓，并聚焦东盟、日本和美国等主要行为体的伙伴关系战略。当然，鉴于这些国家的伙伴关系网并非完全重复，因此本书也将讨论东亚伙伴关系网络中涉及的其他行为体的战略取向和选择。

在内容上，本书由四大部分构成，第一部分为导论，第二部分是概念和分析框架，第三部分是实证分析，第四部分是结论部分。其中，第二章至第四章是第二部分，首先阐述本书提出的分析概念：国际关系网络、多节点政治和网络力，然后在此基础上提出分析东亚伙伴关系网的框架。第五章至第七章是第三部分，将分别讨论东盟、日本和美国等主要行为体的伙伴关系战略。第八章将在总结案例的基础上，得出本书的研究结论。

---

① ［美］巴里·布赞：《美国和诸大国：21 世纪的世界政治》，刘永涛译，上海人民出版社 2007 年版。
② Samuel S. Kim, *The Two Koreas and the Great Powers*, New York: Cambridge University Press, 2006.

第 二 章

国际关系网络

冷战结束以来,"全球化"这一概念已经成为学界、政策界乃至日常生活中的常用词汇。正如安东尼·吉登斯描述的,"全球化"一词已经从无人使用变为无人不知。[①] 事实上,全球化并不是一个新现象。基欧汉认为有限的全球化的各种形式已经存在数百年之久。[②] 一些学者甚至认为今天的经济全球化并未超越大致出现于1880—1914年的世界。[③] 这些争论反映了全球化是一个动态的历史过程,其在不同阶段可能呈现出不同的特征。自20世纪70年代开始,一些国际关系学者就开始讨论行为体之间的"相互依赖"。冷战结束之后,全球化的深化推动世界形成了一个日益紧密的网络。从"相互依赖"到"网络"正是全球化在不同阶段呈现出的结果。

第一节 国际关系的网络化

一 从相互依赖到网络化

自20世纪70年代以来,学者们开始讨论相互依赖。最先对这种

[①] [英]安东尼·吉登斯:《第三条道路:社会民主主义的复兴》,郑戈译,生活·读书·新知三联书店2000年版,第30页。
[②] [美]罗伯特·基欧汉:《局部全球化世界中的治理》,门洪华译,载《局部全球化世界中的自由主义、权力与治理》,北京大学出版社2004年版,第279页。
[③] [美]约瑟夫·格里科、约翰·伊肯伯里:《国家权力与世界市场:国际政治经济学》,王展鹏译,北京大学出版社2008年版,第180页。

现象的讨论，始于经济领域。① 在这些成果基础之上，基欧汉和约瑟夫·奈发展了相互依赖的概念，认为行为体之间的"相互依赖"不仅存在于经济领域，而且存在于政治、社会、文化甚至军事等领域，由此提出了"复合相互依赖"，即"国家之间或者不同国家的行为体之间相互影响为特征的情形"。② 复合相互依赖有三个特征：社会之间的多渠道联系、问题之间没有等级之分，以及武力不能发挥作用。"迅猛的技术变革"和"国家利益和权力在塑造全球政治经济中的作用"，这两个动力使得相互依赖将进一步"水涨船高"。③

20世纪70年代尚处于冷战，基于两极格局的对峙和分裂是这一时期国际关系的基本特征。这种"相互依赖"很大一部分发生在美苏两大阵营集团的内部。由于意识形态的对立，不同阵营的行为体之间甚至没有建立外交关系或者外交关系被中断，相互依赖并不明显。

冷战结束后，国家间基于意识形态的对立大为削弱，大量国家间新建或者恢复了外交关系。同时，物质技术的进步、科技的发展以及各国对外政策的变化，使全球化达到一个新的高度。商品、货物、人员、资本和信息等国际关系要素跨越国界的流动规模和互动范围，远远超过冷战期间。大规模的跨国互动将原本分离的行为体联系起来，形成一个日益复杂的互动网络，使我们当前的政治和社会生活形成了"网络化"（networked）。从这个意义上说，网络化是冷战时期行为体间相互依赖关系进一步扩展和深化的结果。美国著名政治学者斯劳特形象地描述了国际关系的网络化：

---

① 例如，Rosecrance, R., & Stein, A., "Interdependence: Myth or Reality?", *World Politics*, Vol. 26, No. 1, 1973, pp. 1 – 27; Katzenstein, P. J., "International interdependence: Some long-term trends and recent changes", *International Organization*, Vol. 29, No. 4, 1975, pp. 1021 – 1034; Rosecrance, R., Alexandroff, A., Koehler, W., Kroll, J., Laqueur, S., & Stocker, J., "Whither interdependence?", *International Organization*, Vol. 31, No. 3, 1977, pp. 425 – 471; Holsti, K. J., "A New International Politics? Diplomacy in Complex Interdependence", *International Organization*, Vol. 32, No. 2, 1978, pp. 513 – 530。

② ［美］罗伯特·基欧汉、约瑟夫·奈：《权力与相互依赖》，门洪华译，北京大学出版社2012年版，第9页。

③ 同上书，中文版序言第41页。

我们居住在一个网络化的时代。战争是网络化的：要打败恐怖主义和军队的权力取决于相互联系的微小的、移动的战士构成的群体，以及情报系统、通信和支持网络之间的联系。外交是网络化的：处理国际危机——从 SARS 到全球气候变化——都需要调动由公共和私人行为体构成的国际网络……①

相比冷战时期相对静止的国际关系，网络化国际关系中行为体间的互动范围和深度，得以大大突破，使流动性（fludidity）作为显著特征凸显出来。通俗地讲，流动（fluid）就是构成事务的要素处于不断变化之中，也即不是固定的或者静止的。② 著名人类学家阿尔君·阿帕杜莱（Arjun Appadurai）将"流动性"视为当今世界的界定性特征。③美国印裔著名评论家、《新闻周刊》国际主编扎卡利亚则进一步描述了"流动性"的变化：

> 沟通范围的扩大意味着世界变得越来越相互紧密地联系在一起……15 世纪大型航船的出现，使得商品可以进行流动。17 世纪银行业的出现，使得资本可以流动。到了 20 世纪 90 年代，劳工也变得可以流动了。人们不再需要跟着工作走，而是工作跟着人走。④

从一般意义上讲，流动就是一种运动的状态。国际关系的流动性就是指，国际关系中商品、货物、人员、资本和信息等要素大规模地跨越国界地流动和传播的现象。生产要素通过行为体间的国际贸易、国际援助、国际金融、社会交流等形式的跨国互动，形成了庞大的物

---

① Anne Marie Slaughter, "America's Edge: Power in the Networked Century", *Foreign Affairs*, Vol. 88, No. 1, Spring 2009, pp. 94–113.

② ［美］林南：《社会资本——关于社会结构与行动的理论》，张磊译，上海人民出版社 2002 年版。

③ Arjun Appadurai, *Modernity At Large: Cultural Dimensions of Globalization*, Minneapolis: University of Minnesota Press, 1996, p. 5.

④ ［美］法里德·扎卡利亚：《后美国世界：大国崛起的经济新秩序时代》，赵广成、林民旺译，中信出版社 2009 年版，第 39 页。

流、人流、资金流和信息流。

国际关系的流动性首先与行为体的互动能力密切相关。互动能力主要取决于地理因素、物质技术因素和社会组织技术因素等方面。① 地理因素对行为体互动能力的影响最为直接。地理因素是行为体存在和发挥作用的最为基本的物质载体，其影响、限制人类的各种生产活动范围。戴蒙德在《枪炮、病菌与钢铁：人类社会的命运》一书中，详细地论证了地理因素如何影响行为体的互动能力，进而影响了人类文明的演进。② 保罗·肯尼迪也将地理因素视为解释古代欧洲政治上的"多样性"与古代亚洲的统一性的重要变量。③ 其次，物质技术是影响行为体互动能力的重要因素。物质技术的进步，削弱了地理因素的重要性，使得"体系中任意两点之间大规模的货物、信息、人群和军队的流动首先成为可能，接着成为平常之事"。④ 吉尔平指出，交通与通信方面的技术通过影响经济活动的类型，从而"对国际政治变革的进程产生了深远的影响"。⑤

社会组织技术跟物质技术一样，同样影响着人类的互动能力，甚至比物质技术产生更为深刻的影响和变革。社会技术既包括诸如语言、共同观念、货币和信用手段等一般性的交往互动媒介，也包括更为具体的规则和制度体系。社会技术是沉淀和根植于社会体系

---

① 布赞和利特尔在考察国际体系时注意到了行为体的"互动能力"这一影响国际体系的要素。尽管布赞等人对传统理论研究中将国际体理论研究范围局限于威斯特伐利亚体系这一做法提出了批评，但布赞等人的研究仍然是从城邦、帝国、现代国家等这些由个体组成的集体组织的视角来分析的。在其对世界历史的国际体系进行的研究中，重点分析了不同时期行为体在军事部门、政治部门、经济部门、社会或社会文化部门以及环境部门等的互动能力。巴里·布赞和理查德·利特尔对不同组织形式之间的互动分别进行了研究，参见［英］巴里·布赞、理查德·利特尔《世界历史中的国际体系：国际关系研究的再构建》，刘德斌主译，高等教育出版社2004年版。

② ［美］贾雷德·戴蒙德：《枪炮、病菌与钢铁：人类社会的命运》，谢廷光译，上海译文出版社2006年版。

③ ［美］保罗·肯尼迪：《大国的兴衰》，陈景彪等译，国际文化出版公司2006年版，第13—28页。

④ ［英］巴里·布赞、理查德·利特尔：《世界历史中的国际体系：国际关系研究的再构建》，刘德斌主译，高等教育出版社2004年版，第72页。

⑤ ［美］罗伯特·吉尔平：《世界政治中的战争与变革》，宋新宁、杜建平译，上海人民出版社2007年版，第64页。

之内的过程要素。如同物质技术一样，社会技术也会影响行为体之间的互动。诸如指导人类交往行为的法律制度、规范、规则等，规范人类经济活动的度量衡等，都会对行为体之间的互动产生深远影响。总之，地理因素限制了人类的互动，物质技术和社会技术水平的提高则降低了地理因素对人类超越领土行为的限制，大大提高了人类的互动能力。

冷战结束后地缘政治环境的改善、科技的进步、社会组织技术的提高，大大压缩了行为体跨国互动的时间和空间，大大便利了跨国互动。首先，冷战结束缓解了国际关系的紧张局势，国家之间基于意识形态对立和冲突的可能性大大降低，大量国家新建或者恢复了外交关系，从而实现了外交关系的正常化。在冷战期间，全球绝大部分被分成了美苏两个阵营。两个阵营之间相互敌视，敌我阵营界限分明。在这种背景下，国家之间的同盟关系是非常清晰、相对固定的。在两极格局环境下，不仅两大阵营在安全、政治等方面形成了相互对峙的同盟，而且全球经济也被分裂成两个相对隔离的市场。冷战结束之后整体国际环境的改善，为行为体之间的跨国互动创造了良好的外部条件，扩大了商品、货物、人员、资本和信息等生产要素的流通范围。从整体上看，冷战时期的国际关系要更为静止，缺乏流动性。

其次，冷战结束之后包括东亚国家在内的主要行为体将发展经济置于优先位置。除了实行更为开放的经济政策，以引进外资、吸引人才，还加大对本国道路交通、港口、机场、通信等基础设施的建设力度，提高了本国的连通性。另外，国际多边制度不断完善，多边政策协调和组织技术水平提高，便利了行为体间的跨国互动。这些措施推动了商品、货物、人员、资本和信息等生产要素的跨国流动。

最后，交通、通信技术的改善，尤其是以互联网技术为标志的信息革命，极大地提高了行为体的互动能力。冷战结束以来，新的科学技术尤其是互联网技术日新月异。社交网络、电子商务、电子政务等新互动形式的出现，大大提高了行为体的远距离互动能力。随着这些新技术的出现，即使是一国政府有意选择不和外界联系（例如，朝鲜的封闭、美国对一些国家的制裁等），但信息通信技术所建立起来的链接仍然可以通过提升信息流动的速度和可获取的信息量来增强行为体间的互动关系强度。[1]

总之，冷战结束以来，无论是物质技术的进步、地缘政治环境的改善，还是国家层面政策，都便利了商品、货物、资本、人员和信息等生产要素的跨国流动，将世界变成了一个日益紧密的网络。[2]

二 网络化时代的相互依赖

基欧汉和约瑟夫·奈注意到全球化推动下，行为体间的相互依赖对国际结果的影响。这种影响的大小取决于相互依赖的性质差异，即敏感性相互依赖和脆弱性相互依赖。敏感性相互依赖是一国的政策在多大程度上受到另一国政策和行为的影响，其既表现在经济方面，也表现在社会或政治方面。[3] 诸如一种社会实践的传播、思想观念的流行，甚至传染病的传播等，都反映了行为体之间的敏感性。但相互依赖产生的另一重要影响是脆弱性。脆弱性"着重表明哪些行为体'是别无其他情形下'的确定者；或哪些行为体能够确定游戏规则"。[4] 区分敏感性与脆弱性的要点，在于根据行为体应对外部环境变化时，在"某种政策框架内"所做出的"政策改变"以及由此"付出的代价"。"某种政策框架内"就是已有相互依赖关系的一国内部的政策安排以及相应的国际制度安排。比较而言，敏感性相互依赖带来的后果是行为体对此做出直接的、本能的反应，而脆弱性相互依赖则需要行为体采取间接的、主动的应对措施。换言之，相互依赖的敏感性体现了维持相互依赖关系所需要付出的代价，而脆弱性则强调了打破相互依赖关系所需要付出的代价。[5] 从行为体的反应来看，敏

---

[1] Johan Eriksson and Giampiero Giacomello, "The Information Revolution, Security, and International Relations: (IR) Relevant Theory?", *International Political Science Review*, Vol. 27, No. 3, July 2006, pp. 221–244.

[2] [美]约瑟夫·奈、约翰·唐纳胡：《全球化世界的治理》，王勇等译，世界知识出版社2003年版，第1页。

[3] [美]罗伯特·基欧汉、约瑟夫·奈：《权力与相互依赖》，门洪华译，北京大学出版社2012年版，第12页。

[4] 同上书，第15页。

[5] 余万里：《相互依赖研究述评》，《欧洲研究》2003年第4期，第53页。

感性相互依赖并不导致行为体做出"政策框架"的调整，脆弱性刚好相反。"政策框架"的调整，则意味着一部分行为体将调整政策的成本强加给另一部分行为体，从而赋予行为体不同的权力。

基欧汉和约瑟夫·奈所关注的复合相互依赖，事实上是"部分全球化世界"中存在的现象，因此其将焦点集中到脆弱性相互依赖所产生的权力。脆弱性相互依赖之所以成为权力的来源，原因之一在于"部分全球化世界"中流动性的不充分，使行为体缺乏充足的可替代资源。以流动性为主要特征的网络化，则为行为体缓解甚至消除脆弱性相互依赖提供了可能。流动性作为国际关系网络化的特征凸显出来，成为改变相互依赖关系及其后果的重要推动力。

在网络化的环境中，流动性与敏感性、脆弱性相互交织、相互影响。流动性的增强导致了敏感性的提高，同时又影响着行为体所面临的脆弱性。另外，行为体所面临的敏感性和脆弱性环境，反过来又会限制流动性。

首先，流动性是影响敏感性的一个重要因素。当行为体处于相对隔绝的环境中，显然谈不上"敏感"。在巴里·布赞所描述的前国际体系以及古代和古典国际体系时期，行为体间关系的流动性受到限制，相互之间就处于不"敏感"的状态。[①] 同样，冷战期间国家间基于意识形态的分裂和对峙，既限制了国际关系的流动性，也降低了行为体间的"敏感性"。以东亚为例，东亚被分裂成两大阵营，不仅阵营之间处于相对封闭的状态，就是在阵营内部行为体之间的联系也受到限制。在美国领导的"轴心—轮辐"安全网络中，一个国家对另一个国家要进行重要的对话，往往需要处于网络轴心位置的美国的斡旋。[②] 在这种背景下，一国对其他国的政治行动事实上处于相对"绝缘"的状态。这意味着东亚国家对相互间的行动不是高度敏感的。

其次，流动性加剧了行为体面临的脆弱性。流动性是相对固定不动或者稳定而言的，意味着对大规模的商品、货物、人员、资本和信

[①] [英] 巴里·布赞：《世界历史中的国际体系》，刘德斌主译，高等教育出版社2004年版，第6—11页。

[②] Vcitor D. Cha, "Power Play: Origins of the US Alliance System in Asia", *International Security*, Vol. 34, No. 3, September 2009, pp. 158 – 196.

息等的跨国境流动。生产要素的大规模流动，给行为体管理自身及其所处周围的环境带来了挑战。更为重要的是，生产要素的大规模跨国流动，在给行为体带来诸如巨额的对外直接投资、廉价的商品或者其他经济社会利益的同时，可能也承担着风险。例如，随着大规模的商品、货物、人员、资本和信息的跨越国界的流通，引发了诸如传染病的扩散、金融危机、跨国犯罪、本国政府对国内的控制难度加大等问题。

最后，流动性为行为体更好地应对脆弱性提供了外部条件。基欧汉和约瑟夫·奈指出，行为体之间在应对相互依赖关系的脆弱性方面所存在的差异而形成了"不对称相互依赖"，具有战略意义。[1] 因为如果仅仅是敏感性相互依赖，行为体在不需要付出巨大代价的情况下就可以改变政策框架，则这种相互依赖并不会对行为体之间的关系产生实质性影响。因此，处于相互依赖关系的行为体，如果要避免相互依赖的消极影响，随着敏感性的增加要求其必须设法降低脆弱性。而流动性刚好为行为体克服其所面临的脆弱性提供了条件。设想，行为体所处的环境具有很高的流动性，则其就可以从更多的其他行为体处获取所需要的物质资源和信息，从而在一定程度上规避不对称依赖带来的后果。一些经济学研究成果指出了东亚国家之间为了应对经济领域的脆弱性而采取的合作。[2] 以东亚为例，东亚地区跨国间的贸易和投资等经济活动日益频繁。借助信息化和全球化带来的各种先进物质技术和社会技术的进步，东亚国家之间通过日本的跨国公司和中国海外华人形成的地区经济网络，在东亚各国之间建立起了广泛的联系。[3] 这些存在于东亚的广泛的关系网络，一定程度上替代了缺失的政府之间的正式合作制度，促进了行为体之间的交流和沟通，缓解了面对外部环境的脆弱性。

---

[1] [美]罗伯特·基欧汉、约瑟夫·奈：《权力与相互依赖》，门洪华译，北京大学出版社2012年版，第15—18页。

[2] 例如，United Overseas Bank of Singapore，*The Rise of Intra-Regional Trade in Asia*，Singapore：United Overseas Bank of Singapore，2012。

[3] 例如，[美]彼得·卡赞斯坦、[日]白石隆：《日本以外东亚区域主义的动态》，王星宇译，中国人民大学出版社2012年版；T. J. Pempel，*Remapping East Asia：The Construction of a Region*，Ithaca：Cornell University Press，2005。

不难看出，敏感性、脆弱性和流动性三者相互影响、相互作用，共同构成了国际关系网络化的特征。敏感性和脆弱性作为复合相互依赖关系的主要特征，强调了脆弱性给行为体战略带来的挑战。而流动性则是网络化国际关系的主要特征，其是行为体之间相互依赖关系的扩展和延伸。流动性的提高一方面强化了敏感性和脆弱性，另一方面流动性又为行为缓解敏感性和脆弱性提供了更多的机遇和可能。从这一角度而言，用基欧汉的话说，复合相互依赖是"部分全球化的世界"，① 而网络化则是全球化进一步深化的结果。这种深化，使得流动性作为显著特征凸显出来。

流动性作为国际关系网络化的显著特征，在国际关系研究中具有重要的政治寓意。后冷战时代整体国际局势好转，越来越多的国家将重点放在发展本国经济、改善公民福利、抢占高科技前沿阵地等领域。随着全球化的深入，行为体之间的跨国经济社会互动更为频繁，相互依赖关系进一步加深。一国能否吸引对外直接投资、引进外来高级人才、获得石油和矿产等各种能源资源以及海外商品市场等，直接关系到稳定、发展和繁荣等重大国家利益。罗伯特·基欧汉将一国能否"自由使用关键的原料，控制主要的资本来源，维持庞大的进口市场以及在高附加值商品的生产上拥有比较优势"作为获得霸权地位的必要条件。② 掌握关键的原料是国家自立于世界的基本保障，拥有主要的资本来源和庞大的进出口市场则为一国向其他国家"施压或行贿"提供重要基础，生产技术的领先优势则是一国获得竞争力的源泉。而这些资源都与一国的流动性密切相关。其涉及资金流、人流、物流和信息流等方方面面。从某种意义上来说，流动性为行为体提供了超越自身环境的限制去获取更多资源和信息的机会。

可见，流动性的高低影响着一国利用外部资源和信息达成本国战略目标的机会。较高的流动性使得一国更为便捷和容易地从外部获取本国经济社会发展所需要的资源和信息。反之，则其存在着一定困

---

① ［美］罗伯特·基欧汉：《部分全球化世界的治理》，孙嫣骊、任军锋译，《复旦政治学评论》2003年第1期，第122—150页。

② ［美］罗伯特·基欧汉：《霸权之后：世界政治经济中的合作与纷争》，苏长和、信强、何曜译，上海人民出版社2001年版，第95页。

难。最为极端的情况,就是一国的流动性被中断,即该国商品、货物、人员、资本和信息等生产要素与外部世界完全隔离起来。在这种情况下,该国的发展就完全取决于自力更生的能力,显然该国的发展受到极大限制。

但是,流动性的分布又是不均衡的。若我们绘制一幅国际贸易地图,会发现世界上大多数的商品流动发生在少数国家之间。类似的,若我们绘制一幅国际金融地图或者国际航班地图,可能会发现同样的现象。王缉思教授指出,当前整个世界范围内正面临着"六大失衡问题",包括人口发展失衡、社会发展失衡、资源供需失衡、生态失衡、经济发展失衡以及财富分配失衡。[①] 无疑,这些失衡在一定程度上会在全球的流动性方面反映出来。艾伦·弗罗斯特观察到亚洲国家之间在商业关系中流动性的不均衡分布,他指出:"亚洲各国间(商业)关系并不是普遍和均匀的。东盟中的缅甸、老挝和柬埔寨在经济和政治上是如此的落后,以至于他们的政府对经济一体化没有任何兴趣。"[②] 正是因为行为体之间流动性分布存在着差异,所以我们对弗里德曼基于行为体之间日益密切的互动关系就得出"世界是平的"的乐观观点,要持更为谨慎的态度。[③] 的确,王义桅教授就认为"世界是椭圆的"。[④]

一国流动性的高低主要取决于两个因素:一是行为体自身的资源禀赋和政策取向。资源禀赋包括诸如一国的地缘位置、国土面积、资源丰富程度、人口构成、经济发展水平,等等。资源禀赋是行为体参与外部互动的基础,从而在一定程度上塑造了流动性的高低。例如,一国的经济规模和发展水平,无疑会对一国的对外贸易活动产生影响,进而影响到与贸易活动相关的资金流、人流、物流

---

① 王缉思:《世界发展趋势与中美关系前景》,《美国研究》2012 年第 3 期,第 122—125 页。

② [美] 艾伦·弗罗斯特:《中国在亚洲的商业外交——希望还是威胁?》,载 [美] 威廉·W. 凯勒、托马斯·G. 罗斯基主编《中国的崛起与亚洲的势力均衡》,刘江译,上海人民出版社 2010 年版,第 91 页。

③ [美] 托马斯·弗里德曼:《世界是平的》,何帆、肖莹莹、郝正非译,湖南科技出版社 2006 年版。

④ 王义桅:《世界是椭圆的:未来国际秩序展望》,同济大学出版社 2007 年版。

和信息流等要素。一国的政策取向也会明显影响一国的流动性。一国实施开放性的对外政策与闭关锁国的政策，其流动性的高低显然是不一样的。二是行为体与外部的互动关系。在帝国主义时代，一国往往通过武力"谋求日光下的地盘"，以获得对流动性的控制。随着全球化的深化，行为体间的相互依赖关系日益加深，国家面临的互动环境以及相互间的互动方式也发生了变化。例如，国际关系民主化的趋势正在进一步加强，国家间通过互相尊重、互相妥协来缓解或尽可能避免对抗或冲突，已经成为越来越被认可的国际行为模式。[①] 显然，武力作为控制流动性的手段日益受到限制。因此，一国以和平的手段对流动性施加影响的能力，变得越来越重要。

对流动性的管理和控制，越来越取决于多边合作。国际关系中的流动性本身涉及生产要素在两个或者多个国家间的流动。当一国与他国在商品、货物、人员、资本和信息等生产要素的流动方面建立了广泛的合作关系和采取一些政策协调措施，显然是有利于流动性的提高的。FTA 就是典型的促进国际贸易合作的工具。又如，两国签署的互勉签证协议，就有利于人员的跨国流动。类似的，地区和全球的多边合作也会影响到一国的流动性。多边制度所确立的原则、规范和规则，以及达成的具体合作协议，会影响到一国的流动性。

另外，行为体间的高度依赖以及流动性自身的属性，使得一国不仅可以采取措施影响自身的流动性，而且可以对其他国家的流动性施加影响。例如，国际制裁就是降低被制裁国的流动性的例子。

总的来说，随着全球化的不断深入尤其是冷战的结束，使得原先相对静止的国际环境变得更为流动，由此导致流动性成为国际关系网络化的显著特征。但是，这种流动性的分布又是不均衡的。对于国际关系研究来说，正是这种流动性的不均衡分布所产生的政治意义尤为关键。

[①] 孙哲：《结构性导航：中国和平崛起的外交新方略》，《世界经济与政治》2003 年第 12 期，第 59 页。

第二节　国际关系网络

国际关系的网络化引导我们用网络思维来看待国际关系。但在传统国际关系研究中,"网络"更多是一种隐喻,作为一个学术概念尚未得到充分研究。国际关系学者泽夫·毛兹（Zeev Maoz）认为,网络一词经常为国际关系学者所提及,但很少被视为一个可以通过科学的手段来进行研究的对象。① 与传统做法不同,本书在借鉴社会科学中对网络理论的研究成果基础上,将国际关系网络视为一个科学术语,并对此展开分析。

一　社会网络

社会网络理论是对所有用网络思维来观察和分析问题方法的统称,并不存在单一、一致的网络理论。② 在社会科学研究中,用得最多的称呼是社会网络分析（social network analysis）。社会学家斯科特指出,网络理论是一种面向自身且有着一组特定的方法、关于社会世界的理论取向,但网络理论并非一种正式或具体的社会理论。③ 由此可见,社会网络分析是一种帮助人们认识世界的思维途径模式。

网络理论首先是一种结构分析方法。网络理论的任务是揭示行为体之间的互动关系并分析其所产生的后果。韦尔曼指出,网络分析探究的是深层结构——隐藏在复杂的社会系统表面之下的一定的网络模式。④ 因此,网络理论特别关注特定网络中行为体之间的关联模式如何通过提供不同的机会或者限制,从而影响行为体的行动。林南等学

---

① Zeev Maoz, *Networks of Nations: The Evolution, Structure, and Impact of International Networks, 1816 – 2001*, New York: Cambridge University Press, 2010, p. 5.

② 关于网络理论发展史,参见［美］林顿·C. 弗里曼《社会网络分析发展史：一项社会科学的研究》,张文宏、刘军、王卫东译,中国人民大学出版社 2008 年版。

③ ［美］约翰·斯科特：《社会网络分析法》,刘军译,重庆大学出版社 2007 年版,第 30 页。

④ Barry Wellman, "Network Analysis: Some Basic Principles", *Sociological Theory*, Vol. 1, No. 1, January 1983, p. 157.

者指出：网络理论"为描述和研究社会结构以及处理综合层面的问题提供了新思路：个体行动者形成社会结构的方式、社会结构一旦形成之后对个体和集体行动的制约"。①

网络理论关注的对象是行为体之间的互动关系。网络理论与传统的社会和行为科学研究方法存在着较大差异的地方在于，网络分析不只关注个体单位或者个体单位所形成的集合的属性，也不用某一个体属性去预测另一个体属性，相反，社会网络视角将行为体之间的互动所形成的网络结构或者关系的进程视为社会单位的特征。而且网络理论的重点往往在于关系本身。社会网络理论研究的任务就是理解社会的（经济的或政治的）结构环境，以及这些结构是如何影响结果的。韦尔曼（Barry Wellman）和伯科威茨（S. D. Berkowitz）指出，网络分析"是研究社会结构的一种基本学术工具。以我们之见，理解社会结构最关键的一点，是认识到社会结构可以再现为网络——既由一组节点（或社会系统成员）和描述其相互关联的纽带关系构成"②。沃瑟曼（Stanley Wasserman）和福斯特（Katherine Faust）也认为，网络理论包括以关系的概念或过程表达的理论、模型和应用，即由个体间的关联所界定的关系是网络理论的基本成分。③

关系的强弱对行为体及网络的影响是很重要的。根据行为体之间互动的频率和深度，关系可以分为强关系和弱关系。强关系是行为体之间频繁、深入互动的结果。强关系不仅在行为体之间存在着信息、资源的流通，还为行为体之间相互塑造、信任的培育等方面提供了机会。而弱关系的功能主要表现在为行为体提供外部的信息。但是，强关系和弱关系各自具有不同的作用。④ 例如，强关系虽然更为稳定持久，但关系的范围受到限制。而弱关系则更能在更为广泛的范围内存

---

① Peter V. Marsden and Nan Lin, *Social Structure and Network Analysis*, Beverly Hills: Sage Publications, 1982, p. 10.

② Barry Wellman and S. D. Berkowitz, *Social Structures: A Network Approach*. Greenwich, Connecticut, JAI Press Inc., 1997, p. 3.

③ ［美］斯坦利·沃瑟曼、凯瑟琳·福斯特：《社会网络分析：方法与应用》，陈禹、孙彩虹译，中国人民大学出版社 2012 年版，第 4 页。

④ Mark S. Granovetter, "The Strength of Weak Ties", *American Journal of Sociology*, Vol. 78, No. 6, May 1973, pp. 1360 – 1380.

在和传递。

大量的网络理论研究文献主要关注两个议题：第一，网络位置给行为体带来的机遇和限制。基于行为体之间的互动关系形成的网络，将行为体置于不同的位置，由此也给行为体带来不同的机遇和限制。社会资本理论强调处于中心地位的行为体在获取网络中的资源、信息以及其他行为体的支持等方面所占据的优势，由此认为处于网络中心地位的行为体具有更多的社会资本，也因此处于有利地位。[①] 而研究弱关系理论的学者则强调处于结构洞位置的行为体在将其他行为体联系起来方面发挥的"桥梁"作用，往往在获取新信息、在不同行为体之间的沟通等方面扮演重要角色。[②] 总之，行为体在网络中所处的位置差异，将会产生不同影响。

第二，网络形成之后所产生的网络效应。大卫·伊斯利和乔恩·克莱因伯格从经济学上将网络效应定义为，"对于某些决定，如果能与他人的决策行为保持一致可以带来直接的利益"的现象。[③] 显然，网络效应不同于系统效应。[④] 系统效应强调系统内的变化产生的影响，比如我们通常说的"蝴蝶效应"。网络效应不仅会对网络内行为体产生影响，而且会产生外部效应。例如，一些公司实现的会员卡制度和歧视价格，就对网络外的行为体产生了消极的负外部性。又如，在国际制度方面，一些国际规则等的推广，也易产生负外部性。[⑤]

网络理论有三个思想来源：第一，受物理学立场理论发展影响的一些德国学者，将网络概念用于对社会互动的研究；第二，受图论影

---

① [美] 林南：《社会资本——关于社会结构与行动的理论》，张磊译，上海人民出版社2005年版。
② [美] 罗纳德·伯特：《结构洞：竞争的社会结构》，任敏、李璐、林虹译，格致出版社、上海人民出版社2008年版；Mark S. Granovetter, "The Strength of Weak Ties", *American Journal of Sociology*, Vol. 78, No. 6, May 1973, pp. 1360–1380。
③ [美] 大卫·伊斯利、乔恩·克莱因伯格：《网络、群体与市场——揭示高度互联世界的行为原理与效应机制》，李晓明、王卫红、杨韫利译，清华大学出版社2011年版，第317页。
④ [美] 罗伯特·杰维斯：《系统效应：政治与社会生活中的复杂性》，秦亚青译，上海人民出版社2008年版。
⑤ David Singh Grewal, *Network Power: The Social Dynamics of Globalization*, New Haven & London: Yale University Press, 2008, pp. 22–28.

响的美国学者，采用数学方法发展出社会网络分析工具；第三，另一些以人类学方法研究组织实际问题的学者，通过描绘个体自由选择的社会互动结构，采用定性个案研究。① 由这三个思想来源，社会网络理论发展出两种研究方法：定性研究和定量研究。定量研究主要通过在收集大量网络数据的基础上，通过应用社会网络分析工具，对行为体在网络中的位置和结构进行分析。而定性研究则侧重于通过对个案的描述，来获得个体在网络中的位置以及整体的网络结构。总之，这两种分析路径最终都要实现对行为体互动关系及其所形成的关系网络的分析这一目的。

尽管社会网络存在着不同派系，但其仍然坚持以下几个前提：（1）行为体之间的关系是相互依赖的，而不是相互独立自治的个体；（2）行为体之间的关系是资源或者信息流通的渠道；（3）行为体互动基础上形成的网络既为行为的行动提供了机遇，又进行了约束；（4）网络结构是行为体之间关系的稳定模式。② 概括起来，这一理论的核心内容就是：行为体之间的互动关系（ties）形成了网络，构成了行为体之间互动的场域，网络既为行为体提供机遇，又进行约束。关系既可以是物质的，如人员、货物流动；也可以是非物质的，如思想、文化交流。在网络理论中，行为体被称为节点（node），其既可以是个体，如个人，也可以是个体的集合，如国际政府间组织等。

网络概念本身极具简约性，在最一般意义上，网络就是两个以上行为体之间任何关系的联结。这种简约性也赋予了网络这一概念近乎包罗万象。我们可以在天体物理学中讨论天体网络，也可以在生物学中讨论生态网络，还可以在国际政治中讨论全球贸易网络。这些都符合人们所定义的网络概念，但其又有着不同的运行逻辑。为此，作为一个分析概念，人们需要建立讨论网络的精确语言，不仅需要说明什么是网络，还要探讨其作用机制，从而使得网络具有实际应用价值。所以，网络理论在提供分析工具的同时，还需要建立一套解释网络作

---

① ［美］马汀·奇达夫、蔡文彬：《社会网络与组织》，王凤彬、朱超威等译，中国人民大学出版社 2007 年版，第 15—20 页。

② ［美］斯坦利·沃瑟曼、凯瑟琳·福斯特：《社会网络分析：方法与应用》，陈禹、孙彩虹译，中国人民大学出版社 2012 年版，第 4 页。

用机制的理论框架。

二 国际关系网络

参考社会科学和自然科学对网络研究的成果,并借鉴国际关系学者泽夫·毛兹、迈尔斯·卡勒等的研究成果,本书对国际关系网络作如下定义:一定数量的行为体之间跨越国界的持续互动所形成的关系集合体。① 换言之,国际关系网络体现了行为体之间持续互动所形成的关系结构,"基于行为体之间的互动关系'连接'(link)"而形成。② 在这个定义中,行为体之间存在广泛、持续的互动关系至关重要。某行为体置于特定的网络之中,意味着该行为体与其他行为体之间存在着广泛的联系。

国际关系网络是对国际体系的界定性描述。现实主义、自由主义和建构主义等不同学派,基于不同的理论基础提出了不同的国际体系概念。其中以华尔兹为代表的结构现实主义的体系理论最为典型。华尔兹认为国际体系就是在国际政治或者国际关系层面由结构和相互作用着的单元所构成的整体。其中,"结构是全系统范围的组成部分,使得系统能够被视为一个整体"。③ 在这一定义中,国际体系中的结构是决定国际体系形态和国际结果的关键要素。其具有三个要点:(1)无政府状态的结构性特征。华尔兹通过国内政治与国际政治对比,认为国际政治缺乏类似国内政治的世界政府,由此导致无政府状态是国际体系的界定性特征。(2)理性的国家是构成国际体系的主要甚至唯一的单位。(3)界定国际体系结构的核心是基于国家物质实力基础上的权力分配。

对比现实主义关于国际体系的定义,国际关系网络的概念包含以下几个要点:第一,国际关系网络的概念继承和发展了自由主义关于

---

① Miles Kahler ed., *Networked Politics: Agency, Power, and Governance*, Ithca: Cornell University Press, 2009.
② [美]大卫·伊斯利、乔恩·克莱因伯格:《网络、群体与市场——揭示高度互联世界的行为原理与效应机制》,李晓明、王卫红、杨韫利译,清华大学出版社2011年版,第3页。
③ [美]肯尼斯·华尔兹:《国际政治理论》,信强译,上海人民出版社2008年版,第84页。

复合相互依赖世界的描述。

现实主义将国家视为"类似单位",认为国家在履行国防、经济、教育、社会文化、外交等领域"做着重复行为",是"功能相似"的单位,因此不存在着类似于国内公民之间的社会分工。[①] 诚然,经过多年的演化,主权国家所扮演的职能已经高度"相似"了。但是,国际关系的网络化已经使得国家在履行"相似"的职能时,能够及时从外部获得合作,正变得日益重要。在经济领域,通过生产分割(framentation)越来越多的国家正被纳入全球价值链中的一个环节,"自力更生"即使在技术上可行在经济成本上也将变得难以为继。[②] 社会安全领域同样有赖于国际合作,诸如全球气候变暖、恐怖主义、应对自然灾害、传染病扩散等问题。即使在最敏感的传统安全领域,联合生产和研发武器也已成为一些国家保持竞争力的首选方式。[③] 因此,国际关系的网络化正推动国家之间在不同议题领域,形成不同程度的水平和纵向分工,从而形成紧密的相互依赖。

国际关系网络在承认复合相互依赖关系的敏感性和脆弱性的同时,更突出强调了互动关系的广度和深度对国际结果的影响。比如,当我们谈论18世纪的全球化时,往往局限于各个特定区域内部的互动,远未达到全球规模。二战结束之后的全球化真正达到了全球规模,但受冷战影响,行为体之间的大多数互动仍局限于各个阵营内部。冷战结束之后,地缘政治环境的改善和科学技术的推动,使整个世界连成了一体,全球化将绝大多数成员囊括其中,并形成了一个网络。显然,处于全球化不同阶段的行为体,受到的体系束缚以及对国际结果产生的影响,存在着差异。国际关系网络正是从结构层次上,对这种差异进行了描述。

第二,国际关系网络中行为体间的关系分配,对国际结果具有决

---

① [美] 肯尼斯·华尔兹:《国际政治理论》,信强译,上海人民出版社2008年版,第101—103页。

② Prema-chandraAthukoral and N. Yamashita, "Production Fragmentation and Trade Integration: East Asia in a Global Context", *North American Journal of Economics & Finance*, Vol. 17, No. 3, December 2006, pp. 233–256.

③ Stephen G. Brooks, *Producing Security: Multinational Corporations, Globalization, and the Changing Calculus of Conflict*, Princeton University Press, 2005.

定性意义。网络基于行为体间的互动关系而形成，位于不同网络位置的行为体获得了不同的关系连接，从而拥有不同权力。这与现实主义将行为体描述为台球式的个体的做法明显不同，也有别于自由主义将相互依赖的脆弱性作为关注的焦点。在网络化的国际关系中，行为体无法逃离日益紧密的相互依赖关系。但网络中存在的大量互动关系，为行为体通过寻找替代资源来克服相互依赖关系的脆弱性，提供了更多可能。因此，网络中的关系分配，就构成了行为体权力的重要来源。

第三，在国际关系网络中，国家行为体仍居于主体地位。国际关系的网络化是大量行为体跨国互动的结果，其中非国家行为体扮演了重要角色。但是，在维系各种跨国关系的持续进行中，国家通过公共政策、外交和武力等手段，决定着非国家行为体之间的跨国互动。因此，国家仍然扮演至关重要的角色。

上述关于国际关系网络的定义，为我们描述国际关系结构提供了新的视角。我们探讨网络的目的，并不在网络本身，而在于网络所带来的另一种复杂性：网络作为一个由行为体之间的各种互动关系构成的集合，往往以一种难以预知的方式，作用于网络中的行为体。正是这种复杂性，使得大卫·伊斯利和乔恩·克莱因伯格指出："讨论网络的结构只是一个起点。当人们谈及复杂系统的连通性时，他们实际上通常是在谈论两个相关的问题。一个是在结构层面的连通性——谁和谁相连；另一个是在行为层面的连通性——每个个体的行动对于系统中每个其他个体都有隐含的后果。"[1]

第三节 权力与网络

从网络的视角来看待国际关系，很大程度上将影响我们对权力这一重要概念的理解。首先，网络中的权力来自于节点在网络中所处的

---

[1] [美] 大卫·伊斯利、乔恩·克莱因伯格：《网络、群体与市场——揭示高度互联世界的行为原理与效应机制》，李晓明、王卫红、杨韫利译，清华大学出版社 2011 年版，第 3—4 页。

位置关系，而非节点本身的属性。其次，构成网络的节点来源多样化，意味着权力不再局限于传统国际关系所关注的少数大国。最后，网络中行为体对权力的使用，不一定是零和博弈。

一 网络力

有许多学者注意到权力本质上是关系性的（relational）。① 罗伯特·达尔对权力的经典论述"A 对 B 拥有权力，以至于 A 可以让 B 去做其本身不会做的事情"，就是基于权力是关系性的这一命题。② 鲍德温指出，行为体 B 行为的改变，可以从"对某一行为的信念、态度、偏好、观念、期望、情绪或者倾向"的改变来理解。③ 巴勒特和杜瓦尔将权力定义为"经由社会关系产生的效果，并影响着行为体决定自身环境和命运的能力"。④ 这种从关系的视角来看待权力，与将权力视为源自行为体自身属性的做法，具有显著区别。传统观点认为权力来自于行为体自身具有的某些影响他者行为、从而达成自身目标的属性或者特质。新现实主义就是这一观点的典型代表。华尔兹将行为体所具有的物质资源（主要是经济和军事资源），视为一国的权力来源，并进而决定了其对国际体系的影响。⑤

在一个由紧密互动关系构成的网络中，行为体借以其在网络中的位置关系，可以获得影响他者的行为、进而实现自身目标的能力。这种权力就是网络力，来自于行为体在网络中的位置关系。在网络中，一些节点在控制网络中的资源和信息等的流动和分配方面处于更为有利的位置，从而具有更大的行动自由度和战略操作空间。⑥ 在国际关

---

① H. A. Simon, "Notes on the observation and measurement of political power", *Journal of Politics*, Vol. 15, No. 4, 1953, pp. 500 – 516.
② Robert A. Dahl, "The concept of power", *Systems Research and Behavioral Science*, Vol. 2, No. 3, Summer 1957, pp. 201 – 215.
③ David A. Baldwin, "Power and international relations", *Population & the World Economy in Century*, Vol. 288, No. 44, January 2012, pp. 31816 – 31829.
④ Michael Barnett and Raymond Duvall, "Power in International Relations", *International Organization*, Vol. 59, No. 1, January 2005, pp. 39 – 75.
⑤ ［美］肯尼斯·华尔兹：《国际政治理论》，信强译，上海人民出版社 2008 年版。
⑥ 关于网络力的一般分析，参见 David Singh Grewal, *Network power: The Social Dynamics of Globalization*, New Haven and London: Yale University Press, 2008。

系网络中，网络力将使行为体在影响和控制商品、货物、人员、资本和信息等国际生产要素的流动和分配等方面，获得强大的影响力和对国际结果的塑造能力。

约瑟夫·奈指出，权力资源只是构成权力关系的有形和无形的原料与手段，各种权力资源结合到一起能否产生预期结果，取决于具体情境。[1] 顺着这一思路我们可以说，行为体凭借网络位置关系而获得的网络力，产生于国际关系的网络化这一情境。国际关系网络化带来的流动性，通过影响行为体对相互依赖的管理，达到影响他者行为、实现自身利益的目标。

这种影响表现为以下两个方面：首先，流动性会影响相互依赖关系的敏感性。流动性带来行为体之间大范围、频繁的互动，使得发生在域外的事情越来越容易传导到国内。其次，流动性影响相互依赖关系的脆弱性。这种影响可能以正、反两种方式进行。从正向看，流动性为行为体应对相互依赖的脆弱性提供了更多的选择机会。从反向看，流动性带来了更为不确定的环境，加剧了行为体的脆弱性。

由此可见，国际关系网络化带来的流动性，通过影响行为体之间相互依赖的性质及方向，获得了影响国际结果的能力。其通过三种形式表现出来：议价权力（bargaining power）、社会权力（social power）和退出权力（the power of exit）。[2]

议价权力来自于节点在网络中所处的位置：其能够将网络中一些原本并不存在联系或者只有很少联系的节点连接起来。网络理论将网络中节点之间联系的缺失称为结构洞。[3] 相对于其他边缘化或者联系不多的节点而言，处于结构洞位置的节点获得了排他性关系。

---

[1] ［美］约瑟夫·奈：《权力大未来》，王吉美译，中信出版社2012年版。

[2] 参见 Miles Kahler, ed., *Networked Politics: Agency, Power, and Governance*, Ithaca, NY: Cornell University Press, 2009, pp. 12 – 14；类似分析参见 Emilie M. Hafner-Burton, Miles Kahler, Alexander H. Montgomery, "Network Analysis for International Relations", *International Organization*, Vol. 63, No. 3, September 2009, pp. 559 – 592; Emilie M. Hafner-Burton and Alexander H. Montgomery, "Power Positions: International Organizations, Social Networks, and Conflict", *Journal of Conflict Resolution*, Vol. 50, No. 1, January 2006, pp. 3 – 27。

[3] 关于结构洞的经典分析，参见［美］罗纳德·伯特《结构洞：竞争的结构》，任敏等译，格致出版社2008年版。

处于结构洞位置的节点，通过权力的两张面孔获得了网络力。首先，结构洞往往是不同行为体之间交流互动的通道，对信息、资源起着过滤作用，并影响着互动议程的设置。因此，处于结构洞的行为体，可以通过权力的第一张面孔——威胁将其他行为体排除在网络系统之外——而获得权力。同时，处于结构洞的行为体还可以权力的第二张面孔——通过对互动的信息和资源的控制来设置议程——而获得权力。①

与谈判权力利用"弱关系"的力量不同，社会权力源于行为体的社会资本。行为体在网络中与其他行为体建立的大量强关系，这些强关系成为行为体的社会资本，在实践中被转化成行为体的社会权力。网络理论中，中心度是衡量行为体社会权力大小的一个参数。②一个节点与网络中其他节点之间的联系越多、越便捷，其社会权力越大。

网络权力的第三种形式，体现为退出权力。退出权力产生于行为体对整个网络的正常运行的巨大影响。网络的运行需要节点之间的持续互动。某些关键行为体的退出可能会影响整个网络的正常运行。正是基于这一因素，一些处于重要地位的行为体可能会以退出网络为要挟，迫使相关行为体让步。这一过程，就体现了行为体的权力的应用。

网络中的不同位置赋予行为体不同的网络力，这一点与本书在第一节已经分析过的流动性在网络中的分配不均衡的特征密切相关。正因为流动性的分配不均衡，使得行为体处于不同位置，便获得了不同的网络力。由此不难看出，网络力的本质就是行为体用非武力手段对流动性的控制和管理能力。

网络力的概念建立在流动性基础上。因此，网络力存在并发挥作用，需要满足以下条件：第一，国际关系中的流动性要充分。例如，在两极对立的冷战时期，全球基于意识形态被分裂为两大阵营，各个

---

① 关于权力的"三张面孔"的分析，参见史蒂文·卢克斯《权力：一种激进的观点》，彭斌译，江苏人民出版社2008年版。
② 关于中心度的数学测量，参见沃瑟曼《社会网络分析：方法与应用》，陈禹译，中国人民大学出版社2012年版。

阵营之间往往处于相对封闭的状态，一些国家不仅在政府层面没有建立或者中断了外交关系，而且对本国公民与外部的各种经济、社会活动也实行严格的控制。这种环境中，国际关系的流动性显然是不高的。在这种情况下，网络力就很难成为一国实现本国战略目标的常规手段。① 第二，整体国际环境的相对稳定、和平的局面得以维持。当整体国际环境处于现实主义所谓的"霍布斯状态"下，或者当行为体在面临紧迫的生存安全威胁时，可能不得不通过军事手段来实现对资源和信息的控制。例如，19世纪西方列强对殖民地的控制，以及战争时期国家经常采取战争禁运、制裁等手段来阻止敌国获取资源和信息；通过武力入侵获取他国的资源和信息；等等。

在满足上述条件的情况下，网络力将通过以下几个方面来影响行为体的行为。

首先，网络力是一国利用外部资源实现本国战略目标的重要手段，也是一国在全球化时代应对各种威胁挑战、防范风险的有效手段。网络权力大的行为体，在国际关系中由于具有广泛的外部联系，因而具有良好的通达性，从而在从外部获得各种资源、信息等方面具有明显优势。在经济领域，双边FTA已经成为重要的经济外交工具。一国通过缔结FTA而获得了进入他国甚至全球国际贸易网络的机会，从而为其开展进口、出口、投资等商业活动带来便利，并获得更多的商业信息和机会。哈夫纳—伯腾等通过对经济领域的FTA进行研究后发现，一个小国通过缔结双边FTA而获得的网络力，甚至可以部分地弥补其经济规模小、军事实力弱小等物质方面的缺陷。②

另外，网络力还影响一国从外部获取支持和援助的能力。网络

---

① 在相对分离的环境中，一些行为体的确可以利用这种分离的环境在不同行为体之间扮演"经纪人"的角色而获得权力。例如，冷战时期在中美建交之前，巴基斯坦在中美之间扮演的角色，就获得了网络力。这种网络力就是卡勒对网络力分类的第一种类型——建立在结构洞基础之上。显然，这种情形并不是通常现象。因此，在国际关系中对网络力的研究，大量地关注流动性高的环境中行为体对网络力的使用。

② Emilie M. Hafner-Burton and Alexander H. Montgomery, "Power Positions: International Organizations, Social Networks, and Conflict", *Journal of Conflict Resolution*, Vol. 50, No. 1, January 2006, pp. 3–27.

力大的行为体，当其面临威胁时可以更容易地获得外部的政策协调、道义支持和物质援助。在全球化不断加快、流动性不断增强的风险社会中，行为体这种控制流动性来降低风险，并在面临危机时及时获得外部援助的能力，尤为重要。[①] 例如，2004 年发生在印度洋海域的地震和特大海啸，共造成 20 多万人死亡。在救灾中，印度洋沿岸受灾国家集聚了几十个国家和国际组织。在面临这种危机时，能否获得国际社会的支持和援助，往往非常关键。从这一角度而言，网络力事实上是一国利用外部资源来达成自身战略目标的能力。

其次，网络力影响国际谈判的结果。网络力大的行为体，意味着其在网络中有更高的中心度，从而与外部行为体之间有更好的连通性。对于任一行为体来说，若与具有网络力大的行为体建立联系，就相当于找到了连通整个网络的捷径。这一点在 FTA 谈判中表现的就非常明显。一些国家诸如东亚的新加坡、拉美的智利等通过缔结大量的双边 FTA，提高了自身在 FTA 网络中的中心性，从而吸引了更多的国家与其缔结双边 FTA。[②] 类似的，由于墨西哥加入 NAFTA，一些国家为了进入美国和加拿大市场，纷纷选择与墨西哥缔结双边 FTA。[③] 墨西哥通过加入 NAFTA 提高了自身在全球经济网络中的社会权力。马克·S. 芒格尔（Mark S. Manger）对 FTA 网络的研究表明，具有更高社会权力的行为体在 FTA 谈判中的吸引力更强；而低收入国家（最初具有较少 FTA 联系的国家）在这些贸易安排带来的经济

[①] 关于风险社会的分析，参见 [德] 乌尔里希·贝克《风险社会》，何博闻译，译林出版社 2004 年版。

[②] 关于智利 FTA 战略的分析，参见 Barbara Stalling, "Chile: A Pioneer in Trade Policy", in Miryta Solis, Barbara Stallings, eds., *Competitive Regionalism: FTA Diffusion in the Pacific Rim*, New York: Palgrave Macmillan, 2007, pp. 118 – 138；关于新加坡的 FTA 战略，参见 Seung Joo Lee, "Singapore Trade Bilateralism: A Two-Track Strategy", in Vinod Aggarwal and Shujiro Urata, eds., *Bilateral Trade Agreements in the Asia-Pacific: Origins, Evolution, and Implications*, New York: Routledge, 2006, pp. 184 – 205。

[③] 事实上一些国家在缔结双边 FTA 的时候，为了避免第三国通过对方进入本国市场，在谈判中设定了"原产地规则"条件，来限制这类行为的发生。关于墨西哥加入 NAFTA 对其双边 FTA 政策的影响，参见 Mark S. Manger, *Investing in Protection: The Politics of Preferential Trade Agreements between North and South*, New York: Cambridge University Press, 2009。

一体化中面临着被边缘化的风险。①

正是因为网络力带来的这一优势，使得网络力大的行为体在国际谈判中，就可以迫使网络力小的行为体采取符合自身利益的行为。尽管网络力是建立在行为体之间的相互联系上，但是网络力大的行为体，拥有多元化的合作关系，获得了各种替代选择，从而更可能迫使网络力较小的行为体做出让步或者妥协。

最后，网络力为行为体影响他者对权力、利益和观念等的理解，塑造其利益和偏好，进而对其实现社会化创造了条件。网络力建立在行为体之间的互动关系基础上，互动对于行为体的规范、偏好等的塑造作用，在一些文献尤其是建构主义的研究中被给予充分的强调。② 莱克（David Lake）等学者通过对大赦国际的演变研究发现，当行为体与外部其他行为体建立的联系不断增多时，其在网络中的规范影响力就逐步提高。③ 从这一功能上看，网络力类似于国际政治中的软权力概念。约瑟夫·奈将"软权力"定义为"吸引"而非"强制"的力量，显然网络力的提高是其"吸引力"增强的结果。④

网络力的概念补充了主流国际关系理论中关于权力的定义。主流理论将权力定义为基于物质基础尤其是经济和军事实力基础之上的能力。网络力对传统的权力概念进行了修正。

第一，现实主义的权力概念将行为体视为台球式的分离的个体，

---

① Mark S. Manger, "*Plugged into the Network? A Longitudinal Social Network Analysis of Preferential Trade Agreements*", The Annual Meeting of International Political Economy Society, California, May 2007.

② 例如，[美] 彼得·卡赞斯坦：《国家安全的文化》，宋伟、刘铁娃译，北京大学出版社 2009 年版；[美] 亚历山大温特：《国际政治的社会理论》，秦亚青译，上海人民出版社 2000 年版。秦亚青也强调互动过程形成的"关系"对国际关系的影响，参见秦亚青《关系与过程》，上海人民出版社 2010 年版。类似的，米凯尔·韦斯曼也强调东亚国家之间的日常互动关系对于维持东亚和平的重要作用，参见 Mikael Weissmann, *The East Asian Peace: Conflict Prevention and Informal Peacebuilding*, New York: Palgrave Macmillan, 2012。

③ David A. Lake and Wendy H. Wong, "The Politics of Networks: Interests, Power, and Human Rights Norms", in Miles Kahler ed., *Networked Politics: Agency, Power, and Governance*, Ithaca, NY: Cornell University Press, 2009, pp. 127–150.

④ Joseph Nye, Sr., *Soft Power: The Means to Success in World Politics*, New York: Public Affairs, 2004; Joseph Nye, Sr., "Public Diplomacy and Soft Power", *The ANNALS of the American Academy of Political and Social Science*, Vol. 616, No. 1, January 2008, pp. 94–109.

有悖于行为体是在一个存在着密集互动关系的环境中运行的这一事实。网络力强调行为体之间互动关系的重要性,也没有否认物质要素的重要性。这一点与约瑟夫·奈提出的"软权力"概念明显不同。网络力的概念将物质要素和非物质要素联系起来。网络力是基于行为体的位置,这种位置可能包含物质要素,也包含非物质要素。例如,国际关系中的地理因素就是影响行为体互动关系位置的一个重要变量。不同的地理位置显然对行为体的互动关系具有很大的塑造作用。

但是,网络力并不将这些物质要素视为既定的、根本决定性的要素。行为体是能动的,可以根据自身特点选择适合的互动方式来获得网络力。例如,在经济领域一国的经济规模很大程度上是物质性的,是自然地理要素诸如人口、领土面积等自然要素决定的。但是,行为体在国际贸易网络中可以通过谈判策略,来提高自身的网络力。哈夫纳—伯腾(Hafner-Burton)等通过对 FTA 网络的研究,发现 2004 年美国在 FTA 网络中的社会权力与其经济总量基础上所获得的国家权力并不一致,社会权力要远远落后于不少欧洲国家,仅位于网络中的中等位置。[1]

第二,由于网络力建立在行为体之间的互动关系而非行为体本身的属性基础上,由此就突出了行为体对互动关系的管理的重要性。随着国际关系的网络化,流动性日益成为国际关系中最为突出的特征,这就为行为体利用和操纵互动关系提供了基础。

不同大小的网络力将给行为体带来不同的收益。例如,在轴辐式结构中,位于轴心位置的节点相比位于轮辐位置的节点就具有更大的网络力,因为在资源、信息以及获得其他行为体的支持方面更占有优势。类似的,当一个节点处于另外两个节点之间联系的"桥梁"位置时,处于桥梁位置的节点就获得了权力,因为其他两个节点的联系要依赖这一节点才能完成。在国际关系中,一些前殖民帝国即使在殖民地独立以后仍然对其保持着巨大的影响力,一个主要原因就是宗主国在历史上形成的对殖民对外交流的控制。比如,很多法国前属非洲

---

[1] Emilie M. Hafner-Burton and Alexander H. Montgomery, "Globalization and the Social Power Politics of International Economic Networks", in Miles Kahler ed., *Networked Politics: Agency, Power, and Governance*, Ithaca: Cornell University Press, 2009, pp. 23 – 42.

殖民地国家在独立以后，仍要通过法国来进行联系，这就为法国对这些国家"新殖民主义"提供了机会。①

从这一角度来看待权力，其寓意就在于行为体为了获得网络力，而战略性地发展网络关系，形成了一国的网络战略。越来越多的研究表明，一些行为体尤其是诸如跨国犯罪网络、国际恐怖主义等非国家行为体，正利用网络效应来组织跨国活动。② 网络战略的广泛应用，将对国际关系带来新的影响。这一点已经在许多国家 FTA 战略中体现出来。③

第三，不同的互动关系模式所形成的网络结构，会对网络力带来影响。由此赋予了行为体的能动性。即行为体并不是受制于既有关系网络，而是可以利用关系网络甚至塑造网络结构。例如，在弱关系中，行为体可以利用弱关系获得议价权；一些处于关键节点的行为体可以利用退出权力来维护自身利益。

二 网络中的权力政治

权力政治被视为国际政治的界定性特征。网络视角为我们看待权力、考察行为体的动因、互动关系模式提供了新的视角。网络中的权力政治，将围绕节点在网络中的关系位置展开。处于不同位置的节点，围绕网络位置关系展开的博弈，构成了网络中权力政治的新形态——多节点政治。

这种新型权力政治，明显有别于传统的大国权力政治。在大国权力政治中，"极"是一个重要概念，国际关系学者们倾向于从"极"来判断国际局势，行为体则为成为体系中的重要一"极"而展开博弈。

---

① 例如，Bruno Charbonneau, *France and the New Imperialism: Security Policy in Sub-Saharan Africa*, Burlington: Ashgate Publishing, Ltd., 2008; Bruno Charbonneau, "Dreams of Empire: France, Europe, and the New Interventionism in Africa", *Modern & Contemporary France*, Vol. 16, No. 3, September 2008, pp. 279 – 295。

② 例如，Richard Rothenberg, "From Whole Cloth: Making Up the Terrorist Network", *New York Times*, October, 14, 2004; José A. Rodríguez, *The March 11th Terrorist Network: In Its Weakness Lies Its Strength*, Working Paper EPP-LEA: 03, Department of Sociology and Analysis of Organizations, Barcelona, 2005; Sr. Fellow Yonah Alexander and Michael Swetnam, *Usama bin Laden's al-Qaida: Profile of a Terrorist Network*, Leiden, Netherlands: Brill - Nijhoff, 2001。

③ 孙玉红：《论全球 FTA 网络化》，中国社会科学出版社 2008 年版。

"两极"被用来描述美国和苏联两大阵营对峙下的冷战时期的国际关系,"多极"被用来形容19世纪欧洲的国际关系。人们在讨论"极"时往往基于这一假设:大国的数目对于国际关系既有重大意义,人们通过理解大国之间关系的结构及过程便能充分理解国际关系。而对大国的定义主要是基于物质力量,尤其是一国的军事力量和经济总量的基础之上。① 因此,在现实主义理论中,国家的权力来源是相对单一的、可以轻易计算的。这样,整个国际体系中的权力格局也是非常清晰的。

"极"这一概念暗含着行为体之间的独立和分离。在新现实主义理论中,国家类似于台球,球和球之间要有动态的碰撞才会产生关系;否则国家同国家之间就不会有联系。②用这一理论来形容半个世纪前美苏冷战时期的国际关系,是比较恰当的。但是国际关系的网络化已经"使得国家间的边界由过去的铜墙铁壁,变成了无处不可渗透、充满洞隙的网"。③ 这种"网漏化"的现实挑战了基于台球模式的理论假设。

与强调以"极"为核心的大国权力政治不同,多节点政治突出国际关系的网络化所带来的新特征。第一,多节点政治强调行为体间的相互联系,突出行为体之间互动关系的重要性,尤其突出行为体间的"共生"关系。首先,多节点政治潜在地包括有意义的行为体的多样性这一层含义。从参与主体来看,传统的国际政治由少数大国垄断国际事务治理的局面显然已被打破,参与主体日益多元化。无论是传统概念中的大国、中等强国,还是小国,都在国际关系网络中发挥着重要作用。其次,非国家行为体的作用日益突出。由国家政府形成的跨政府网络、国际政府间组织,以及非国家行为体形成的跨国倡议网络、公民社会运动乃至个人在全球互动过程中发挥的作用日益突出。尤其是经济全球化的推进、全球性问题的增多、市民社会的崛起

---

① [美]肯尼斯·华尔兹:《国际政治理论》,信强译,上海人民出版社2008年版,第108—136页。
② Alan James, "The Realism of Realism: The State and Study of International Relations", *Review of International Studies*, Vol. 15, No. 3, July 1989, pp. 215-229.
③ 陈玉刚:《试论目前国际关系学科建设和理论发展中存在的问题及其嬗变趋势》,《教学与研究》2012年第9期,第76页。

等因素导致了国家权力流散。① 俞正樑教授指出,在当前处于转型的国际关系中,全球民间社会与全球市场作为国家的反权力,开始与国家一起分享权力,在这三个权力容器之间进行"变位权力行为"的反复作用。而这些行为体之间的相互作用"足以影响体系的运作,改变国家行为并给国家带来许多难题"。②

多节点政治中,决策者在形式上是相对独立的,以非线性的方式连接在一起,形成了一个网络。在这个网络中,由于行为体间复杂的关系而使得行为体受制于分离的部分。③ 这与强调以"极"为重点的传统国际体系观不同。"极"的计算是基于物质基础之上形成的权力关系中大国的数量。苏长和教授将这种关系形象地描述为"你中无我,我中无你",甚至形成"有你无我,有我无你"的排他性和独占式的关系。④ 显然,多节点政治中的"节点"不同于"极"。节点之间的关系不是相互独立、相互对立的,而是共同构成了网络的多样性。节点之间的差异通过节点间的利益、价值和相互作用等形式而被区分开。⑤但是从总体上,各个节点都是构成网络所不可或缺的一部分。换言之,各个节点之间是"共生"的关系。⑥

第二,多节点政治并不将行为体视为完全的"类似单位",不同节点可能具有不同的资源和能力,形成了互补关系,为行为体之间的合作提供了潜力。换言之,行为体并不是"做着重复行为""功能相

---

① [英]苏珊·斯特兰奇:《权力流散:世界经济中的国家与非国家行为体》,肖宏宇、耿协峰译,北京大学出版社2005年版。

② 俞正樑:《论当前国际体系变革的基本特征》,《世界经济与政治论坛》2010年第6期。

③ Vincent Ostrom, Charles M. Tiebout and Robert Warren, "The Organization of Government in Metropolitan Areas: a Theoretical Inquiry", *American Political Science Review*, Vol. 55, No. 4, December 1961, pp. 831–842.

④ 苏长和:《共生型国际体系的可能》,《世界经济与政治》2013年第9期,第11页。

⑤ Philip G. Cerny, *Rethinking World Politics: A Theory of Transnational Neopluralism*, New York: Oxford University Press, 2010.

⑥ 关于国际关系中共生理论的分析,参见金应忠《共生性国际社会与中国和平发展》,《国际观察》2012年第4期,第43—49页;金应忠《国际社会的共生论——和平发展时代的国际关系理论》,《社会科学》2011年第10期,第12—21页;金应忠《为何要研究"国际社会共生性"——兼议和平发展时代国际关系理论》,《国际展望》2011年第5期,第1—17页;胡守钧《国际共生论》,《国际观察》2012年第4期,第35—42页。

似"的单位,相反,行为体在不同议题领域存在着不同程度的水平和纵向分工。尽管每个国家仍然履行着国防、经济、教育、社会文化、外交等各个"相似"的功能,但在履行这些功能时,很大程度上需要借助其他行为体才得以完成。① 这种分工既是国际关系网络形成的基础,也是网络化的结果。例如,各国在应对恐怖主义、跨国犯罪、全球气候变暖、传染病扩散、全球经济稳定等各个领域存在的合作和一定程度的分工。最为典型的就是,全球生产网络形成之后行为体在经济领域的分工。② 的确,理论上各国仍然独自执行本国的经济政策,自愿地参与全球贸易和生产,但一国的经济政策已经明显地受到外部其他行为体的影响。在全球生产网络中,任何行为体只是全球生产价值链上的一个节点。当然,作为民族国家在网络中的这种分工,与国内的社会分工仍然存在很大区别。民族国家在网络中的这种"分工"存在着很强的可替代性和一定程度的独立性。例如,当中国对日本出口稀土实施暂时禁运时,日本就开始寻找印度作为新的稀土进口来源。③

第三,在形成网络的过程中,节点仍然保留着自身的利益、身份和认同。节点可能在全球、地区范围内互动,但节点的利益、身份仍然是地方性的。当前国际体系转型的突出背景就是全球化,人员、货物、贸易、金融、信息等要素的流动不断突破传统国家领土疆域的限制,呈现出"去领土化"的特征。④ 一方面,任何地方性的事件都可能经由全球网络扩散到世界其他地方,形成"涟漪"效应。但另一方面,身份、地理位置、历史记忆等地方性因素仍然是各行为体的重要组成部分。在此基础上形成的民族、国家等集体身份仍然是参与政

---

① 相反的观点参见[美]肯尼斯·华尔兹《国际政治理论》,信强译,上海人民出版社2008年版,第101—103页。

② 关于全球生产网络的分析,参见 Sven W. Arndt and Henryk Kierzkowski, *Fragmentation: New Production Patterns in the World Economy*, New York: Oxford University Press, 2001。关于东亚生产网络的分析,参见 Michael Borrus and Dieter Ernst, eds., *International Production Networks in Asia: Rivalry or Riches*. New York: Routledge, 2003。

③ 符祝慧:《摆脱对中国依赖,日本将从印度进口稀土》,《联合早报》2014年8月29日。

④ [加]刘易斯·波利、威廉·科尔曼:《全球秩序:剧变世界中的机构、制度与自主性》,曹荣湘等译,社会科学文献出版社2009年版,第5页。

治互动的载体，并以各种形式嵌入全球政治之中。而且，国家这一组织形式在关键时刻扮演的最后决策者和安全提供者的地位并未改变。因此，尽管人们已经开始谈论"地球村"，但行为体仍然有着自身的身份认同和地方性利益，而地区和全球网络只不过是其活动的场域。进一步地，尽管各个节点以类似"分工"的方式参与网络，但其仍然是以追寻自身利益为前提的。

小　结

冷战结束以来，在全球化的推动下，商品、货物、人员、资本和信息等生产要素的跨国流动日益频繁，将分散的不同地区联系起来，加速了国际关系的网络化。国际关系网络化最明显的特征，就是流动性，即商品、货物、人员、资本和信息等生产要素的跨国流动现象。这种流动性使行为体之间的相互依赖打破了冷战时期的地域限制，扩大到更为广泛的范围。

流动性与敏感性、脆弱性相互影响、相互交织。一方面，流动性是影响敏感性的一个重要因素，并加剧了行为体所面临的脆弱性。另一方面，流动性又为行为体应对脆弱性创造了条件。流动性意味着行为体可以从更广泛的范围和更多渠道，来获得实现自身目标的资源和信息，降低了对单一行为体的不对称依赖，从而有利于应对脆弱性带来的风险。

在国际和地区环境整体好转的背景下，随着国际关系网络化趋势的加强，流动性特征越来越显著，行为体如何通过管理流动性来实现自身的目标，就变得越来越重要。国家的稳定、发展和繁荣越来越取决于其与外部世界之间的互动关系，其能否获得满足本国经济社会发展所需要的能源、原材料、资金、技术、人才和信息等生产要素，能否为本国的商品找到出口市场、从外部引进高技术人才，能否保护好本国公民在国外的利益，等等。总之，就是一国能否对本国与外部世界的商品、货物、人员、资本和信息等生产要素的流动，施加有效的管理和控制，对于一国的稳定、发展和繁荣等目标，具有重要意义。

要对流动性进行有效管理和控制，国家的角色非常重要。在国内，国家通过制定本国经济社会发展目标来指导本国公民的经济社会活动。在国际上，国家则通过制定国际贸易政策、外资投资政策、金融政策、海关管理政策、文化政策等政策和制度，对进出国境的商品、货物、人员、资本和信息等实施管理和控制。因此，一国对本国流动性的管理和控制往往需要与其他国家开展国际合作和政策协调，并共同应对可能对流动性带来负面影响甚至导致流动性中断的威胁。围绕对流动性的管理和控制的合作，既包括行为体之间的政策协调，诸如国际贸易谈判、人员的跨国流动管理等；也包括合作解决可能妨害流动性的其他因素，诸如自然灾害、跨国犯罪、恐怖主义，甚至暴力冲突；当然，还包括行为体之间管理和控制流动性的积极措施，诸如一些行为体实施的互联互通计划等。

国际关系的网络化，引导我们用网络思维来看待国际关系。越来越多的国家被卷入一个相互依赖的网络，单个国家只是网络中的一个节点，国家凭借在网络中的位置而获得权力，并为此展开博弈，形成了网络中的多节点政治。

第三章

东亚国际关系网络

冷战时期东亚被分成了以美、苏为中心的两大对立的阵营，形成了分裂局面。冷战结束之后，东亚国家间关系得以改善，但仍面临着各种地缘政治挑战。市场和社会力量的推动，将东亚联系起来形成了一个网络。本章将对东亚国际关系网络的形成及其所面临的"威胁三角"问题进行分析。本章由三个部分组成。第一节将分析冷战时期东亚地区的轴辐安全体系。在这一安全架构下，东亚地区维持了稳定。冷战结束之后，这些冷战时期的国际关系要素并未完全消失，将继续影响后冷战时代东亚的国际关系。第二节将分析冷战结束之后东亚地区网络的形成以及特征。第三节将分析东亚在后冷战时代所面临的"威胁三角"问题。

第一节 冷战时期东亚的轴辐安全体系

东亚是冷战期间美、苏两大阵营竞争的前沿阵地之一。冷战期间，美国和苏联在东亚通过建立同盟、扶植代理人等方式，将东亚基于意识形态的差异而分离成两大对立的阵营，从而形成了以美国为"轴心"、其东亚盟友为"轮辐"的轴辐安全体系。

一 东亚轴辐安全体系的形成

同其他地区一样，冷战期间的东亚也基于意识形态的分歧被分裂成两大对立的阵营。对立阵营一方是苏联与朝鲜、蒙古、北越和中国结成了共产主义阵营。对立的另一方则是以美国为中心，分别与日本、韩国和中国台湾、菲律宾、泰国等缔结了双边安全协议，形成了军事同盟关系，同时澳大利亚和新西兰与美国缔结了"澳新美同盟"。到了20世纪60年代，中苏关系的破裂以及此后越南入侵柬埔寨等因素，导致了联盟阵营出现变化。在20世纪70年代末期，中美关系的缓解以及此后中日、中美建交，在反对苏联这一共同敌人方面存在共同利益。在东亚地区内，中国与东盟、日本等联合反对苏联在东亚盟友越南的局面。这就使得以美国为轴心、其东亚盟友为轮辐的轴辐同盟安全体系成为东亚地区架构的支柱。

　　冷战期间东亚地区的分裂局面是由多个因素造成的。第一，东亚地区长期的历史分裂使得东亚地区内部的多样性远大于同一性。在19世纪中期之前，围绕着以中国为中心的朝贡体系，将东亚地区连接成一个整体。东亚地区的人民沿着主要的海洋线路，通过贸易、移民、技术和原始金融等将东亚地区的主要大城市连接起来。但是，19世纪中期之后，这一切被打断。随着西方列强的军事、经济入侵，东亚地区被分裂开来。在接下来的150年左右的时间中，东亚被列强分裂成孤立的单个国家。除了日本和泰国，其他东亚国家都不同程度地沦为西方列强的半殖民地和殖民地。"二战"期间，随着日本的强大，其试图通过建立臭名昭著的"大东亚共荣圈"来统一东亚，也以失败告终。

　　第二，东亚地区长期处在西方列强的殖民统治下，"二战"结束后通过民族解放运动才建立起民族国家。因此，绝大多数东亚国家的任务是如何建立起现代化的国家机器这一问题。东亚地区除了日本和泰国之外，其他国家都不同程度地被西方殖民入侵。从一定意义上而言，东亚地区在"二战"之后才进入威斯特伐利亚体系时代。长达一个多世纪的殖民统治，使东亚国家远未形成民族认同，如何维护主权完整、治理现代国家、实现民族国家的建设是不少东亚国家的当务之急。在这一过程中，维护主权完整，避免本国主权受到西方列强的掠夺和邻国、地区是全球大国的威胁，成为他们的重要任务。这期间，绝大多数国家都将精力放在国家建设这一内部议题上，很少有国家关注地区的合作问题。

中南半岛长期受到一系列战争的影响。法国、美国等国家先后将东亚一些国家带入战争。这些战争使中南半岛的国家内部以及这些国家与其邻国的关系趋于紧张。而泰国、马来西亚和缅甸、菲律宾等国内的游击战争削弱了中央政府对全国的控制，甚至使其国土事实上处于分裂状态。

为了避免陷入美苏大国的竞争，一些最近独立的东亚国家试图寻求中立和不结盟战略。这一点尤其在中南半岛的国家中非常明显，其带头发起了不结盟运动。尽管不结盟更多是口头上的。第三世界不结盟运动和团结松散地结合在一起，这一力量成为将东亚国家相互分开的另一原因。

第三，东亚内部缺乏领导者，加大了地区多边合作的难度。冷战期间，东亚地区缺乏能够担负起建立多边安全和经济秩序的领导者。日本20世纪40年代发起的"大东亚共荣圈"给东亚邻国带来了负面影响，在"二战"结束后，通过与美国结盟走上吉田主义路线，通过将自身变成"贸易国家"来获得国家权力。日本的行动就处在美国的监督之下。这与欧洲的经历不同。日本对美国霸权的塑造要更为间接，影响力也要小得多。东亚地区另一个大国——中国，当时刚刚完成民族解放战争，在新中国成立初期实行"打扫干净屋子再请客"，此后经历与苏联的短暂结盟之后，走上独立自主的状态。同样，东南亚地区也处于分裂状态。到20世纪70年代之后建立的东盟，也是一个松散的组织，其目标也是在主要大国之间保持中立。

第四，冷战期间大国在东亚的战略进一步加剧了东亚的分裂。随着朝鲜战争的爆发，朝鲜半岛被分裂为两个独立的政权。美、苏之间的对抗，使得东亚地区架构明显受到这两个霸权国家的影响。

在社会主义阵营内部，苏联在东欧建立了华约。而在东亚，则与中国、越南、朝鲜等社会主义国家建立了双边同盟关系。其中，中苏关系在20世纪60年代破裂之后，从苏联阵营中脱离出来。至此，苏联在东亚的阵营就剩下越南和朝鲜。在东亚周边地区，由于中印之间围绕着领土冲突、关系恶化，再加上巴基斯坦与印度之间的冲突，使作为不结盟运动发起国的印度事实上加入了苏联阵营。而中亚的广大地区，则属于苏联统一控制的领土。在资本主义阵营内，美国与欧洲国家共同建立了集体安全性质的"北约"组织。在东亚，美国同样是通过双边同盟关系来维系其存在的。

值得一提的是，东亚资本主义阵营内部的确存在建立多边安全的计划，但终因各种原因归于失败。早在1951年美国国务院就草拟了一份《太平洋公约》（Pacific Pact），将日本、澳大利亚、新西兰和菲律宾等国纳入其保护范围。但美国参谋长联席会议主席（the Joint Chiefs of Staff）担心将东南亚大陆国家纳入该计划，会使美国受困于东亚纷争，因而被排除在外。[1] 为推动该计划实施，美国亚太事务代表约翰·杜勒斯于1951年访问日本、菲律宾和澳大利亚等国，征求这些国家意见。日本并未做好承担东亚安全的准备，菲律宾也不愿意与日本结盟，英国对将中国香港和马来西亚被排除在外的做法表示反对。[2] 最终《太平洋公约》不了了之。

此后在美国主导下，1954年9月由英国、法国、澳大利亚、新西兰、巴基斯坦与菲律宾、泰国等国一起成立了《东南亚条约组织》（the Southeast Asian Treaty Organization，SEATO），以应对法国撤出越南之后留下的权力真空。但这一组织并不是亚洲版的"北约"，其缺乏统一指挥的武装力量，成员国之间也不具有相互提供安全援助的义务。而且，由于美、法在越南问题上的分歧，自1965年起法国拒绝参加年度例行部长级理事会议，1975年甚至停止了财政支持。到了70年代初，巴基斯坦也只派观察员出席部长级理事会议，并于1973年正式宣布退出。结果，该组织自1977年起彻底宣告瓦解。

由此可见，冷战初期美国在东南亚并未建立起有效的多边安全机制。卡赞斯坦等学者将其原因归结为美国与东亚在文化和认同上的差异。[3] 尽管观念因素的确会影响美国政策精英们，但新解密的档案材

---

[1] 中国香港当时还被英国占领，也未被纳入进这一计划，并因此遭到英国反对。参见 John Swenson-Wright，*Unequal Allies?：United States Security And Alliance Policy Toward Japan*，1945–1960，California：Stanford University Press，2005，p. 70。

[2] John F. Dulles，"Security in the Pacific"，*Foreign Affairs*，Vol. 30，No. 2，May 1952，pp. 175–187.

[3] Christopher Hemmer and Peter J. Katzenstein，"Why is there No NATO in Asia? Collective Identity，Regionalism，and the Origins of Multilateralism"，*International organization*，Vol. 56，No. 3，Summer 2002，pp. 575–607.

料提供了另外一种解释。在冷战背景下,美国国内政治约束以及国力条件制约,是美国在亚洲未能建立多边安全组织更为重要的原因。20世纪50年代美国东亚安全架构的主要设计师约翰·杜勒斯曾指出,为避免美国国会对建立地区多边安全机制的干扰,美国需要在同盟中避免承担过多义务。[①] 因此,《太平洋公约》的初稿中只是做了如下声明:

> (缔结条约的) 每一方认识到,如果在太平洋地区发生对任何缔约方以任何形式的武力攻击,并且这种攻击将危及其自身的和平和安全,则成员国将根据本国内的宪法程序采取行动,以应对共同的威胁。[②]

尽管《太平洋公约》没有付诸实施,但这一思想已为美国与亚太国家打交道所延续下来。美国与菲律宾的双边防务协定、与澳大利亚和新西兰的三边防务协定以及"东南亚条约组织"多边协定中,几乎都避免做出安全保障承诺。当然,美国并没有放弃东南亚。相反,通过同盟,美国维系了在东南亚的军事存在。

在冷战中期,东南亚国家开始建立区域多边组织。印度尼西亚、菲律宾、马来西亚、泰国和新加坡五国在20世纪70年代成立了东盟。但东盟并不是一个军事同盟,而是一些弱国为维护主权、协调区域内部关系而建立的松散组织,遵循协商一致和集体决策的原则。这些原则维护了区域和平,但也不可能在安全领域开展深入合作。

总之,西方殖民主义的长期侵略、东亚政治、社会文化的多样性、冷战的两极对立,以及东亚内部领导者的缺乏等因素,使东亚未能建立起紧密的多边安全组织。[③] 相反,东亚形成了以为美、苏为中心的双边同盟安全体系。中国从苏联阵营中脱离后,美国主导的轴辐

---

① John F. Dulles, "Security in the Pacific", *Foreign Affairs*, Vol. 30, No. 2, May 1952, pp. 175 – 187.

② U. S. Department of State *Foreign relations of the United States* 1951, Vol. VI, Part 1. U. S. , 133. Government Printing Office, Washington, D. C. , 1977.

③ G. Ikenberry and Michael Mastanduno, eds. , *International relations theory and the Asia - Pacific*, New York: Columbia University Press, 2003.

安全体系成为冷战时期东亚地区架构的显著特征。

二 轴辐安全体系与东亚地区稳定

美国领导的轴辐安全体系构成了冷战期间东亚地区架构的主要组成部分。这种轴辐安全体系由于美苏两极对立以及美国为盟友和伙伴提供的公共物品,维系了东亚的安全秩序。

现实主义者认为同盟可能以不同的形式存在,可能体现为"不对称同盟",或者"对称同盟"。[①] 从同盟间力量对比来看,冷战时期东亚轴辐安全体系是不对称的。美日同盟"作为占领的副产品,并不是自由选择的产物",具有典型的"城下之盟"意味。[②] 美韩、美菲之间同样存在巨大的实力差距。从权利义务关系来看,美国与东亚盟友之间的同盟关系也是不对称的。美国在军事上不但在东亚驻军、直接参与东亚热战、提供武器和技术援助等,而且在经济上向盟友单方面提供市场准入、资金援助等,在政治上则通过其诸如世界银行、国际货币基金组织等国际组织为盟友融入国际社会提供方便。

东亚这种不对称的同盟容易产生两个问题:处于弱势地位的东亚国家缘何冒着安全、政治风险与强大的美国结盟?美国又为何愿意为盟友承担不对称义务?这种不对称的同盟关系之所以能够维系,我们可以从体系和单位两个层次上找到原因。

首先,东亚两极对立的国际结构,限定了行为体的选择。处于弱势地位的东亚盟友,认为面临着来自共产主义阵营"侵略"这一紧迫、明显的威胁。冷战一开始,东亚就基于意识形态的差异而分裂开来,国家间的敌我关系非常清晰,也使一国面临的威胁来源非常容易

[①] 到目前为止,不同学者采用不同的术语来描述这两种不同类型,诸如支配性同盟与平等同盟,大国同盟与小国同盟。例如,Bruce M. Russett, "An Empirical Typology of International Military Alliances", *Midwest Journal of Political Science*, Vol. 15, No. 2, May 1971, pp. 262 – 289; Glenn H. Snyder, *Alliance Politics*, Ithaca: Cornell University Press, 1997; George Liska, *Alliances and the Third World*, Baltimore: Johns Hopkins Press, 1968; James D. Morrow, "Alliances and asymmetry: An Alternative to the Capability Aggregation Model of Alliances", *American Journal of Political Science*, Vol. 35, No. 4, November 1991, pp. 904 – 933。

[②] [美] 阿马科斯特:《朋友还是对手——前美驻日大使说日本》,于铁军、孙博红译,新华出版社1998年版,第70页。

识别。

对美国而言，东亚虽不如欧洲重要，但仍然是遏制共产主义势力的前沿阵地。朝鲜战争、越南战争之后，美国对共产主义进入整个东亚更为忧虑。在美国决策者看来，一旦共产主义势力进入整个东亚成为现实，将对美国的东亚乃至全球战略带来巨大的损失。在冷战美苏对抗的背景下，美苏之间的霸权争夺是典型的零和博弈。美国政府冷战初期的一份解密文件就证明了美国对东亚局势的担忧：

> 如果不在东南亚地区采取有效而及时的抵抗行动，任何一个国家的丧失都很可能导致其余国家迅速地向共产主义屈服或站在共产主义一边。东南亚地区共产主义化之后，多米诺效应将向东西两个方向外溢。在东边，日本将极有可能同共产主义妥协；在西边，首先是印度，然后是中东，将十之八九会逐渐跟着站在共产主义一方。最终的结果便是，菲律宾、台湾以及澳大利亚和新西兰将面临共产主义的威胁，欧洲的稳定与安全也将面临危险。[①]

正是因为东亚乃至整个亚洲被苏联共产主义势力威胁，使美国不得不采取一些有利于东亚盟友利益的举措。

其次，美国建立的双边同盟体系为控制东亚局势提供了有效工具。在轴辐安全体系中，东亚盟友都与美国建立双边安全协议，而同盟内部则不存在合作机制。这种安全架构使得美国牢牢地将盟友束缚起来。冷战时期的东亚并非美国眼中的民主国家。美国对日本军国主义复辟仍心存疑虑。菲律宾、韩国等仍然处于军政府统治之下。美国对其东亚盟友的对外政策和发展战略仍然充满疑虑。更为严重的是东亚内部矛盾重重，削弱了东亚资本主义阵营的凝聚力。因此，如何让盟友联合起来共同应对苏联共产主义的威胁，是美国最为关心的议题。轴辐安全体系为美国单方面影响盟友，并以仲裁者身份来协调内

---

① United States, Department of State, *FRUS*, 1952–1954, Vol. Ⅻ, Washington: Government Printing Office, 1984. 转引自汪堂峰《"多米诺理论"之解剖》，《安徽大学学报》（哲学社会科学版）2006 年第 1 期。

部矛盾，提供了平台。①

在轴辐安全体系中，美国针对不同国家采取了不同战略，比如与新加坡、菲律宾和泰国缔结了双边同盟协议并驻扎军队；与文莱、马来西亚等国是非正式的同盟关系。当东南亚国家面临安全威胁时，美国可依据其国家利益采取不同的应对措施，从而保持了高度的战略灵活性。同时，美国通过对不同国家实行差异化合作，保持美国所提供的公共产品的竞争性，增强对东南亚国家的控制力。轴辐安全体系依赖于美国为盟友单方面提供公共物品的能力。这需要美国拥有强大实力做支撑。美国的霸权地位刚好满足了这一要求。

总之，美国通过在东亚驻军、经济援助以及政治支持，为盟友的军事、经济和政治安全提供了保障。东亚盟友则为应对本国所面临的紧迫威胁，也希望与世界霸权美国合作。基于意识形态的分裂导致国家间敌我关系的清晰界定，以及安全威胁的紧迫性，将美国及其盟友紧密联系起来。基于不对称同盟关系形成的轴辐安全体系，不仅维系了东亚冷战时期的稳定，也为后冷战时代东亚国际关系的演变打下了基础。

第二节　东亚国际关系的网络化

丹尼尔·德雷泽纳（Daniel Drezner）将全球化定义为行为体在"技术、经济和政治等领域的系列互动，以降低经济、政治和文化等领域交流的障碍"②。奈加里·伍兹（Nagaire Woods）也将全球化分为经济、政治和文化等三个维度，并提出了分析全球化的三个视角：以市场为中心、以国家为中心、以个人为中心。③这为我们分析后冷战时代东亚的国际关系网络，提供了有用的工具。

---

① Victor D. Cha, "Powerplay: Origins of the US Alliance System in Asia", *International Security*, Vol. 34, No. 3, Septmeber 2010, pp. 158 – 196.
② Daniel W. Drezner, "Globalization and Policy Convergence", *International Studies Review*, Vol. 3, No. 1, March 2001, pp. 53 – 78, p. 53.
③ Nagaire Woods, "Editorial Introduction", *Oxford Development Studies*, Vol. 26, No. 2, Summer 1998, pp. 5 – 14.

以市场为中心的全球化，主要关注全球经济活动对生产和分配的影响。这种观点强调经济逻辑将超越政治逻辑，从而打破政治边界对经济活动的束缚。自由主义的经济逻辑将最终"通过建立单一的世界市场来推翻国家边界"。① 但正如伍兹所指出的，若缺乏其他领域的融合，全球市场融合无法自动实现。维持经济融合的政策、制度和基础设施将全球化纳入政治领域。而且，全球化需要一个执行者：

> 经济的全球化对全球经济中最为强大的国家带来影响，尤其是美国。因此，一旦霸权国家开始制定和执行规则，其他国家将会通过限制和影响霸权国家的权力来做出反应。②

以国家为中心的全球化视角，更为关注国家行为体的作用。以国家为中心的全球化观点认为国家对全球化的反应是有意识的选择，国家在融入全球经济的过程中除了追求经济利益，还承担着保护公民的责任。而且，全球化往往还产生诸如环境污染、有组织犯罪等社会问题。这些问题反映了市场在应对全球化上的失灵，因此需要行为体之间的协调，从而产生了国际制度的需要。从这一角度而言，全球化并没有削弱国家主权，只是改变了国家角色和国家权力性质。③

以个人为中心的全球化视角，关注社会力量，强调文化和价值观的跨国传播对公民个体产生的影响。全球化使得价值体系通过"媒体、音乐、书籍、国际观念和价值观的跨国传播"，不仅仅产生了全球性的文化，而且导致了非西方世界对西方文化的"反击"和对民族、身份认同的坚持。④ 全球化可能会导致文化和价值观在地区内的融合或者冲突。

这三种视角为我们分析东亚国际关系网络化的动因及其过程，提供了有用的工具。

---

① [英]苏珊·斯特兰奇：《权力流散：世界经济中的国家与非国家权威》，肖宏宇、耿协峰译，北京大学出版社2005年版。
② Ngaire Woods, "Editorial Introduction", *Oxford Development Studies*, Vol. 26, No. 2, 1998, pp. 5–14, 7.
③ Ibid., pp. 8–9.
④ Ibid., pp. 9–11.

东亚的变化源于经济领域跨国联系的增多。20世纪60年代末、70年代早期，日本经济腾飞开始改变东亚分裂的局面。日本经济的腾飞，为东亚国家提供了替代样板，首先在诸如新加坡和马来西亚等国引起强烈反响。① 日本通过战争赔款、对外援助、贸易、投资等方式进行资本输出，将东亚经济逐步演变成以日本为中心的经济网络。

直到20世纪90年代中国崛起之前，日本一直是东亚经济网络的中心。日本大量的跨国公司诸如丰田、索尼、松下、三菱等首先在东北亚随后在东南亚地区的汽车业、电子产品、机械加工等领域大量投资生产和销售产品，推动了东亚生产网络的形成。而东亚一些经济体的制造业和金融业的发展，反过来推动了资本的跨国流动，进一步稳固了生产网络。

东亚市场力量的强劲表现，促使一些将经济增长作为重要目标的国家做出反应。东亚涌现大量的"经济特区"或者"经济三角"，诸如中国在沿海建立的经济特区等国内经济特区，以及中国、韩国、朝鲜等建立的图们江流域开发区、中国与东南亚国家建立的大湄公河经济合作区、中印孟缅经济走廊等，就是典型例子。

冷战结束之后，东亚在经济领域尤其是制造业和银行业等部门逐步形成了相当稠密的跨国生产网络，将东亚不同的经济行为体囊括其中，为将分散的东亚联系起来提供了重要动力。有学者统计，20世纪70年代东亚主要经济行为体区域内出口占出口总额的比重约为30％，这一数据到2001年升高到47％；同一时间区域内进口也从30％增加到53％。② 区域内贸易的增长不仅仅意味着经济活动的增多，更重要的是意味着公司内贸易、产业内贸易的增加以及跨国商业联系的增多。

在缺乏多边合作机制的情况下，东亚内部的经济活动主要依靠市场力量的推动。至少有三个要素通过市场力量将分裂的东亚联系起

---

① Edith Terry, *How Asia Got Rich: Japan, China and the Asian Miracle*, Armonk, NY: ME Sharpe, 2002.

② R. McKinnon and G. Schnabl, *Synchronized Business Cycles in East Asia: Fluctuations in the Yen/Dollar Exchange Rate and China's Stabilizing Role*, Institute for Monetary and Economic Studies, Bank of Japan. 2002, p. 4.

来：跨国投资、地区生产网络和国际贸易。

全球化同样影响到了东亚的社会文化领域。冷战期间，诸如韩国、中国台湾、马来西亚等国家和地区为防止意识形态的入侵，对来自"敌国"的书籍、音乐、影视作品等文化产品实行严格封锁，导致不同国家（地区）公民间在意识形态、价值观念等方面的相互交流和影响极其有限。冷战结束之后，这种禁令不断被消除。从以个人为中心的视角来看，后冷战时代的东亚确在社会文化领域的联系日益增多，并开始呈现网络化特征。

冷战结束以来，东亚国家的公民通过诸如电话、邮件通信、海运和航空、旅游、电视和广播，以及合法的和非法的人口流动等方式产生的直接互动日益频繁。[1] 互联网信息技术的传播，以及国家态度的变化，使东亚的跨文化交流变得非常频繁。日本卡通、韩剧、中国文化等，在地区内的传播变得日益便捷。尤其是互联网技术的大量普及，流行音乐、影视、服饰等的相互影响正成为全球化的重要内容。当前东亚不同国家之间流行文化的相互影响已经非常明显。东亚青年间在服饰偏好、影视、音乐、舞蹈等领域的共同性，已经远超生活在冷战期间的父辈们。借助互联网等先进信息技术，东亚公民之间在生活方式、价值观念等方面的影响已经非常突出，相互之间的理解、学习和模仿变得越来越成为平常之事。卡尔·多依奇将公民间的跨国互动称为社会沟通（social communications），并认为跨国互动密度的增加将在行为体之间产生共同身份，并最终催生共同体观念。[2]

除了经济领域市场力量推动形成的经济纽带和社会领域公民个体推动形成的社会文化纽带，公共和私人机构围绕着特定公共议题的合作也在一定程度上将东亚的不同地区联系起来。随着地区流动性的增强，东亚也面临着日益增多的地区和全球性问题，诸如金融危机、恐怖主义、全球公共卫生问题、跨国犯罪，等等。为了解决这些具体领域的问题，一些公共和私人机构之间的合作日益增多，形成了第二轨

---

[1] Stephen S. Cohen, "Mapping Asian Integration: Transnational Transactions in the Pacific Rim", *American Asian Review*, Vol. 20, No. 3, September 2002, pp. 1 – 29.

[2] Karl W. Deutsch, *Political Community at the International Level*, Salt Lake City, Utah: ECKO House Publishing, 2006.

道之间的合作。这些对话的持续催生了东亚行为体开始在各个具体领域通过合作产生实际的解决方案。哈斯指出，这种地区间专家之间的对话将有助于形成"认知共同体"。[1]

与市场和社会力量的急剧增长不同，东亚国家间的跨国互动乏善可陈。尽管东亚绝大多数国家在冷战结束不久即恢复或者建立了外交关系，但地区内多边合作直到1997年东亚经济危机之后形成10+3合作机制，才第一次将东北亚和东南亚联系起来。此前，马来西亚首相马哈蒂尔试图建立东亚经济集团的主张尚未正式提出即宣告夭折，而东亚金融危机之后日本提出建立亚洲货币基金的建议也胎死腹中。东亚10+3经历多年演变，至今仍然是以论坛形式运行，而在此基础上形成的东亚峰会则超出了传统的东亚地理范围的界定。尤其是美国和俄罗斯加入之后，东亚峰会事实上已沦为又一个"清谈馆"。因此，东亚国家行为体之间的互动更多的是以双边或者跨地区形式开展。例如，东亚地区一些国家与美国之间的双边同盟、新建立的伙伴关系，以及APEC等跨地区多边组织内的互动。

总之，后冷战时代东亚地区的国际关系与两极对立的冷战时期相比，的确发生了很大变化。有学者指出，冷战期间东亚在地缘意义上之外，很难被看作一个整体，有人甚至不愿把亚洲称作"一个"地区。[2] 随着美苏两极格局的解体，全球化正通过国际贸易、对外直接投资、公民之间的互动，甚至全球性问题等要素，将冷战时期分离的东亚联系起来，逐步形成一个日益紧密的关系网络。

上述的分析表明，东亚国际关系的网络化是市场和社会力量推动的结果。冷战的结束为市场和社会力量发挥作用提供了条件。但就东亚而言，冷战的遗产仍然存在，并继续影响着行为体之间的互动，使得东亚国际关系网络中的地缘政治因素扮演的角色尤为突出。东亚国际关系网络远未形成一张无缝之网，相反却呈现出明显

---

[1] Peter M. Haas，"Epistemic Communities and International Policy Coordination"，*International Organization*，Vol. 46，No. 1，Winter 1992，pp. 1 - 35.

[2] J. Pollack，"The Transformation of the Asian Security Order：A ssessing China's Impact"，in David Shambaugh ed.，*Power Shift：China and Asia's New Dynamics*，Berkeley，CA：University of California Press，2005.

的"网漏化"。

首先,东亚国家间存在的传统安全问题仍未解决,并呈现出新的特征。在两极对立的冷战时期,美国通过与其盟友建立双边同盟安全体系,维系了地区的稳定。但这种轴辐安全体系架构,并没有从根本上消除地区的不稳定因素。相反,在意识形态冲突这一主要矛盾下被掩盖起来,当主要矛盾消失时,这些潜在的冲突就爆发出来了。这些地缘政治因素,影响了国家层次上的合作。

第一,领土、领海争端和主权问题。在陆地上,中印边界问题、日俄北方四岛归属问题、日韩独岛(竹岛)问题等领土争端,在海上从东海到南海存在的大量岛屿和领海争端,使得东亚成为冷战后的"火药桶"。[①] 被殖民的历史经历和作为相对年轻的民族国家,使得东亚国家尤为强调主权独立和领土完整,成为典型的"威斯特伐利亚"体系。国际关系的网络化则进一步刺激民族主义、民粹主义的兴起,成为影响国家间关系的重要因素。

第二,东亚的地区架构在一定程度上鼓励了地区的分裂而非联合,成为东亚国际关系网络化进一步形成的阻力。这种分裂的地区安排,最为明显的体现就是以美国为中心的轴辐安全体系的继续存在,并有不断加强的趋势。

正是这些地缘政治和历史因素,造成了东亚地区处于"冷和平"的状态。尽管东亚绝大多数国家之间都实现了外交关系正常化,但是由于复杂的地缘政治和历史因素,行为体之间的相互信任水平仍然很低,东亚网络中行为体之间的互动仍然是碎片化的。

其次,东亚网络中经济—安全关系的二元分离。一方面,市场和社会的力量推动着东亚国际关系网络进一步走向整合;另一方面,地缘政治因素则朝着相反的方向发展。正反两方面力量交互作用的结果,就是东亚网络中经济—安全关系的二元分离。[②] 在经济领域,中国是东亚地区大多数国家的最大贸易伙伴,也是作为整体的东盟的最

[①] Robert D. Kaplan, *Asia's cauldron: the South China Sea and the end of a stable Pacific*, New York: Random House, 2004.

[②] 周方银:《中国崛起、东亚格局变迁与东亚秩序的发展方向》,《当代亚太》2012年第5期。

大贸易伙伴。在美国的五个盟友日本、韩国、澳大利亚、菲律宾和泰国中，中国是除菲律宾外其他四国的最大的贸易伙伴。中国崛起之后，东亚地区生产网络由以日本为中心的雁行经济网络转向以中国为中心的竹子模式的生产网络。① 在安全领域，以美国为轴心的轴辐安全体系仍然发挥着重要作用，并成为影响地区安全局势的关键变量。

第三节　东亚面临的"威胁三角"问题

安全威胁的概念处于不断变化之中。② 人们对安全威胁的关注最初主要集中于军事安全，自20世纪80年代以来，非传统安全或者非军事领域的安全问题，诸如来自非国家行为体导致的各种跨国威胁，包括环境恶化、恐怖主义、低下犯罪、传染病扩散等凸显出来。③ 由此，安全的概念逐步包括了经济、政治甚至人的安全等不同内容。同时，国际关系网络化，不仅在行为体之间形成了紧密的相互依赖，而且将不同的安全威胁联系起来形成一个网络。

一　后冷战时代东亚国家面临的安全威胁

后冷战时代东亚国家行为体所面临的安全威胁，可分为军事、经济和政治三种类型。

1. 传统安全威胁

传统安全威胁是可能影响一国物理基础设施、国民安全和一国领土主权完整等方面的威胁。这是传统国际关系理论尤其是现实主义学

---

① A. MacIntyre and B. Naughton, "The Decline of a Japan-Led Model of the East Asian Economy", in T. J. Pempel eds., *Remapping East Asia: the Construction of a Region*, Ithaca: Cornell University Press, 2005, pp. 77 - 100.

② ［英］巴里·布赞、［丹］琳娜·汉森：《国际安全研究的演化》，余萧枫译，浙江大学出版社2011年版。

③ Jessica Tuchman Mathews, "Redefining Security", *Foreign Affairs*, Vol. 68, No. 1, Spring 1989, pp. 162 - 177; Thomas F. Homer-Dixon, *Environment, Scarcity, and Violence*, New Jersey: Princeton University Press, 2010; Mely Caballero Anthony, Ralf Emmers, Amitav Acharya eds., *Non-Traditional Security in Asia: Dilemmas in Securitization*, London: Ashgate, 2002.

者主要关注的内容。① 冷战结束之后,东亚整体的国际环境明显好转。自从 20 世纪 80 年代以来,东亚地区并没有爆发过大规模的武装冲突,和平的局势变得进一步稳固。应该说,应对外部武装入侵不再是东亚国家面临的紧迫威胁。以下几个因素削弱了东亚传统安全威胁带来的紧张程度,大大降低了国家通过武力来解决争端的可能性。

首先,一国面临被他国兼并甚至消亡的风险大为降低。越来越多的学者注意到国家行为体的权力正不断"流散",非国家行为体的权力增大。这一现象对传统安全威胁的意义在于,其影响了一国对武力征服他国的算计。一些学者观察到,冷战结束后甚至一些发展中国家的中央政府或多或少都被削弱了。被削弱的中央政府需要与国内的各种政治派系或者分裂集团作斗争。② 用军事行动征服一个可能面临着分裂、无法控制国内局势的政府,意味着要承担更大的风险。进入 21 世纪以来,美国以反恐、反对大规模杀伤性武器扩散等为理由入侵阿富汗、伊拉克的举动已经表明了,是军事行动引发的诸如难民潮、滋生新的恐怖暴力集团等后遗症。

对一些国家诸如美国而言,尤为担心那些可以制造出大规模杀伤性武器尤其是核武器的国家。但这些国家往往又是美国眼中的"失败国家"或者"无赖国家"。一方面,这些国家国内政体不稳定,国内政治秩序可能失序的风险使得美国担心这些国家所掌握的大规模杀伤性武器和技术可能流入国际恐怖主义和犯罪团伙手中,从而危及美国本土安全。另一方面,美国还担心这些国家利用武器威胁或者攻击其盟友。由此,国际关系网络中的多节点政治,揭示了安全威胁的新特征:弱国可能成为强国的主要安全威胁来源。

其次,国际关系流动性的增强,使行为体更为容易地获得制造武器的技术、原材料和信息,以及伴随的军事技能的提高等。东亚国家在后冷战时代并没有削减军费开支,相反随着国家经济实力的增强,加快了军事现代化的速度。苏联和华沙条约解体之后,一些苏联加盟

---

① [美]巴里·布赞:《人、国家与恐惧》,闫健、李剑译,中央文献出版社 2009 年版。
② Stewart Patric, "Weak States and Global Threats: Fact or Fiction?", *Washington Quarterly*, Vol. 29, No. 2, Spring 2006, pp. 27–53.

共和国和华沙条约的国家继承了苏联的武器生产能力,并积极寻找武器销售市场。同时,一些新的制造商开始进入武器市场。另外,随着技术的进步,许多国家可以制造出更高质量的军事装备。结果,小国和非国家行为体获得高端武器的能力不断增强,能够针对来自大国的攻击付出越来越大的成本,从而迫使大国更为谨慎地使用武力。武器和技术扩散以及由此导致的后果,就是一国要通过武力对他国实施征服和控制,可能要付出更高的代价。有学者指出,当前军事领域正变成"防御主导"的世界,从整体上改变了进攻和防御的力量对比。[①]

最后,国际关系流动性的增强,为行为体通过多种手段解决分歧提供了条件。科技的进步尤其是核武器的出现、国际法的完善、国际舆论环境的改善和信息的快速传播,最为重要的是国际关系正在呈现出的网络化特征,行为体在更大范围内形成的紧密相互依赖关系,使行为体可以通过其他手段来解决面临的分歧和冲突。新现实主义指出,如果国家希望获得"相对收益",不试图"独占"合作成果,则国家在安全问题上也可能合作。换言之,国家可以通过安全合作而不是竞争来最大限度地维护安全。一些学者观察到,随着全球化的推动,国家之间联系的日益增多,一国通过发动侵略战争所能获得的收益急剧降低。[②] 还有一些学者指出,随着一些国家诸如日本逐步走向老龄化,为了保持社会的繁荣,越来越不希望冒险发动战争。[③]

但是,东亚地区的传统安全威胁仍然存在,诸如朝鲜半岛问题、中国台湾问题,以及尚未解决的领土领海争端等潜在冲突,仍然可能扩大,并给地区内国家从外部获取生存和发展所需要的商品、货物、资源,以及信息、人员的流动性等方面带来挑战。

---

① Stephen Van Evera, "Offense, Defense, and the Causes of War", *International Security*, Vol. 22, No. 4, Spring 1988, pp. 5 –43; Ted Hopf, "Polarity, the Offense Defense Balance, and War", *The American Political Science Review*, Vol. 85, No. 2, June 1991, pp. 475 –493.

② John Orme, "The Utility of Force in a World of Scarcity", *International Security*, Vol. 22, No. 3, Winter 1997 –1998, pp. 138 –167; M. Mandelbaum, "Is Major War Obsolete?", *Survival*, Vol. 40, No. 4, December 1988, pp. 20 –38.

③ R. Mandel, *The Changing Face of National Security: A Conceptual Analysis*, Westport, Connecticut: Greenwood Press; E. N. Luttwak, "Where are the Great Powers: At Home with the Kids", *Foreign Affairs*, Vol. 73, No. 4, pp. 23 –28; J. Mueller, "Policy Principles for Unthreatened Wealth – Seekers", *Foreign Policy*, Vol. 102, No. 1, January-Febrary 1996, pp. 22 –33.

2. 经济威胁

后冷战时代东亚地区行为体之间大量的互动发生在经济领域。这不仅因为经济领域属于"低政治"领域，降低了权力政治的色彩；更为重要的是，保持稳定、健康的经济发展水平，对于后冷战时代的东亚国家解决本国所面临的各种国内外问题非常关键，甚至一些国家政权的稳定都很大程度上建立在经济快速发展基础之上。[1]

事实上，自20世纪70年代开始，东亚国家就逐步实施外向型的经济发展战略。从外部获得满足本国经济发展所需要的对外直接投资、稳定的商品出口市场和资源进口来源，以及与之相关的技术、人力资本等生产要素，就成为影响这些国家经济安全的重要因素。[2] 与此同时，随着东亚行为体进一步融入地区和全球经济网络中，又将自身置于非常脆弱的环境。如何化解外部的市场震荡、经济波动，规避或者降低外部危机对本国经济的负面影响，就成为东亚经济体所面临的重要任务。换言之，就是行为体能否管理好国际经济网络中的流动性问题。

（1）东亚经济体日益融入全球市场经济之后，面临着日益增加的脆弱性。开放型经济战略以及全球化的经济环境，往往意味着行为体之间的高度相互依赖。高度的对外依赖不仅将一国经济完全暴露在充满更多不确定性的国际环境中，而且影响了一国对国内经济政策的控制力。资本流动的自由化通过提高投资水平、加快全球经济的一体化、多元化金融风险等方面，增进了人类福利。但是，许多资金流动是以短期私人资本投机的形式进行的，其快速地进出一国资本市场，对一国实体经济所带来的危害将危及一国经济乃至社会的稳定。约瑟夫·斯蒂格利茨对"市场原教旨主义"的批评，认为资本市场的自由化及资本的过度流动增加了一国在全球经济中的脆弱性。[3] 自20

---

[1] R. Wade, *Governing The Market: Economic Theory and the Role of Government in East Asian Industrialization*, Princeton and Oxford: Princeton University Press, 1990.

[2] 例如，关于马来西亚、印度尼西亚、泰国等开放经济战略的政治分析，参见 Alasdair Bowie and Daniel Unger, *The Politics of Open Economies: Indonesia, Malaysia, the Philippines, and Thailand*, New York: Cambridge University Press, 1997。

[3] ［美］约瑟夫·斯蒂格利茨：《全球化及其不满》，李扬、章添香译，机械工业出版社2010年版。

世纪 90 年代以来，发生在许多地方的经济和金融危机都体现了不加管制的全球资本的流动对一国宏观经济和汇率以及企业管理和金融系统等所带来的危害。而且，在日益紧密依赖的经济网络中，一国所发生的经济危机还迅速扩散到其他国家，极易导致地区甚至全球的经济衰退。[1] 最为典型的就是，1997 年经济危机给东亚地区行为体带来的巨大冲击。

（2）东亚生产网络的形成重塑了一国的经济安全环境。[2] 生产网络中，一些行为体追求规模效益越来越专注于极少数产品的生产，促进了生产的集中。行为体通过参与国际分工，成为全球生产网络中的一个节点，并专注于少数商品或者产业部门。通过这种方式，生产网络将世界上绝大多数经济行为体联系起来。

对于生产网络中的行为体而言，加入生产网络除了可以获得可能的利益之外，也面临着风险。首先体现在脆弱性和不确性的增大。由于生产的进一步集中和分工的专业化，行为体将越来越依赖于少数出口市场和原材料产地。因此，外部市场的任何变动，诸如关键出口商品价格的巨幅跌落、进口原材料的巨幅增长、外部市场需求量的突然降低等，都会对其产生巨大的影响。全球化经济相互依赖所导致的可能不利后果，将导致一国追求经济多元化战略，这一点将在后面章节的案例中具体分析。这种战略通过多元化其出口市场和进口资源来源，同时引导本国成为全球经济体中的新的增长引擎。

其次，在前者基础上，由于生产的专业化和生产集中，进一步加

---

[1] David K. Jackson ed., *Asian Contagion: The Causes and Consequences of a Financial Crisis*, Boulder, CO: Westview Pres, 1999; Miles Kahler, "Economic Security in an Era of Globalization: Definition and Provision", *Pacific Review*, Vol. 17, No. 4, December 2004, pp. 485 – 502.

[2] 关于东亚生产网络的分析，参见 Peng Dajun, "The Changing Nature of East Asia as an Economic Region", *Pacific Affairs*, Vol. 73, No. 2, Summer 2000, pp. 171-191; Michael Borrus, Dieter Ernst and Stephan Haggard eds., *International Production Networks in Asia: Rivalry or Riches*, Routledge, 2000; Leonard K. Cheng and Henryk Kierzkowski, *Global Production and Trade in East Asia*, New York: Springer, 2001; 刘春生《全球生产网络的构建与中国的战略选择》，中国人民大学出版社 2008 年版。关于全球生产网络，参见 Kierzkowski, Henryk, Sven W. Arndt, *Fragmentation: New Production Patterns in the World Economy: New Production Patterns in the World Economy*, New York: Oxford University Press, 2001。

剧了全球生产网络中行为体之间的竞争。在国内市场中，政府通过扮演"守夜人"的角色，在维持市场秩序并帮助竞争失败者等方面提供了许多政策工具。但全球生产网络中并不存在一个"守夜人"的角色，这种"无政府状态"的自由资本主义的过度扩张，已经招致了一些反全球化人士的批评。[1] 正是这种激烈竞争，以及缺乏类似国内"守夜人"提供的安全保证，使得一国往往面临着更大的经济风险。

（3）大多数东亚经济体作为全球经济体系的后来者，在融入全球经济的过程中面临着被"边缘化"的风险。首先，随着东亚行为体日益卷入全球经济网络之中，面临来自全球多边制度的束缚。自"二战"结束以来，人们在经济领域先后建立起世界银行、国际货币基金组织、WTO等全球多边组织，一些地区还建立起区域性多边制度。而这些多边合作机制往往为西方大国尤其是美国主导。这些多边组织对一国经济政策的干预，严重影响了一国经济政策的自主性。最典型的例子，就是1997年亚洲金融危机爆发之后，国际货币基金组织对东亚的泰国、菲律宾、韩国等国宏观经济政策的不切实际的干预，导致金融危机的进一步蔓延和恶化，在东亚国家引起了"憎恨"。[2]

其次，当欧洲、北美等地区的地区多边合作大量兴起时，由于地缘政治以及地区外大国美国的影响，东亚地区未能建立起有效的地区多边合作架构。这种担心直接促使马来西亚首相马哈蒂尔提出建立"东亚经济集团"的主张。当然，这一提议并未成功。当其他地区的经济一体化水平不断提高时，东亚地区可能面临着被排挤出局的风险。

总之，东亚行为体面临的经济威胁，可以概括为两个方面：第一，如何应对外部大量的资金流、贸易流等所引发的经济风险。第

---

[1] Joseph E. Stiglitz, *Globalization and its Discontents*, New York: W. W. Norton, 2003.

[2] Richard Higgott, "The Asian economic crisis: a study in the politics of resentment", *New Political Economy*, Vol. 3, No. 3, December 1998, pp. 333–356; 关于国际货币基金组织参与东亚金融危机救援的过程，参见［马来西亚］沈联涛《十年轮回：从亚洲到全球的金融危机》，杨宇光、刘敬国译，上海远东出版社2013年版。

二，如何获得参与全球经济活动的机会，确保在全球市场中不被"排挤"出局。国际经济关系的网络化不仅导致行为体之间的相互依赖增大，使行为体更容易暴露在外部动荡的环境中；而且限制了行为体的自主性，使行为体处于一个高流动性、高风险的环境中。与此同时，网络化使得行为体越来越难以摆脱网络的控制和束缚。[①] 在这种情况下，如何避免被边缘化，并从外部获得有效的资源和信息以应对网络化的全球经济所带来的威胁和挑战，就成为一国对外经济战略的优先事项。

3. 政治威胁

政治威胁主要指的是一系列可能侵蚀一国作为主权国家基础的威胁。巴里·布赞等学者认为，政治威胁针对的主要是国家的组织稳定性。其目标范围可能是从给政府施压产生一个特殊政策，从推翻政府到挑起分裂主义、破坏国家的政治结构，从而在军事攻击之前使其先遭到致命削弱。国家的观念，特别是民族认同与组织化的意识形态，以及表达这些观念的机制是政治威胁的一般性目标。[②] 可见，与安全威胁和经济威胁等主要关注外国对其可见价值的威胁不同，政治威胁更多地关注包括一国面临的非可见的、更具主观性甚至是最为根本的身份问题，即独立和主权、平等和尊严、自由行动，以及道德权威和治理能力等方面的侵害。

政治威胁同样可能来自于内部和外部两个方面。内部政治威胁包括国内叛乱、分裂行动、公民社会的压力以及种族压迫等问题。而外部威胁包括外部的政治干涉以及被其他大国支配等。政治威胁主要被当权的政治精英用来解释、命令和阐释其内外政策的合法性。其重要性将决定一国在国际体系中的存在和一国在国际体系中的地位。在极端情况下，政治威胁将使一国分裂，或者陷入无法正常运行或者处于附属地位的"卫星国"。

大多数东亚国家尚处于民族国家建设时期。但是，越来越多的研

---

① 徐正中：《国际贸易网络演化研究》，硕士学位论文，东北财经大学，2012年。
② ［英］巴里·布赞、奥利·维夫、［美］迪·怀尔德：《新安全论》，朱宁译，浙江人民出版社2003年版，第21页。

究表明，国家权威日益被跨国公司、非政府组织和国际机构等削弱。① 在一些情况下，这些组织的活动可能有助于改善一国的治理能力。在另外一些情况下，也可能成为导致一国或者地区不稳定的因素。而信息化、网络化便利了这些行为体之间的跨国、跨地区联系，增强了其相对于国家政府的权力。这种趋势给东亚国家带来了巨大的挑战。穆罕默德·阿约伯（Mohammed Ayoob）指出，在第三世界国家中，国内政治因素越来越成为其判断外部威胁的透镜。由于第三世界国家内部潜藏着大量的冲突诱因，因此一国面临的其他威胁"必须通过政治领域来思考"。② 对于尚处于国家建设时期的东亚国家而言，国家主权独立、政体安全、国家身份等因素在一国对外政策中扮演着重要角色。

后冷战时代一国面临的政治威胁，最为明显地体现为互联网为代表的信息化给一国政治带来的挑战。一些组织和群体利用新的信息和通信网络来开展反对国家的活动。信息化时代，对新的信息严格控制变得越来越困难。而西方国家在东亚地区推行的民主和人权等所谓"普世价值"，一定程度上也削弱了国家对国内社会的控制。更为严重的是，一些日益强大的非国家行为体诸如私人武装、分裂势力、海盗、黑社会组织等凭借强大的力量给一国国内带来非常不安定的因素。最近缅甸北部地区政府军与少数民族武装爆发的大规模冲突，就是典型体现。

就东亚具体情况而言，由于国家在地理要素（诸如国土面积、人口等方面）、经济社会发展水平、政治制度以及历史条件等方面存在的差异，不同国家面临着不同的政治安全威胁。大体上可以分为三类：诸如中国、朝鲜、韩国等国面临的主要问题是国家统一问题；朝鲜、缅甸等国，由于历史因素尚处于国际社会边缘；日本由于其历史遗留问题，在地区的角色和地位得不到认同，处于"不正常国家"状态。

---

① ［英］苏珊·斯特兰奇：《权力流散：世界经济中的国家与非国家权威》，肖宏宇、耿协峰译，北京大学出版社2005年版。
② Mohammed Ayoob, *The Third World Security Predicament: State Making, Regional Conflict, and the International System*, Boulder: Lynne Rienner Publishers, 1995.

二 东亚的"威胁三角"问题

前述分析了东亚国家面临着三个主要方面的威胁：传统军事安全威胁、经济威胁以及政治威胁。后冷战时代国家与国家之间、不同行为体之间日益紧密的相互依赖，以及商品、货物、资本、人员和信息等的跨国大规模流动所形成的网络化环境，意味着行为体所面临的这些威胁并不是孤立存在的，而是相互联系、相互影响的，从而构成了东亚国家所面临的"威胁三角"（见图3—1）。

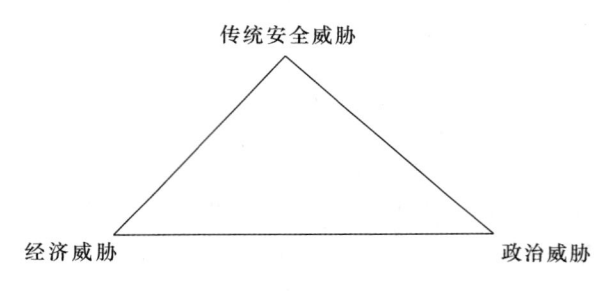

图3—1 一国所面临的"威胁三角"

首先，传统安全威胁可能通过影响一国的经济基础设施或者长期发展所需要的资源来源，直接影响一国的经济安全。例如，东亚围绕着南海领土主权的争夺本身是传统安全威胁，但考虑到南海在将东亚国家与外部市场通过海洋航线联系起来时所发挥的巨大作用，其可能影响一国甚至整个地区的经济安全。

传统安全威胁同样可能导致政治威胁。东亚一些国家尚处于转型时期，一些传统安全问题极易诱发本国政权不稳甚至垮台。最为典型的如朝鲜核问题中朝鲜所关注的事项中，除了面临可能的外部军事入侵，还面临着巩固本国政权稳定的压力。美国等西方大国在一些发展中国家推行"颜色革命"，试图通过推翻一国的现行政府来扶植新代理人，类似的军事入侵更是直接危及了一国政治安全。

其次，经济威胁可能演变成政治威胁或者军事威胁。一国长期经济萧条可能引发国内民众对政府的不满，从而使经济问题演变成政治威胁。经济困难也可能伴随着严重的分配不公，导致国内民族或者种族冲突。在这两种情况下都可能演变成内部安全和政治问题。1997年爆发的亚洲金融危机，在给各国经济上带来巨大经济威胁的同时，也在一些国家引发骚乱甚至使政权垮台。

经济问题还可能以其他形式导致安全威胁。当经济萧条时，一国会降低防务开支，从而削弱一国应对外部威胁的能力。同样，一国经济萧条可能导致政治领导人向其他国家寻求援助，被迫接受苛刻的援助条件，这也会削弱一国在世界政治中的道德权威。

最后，政治威胁可能对一国经济和安全利益产生直接和间接影响。例如，一国政府统治权威的降低可能削弱一国实施有效经济项目和安全政策的能力，降低其在国际社会中的影响，从而影响对外直接投资、国际人才、资源等的流入，削弱本国利用外部市场和资源来实现本国经济目标的能力。这些后果可能形成恶性循环，反过来又进一步削弱政府的道德权威和治理能力。

更为重要的是，一些面临政治威胁的政府往往通过对外采取强硬的政策，调动国内的民族主义情绪以转移国内民众的注意力。这往往导致国家之间关系的紧张，如果安全关系管理不善，很容易诱发国际冲突。最为典型的是，日本在经历连续两个"失去的10年"之后，国内出现右倾主义倾向，使其在中日钓鱼岛问题、东海问题、日韩历史问题、独岛（竹岛）问题等上采取强硬政策，从而导致地区不稳定。

以上分析表明，后冷战时代东亚所面对的传统军事安全威胁、经济安全威胁和政治安全威胁等三个方面是相互影响、相互作用的，构成了一国需要解决的"威胁三角"。正如约瑟夫·奈指出的，这些威胁导致世界秩序处于"混乱的、不断变化之中，很难简单地去归类或者解决"。[1] 需要强调的是，这种"威胁三角"在不同时期都不同程度地存在，但是后冷战时代东亚国际关系流动性特征，使得这种威胁三角尤为清晰地呈现出来，也增加了一国应对威胁的

---

[1] Joseph S. Nye Jr., "What New World Order?", *Foreign Affairs*, Vol. 71, No. 2, Spring 1992, pp. 83 - 96.

难度。

更进一步的分析显示，这一"威胁三角"的形成，不仅仅因为各威胁之间的相互影响和相互制约，更重要的是国家为了应对这些威胁面临着战略上的成本—收益权衡问题，即当一国试图通过特定措施来减缓某一种威胁类型时，将不可避免地导致本国被暴露在其他两种威胁之中。例如，一国为了应对传统安全威胁，可能会面临着经济威胁和政治威胁。因此，一国很难通过单一战略来解决其所面临的所有威胁。这一困境类似国家在管理货币问题上的"不可能三角"困境。[①] 笔者将在下一章分析东亚行为体在应对安全威胁时所面临的"不可能三角"困境，即一国不能依赖传统战略中的自助、结盟或者制度化中的任何单一战略，来应对这种"威胁三角"问题。

小　　结

冷战期间，基于美苏两极对立，在东亚主导性的地区架构是以美国为中心、其他东亚盟友为轮辐的轴辐安全体系。在轴辐安全体系下，东亚行为体主要依赖与美国的盟友关系，从美国获得军事、经济和政治安全利益。这种不对称的同盟关系，是建立在美国与东亚国家共同应对苏联共产主义阵营这一威胁基础之上的。美国的霸权地位为同盟关系提供了稳定。双边轴辐安全体系为美国实施对东亚国家的控制提供了便利。

苏联解体和冷战结束，改变了东亚国际关系环境。主要国家之间纷纷建立或者恢复外交关系，实现了关系正常化。地区和国际局势的好转，使东亚的商品、货物、资本、人员和信息等生产要素的跨国流动迅速增加，将原本分离的东亚联系起来，并形成了东亚地区网络。但是，在这一过程中，跨国公司、非政府机构以及公民个人等非国家

---

① 关于货币问题上的"不可能三角"，可参见沈国兵、史晋川《汇率制度的选择：不可能三角及其扩展》，《世界经济》2002年第10期；易纲、汤弦《汇率制度的"角点解假设"的一个理论基础》，《国际金融》2001年第8期。

行为体扮演了重要角色，国家行为体之间的合作并不显著。换言之，东亚地区网络的形成主要是市场和社会力量的推动，国家只扮演了有限的角色。

受到地缘政治因素的影响，东亚国家行为体之间缺乏深入持续的合作。一方面，东亚地区的冷战遗产仍然影响着国家之间的互动。冷战造成的朝鲜半岛问题、中国台湾问题等尚未解决，美国的东亚同盟仍然继续存在，并有不断强化的趋势。此外，冷战时期基于应对苏联共产主义入侵这一共同威胁的需要，东亚内部行为体之间存在的领土争端问题、日本历史入侵问题等，暂时被掩盖了起来。冷战结束之后，这些问题重新浮现出来，成为影响国家之间关系的新因素。

这些新旧因素混在一起，使东亚行为体在传统安全、经济和政治等不同领域面临着新的威胁。并且这些不同领域的威胁相互影响、相互联系，形成了"威胁三角"。"威胁三角"妨害了行为体与外部世界的商品、货物、人员、资本和信息等生产要素的正常流动，影响了行为体从外部获取资源和信息的能力。

东亚的经济—安全二元结构，明显地体现了行为体在管理和控制流动性方面的能力差异。中国庞大的人口和消费市场、巨额的外汇储备，以及较高的经济增长速度，使得中国成为东亚地区网络中重要的经济力量。东亚不少行为体需要中国的商品出口市场、低廉的消费品和资金。而美国庞大的军费开支、遍布东亚地区的同盟关系、先进的武器装备和实战能力，使得其成为东亚地区网络中重要的军事力量。一些东亚地区行为体需要美国来应对传统安全威胁、打击恐怖主义、应对自然灾害等各种非传统安全威胁问题。当然，东亚地区行为体要应对"威胁三角"显然需要更多的外部支持，中国和美国在其中扮演的角色只是更为明显。

这种经济—安全二元结构的一个重要影响，就在于美国在冷战时期作为霸权国家，为东亚行为体在传统安全、经济和政治等不同领域提供公共物品的地位受到挑战。在新的环境下，东亚行为体显然需要寻求新的途径来应对新的威胁。尼克·俾斯利（Nick Bisley）注意到了这种转型正在导致东亚国际关系的"重组"：

权力在国家与国家、国家与公民之间正在被重新分配，冷战期间的战略安排正在被重塑。变化的环境不仅仅带来了新的威胁形式，而且是关于威胁性质本身的思考。全球化正在编织一张复杂的贸易网，投资和沟通正在挑战传统的国家治理形式和关于国家利益的传统概念。[①]

[①] Nick Bisley, "China's Rise and the Making of East Asia's Security Architecture", *Journal of Contemporary China*, Vol. 21, No. 73, January 2011, pp. 19 – 34.

第 四 章

国家的战略菜单：同盟、国际制度与伙伴关系

面对威胁，国家主要通过三种途径来应对：以自助的方式增强自身权力；寻求与其他国家双边合作、寻求多边合作。在既有文献中，自助的途径包括诸如富国强兵、重商主义等以增强本国经济和军事实力为主要目的的战略。但后冷战时代行为体之间的相互依赖，使自助越来越不可能。因此，就产生了第二种途径，即寻求外部援助和与他国合作。这种途径在国际关系文献中包含结盟和制度化合作两种方式。事实上，国际关系中的大量文献对这两种途径进行了研究。本章结合东亚国家在后冷战时代面临的"威胁三角"问题对此展开分析，并分析国家应对威胁的第三种途径——战略伙伴关系。

第一节 同盟、制度化合作与"不可能三角"困境

除了自助，同盟和国际制度是一国应对威胁的主要战略工具。后冷战时代国际关系的网络化，使东亚国家面临一个充满流动性的环境，国家在解决"威胁三角"问题时，如果采用同盟和国际制度等传统外交工具，将面临安全领域的"不可能三角"困境。

一 同盟与"不可能三角"困境

1. 同盟在应对威胁方面的作用

同盟（alliance）是当一国无法凭借自身实力来有效实现预期目标时，通过与其他行为体在应对威胁方面建立起紧密的合作关系，并相互承诺在对方处于危机时提供援助，从而降低来自共同的外部敌国的威胁，或提高自身的相对权力位置。①

同盟可能以不同的形式存在，并具有不同的功能。② 在形式方面，同盟可能体现了"不对称同盟"，即在大国与小国之间的结盟；或者对称结盟，即权力几乎相等国家之间的结盟。此外，联盟也可能以"双边"或者"多边"形式体现出来，比如以正式的或者松散的军事合作形式，或者完全结盟的形式，其体现为明确地相互提供安全保证和集体防御合作，以及保持一体化的指挥结构、标准化的运行程序和保持常规军力。③ 在功能方面，同盟可能具有不同目的，在国家结盟行为的理想类型学光谱上，可以分为追随（bandwagoning）和制衡（balancing）两个对立的类型。制衡包括诸如遏制、威慑、包围、封锁等形式。追随则刚好是制衡的反面，是通过进入霸权国家主导的阵营，来获得利益或者避免受到霸权国家的攻击。④

---

① 关于同盟的定义参见［美］斯蒂芬·沃尔特《联盟的起源》，周丕启译，北京大学出版社2007年版；Arnold Wolfers, "Alliances", in Sills, D. L. ed., *International Encyclopedia of the Social Sciences*, Michagen: Free Press, 1968, pp. 268–271; Glenn H. Snyder, "Alliance Theory: A Neorealist First Cut", *Journal of International Affairs*, Vol. 44, No. 1, Spring/Summer 1990, pp. 103–123。

② 到目前为止，不同学者采用不同的术语来描述这两种不同类型，诸如支配性同盟与平等同盟，大国同盟与小国同盟。例如，Bruce M. Russett, "An Empirical Typology of International Military Alliances", *Midwest Journal of Political Science*, Vol. 15, No. 2, pp. 262–289; Glenn H. Snyder, *Alliance Politics*, Ithaca: Cornell University Press, 1997; George Liska, *Alliances and the Third World*, Baltimore: Johns Hopkins Press, 1968; James D. Morrow, "Alliances and asymmetry: An Alternative to the Capability Aggregation Model of Alliances", *American Journal of Political Science*, Vol. 35, No. 4, November 1991, pp. 904–933。

③ Arnold Wolfers, "Alliances", in Sills, D. L. ed., *International Encyclopedia of the Social Sciences*, Michagen: Free Press, 1968, pp. 268–271.

④ ［美］斯蒂芬·沃尔特：《联盟的起源》，周丕启译，北京大学出版社2007年版。

无论一国结盟的动机是制衡还是追随，目的都是为了"通过将外部的权力附加到自身身上"来增强自身权力。[1] 具体而言，一国通过结盟可以从以下几个方面增强自身的军事、经济和政治权力。从军事方面，通过结盟可以实现以下目标：（1）获得安全保护伞。即在外部入侵的情况下，获得盟友明确的军事支持。（2）获得盟友的军事硬件支持、援助、作战方针和技术等方面的援助。（3）影响同盟的行为，包括阻止其加入敌对国。（4）带来地区稳定和相对可预期的秩序。[2] 联盟还会给参与国带来政治和经济等其他方面的利益。政治上，通过结盟可能提高国际地位，并巩固国内的执政基础。[3] 经济上，通过结盟可以获得进入对方市场的优先权，拓宽了国际市场，并可能优先获得来自盟友的资金、技术以及发展援助等。一国通过结盟间接地获得可靠的安全保护伞，将使其可以集中有限的资源来发展经济。此外，获得先进武器和新技术，以及借助产生的外溢效益，来增加生产性资源以及推动本国防务产业和相关部门的发展。[4]

2. 同盟的缺陷与"不可能三角"困境

摩根索指出，一国是否与他国建立同盟关系是一个"权谋"问题：当一国相信自身力量强大到不需要外援就足以自保时，其会避免结盟；当在同盟内因承担的义务带来的负担超过预期的利益时，其也不会结盟。[5] 可见，结盟是特定条件下的产物。

---

[1] ［美］汉斯·摩根索：《国家间政治：权力斗争与和平》，徐昕、郝望、李保平译，北京大学出版社 2006 年版。

[2] George Liska, *Alliances and the Third World*, Baltimore: Johns Hopkins Press, 1968; Glenn H. Snyder, "Alliances, Balance, and Stability", *International Organization*, Vol. 45, No. 1, Winter 1991, pp. 121 – 142; Michael N. Barnett and Jack S. Levy, "Domestic Sources of Alliances and Alignments: The Case of Egypt, 1962 – 1973", *International Organization*, Vol. 45, No. 3, 1991, pp. 369 – 395; Steven R. David, *Choosing Sides: Alignment and Realignment in the Third World*, Baltimore: Johns Hopkins University Press, 1991.

[3] George Liska, *Alliances and the Third World*, Baltimore: Johns Hopkins Press, 1968, pp. 27 – 29.

[4] 关于一国军事行动和经济行为之间的互动，参见 A. F. Mullins Jr., *Born Arming: Development and Military Power in New States*, Redwood: Stanford University Press, 1987; Ethan B. Kapstein, *The Political Economy of National Security: A Global Perspective*, McGraw – Hill College。

[5] ［美］汉斯·摩根索：《国家间政治：权力斗争与和平》，徐昕、郝望、李保平译，北京大学出版社 2006 年版，第 219 页。

在冷战两极对立的环境下，面临紧迫的外部威胁和基于意识形态形成的泾渭分明的敌我划分，东亚绝大多数行为体选择了通过结盟来应对外部威胁。冷战结束之后，苏联这一威胁不复存在，此时同盟关系就可能造成摩根索所说的"在同盟内因承担的义务带来的负担超过预期的利益"的情形。

第一，当一国因自身力量不足与更为强大的其他国家结盟时，构成了不对称的同盟关系。在不对称的同盟中，弱国可能面临着强国的干涉，并陷入强国的影响力之中的危险。这种结盟限制了对外战略运作空间，削弱了其政策的自主性，而且有可能削弱统治者在国内民众中的合法性。[①] 从外部来看，其可能削弱一国在国际社会中的可信度和独立性，从而使弱国处于不利地位。

东亚地区既有的同盟关系就属于典型的不对称同盟，美国处于绝对优势地位。在冷战时期，东亚国家通过美国建立的这种轴辐安全体系，不仅获得了军事安全保证，而且获得美国单方面在经济领域提供的市场准入、资金技术援助、在国际多边场合提供政治方面的支持等公共物品。在冷战时期，具有一定的合理性。但是，冷战结束之后，随着苏联威胁这一共同利益的消失，美国与盟友日本、韩国之间常因为美国驻军基地、军费分担等龃龉不断。日本经常面临着来自美国在修改国内和平宪法、海外派军等方面的各种要求，韩国在朝鲜半岛问题等方面同样面临着来自美国的压力和指责。有学者指出，在不对称的同盟关系中，当双方不存在共同的紧迫威胁时，较弱一方则"可能被更为强大的国家所支配，维护共同利益的意愿可能被憎恨和抵制所代替"。[②] 日本、韩国等与美国的同盟关系所面临的正是这种情况。

---

① Michael N. Barnett and Jack S. Levy, "Domestic Sources of Alliances and Alignments: The Case of Egypt, 1962 – 1973", *International Organization*, 1991, Vol. 45, No. 3, pp. 369 – 395; 关于一国政策自主性与结盟的关系，参见 Michael F. Altfeld, "The Decision to Ally: A Theory and Test", *The Western Political Quarterly*, Vol. 37, No. 4, December 1984, pp. 523 – 544; James D. Morrow, "Alliances and asymmetry: An Alternative to the Capability Aggregation Model of Alliances", *American Journal of Political Science*, Vol. 35, No. 4, November 1991, pp. 904 – 933。

② David. Vital, *The Inequality of States: A Study of the Small Power in International Relations*, Westport: Greenwood Press, 1967, p. 187.

另外,东亚地区大多数国家存在着被殖民统治或者被战败的经历,国家往往对主权问题非常关注,若一国对处于强势的美国过度妥协,可能会引发国内民族主义的不满。斯奈德发现,由于过分强调殖民统治历史,一些国家不愿意建立同盟关系而更愿意通过武器援助等方式来获得一国的支持,因为这种选择保留了政治自由度。①

更为严重的是,后冷战时代东亚地区权力的变迁降低了美国为其东亚盟友提供公共产品的能力。这一点在经济领域尤其突出。本书在前面已经提到,冷战结束之后东亚地区出现了经济—安全二元分离的格局。中国崛起之后,正成为东亚地区经济网络的中心,逐步取代美国和日本的位置。而且,东亚生产网络的形成,进一步加强了东亚行为体之间的相互依赖关系,即使美国,也与中国形成了紧密的相互依赖关系。

由此可见,冷战结束之后国际和地区局势的变化,使得东亚地区既有的同盟关系的作用已经大为下降。这种同盟关系已经无法满足一国需要应对的军事、经济和政治威胁这一"威胁三角"。相反,这一同盟关系处理不当,还可能构成"威胁三角"的组成部分。例如,同盟关系可能降低本国的国际影响力,并引发国内民族主义的反弹,从而造成政治威胁。同盟关系若未能妥善处理与中国这一经济中心的关系,可能威胁本国的经济利益。

第二,既然与美国这种不对称的同盟关系存在着这些缺陷,那么如果东亚地区内势均力敌的国家之间建立同盟关系呢?这种势均力敌的对称同盟关系也存在自身的缺陷。尽管对称同盟关系降低了一国被其盟友"强迫"或者"利用"的风险,相对于不对称同盟来说更能保持自主性。但是,考虑到东亚地区大国与小国之间巨大的权力差距,这些小国构成的同盟关系能否足以应对和制衡外部威胁仍然是值得怀疑的。

更为重要的是,东亚国际关系的流动性使得权力结构的变化更为

---

① Glenn H. Snyder, "Alliance Theory: A Neorealist First Cut", *Journal of International Affairs*, Vol. 44, No. 1, Spring/Summer 1990, pp. 103 – 123.

迅速，而且关于权力的评估和计算也更为复杂。例如，就经济领域而言，尽管中国经济总量已经位居东亚第一、全球第二的位置，在市场等方面具有明显优势；但是日本在东亚生产的金融、技术、人才等方面的"软力量"仍然无法忽视。詹姆斯·莫罗（James D. Morrow）指出，在对称性的同盟中，任何一个成员实力的改变都可能重塑整个同盟的利益。① 显然，东亚国际关系的流动性极大地限制了稳定同盟的形成。

第三，无论什么性质的同盟关系，同盟作为应对安全威胁的手段都面临着"被抛弃"和"被拖累"的两难困境。② 格伦·斯奈德（Glenn H. Snyder）指出，结盟中的安全承诺"并不绝对牢固，不管条约上如何规定，一方担心被其盟友抛弃的恐惧总是存在的"。"被抛弃"的可能性以各种形式存在，如盟友可能在关键时刻倒向敌国，也可能干脆放弃盟约选择中立。即使其坚持了盟约关系，但也可能不很好地履行承诺，或者在危机中未能提供预期的支持。此外，一国也担心"被拖累"的风险，即被动卷入与其自身利益无关的冲突中的危险。③ 沃尔夫斯指出，不管盟国之间提供何种保护，都无法克服被拖入不是因自身利益引发的冲突中的恐惧。因此，只要条件允许，国家往往倾向于选择靠边站。④

有学者指出，由于苏联这一共同威胁的消失，美国的东亚盟友在美国战略中的地位的确出现下降。而日本、韩国、菲律宾、泰国等盟

---

① James D. Morrow, "Alliances and asymmetry: An Alternative to the Capability Aggregation Model of Alliances", *American Journal of Political Science*, Vol. 35, No. 4, November 1991, pp. 904 – 933, p. 918.

② Glenn H. Snyder, "The Security Dilemma in Alliance Politics", *World politics*, Vol. 36, No. 4, July 1984, pp. 461 – 495. 对此观点的批评，参见梁志《"同盟困境"理论的"困境"——以冷战时期美韩同盟为中心》，《中国社会科学报》第 337 期，2012 年 8 月 1 日第 A5 版；梁志《"同盟困境"视野下的美韩中立国监察委员会争端（1954—1956）》，《华东师范大学学报》（哲学社会科学版）2011 年第 6 期。

③ Glenn H. Snyder, "Alliance Theory: A Neorealist First Cut", *Journal of International Affairs*, Vol. 44, No. 1, Spring/Summer 1990, pp. 103 – 123; Glenn H. Snyder, *Alliance Politics*, Ithaca: Cornell University Press, 1997.

④ Arnold Wolfers, *In Defense of the Small Countries*, New Haven: Yale University Press, 1944.

友都担心美国从东亚撤退。① 尽管存在着美日同盟,但面对与中国在钓鱼岛和东海海域的争端,日本仍然担心美国到时候会"抛弃"日本。② 同样,面临拥有核武器的朝鲜,韩国仍然担心当其受到朝鲜攻击时,美国安全承诺的可靠性。

不难发现,后冷战时代由于失去了苏联这一共同的紧迫安全威胁,美国与亚太盟友之间的同盟关系也面临挑战。这种挑战不仅可能会导致处于弱势地位的盟友面临政治威胁和经济威胁,甚至可能都无法通过同盟关系来摆脱安全威胁。由此可见,后冷战时代东亚行为体若将同盟作为应对威胁的唯一工具,将面临安全领域的"不可能三角问题"(impossible trinity)③,即一国将无法同时应对其所面临的安全威胁、经济威胁和政治威胁。更为严重的是,美国若背叛同盟,则同盟关系连传统安全都无法获得保障。

二 国际制度与"不可能三角"困境

通过多边合作来应对威胁的做法被学界从两个角度进行分析:军事安全领域的多边合作和在政治经济领域的多边合作。军事领域的多边合作包括国际安全机制、大国协调和集体安全体系等类型。以传统安全为主要目标的多边合作,尽管可能在应对传统安全威胁方面起作用,但在应对后冷战时代一国所面临的"威胁三角"问题上显然存在着局限。例如,东亚地区现有的东盟地区论坛、朝鲜问题六方会谈等多边安全合作。本书在此不做过多探讨。

政治经济领域的多边合作则被称为制度主义(instituionalism)、

---

① Yuen Foong Khong, "Coping with Strategic Uncertainty", in Suh, Peter Katzenstein and Allen Carlson eds., *Rethinking Security in EastAsia: Identity, Power, and Efficiency*, California: Stanford University Press, 2004, pp. 172 – 208.

② Jin Kai, "China and the US-Japan alliance in the East China Sea Dispute", *The Diplomat*, December 27, 2013.

③ "不可能三角"这一概念来自于经济学领域。"不可能三角"即在开放的经济环境中,一国不可能同时实现资本流动自由、货币政策的独立性和汇率的稳定性这三项目标。关于"不可能三角"问题的一般分析,参见马欣原《不可能三角——从历史角度的阐释》,《金融研究》2004年第2期。

地区一体化（regional integration），或者多边主义（multilateralism）等。① 这种多边合作是一国试图通过与其他行为体开展制度化形式的合作来达成本国战略目标的外交政策工具。制度化的多边合作建立在一国与其他国家在全球、地区内或是跨地区面临着类似的威胁或者共同的机遇基础之上。

本书将这一政策工具称为制度化合作，主要是基于以下两个理由：第一，其在定义上是非强制性的途径。第二，必须通过国际关系学中的"国际制度"来实施，不仅仅包括政府间组织，而且包括地区制度、地区内合作，以及旨在协调两个或者多个政府在某一部门的合作行为。尽管合作的形式和领域不同，其目标都是国家为了"达成在没有跨越政治和组织边界的合作中无法实现的目标"。②

1. 制度化合作与同盟的区别

作为一种政策选择，制度化合作至少在以下三个方面有别于同盟关系。第一，在运行模式上，同盟是军事领域，制度化合作更多是非军事方面的。国际制度可能更多地承担着某种形式的功能合作、经济一体化，以及管理国家间的政治和战略协调等方面功能。第二，在功能上，同盟主要是通过使用或者威胁使用武力，来遏制、应对或者威慑敌对国家。国际制度则旨在功能、经济或者政治领域等产生正和结果以及相互获益，当然并不一定是同等获益。③ 换言之，同盟主要是国家之间无休止的霍布斯世界的合作，而后者则是在洛克和康德的"相互依赖、共同命运、同质化和自我约束"的文化中合作，其主要

---

① 从概念上，多边主义主要有两种不同的意思。第一种指的是一国的对外政策倾向，第二种指的是国家之间的互动模式。除非明确指出，本书指的是第一种意思。多边主义指的是一国将多边制度和过程作为推进其政策目标的工具。参见 Robert O. Keohane, "Multilateralism: an agenda for research", *International Journal*, Vol. 45, No. 4, Autumn 1990, pp. 731 – 764; John Gerard Ruggie and Anne-Marie Burley, *Multilateralism matters: The theory and praxis of an institutional form*, New York: Columbia University Press, 1993. 为了简单，多边主义者和地区主义途径都被简单地称为制度主义或者制度合作。

② Ernst B. Haas, "The study of regional integration: reflections on the joy and anguish of pretheorizing", *International Organization*, Vol. 24, No. 4, Autumn 1970, pp. 606 – 646.

③ 例如，Andreas Hasenclever and Peter Mayer, *Theories of International Regimes*, New York: Cambridge university press, 1997。

强调基于规范协调和永久和平的国家间社会中的互动。① 第三，在组织特征上，同盟主要体现为等级制形式，强国享有支配和优势地位。国际制度通常是一种在更为平等的基础上，具有很强的规范性约束特征的合作模式。这一点对于那些功能性和经济性合作组织诸如 APEC 成立，对于那些合作安全制度诸如东盟地区论坛等也成立。这些多边组织为各成员国无论大小，通过对话和协商而不是结盟的方式来管理安全和政治问题，提供了工具。②

2. 制度化合作的一般收益分析

现实主义者将国际制度视为权力的注脚，认为国际制度并不会对国际结果产生实质性影响。③ 自由制度主义者则认为，国际组织通过为行为体提供相互之间交流互动和讨价还价的平台，提供信息、降低了交易成本、延长了未来合作的预期等，从而便利了行为体之间潜在冲突的解决以及合作的开展。④ 正是因为国际制度发挥的这种作用，自由制度主义者将国际制度视为一国在复合相互依赖的国际关系中，施加影响力和获得既定国际结果的有效工具。

影响一国参与国际制度的因素很多。一国凭借自身力量无法满足生存和发展的需求，并应对潜在的威胁和挑战，是其中的一个重要因素。换言之，一国加入某一国际制度，将可以获得通过其他方式可能无法实现的国家目标。从权力的角度来看，一国加入某一多边国际机

---

① Michael W. Doyle, *Ways of War and Peace: Realism, Liberalism, and Socialism*, New York: WW. Norton & Company, 1997; [美] 亚历山大·温特：《国际政治的社会理论》，秦亚青译，上海人民出版社 2005 年版。

② 基欧汉等学者将主要用于安全目的的制度，称为"安全管理制度"。参见 Robert O. Keohane, "Introduction", in Helga Haftendorn and Robert O. Keohane, eds., *Imperfect Unions: Security Institutions Over Time and Space: Security Institutions Over Time and Space*, New York: Oxford University Press, 1999。

③ 例如，John J. Mearsheimer, "The False Promise of International Institutions", *International security*, Vol. 19, No. 3, Winter 1994 – 1995, pp. 5 – 49。

④ 例如，[美] 罗伯特·基欧汉：《霸权之后：世界政治经济中的合作与纷争》，苏长和、信强、何曜译，上海人民出版社 2006 年版；[美] 罗伯特·基欧汉、[美] 约瑟夫·奈：《权力与相互依赖》，门洪华译，北京大学出版社 2012 年版；Stephen D. Krasner, *International Regimes*, Ithaca: Cornell University Press, 1983; Andreas Hasenclever and Peter Mayer, *Theories of International Regimes*, New York: Cambridge university press, 1997; Robert O. Keohane, "The Demand for International Regimes", *International organization*, Vol. 36, No. 2, Spring 1982, pp. 325 – 355。

制将可以借助国际制度增强自身在国际体系中的相对权力，或者便利权力的使用。

国际制度为一国寻求国际社会支持、发挥影响力提供了渠道。基欧汉和约瑟夫·奈指出，国际制度是"尤其适合小国的工具"，因为国际制度为小国推行联系战略、避免因为在相互依赖关系中的脆弱性提供了有利的应对途径。① 地区和多边国际组织还可以被用来作为整合国际资源、增强自身能力和解决共同问题的外交政策工具。在国际经济中，地区主义被视为一国单凭自身无法解决全球经济风险而采取的手段。② 国际制度同样是大国尤其是霸权国家维持权力的有效工具。基欧汉指出霸权国家衰落之后，通过其早期建立的国际制度仍然能延续霸权利益。③ 伊肯伯里认为，美国通过建立全球性的国际组织实行自我约束，可以赢得其他国家的合作，并缓解其他国家对合作关系被大国主导或者抛弃的恐惧，从而最大化地实现霸权利益。④ 美国"二战"结束后的大战略就明显地体现了制度的这一功能。

从总体上，我们可以将一国加入某一国际制度获得的收益总结为以下几个方面。

首先，一国加入国际制度可以获得国际信息，并借助国际制度这一平台来向外部传播信息。自由制度主义认为，国际制度通过为行为体之间的互动提供信息、降低交易成本、延长未来合作预期，从整体

---

① ［美］罗伯特·基欧汉、约瑟夫·奈：《权力与相互依赖》，门洪华译，北京大学出版社 2012 年版，第 35 页。事实上，冷战期间大量新独立的国家，都选择了加入一个或者多个国际组织，尤其是联合国的专门机构。详情参见 Inis L. Claude Jr. , *Swords into Plowshares: The Problems and Progress of International Organization*, New York: Random House, 1964, pp. 50 – 55。

② 例如，Saori N. Katada, "Seeking a Place for East Asian Regionalism: Challenges and Opportunities under the Global Financial Crisis", *The Pacific Review*, Vol. 24, No. 3, Jul. 2011, pp. 273 – 290; Hidetaka Yoshimatsu, *Comparing Institution-Building in East Asia: Power Politics, Governance, and Critical Junctures*, New York: Palgrave Macmillan, 2014。

③ ［美］罗伯特·基欧汉：《霸权之后：世界政治经济中的合作与纷争》，苏长和、信强、何曜译，上海人民出版社 2006 年版。

④ ［美］约翰·伊肯伯里：《大战胜利之后：制度、战略约束与战后秩序重建》，门洪华译，北京大学出版社 2008 年版。

上推动了行为体之间的互动。① 由此，行为体加入或者发起建立国际制度，就可以借助国际组织平台，获取关于他国行为的信息，并向外界传递关于自身行为的信息。

其次，一国加入国际制度可能从更广泛范围内争取支持和援助。国际组织尤其是全球性的国际组织，大都对成员的权利和义务做出了规定。一国加入某一国际组织，意味着其在遵守组织的原则、规则和规范的前提下，也将会获得各种物质和非物质的利益。例如，WTO实施的非歧视原则以及争端解决机制，为其成员间的互惠贸易活动以及贸易争端的解决提供了平台。

最后，国际制度为一国影响他国行为甚至参与国际秩序的塑造，提供了成本相对较低的手段。与同盟不同，国际制度所体现的主权平等规范，使得几乎所有国家都获得了发言权。在同盟关系尤其是不对称的同盟中，一国可能面临着失去部分平等和自由行动的风险。在诸如联合国等国际政府间组织中，国家在获得全体成员一律平等对待的同时，在某些条件下还能施加影响力。从这一角度而言，国际制度为一些国家尤其是处于不利地位的国家提供了影响国际结果的有利平台。基欧汉指出，一些国家尽管可能通过国际制度无法实现理想结果，但是他们单独行动的话最终将一无所获。② 建构主义学者则进一步指出，一国可以通过影响国际制度的原则、规范和决策程序，来影响国际结果。③

3. 制度化合作与东亚国家的"不可能三角"困境

通过上述分析不难发现，国际制度的确部分地为一国通过外部力

---

① Robert O. Keohane and Lisa L. Martin, "The Promise of Institutionalist Theory", *International Security*, Vol. 20, No. 1, Summer 1995, pp. 39 – 51, 42; Robert O. Keohane, *International Institutions and State Power: Essays in International Relations Theory*, New York: Westview Press, 1989.

② Robert O. Keohane, "Lilliputians' Dilemmas: Small States in International Politics", *International Organization*, Vol. 23, No. 2, Spring 1969, pp. 291 – 310.

③ Andrew Hurrell, *Some Reflections on the Role of Intermediate Powers in International Institutions*, Latin American Program, Woodrow Wilson International Center for Scholars Working Paper, Vol. 244, 2000, pp. 23 – 41, Available at: www.wilsoncenter.org/sites/default/files/ACF14A1.pdf; Alastair Iain Johnston, "Treating International Institutions as Social Environments", *International Studies Quarterly*, Vol. 45, No. 4, December 2001, pp. 487 – 515.

量应对威胁和挑战提供了一种解决方案。问题在于，这些多边合作以什么方式、在多大程度上增强了一国应对挑战和威胁的能力？一国如果依靠国际制度来应对威胁和挑战，其又将面临什么风险？具体而言，东亚地区行为体能否通过国际制度来成功地应对"威胁三角"问题？国际制度在应对威胁方面至少存在着以下两个问题。首先，国际制度一旦产生，便有了自身的"生命"，反过来会对一国的行为产生长期的约束。① 基欧汉和约瑟夫·奈指出，国际制度一旦建立起来，就难以根除甚或做出重大调整。如果与既有国际制度中的既定行为模式发生冲突，即使（总体上或在某些问题领域内）具有超强能力的国家政府也难以实现其意愿。② 这就要求行为体愿意放弃一部分主权管辖范围的事务。其次，国际制度可以"在国际政治中产生某种秩序"，并具有不同的效率和分配效应。③ 国际制度中的谈判同样面临着权力的不对称依赖问题。一国加入某一国际制度，将面临为了适应国际制度的原则、规则和规范而不得不调整国内政策的代价。④

与同盟一样，行为体是否利用国际制度来应对威胁，很大程度上是对国内政治和国际环境等诸多因素的权衡。朝鲜半岛问题、中国台湾问题和日本的侵略历史问题以及一些国家之间现实的领土、领海争端等传统安全问题，仍然是东亚地区所面临的现实安全担忧。这些问题经过中国崛起引发的地区和全球权力变迁这一棱镜的过滤，问题变得更为复杂。这种传统安全问题往往成为阻碍地区多边合作的因素，使得经济政治领域的合作不但无法"外溢"到安全领域，反而受到安全问题的消极影响。由于传统安全问题未能得到很好的解决，中国

---

① [美] 马克尔·巴尼特、玛莎·芬尼莫尔：《为世界定规则：全球政治中的国际组织》，薄燕译，上海人民出版社2009年版。

② [美] 罗伯特·基欧汉、约瑟夫·奈：《权力与相互依赖》，门洪华译，北京大学出版社2012年版，第52页。

③ Michael C. Clark, "An Institutionalist View", in William M. Dugger, ed., *Inequality: Radical Institutionalist Views on Race, Gender, Class, and Nation*, Westport: Greenwood Publishing Group, 1996, pp. 178, 197.

④ 例如，一些东亚国家加入美国力推的跨太平洋伙伴关系，就面临着需要调整国内政策的巨大压力。参见 Chin Leng Lim, Deborah Kay Elms and Patrick Low, *The Trans-Pacific Partnership: A Quest for a Twenty-first Century Trade Agreement*, New York: Cambridge University Press, 2012。

崛起往往被地区内一些国家不同程度地视为"威胁"。中国与日本在东亚地区的领导权之争进一步削弱了地区制度的作用，甚至使多边合作最终沦为双边合作的陪衬。①

在这种背景下，东亚地区制度化合作可能在解决一国所面临的经济和政治问题方面发挥部分作用，但面临复杂的传统安全问题，仍然鞭长莫及。因此，东亚地区的制度化合作往往由一群小国组成的东盟发起和引导，并呈现出"清谈馆"的形式。这种合作，会在长期的互动、培育信任、建立通过协商解决冲突的文化和规范等方面会发挥一定作用。但是，要解决一国所面临的传统安全威胁，尤其是行为体之间的互动引发的紧张局势，显然远远不够。因此，东亚地区多边制度化合作在解决地区所面临的传统安全威胁方面，仍然不是可靠的工具。同样，东亚地区行为体通过制度化合作来应对威胁时，也面临着"不可能三角"困境：其可能有助于解决一国所面临的政治和经济威胁，但无法解决传统安全威胁。

第二节　战略伙伴关系与威胁应对

同盟在冷战时期为东亚行为体提供了应对威胁的有效工具。制度化合作在世界其他地区也不同程度地取得了成功，尤其是西欧地区在冷战结束之后还进一步提高了地区多边合作的制度化水平，并实现了成员扩大，最终建立了欧盟。与西欧不同，东亚地区受到地缘政治因素的影响，使制度化合作取得的进展相当有限。但与西欧、北美等地区明显不同的是，东亚地区涌现出的大量伙伴关系。

一　伙伴关系作为一种国际合作形式
1. 伙伴关系的建立和运行

伙伴关系作为两国互动的一种形态，包含了从产生到发展、成熟

---

①　Joel Rathus, *Japan, China and Networked Regionalism in East Asia*, Hampshire and New York: Palgrave Macmillan, 2011.

到最后消亡或者破裂的过程。经济学者们通过对企业战略伙伴的研究发现，企业战略伙伴的建立一般经历四个阶段：（1）行为体对所处环境的风险以及自身能力进行判断，当自身无法应对外部风险时就开始寻求外部的支持；（2）寻找合适的合作对象，并进行谈判；（3）建立伙伴关系，并进一步确立更为具体的双边合作内容；（4）根据内外环境的变化，调整伙伴关系的内容或者终止合作。①

类似的，国际关系中的伙伴关系也包含了一系列要素。帕拉米斯瓦兰（Prashanth Parameswaran）提出了建立伙伴关系 RDE（Rationales – Development – Evaluation）模型。② 这一模型指出，伙伴关系的建立主要包括以下三个主要要素：行为体对国际环境的判断、对战略伙伴关系收益的分析，以及行为体相互之间确立建立伙伴关系的一般原则。在这一基础上，伙伴关系的形成分为理性分析—实施和发展—评估和反馈等三个过程。

第一，行为体在对其所在地区和国际环境进行分析的基础上，当意识到自身能力无法应对内外威胁又缺乏其他有效工具时，便开始寻找具有共同利益的伙伴来应对威胁。第二，根据所确立的战略目标，行为体将依据相关标准来寻找合适的合作伙伴，这些标准包括双方共同利益的大小、各自所占有的资源以及将对伙伴关系贡献的其他收益等因素，有时可能还包括共享的价值观、意识形态等因素。③ 第三，在找到合适的合作伙伴之后，相关行为体将确立一个整体的合作目标，并将这一共同目标置于一个合作协调框架中，从而确立双边关系的"系统原则"。④ 系统原则体现了伙伴关系的身份和目标。例如，中国与美国的建设性战略伙伴关系、中国与东盟的睦邻互信伙伴关系

---

① Lynn Krieger Mytelka, *Strategic Partnerships: States, Firms and International Cooperation*, London: Pinter, 1991.

② Prashanth Parameswaran, "Explainning US Strategic Partnerships in the Asia-Pacific Region", *Contemporary Southeast Asia*, Vol. 36, No. 2, August 2014, pp. 262 – 289.

③ William H. Bergquist, Juli Betwee and David Meuel, *Building Strategic Relationships*, San Francisco, CA: Jossey-Bass, 1995, pp. 69 – 70；进一步的分析参见 Thomas S. Wilkins, " 'Towards aTrilateral Alliance?' — Understanding the Role of Expediency and Values in American – Japanese – Australian relations", *Asian Security*, Vol. 2, No. 3, September 2007, pp. 251 – 278。

④ Joan M. Roberts, *Alliances, Coalitions and Partnerships: Building Collaborative Organizations*, Gabriola Island, BC: New Society Publishers, 2004.

等都确立了共同的合作目标。这种名称本身也具有一定的指向性。

行为体在就伙伴关系确立共同的整体目标之后，就进入了伙伴关系的实施阶段。这一过程包括建立和维持伙伴关系，并涉及实现双方在不同领域合作的不同程度的正式化和制度化。为了实现伙伴关系的目标，双方之间将建立起各种形式的工作组或者委员会，从而将这一伙伴关系变成具体的实施实体。这些具体的工作组或者委员会的结构界定了各自在伙伴关系中可以识别的角色和义务，以及伙伴关系运行的共同规则和政策。从纵向上看，伙伴关系的合作范围可能包括国家首脑会晤、部长级的合作以及更为具体的执行层次间的合作。从横向上看，伙伴关系运行的范围根据合作的功能领域，将不同程度地包括外交/安全、防务/军事、经济、社会和文化等各个领域和部门间的合作。伙伴关系的紧密程度和重要性，通过这种横向和纵向的互动紧密程度和范围、合作深度等不同指标，得以体现出来。

最后是对伙伴关系的评估。这种对合作成效的评估将一直持续到伙伴关系的解散或者转型。这种评估为各自判断伙伴关系的价值及其下一步的发展方向提供了基础。这种判断的结果可能会影响伙伴关系的发展方向。当行为体意识到伙伴关系已经不符合本国利益时，伙伴关系可能就面临着调整或者解散。

2. 伙伴关系作为一种国际合作形式

后冷战时代行为体面临着更为流动的国际环境，往往很难通过自助的方式有效应对内外的威胁和挑战，必须借助于外部的力量。伙伴关系就是借助外力实现自身目标的一种工具。伙伴关系从更为广泛的意义上看，是行为体的一种结伴行为（allignment）。

结伴（alignment）是国际关系中一国常见的对外行为之一。传统上，一国为了应对外部威胁，经常采取的措施就是结盟（alliance）。因此，既有关于国家对外战略的许多文献，很少注意到结伴与结盟两者之间的差异。[1] 例如，沃尔特在《联盟的起源》一书中，就认为联

---

[1] 既有文献中，也有一些学者开始探讨"结伴"与"结盟"的区别，如 Thomas S. Wilkins, "'Alignment', not 'Alliance'—the Shifting Paradigm of International Security Cooperation: Toward a Conceptual Taxonomy of Alignment", *Review of International Studies*, Vol. 38, No. 1, January 2012, pp. 53–76。

盟是"两个或者多个主权国家之间正式的或非正式的安全合作安排",并交叉使用了"结伴"与"结盟"的概念。① 不过,开始有一些学者注意到,随着国际环境的变化,国际关系中出现了越来越多的不同于结盟的结伴形式。② 为此,越来越多的学者强调,要对结伴与结盟进行区分。③ 从当前的国际实践中,我们的确可以发现大量的不同于结盟行为的双边关系。例如,一些学者观察到国际关系中越来越多的诸如"伙伴关系""战略伙伴关系""联合战线""准联盟""志愿者同盟"等非联盟形式的结伴行为。④ 由此可见,国家之间的互动形式,远不止结盟一种。

尽管对结盟的具体定义存在差别,但大都将行为体之间在军事上相互支持并提供安全保证的合作视为结盟关系的一个重要特点。⑤ 著名的联盟理论研究者斯蒂芬·沃尔特就将"结盟"定义为"两国或者多国之间,在未来特定环境下在安全议题上具有某种程度的政策协调的预期"的行为。⑥ 当然,同盟之间在军事领域的合作,也往往伴随着在政治、经济和社会文化等各个领域的密切互动。例如,冷战时期的美日同盟关系就包含了军事、政治和经济等多个方面。但要点在于,结盟的主要目的是为了应对军事安全威胁,而且结盟往往将特定的国家作为威胁对象,如冷战时期美苏的结盟行为都是为了应对各自对立阵营的威胁。

---

① [美]斯蒂芬·沃尔特:《联盟的起源》,周丕启译,北京大学出版社2007年版,第12页。

② 例如,Kalevi J. Holsti, *Why Nations Realign: Foreign Policy Restructuring in the Postwar World*, London: George Allen & Unwin, 1982; Glenn H. Synder. *Alliance Politics*. Ithaca: Cornell University Press, 1997。

③ Thomas S. Wilkins, "'Alignment', not 'Alliance'——the Shifting Paradigm of International Security Cooperation: Toward a Conceptual Taxonomy of Alignment", *Review of International Studies*, Vol. 38, No. 1, January 2012, pp. 53–76.

④ 例如,房乐宪:《对中俄、中美战略伙伴关系的几点认识》,《教学与研究》1998年第9期,第36—40页;刘丰:《国际政治中的联合阵线》,《外交评论》2012年第5期,第56—67页;孙德刚:《准联盟外交探析》,《国际观察》2007年第3期,第21—28页;孙德刚:《联而不盟:国际安全合作中的准联盟理论》,《外交评论》2007年第6期,第59—67页。

⑤ 例如,[美]肯尼斯·华尔兹:《国际政治理论》,信强译,上海人民出版社2008年版;[美]斯蒂芬·沃尔特:《联盟的起源》,周丕启译,北京大学出版社2007年版。

⑥ [美]斯蒂芬·沃尔特:《联盟的起源》,周丕启译,北京大学出版社2007年版。

事实上，行为体间的互动形式远不止强调军事合作的同盟关系，还涵盖了国家之间在政治、经济、军事等多个领域的密切互动。从功能上看，结伴既可以体现为在"高政治领域"开展的不同形式和程度的合作，包括政治和解、相互承认对方的核心利益、加强对外政策行为的协调等。也可体现为"低政治领域"的功能性的合作，诸如在贸易、投资、社会文化交流、环境保护、公共卫生等方面的合作。

迈克尔·沃德（Michael D. Ward）指出：

> 结伴（alignment）并不是由正式的条约而是由不同的行动来区分的。结伴是一个比结盟更为宽泛的概念，因为其并不仅仅关注国际政治的军事维度。在政治、经济、军事和文化范围内不同程度的结伴，代表了国家和次国家态度的多维度图景。①

在此基础上，韦恩区分了行为体的四种结伴类型：同盟（alliances）、联合阵线（coalition）、安全共同体（security community）和战略伙伴关系（strategic partnership）。②

由此不难发现，结盟是国家结伴行为的一个类型。同样，战略伙伴关系也是结伴行为的一种类型。但战略伙伴关系不同于以军事合作为重点并提供相互安全保证的同盟关系。正如前面对战略伙伴关系的定义所显示的，伙伴关系体现了一种较低承诺、基于共同利益而开展的广泛的合作。萨特纳（Antoine Sautenet）指出，战略伙伴关系只是一种政治声明，或者最终可以被视为"软法"工具，但却不同于规制双边关系的法律框架。③ 更为重要的是，这种合作并

---

① Michael D. Ward, *Research Gaps in Alliance Dynamics*, Denver: University of Denver, 1982, p. 7.

② Thomas S. Wilkins, "'Alignment', not 'Alliance'—the Shifting Paradigm of International Security Cooperation: Toward a Conceptual Taxonomy of Alignment", *Review of International Studies*, Vol. 38, No. 1, January 2012, pp. 53–76.

③ Antoine Sautenet, "The EU's Strategic Partnerships with Emerging Powers— Institutional, Legal, Economic and Political Perspectives", in Thomas Renard and Sven Biscopeds, eds., *The Europe, Union and Emerging Powers: How Europe Can Shape New World Order*, Aldershot: Ashgate, 2012, 转引自 ［美］托马斯·雷纳德《战略的背叛：呼吁真正的欧盟战略伙伴关系》，李靖堃译，《欧洲研究》2011 年第 5 期，第 15 页。

不是将来自特定行为体的威胁作为合作目标。

当然，作为一种结伴行为，不管是战略伙伴关系还是同盟关系，都体现了一国关于未来自身在与外部行为体的互动中，能否得到他国的支持、反对或者被忽视的预期。① 沃尔特指出，结盟体现了国家之间为了应对共同的外部威胁，相互承诺未来给予对方支持行动的最强烈表现形式。② 而战略伙伴关系之间并没有做出这种强烈的支持承诺。但与普通外交关系相比，战略伙伴关系之间通过持续的合作，形成了某种预期。这种预期，也给行为体带来预定的约束力。胡仕胜（Hu Shisheng）和彭晶（Peng Jing）等指出，伙伴关系旨在通过平等的合作和协调获得相互利益和共同发展。在全球化的世界中，这种关系不同于传统的同盟关系，其建立在参与方最终通过伙伴关系实现自身的发展和进步的基础上。其体现出以下特征：

> 第一，伙伴关系建立在共同利益基础上……第二，伙伴关系的稳定依赖于相互尊重对方的核心国家利益。第三，参与方并不要求在每一件事情上都与对方取得一致的意见，也不需要随时考虑对方的关切。第四，伙伴关系排除了使用武力解决分歧的途径。③

可见，伙伴关系同样给行为体带来约束力，但其与同盟相比要低，合作范围更广泛，且不以特定行为体作为威胁目标。如果我们将一国各种结伴类型视为一条光谱，根据行为体之间的承诺预期、合作范围，可以将战略伙伴关系置于从国家之间普通的外交关系到结盟构成的一条光谱的中间位置（图4—1）。

---

① Glenn H. Synder, *Alliance Politics*, Ithaca: Cornell University Press, 1997, p. 21.
② [美] 斯蒂芬·沃尔特：《联盟的起源》，周丕启译，北京大学出版社2007年版。
③ Hu Shisheng and Peng Jing, "The Rise of China and India: Prospects of Partnership", in Sudhir T. Devare, Swaran Singh and Reena Marwah, eds., *Emerging China: Prospects of Partnership in Asia*, London: Routledge, 2015, p. 348.

```
普通外交关系          战略伙伴关系              结盟
─────────────────────────────────────────────▶
承诺预期低/合作范围广                承诺预期高/合作范围窄
```

图 4—1 国家结伴行为的光谱

二 伙伴关系与威胁应对

伙伴关系出现于冷战结束之后。在东亚地区，首先是大国之间于冷战结束不久开始建立伙伴关系。东亚地区伙伴关系的大量涌现则是在进入 21 世纪以来出现的现象。伙伴关系作为国家间的一种互动形式，是国家对后冷战时代地区和国际环境的判断基础之上，为应对后冷战时代所面临的威胁做出的反应。

1. 伙伴关系在解决"威胁三角"问题上的作用

伙伴关系这种合作形式，从以下几个方面可以为一国应对威胁提供支撑。

第一，行为体通过建立伙伴关系，降低了自身所面临的脆弱性。伙伴关系的出现主要受到前述提到的国际关系流动性这一新特征的影响。随着行为体之间相互依赖的加深，一国自身的战略目标的达成越来越受到外部行为体的影响。面临国际关系网络中商品、货物、人员、资本和信息的大规模跨国流动，行为体处于一种充满不确定性的环境中。建立在共同利益基础上的战略伙伴关系，为一国应对外部威胁同时利用外部的机遇，提供了额外的资源和信息。行为体有针对性地建立伙伴关系，将给行为体应对外部的威胁和挑战带来相对可预期的环境，并在遭遇危机时从外部获得支持和援助。有学者指出，当行为体与外部存在着密集的互动关系和众多的"友谊"时，将更能够承受与相互依赖伴随的脆弱性。[①] 伙伴关系显然为一国与外部的互动并发展"友谊"提供了有效的渠道。正因为伙伴关系的这种作用，娜达倪（Vidya Nadkarni）发现，伙伴关系已经成为后冷战时代亚洲

---

① Mark Souva and Brandon Prins, "The Liberal Peace Revisited: The Role of Democracy, Dependence, and Development in Militarized Interstate Dispute Initiation", *International Interactions*, Vol. 32, No. 2, March 2006, pp. 183 – 200.

国家所钟爱的外交战略工具。①

第二，伙伴关系提供了行为体之间对话的渠道和争议的解决机制，行为体间持续的互动有利于降低相互之间的疑虑、增强信任，从而缓解安全困境问题。伙伴关系的建立，为双方行为体各个层次、各个领域的互动提供了平台。一般而言，伙伴关系既包括国家领导人之间建立热线、年度会晤，也包括更为具体的执行层次机构之间围绕着具体合作议题而建立的相应联系和工作机制，从工作组会议到部长会议甚至更为基层之间的广泛联系。这些联系纽带和合作机制，一方面为解决分歧提供了渠道；另一方面则是行为体之间的长期合作，也有利于信任的培育，从而降低了行为体之间的猜疑和误判引起的紧张。更为重要的是，行为体相互之间通过成为各自的伙伴国这一选择本身，就传递出相互之间愿意致力于合作的信息，从而有利于在成员之间营造一种信任的气氛。②

第三，行为体之间全方位、多领域的合作，增强了复合相互依赖，有利于形成合作预期。尽管同盟之间在经济领域也会存在着互助合作关系，但是同盟关系的主要关注焦点仍然是军事领域的合作，而且通常情况下总是以应对来自特定国家的威胁为合作的主要目标。伙伴关系的合作内容要更为全面，其可能包括了军事安全领域的合作，但更为强调经济、政治、社会文化等广泛范围领域的合作。伙伴关系并不以来自特定国家的威胁作为合作的重点，而是以具有共同利益或者关切的领域为中心向外全方面辐射的合作。涉及军事安全合作的伙伴关系，主要围绕着双方军队之间的共同演习、军事访问和建立信任措施等内容展开。

这种通过全方位合作来应对威胁的方式类似于基欧汉所描述的"阿尔·卡彭模式"（Al Capone）。基欧汉观察到国际关系中一些国家的结伴往往并不是为了应对其他国家的威胁，相反，结伴的国家是为了避免来自结伴对象的威胁。这就类似于芝加哥地区的商人之所以

---

① Vidya Nadkarni, *Strategic Partnerships in Asia: Balancing without Alliances*, Abingdon: Routledge, 2010.
② Charles W. Kegley and Gregory A. Raymond, *When Trust Breaks Down: Alliance Norms and World Politics*, Columbus, SC: University of South Carolina Press, 1990.

与卡彭领导的黑社会头目"为虎作伥",是为了避免被其伤害。① 类似的,一些国家通过与潜在威胁国建立战略伙伴开展更为密切的互动,相互之间的持续互动过程不仅交换了信息、塑造了行为预期,更为重要的是形成了相互依赖的利益,从而"绑架"了潜在威胁国。

第四,政府官员、公民个体等多层次的互动和全方位的接触,塑造了行为体的观念和身份,为安全共同体的形成奠定了基础。卡尔·多依奇指出,频繁互动伴随着许多合作行为的产生,从而有助于和平的形成和维持。② 多依奇将密集互动产生的"共同体意识"描述为"亲近"。多依奇强调地区融合通过改变政策制定者之间的联系改善了关系的主导方面。并且认为,安全共同体更可能在具有以下特征的地区出现:在不同维度上有广泛的交易和强沟通纽带而不仅仅是具有共同的经济利益、个体公民之间存在着广泛的互动、政府高层在许多议题上存在着密切的交流和合作。③ 巴比耶里（Katherine Barbieri）等认为,行为体之间的密集互动"形成了友谊关系",使得相互之间可以更为有效地沟通,并对潜在的对手产生同情。④ 同样,巴里·布赞等学者也认为,这种紧密联系和友谊可能有效地减弱无政府状态中国家行为的后果。⑤

2. 伙伴关系的局限

与其他合作形式相比,伙伴关系作为一国应对威胁的手段也存在着缺陷。

首先,伙伴关系并不具备行为体之间争端的解决机制,只是界定

---

① Robert O. Keohane, "Lilliputians' Dilemmas: Small States in International Politics", *International Organization*, Vol. 23, No. 2, Spring 1969, pp. 291 – 310.

② Deutsch, K. L., Burrel, S., Kann, R., Lee, M., Lichterman, M., Lindgren, R., et al., *Political Community and the North Atlantic Area*. Princeton, NJ: Princeton University Press, 1957.

③ Karl W. Deutsch, *Political Community at the International Level*, Salt Lake City, Utah: ECKO House Publishing, 2006.

④ Katherine Barbieri and Gerald Schneider, "Globalization and Peace: Assessing New Directions in the Study of Trade and Conflict", *Journal of Peace Research*, Vol. 36, No. 4, July 1999, pp. 387 – 404.

⑤ Barry Buzan, Charles Jones and Richard Little, *The Logic of Anarchy: From Neorealism to Structural Realism*, New York: Columbia University Press, 1993.

行为体之间互动关系的结构性框架。从形式上看，伙伴关系被以双方共同发布的书面声明、签署的协议和备忘录等各种形式来确立。这些书面声明、协议或者备忘录阐述了双边关系的性质、双边合作的一般政策目标以及为了发展关系而将采取的进一步措施。值得强调的是，这种标志着伙伴关系建立的声明、协议或者备忘录，主要功能是为确立伙伴关系提供整体框架或者是系统层次的原则。从这一角度而言，战略伙伴关系要更为关注抽象的、影响双边关系走向的原则性框架。这种原则性框架至多为两国互动提供了基础性的指导原则，但并未为行为体之间的争端解决尤其是传统安全方面的解决提供有效途径。因此，一旦传统安全问题凸显出来，伙伴关系的作用可能就要大打折扣，甚至解散。典型的例子就是20世纪90年代早期美国与俄罗斯之间建立的战略伙伴关系，最终也因为两国在各个领域的分歧巨大而名存实亡。①

其次，从外交形式上，伙伴关系是行为体之间一种更为紧密、但非正式的互动形式。从国际法的角度来看，战略伙伴关系之间的合作是非正式的。建立了伙伴关系的行为体之间并不需要相互向对方提供严格的、具有拘束力的安全保障承诺。这有别于具有明确法律条款并提供明确安全保障的同盟关系。而且，一般而言，两国之间伙伴关系的达成主要是外交机关之间谈判达成意向之后，国家首脑或者外交机关之间通过协商达成一致即可。标志双方之间建立伙伴关系的书面声明、协议或者备忘录并不需要通过本国立法机构的审批即可生效。因此，伙伴关系并不对行为体的行动提供很强的拘束力。

由此可见，伙伴关系作为应对威胁的工具，更多地体现为行为体之间基于共同利益基础上的有限合作。这种合作并不需要行为体做出相互提供安全保障的承诺，也不具有很高的拘束力。而且，伙伴关系相比国际制度、同盟等合作形式的非正式性也降低了这种合作形式的可靠性。

---

① Nation, R. C. and McFaul, M., *The United States and Russia into the 21st Century*, Carlisle, PA: Strategic Studies Institute, 1997, Available at: http://www.strategicstudiesinstitute.army.mil/pubs/display.cfm?pubid=147.

总之，东亚地区出现的伙伴关系，是行为体对变化的安全环境做出的反应。后冷战时代行为体之间的紧密相互依赖，以及国际关系的流动性，改变了行为体所处的国际环境。行为体为了抓住外部的机遇并应对来自各个方面的威胁和挑战，在共同利益的基础上建立起各种伙伴关系。这种伙伴关系为行为体协调相互之间的行动、增加相互信任、共同应对威胁提供了渠道。但是，这种建立在"系统原则"基础上的、非正式的合作形式，无法为行为体解决传统安全带来的冲突提供有效机制，并产生对行为体具有一定拘束力的解决方案。

第三节　网络力与伙伴关系网：一个分析框架

后冷战时代东亚地区行为体面临着来自于军事、经济和政治等三个领域的威胁所构成的"威胁三角"。在前面两节中，笔者分析了东亚地区行为体为了应对这种"威胁三角"而展开的合作：双边层次上的同盟、战略伙伴关系以及多边层次上的制度化合作。这些不同类型的合作被东亚地区行为体不同程度地采用，形成了复杂的地区架构。这种局面的形成，超出了传统制衡/追随模型的解释范围。本节将从网络力这一视角，为东亚地区出现的伙伴关系网络提出一个解释框架。

一　权力、利益、观念与伙伴关系：**本书的两个研究假设**

伙伴关系作为一种双边国际合作形式，其不将特定国家作为威胁来源，也并不具有很强的拘束力。由此产生的一个问题是，伙伴关系为何会被越来越多的国家采用？其将产生什么后果？笔者将从权力、利益和观念三个维度来分析伙伴关系这一政策工具。

现实主义强调国家之间的制衡/追随的行为模式，认为一国将通过追随或者制衡的手段来应对威胁。在国家对外行为的理想类型学光谱上，可以分为追随（bandwagoning）和制衡（balancing）两个对立的类型。制衡包括诸如遏制、威慑、包围、封锁等形式。追随则刚好是制衡的反面，是通过进入霸权国家主导的阵营，来获得利益或者避免受到霸权国家的攻击。① 华尔兹认为一国通常通过制衡来应对外部威胁。一国首选通过增强自身的军事和经济实力来实现内部制衡，但自身实力不足以应对威胁时，将与其他国家结盟来共同应对，从而构成外部制衡。②

与制衡学派的观点相反，追随学派则认为国家倾向于追随有可能在未来取得霸权地位的大国。国家为了获得安全保证或者其他回报，可能接受在主导国家中的从属角色。③ 早期关于追随的文献主要强调一国为了获得安全保证这一动机，诸如遏制更大的威胁、避免彻底的失败，或者转移攻击对象等。赖特将追随视为推动"权力制衡"的政策之一。④ 沃尔夫斯也同样强调一国追随行为背后的安全动机，认为"一些弱国通过追随上升国家来寻求安全，试图避免其强大的朋友获得超级地位而处于从属地位"。⑤

不论是追随学派还是制衡学派，都坚持了一些共同假设。首先，由于国际体系的无政府状态，国家最终只能通过自助的方式来应对威胁从而确保生存。由此权力问题成为国际关系中"无法逃避的问题"，"应对权力最有效的注脚就是权力"。⑥ 其次，国家的目标是在最低程度上获得安全，最高目标是增加自身的相对权力。⑦ 无论是最低目标还是最高目标，都需要通过权力来实现。

---

① [美]斯蒂芬·沃尔特：《联盟的起源》，周丕启译，北京大学出版社2007年版。
② [美]肯尼斯·华尔兹：《国际政治理论》，信强译，上海人民出版社2008年版。
③ Stephen M. Walt, "Alliance Formation and the Balance of World Power", *International security*, Vol. 9, No. 4, Spring 1985, pp. 3 – 43; Kevin Sweeney and Paul Fritz, "Jumping on the Bandwagon: An Interest-Based Explanation for Great Power Alliances", *Journal of Politics*, Vol. 66, No. 2, May 2004, pp. 428 – 449; Paul Schroeder, "Historical Reality vs. Neo-realist Theory", *International Security*, Vol. 19, No. 1, Summer 1994, pp. 108 – 148.
④ Quincy Wright, *A Study of War*, Chicago: University of Chicago Press, 1983, p. 136.
⑤ Arnold Wolfers, *Discord and Collaboration: Essays on International Politics*, Baltimore: Johns Hopkins University Press, 1965, p. 124.
⑥ Inis L. Claude, *Power and International Relations*, New York: Random House, 1988, pp. 6, 42.
⑦ [美]肯尼斯·华尔兹：《国际政治理论》，信强译，上海人民出版社2008年版；[美]约翰·米尔斯海默：《大国政治的悲剧》，王义桅、唐小松译，上海人民出版社2008年版。

在后冷战时代国际关系环境的整体改善，国家间明显的制衡/追随行为越来越少见，为此一些学者提出"软制衡""间接制衡""影响力制衡"等概念。尽管这些概念名称不同，并且有各自强调的重点。但是其共同点仍然是依据行为体之间的合作关系的紧密程度，来判断行为体是否实施了"软制衡"或者"影响力制衡"等。[①] 在各种制衡的"变体形式"中，传统现实主义所采用的同盟工具也越来越少。伙伴关系显然不同于相互提供安全保障承诺的同盟这种合作形式。

但是，伙伴关系通过确立行为体之间互动的"系统原则"，从而界定了行为体之间的互动模式。因此，伙伴关系仍然可以被视为行为体寻求外部援助的一种方式。尽管伙伴关系并不如同盟那样有强烈的约束力和针对性，但是行为体之间建立的不同亲密程度的伙伴关系则反映了行为体之间互动的深度、广度和相互支持的力度。通过行为体之间在各个领域的合作，显然有利于改善本国的外部环境，促进本国经济社会的发展，从而增强本国的综合国力和国际竞争力。

利益也是行为体建立伙伴关系的一个动力。伙伴关系的建立本身就是基于共同的利益基础之上。在伙伴关系框架下，行为体通过建立更为具体的合作机制和组织，通过更为密切的互动合作，来推动双边关系的进一步发展。这种双边或者多边互动，有利于实现双方资源的优势互补、互通有无，在市场上实现规模经济，从而为行为体带来超越单边的利益。

另外，伙伴关系框架下行为体之间的大量互动，往往会在双边形成指导两国互动的原则、规范和规则。这些在双边形成的规则可能随着更多行为体的采用，而变成多边国际制度中的规则。行为体通过建立大量的伙伴关系，就为从双边来影响国际制度中的原则、规则和规范提供了可能。而建有伙伴关系的国家之间往往还通过在国际多边场

---

① 例如，Robert A. Pape, "Soft Balancing against the United States", *International security*, Vol. 30, No. 1, Summer 2005, pp. 7 – 45; Stephen G. Brooks, William Curti Wohlforth, "Hard times for soft balancing", *International security*, Vol. 30, No. 1, Summer 2005, pp. 72 – 108; Denny Roy, "Southeast Asia and China: balancing or bandwagoning?", *Contemporary Southeast Asia*, Vol. 27, No. 2, August 2005, pp. 305 – 322。

合相互支持和配合，加大这种双边互动基础上产生的规则被国际社会采用的机会。

最后，观念因素也是行为体建立伙伴关系的一个动力。建构主义强调行为体之间互动的观念对其身份和认同的塑造，进而界定行为体的利益，影响行为体的行为。伙伴关系的建立为行为体之间的持续互动提供了渠道。伙伴关系框架下，双方建立了从首脑到部长到基层的执行机构之间广泛的联系纽带。同时，伙伴关系还通过经济活动和人文交流，促进公民之间的跨国互动。这些持续互动将在一定程度上形成共同观念甚至身份。因此，伙伴关系为一国推广本国关于国际社会应该如何运行的观念和规范，进而塑造行为体的利益、影响其行为，提供了渠道。

由上述分析不难看出，伙伴关系的确具有传统外交政策工具的部分功能。这种"不结盟、不对抗、不针对第三国"的双边战略伙伴关系所产生的影响，绝不限于两国之间。李义虎指出：

> 从这种关系的性质上看，它们既非是结盟的传统型关系，也不是简单的反结盟的传统型关系……新的时代要求国际社会开始以新型的双边关系和多边关系形态取代过时的、不再富有弹性和包容量的种种国际关系样式。因此，大国之间出现伙伴化的现象……毫无疑问具有某种国际社会结构性改革的意义。[1]

本章对这种"具有某种国际社会结构性改革的意义"的伙伴关系进行研究，主要关注后冷战时代东亚地区的伙伴关系。后冷战时代国际关系的新特征是，由商品、货物、人员、资本和信息等国际生产要素大规模跨国流动带来的流动性。这与冷战时期相对分离和静止的国际关系形成了鲜明对比。与此同时，东亚地区国际关系又受到地缘政治因素的影响。在这种背景下，行为体之间将如何互动，就构成了本书的研究内容。本书已经对这一背景进行了分析。

在前述研究的基础上，本书提出两个基本假设。本书的研究就围

---

[1] 李义虎：《论21世纪的新型大国关系》，《教学与研究》1999年第5期，第70页。

绕着这两个基本假设展开，并通过理论推导和个案研究来证明。

假设1：东亚行为体建立伙伴关系的主要动力来自于对国际关系网络中的商品、货物、人员、资本和信息等生产要素的跨国流动进行管理和控制。

随着全球化的推进，各国之间已经形成了高度的相互依赖关系。一国的稳定、发展和繁荣越来越取决于行为体能否从国际关系网络中获得满足本国经济社会发展所需要的商品、货物、人才、资本和信息等生产要素。在国际关系网络中，国家行为体、跨国公司、公共和私人机构以及庞大的公民个人等行为体在推动商品、货物、人员、资本和信息等生产要素的跨国流动中都发挥着重要作用。但是，当前的国际政治中国家仍然是关键的行为体。国家通过立法、制定政策和采取具体措施来影响这些生产要素的跨国流动。民族国家仍然是确保这些生产要素跨国流动的最后保障和影响因素。因此，国家行为体之间的互动，对于这些生产要素的流动起着非常关键的作用。

后冷战时代，东亚地区和全球国际环境整体好转，国家之间尤其是主要大国之间爆发大规模武装冲突的可能性降低，一国通过武力入侵方式来兼并和控制他国的领土和资源已经变得不合时宜。除了军事手段，行为体之间的分歧和潜在矛盾还可以通过双边外交谈判、多边国际协调或者国际仲裁等多种方式来调节和消除。东亚行为体并不面临着紧迫的安全威胁，诸如外敌入侵导致的国家政权灭亡。

但是，东亚地区的传统安全问题诸如朝鲜半岛问题、中国台湾问题、国家之间的领土领海争端等问题，以及其他问题等引发冲突的可能性仍然存在。而且，国家之间信任水平不高，地区多边合作不深入，行为体相互担心对方利用对流动性的控制来做出有损本国利益的行为。

因此，从行为体之间的互动环境来看，东亚地区的国际关系网络就呈现出两个特征：第一，行为体相互之间并不采取诸如包围、封锁、遏制等带有明显制衡色彩的政策，而是保持着正常的外交互动。第二，行为体相互间采取妨害对方获取和控制流动性的可能性无法排除。在这种环境下，伙伴关系就成为东亚地区开展国际合作和政策协调、管理流动性的有效工具。东亚地区行为体试图通过建立伙伴关系，确保本国与外部世界的流动性不被中断，不危及国家的稳定、发展和繁荣这一重大国家利益。

假设2：建立在双边基础上的伙伴关系仍然会对第三方、地区甚至全球的国际关系产生外部效应。因此，伙伴关系是一种竞争性的外交政策工具。行为体通过建立伙伴关系实现了对互动关系的管理，获得了不同大小的网络力，进而在行为体之间产生了管理和控制流动性能力的差异。

伙伴关系这种外交政策工具，由于自身特点，往往以双边形式存在。其常常是两个国家行为体之间，或者一个国家行为体与另一个国际或组织之间，或者两个国际组织或者地区组织之间，建立的双边关系。伙伴关系主要是围绕某一领域或者议题具有共同利益的两个行为体之间的合作，这与将特定国家视为威胁来源的同盟关系不同，也与对成员内外的不同行为体实施差别待遇的国际组织不同。但是，这种双边关系同样会通过外部效应，影响到未参与进来的第三方。这种影响方式可以是权力或者利益方面的，也可以是观念方面的。此外，伙伴关系为行为体管理流动性提供了相对可预期的环境，将增强一国获取满足自身发展所需要的资源和信息的能力。同时，这种能力也会为其通过对流动性的管理和控制来影响他国的政策和行为提供条件。

二 分析框架

东亚国际关系的网络化，使得各行为体之间已经在经济、政治、社会、文化甚至军事等各个领域形成了高度相互依赖的关系。一国的稳定、发展和繁荣很大程度上取决于其能否维系本国与外部世界中的商品、货物、人员、资本和信息等国际生产要素的正常流动，即本国的流动性不被中断。

后冷战时代东亚地区影响甚至造成流动性中断的威胁既可能来自传统的军事安全领域，也可能来自经济和政治领域。笔者在第三章第三节对这一"威胁三角"进行了分析。东亚地区行为体所面临的"威胁三角"问题，很大程度上需要通过与外部不同行为体之间的合作来解决。

另外，东亚地区网络中流动性分配的不均衡性尤其明显。后冷战时代东亚地区形成的经济—安全二元结构中,中国崛起之后已经逐步取代美国和日本,成为东亚地区生产网络的中心。中国庞大的人口基础,尤其是人口结构,形成了巨大的消费市场。中国国内良好的政治经济环境,吸引了大量跨国公司和外国直接投资的涌入。中国已经加入和参与了 WTO、APEC、"东盟+3"等全球和地区多边经济合作机制,并与其他国家缔结大量双边自由贸易协定,这些双边和多边合作改善了中国对外贸易的国际环境。由此可见,中国在东亚地区网络中的流动性方面,占据着显著的优势。

美国在太平洋地区拥有庞大的军队,并通过在东亚盟友驻军、开展军事合作,获得了军事领域的优势地位。通过这种军事优势,美国不仅影响着东北亚朝鲜半岛问题、中国台湾问题等传统安全威胁的解决,而且还在地区合作反恐、救灾、打击海盗等非传统安全领域中扮演着重要角色。因此,美国也从安全方面对东亚地区的流动性产生重要影响。

在东亚地区网络的地缘政治环境下,东亚国家既保持着与美国的合作关系,也积极与中国开展合作。而且,冷战结束之后,东亚国家之间整体上并没有出现明显制衡/追随色彩的互动关系,越来越多的东亚国家选择了对冲战略。[①] 东亚国家的这种对冲战略,一方面使其可以从中国和美国这两个地区网络中最为重要的节点同时获得满足自身发展所需要的资源和信息。另一方面,由于网络中流动性的分配以及行为体管理流动性能力存在的巨大差异,使得东亚国家间形成了不对称的相互依赖。而且,随着东亚行为体日益卷入全球国际关系网络,这种不对称的依赖还面临着不断加深的风险。

行为体为了有效地应对"威胁三角"问题,需要国际合作来获得资源。行为体选择与谁合作?通过什么方式合作?对这两个问题的

---

① 关于对冲战略的分析,参见 Patricia A. Weitsman, *Dangerous Alliances*: *Proponents of Peace*, *Weapons of War*, Stanford, California: Stanford University Press, 2004, p. 20; Evan S. Medeiros, "Strategic Hedging and the Future of Asia-Pacific Stability", *The Washington Quarterly*, Vol. 29, No. 1, Winter 2005 – 2006, pp. 145 – 167; Eric Heginbotham and Richard J. Samuels, "Japan's Dual Hedge", *Foreign Affairs*, Vol. 81, No. 5, September- October 2002, pp. 110 – 121; 章嘉琳《美国对付中国崛起的"对冲"战略》,载冼国明、陈继勇主编《当代世界经济格局下的中美经贸关系》,中国经济出版社 2007 年版,第 310—311 页。

回答很大程度上取决于行为体所面临的内外安全环境以及自身在网络中的位置。不同行为体会有不同的选择。但是由于后冷战时代行为体之间的紧密相互依赖，从整体来看，行为体都需要与多个跟本国利益有着密切关系的行为体开展合作。行为体之间的这种合作并不是基于具体议题的合作，而是从本国的稳定、发展和繁荣这一重大国家利益基础上做出的选择，具有战略意义。行为体之间的这些合作关系，也构成了一个网络，本书称之为战略网。这种战略网形成的目的，在于通过与行为体之间的战略性合作，维护和推进本国的利益。

本书在此基础上提出 SN 模型（Strategic Network Model）。该模型假设，后冷战时代东亚行为体要实现国家稳定、发展和繁荣等重要目标，需要建立一个涵盖了与本国利益密切相关的重要节点在内的战略网。这一战略网在最低程度上，要有助于维系行为体与外部世界的商品、货物、人员、资本和信息等的跨国正常流动；进一步的，行为体还可以利用战略网来影响其他行为体控制流动性的能力。从整体来看，一国将通过构建战略网，对整个地区乃至全球国际关系网中的商品、货物、人员、资本和信息的跨国流动施加影响。因此，战略网与一国的网络力密切相关。

这一战略网包括三个要素：（1）网络中的节点。行为体在对国内、地区和国际环境评估的基础上，在外部寻找对本国利益有重要影响的关键节点，作为构建本国战略网的组成部分。（2）节点之间的链接方式。网络中行为体之间通过什么方式联系起来？是双边同盟、伙伴关系，还是多边国际组织？（3）网络的运行维系机制。指的是行为体通过什么资源和手段来控制网络的运行，诸如经济手段、军事手段，或者价值观念，等等。

1. 节点的选择

从物理结构来看，节点是网络的基本要素，其构成了网络系统中相互独立的基本单位。在战略网中，对一国的流动性具有重大影响的关键国家，将构成该国战略网中的节点。后冷战时代由于行为体之间的相互依赖以及网络中的流动性，从某种程度上来说，地区甚至全球范围任何国家都可能会影响到本国的流动性。但是，当讨论到每一个国家的具体情况时，这种影响程度仍然是有差别的。地理位置因素、本国的资源禀赋、传统文化、与周边国家的互动历史，等等，这些因素都可能影响一国到一个战略网的节点构成。

在一国构建的战略网中，该国处于网络中心位置，通过利用各个节点的竞争优势和作用，来实现本国的战略目标。而处于不同位置的节点，我们可以通过对这些节点的资源、能力以及其在网络中的功能等方面来进行考察。其中，节点在网络中的功能将决定其在网络中的角色。相似功能的节点具有可替代性，相异功能的节点之间具有互补性。而节点拥有的资源和能力，将影响其在网络中的功能。

2. 节点的链接方式

节点的链接方式，指的是战略网中节点间的关联方式，尤其是处于中心地位的节点与其他节点间的链接方式。从节点之间关联性质来看，可分为强关系和弱关系。我们可以从行为体之间的承诺预期和约束力两个方面来进行分类。强关系建立在行为体之间的高水平的承诺预期和核心共同利益的相似或者一致的基础上。这种双边链接方式在东亚国际关系中主要体现为同盟。弱关系则是行为体之间基于应对共同的威胁或者为了抓住共同的机遇等共同利益基础之上，行为体相互之间并不提供安全保障支持，也不具有强关系的约束力。这种双边链接方式在东亚国际关系中主要体现为伙伴关系。

不过，强关系与弱关系的区分是相对的。例如，伙伴关系相对同盟而言是弱关系，但是伙伴关系本身又会因为行为体之间关系的合作水平和亲密程度分为很多类型，这种关系的差异体现在随着双边伙伴关系的发展，往往会提升伙伴关系的层次。比如，2002年日本与澳大利亚建立了"建设性伙伴关系"，2007年双方关系发展成"战略伙伴关系"，2008年时又升级为"全面战略伙伴关系"，一年之后再一次升级为"全面战略、安全和经济伙伴关系"。可见，伙伴关系的强弱的判断需要进行不同类型的比较。但是，这种关系强弱的差异，对于我们理解战略网仍然是有意义的。行为体关系的强弱，反映了行为体对未来合作的预期。此外，行为体之间关系强弱的变化，还具有信号作用。尤其是行为体之间伙伴关系的变化，直接反映了两国间关系的亲密程度以及各自在对方战略网中的战略地位。

是否具有排他性是体现行为体间链接方式的另一重要特征。行为体之间通过排他性的合作关系链接起来，比如同盟，可能反映了行为体之间共同的安全关切和威胁认知。因此，这种链接方式对于行为体维系商品、货物、人员、资本和信息等生产要素的跨国流动，具有相对较高的可靠性。但是，由于这种链接方式的排他性，也限制了行为体建立更多链接的机会。行为体之间建立包容性的链接方式，比如伙伴关系，可能反映了行为体追求广泛的利益基础上的一致性。由于这种包容性所产生的大量链接，将削弱行为体之间合作的深度。因此，节点之间采取何种链接方式，将影响到行为体追求自身战略目标的能力。

3. 网络的运行和维系机制

战略网事实上体现了一国将自身"嵌入"更大范围的国际关系网络之中，通过寻求对实现本国战略目标具有重大影响的关键行为体的支持和协调的做法。[①] 因此，战略网关系到一国从外部获取支持力度的大小及其稳定与否。国家显然是以自身利益为出发点来采取行动的。如何将具有不同利益取向的行为体联系起来，服务于自身战略目标，关键在于这一战略网是否稳健。战略网的稳健首先取决于处于中心地位的行为体能否为其他节点提供有竞争优势的资源。其次，网络的形态也非常关键。网络内所有节点之间的链接方式构成了网络的形态，体现了网络内所有行为体之间的互动模式。但是，网络的形态又在很大程度上取决于网络内资源的流动方式。因此，关键在于处于中心地位的行为体所提供的具有竞争优势的资源。例如，本书在第七章分析美国的案例，可以发现，冷战期间美国建立的轴辐安全同盟事实上构成了美国在东亚地区应对苏联共产主义阵营威胁的战略网。在这种轴辐安全体系中，美国通过向其盟友单方面提供应对苏联共产主义阵营的入侵这一资源，从而维系了网络的运行。但是冷战结束之后美国及其盟友面临的来自苏联共产主义阵营的威胁不复存在，由此引发了这一轴辐安全体系的危机。美国也被迫调整了这一战略网。

---

① 关于安全合作中的"嵌入"的分析，参见阿克塞尔罗德、基欧汉《无政府状态下的合作》，载鲍德温主编《新现实主义和新自由主义》，肖欢容译，浙江人民出版社2001年版；Robert O. Keohane and Lisa L. Martin, "The Promise of Institutionalist Theory", *International Security*, Vol. 20, No. 1, Summer 1995, pp. 39 – 51。

综上分析，后冷战时代行为体间的相互依赖，使得一国单独应对所有的威胁和挑战，变得日益不可能。行为体与其核心利益密切相关的行为体建立起合作关系，来增强自身应对威胁的能力。这种建立在战略上的持续合作关系，构成了一国的战略网。通过战略网，行为体将能够更有效地管理流动性，即一国将从外部获取满足本国发展所需要的资源、资本、市场和人才等要素。因此，这种战略网就成为影响一国在地区甚至全球国际关系网络中的网络力的重要因素。

小　结

国际关系的网络化尽管极大地改变了一国内外战略环境，但并没有从根本上改变国际关系的无政府状态性质。对国际关系网络中的国家而言，安全问题仍是首要关切，但安全威胁的性质已发生了变化。这些威胁在东亚国际关系网络中，主要体现为集传统安全威胁、政治威胁和经济威胁等三者于一体的"威胁三角"问题。在如何解决一国的安全威胁问题上，主流国际关系理论给我们主要提供了三种思路，即以自助方式增强权力、寻求与其他国家双边合作、国际多边合作。

国际关系的早期历史，记录了大量的以自助为手段成功实现本国安全的范例。随着全球化的推进、科技革命的迅猛发展以及国际规范的演变，国际安全环境也发生了巨大变化。尽管国家的安全战略并没有彻底摒弃自助色彩，但在一个在高度相互依赖并日益网络化的世界中，自助作为应对安全威胁的手段，已然成为历史。国家更多的是考虑如何基于国际合作或协调，来规划和制定本国安全战略。其中，同盟和国际制度分别作为双边和多边合作的战略工具，在外交实践中被广泛使用。

然而，无论是同盟还是国际制度，作为应对威胁的战略工具，都存在着固有缺陷。这些缺陷在应对东亚"威胁三角"问题上，表现地尤为突出。首先，东亚既有的以美国为中心的轴辐安全同盟体系，体现为典型的不对称同盟关系，无法解决同盟政治学中的"被抛弃"

和"被拖累"困境这一根本矛盾。其次，在东亚国际关系网络中，国家面临的"威胁三角"问题无法通过缔结新的同盟关系，来缓解。虽然国际制度在解决东亚的"威胁三角"问题上，可能有助于缓解国家所面临的政治威胁和经济威胁问题，但在解决东亚国家面临的传统安全威胁方面，很难取得实质性突破。

除了同盟和国际制度外，伙伴关系在安全战略中的作用不能忽视。一方面，伙伴关系作为一种新型合作模式，通过为国家间互动提供"系统原则"，来协调国家行为、增加相互信任、共同应对威胁，提供了新的渠道。另一方面，伙伴关系作为安全战略工具，也存在自身缺陷。最为明显的是，相对同盟和国际制度，伙伴关系更多地依赖于"软约束"而缺乏拘束力。但是国际关系的网络化为国家克服单个伙伴关系的缺陷，提供了外部条件。换言之，国际关系网络化使得一国建立伙伴关系网成为可能，而大量的伙伴关系形成的伙伴关系网可以克服单个伙伴关系所存在的拘束力不足等问题。相对同盟和国际制度，伙伴关系网在应对东亚的"威胁三角"问题上，具有更高效用。

一国通过与本国安全利益密切相关的行为体建立伙伴关系，形成伙伴关系网络，来确保本国稳定、发展与繁荣等重要目标。这就构成了一国的伙伴关系战略。本书在借鉴网络理论基础上，构建了分析国家伙伴关系网络战略的模型，识别出一国的伙伴关系网作为安全战略工具的三个要素：即网络中的节点选择、节点之间的连接方式以及网络的维系机制。这三个要素，将为全面、动态地研究东亚伙伴外交，提供有用的分析工具。

第 五 章

东盟的伙伴关系网

第一节　东亚网络中的东盟

东盟从产生到此后的演变发展历史体现了东盟成员国试图通过这一组织所追求的目标：通过集体努力来追求国家的自主性。[①] 东盟作为一组由小国组成的地区组织，实现这一目标并不容易。从地理位置上看，东盟国家四周为大国所包围：西部是印度，北部是中国东部是日本，南部是澳大利亚。历史上，东盟的一部分国家是以中国为中心的朝贡体系的一部分，[②] 另一部分国家则臣服于来自其西部的南亚大陆的帝国。[③] 随着帝国主义殖民体系的建立，东南亚的一些国家逐步沦落为西方列强的殖民地和势力范围以及此后日本的入侵。直到"二战"结束，东南亚国家通过民族独立运动才开启了现代民族国家的建立过程。

这一历史经历，使得独立后的东南亚国家尤其珍惜民族独立和捍卫威斯特伐利亚体系所赋予的国家独立主权地位。作为东南亚以及更广范围的东亚地区唯一一个正式的地区国际组织，东盟在实现这一目

[①] Donald E. Weatherbee, *International Relations in Southeast Asia: The Struggle for Autonomy*, London: Rowman & Littlefield, 2009.

[②] 关于朝贡体系的分析，参见吴洪君《朝贡体系的历史遗产及其对中国与周边国家关系的影响》，硕士学位论文，山东大学，2009年；尚会鹏《"伦人"与"天下"——解读以朝贡体系为核心的古代东亚国际秩序》，《国际政治研究》2005年第2期。

[③] [法] G. 塞代斯：《东南亚的印度化国家》，蔡华、杨保筠译，商务印书馆2008年版。

标上肩负着特别的使命。当然，在不同的国际环境下，东盟采取了不同的战略。

一 东盟面临的"威胁三角"问题

冷战时期东盟面临的传统安全威胁主要是来自苏联共产主义阵营的渗透和入侵。更进一步的，就是苏联、越南等社会主义政权对这些国家国内共产主义势力的支持和渗透。冷战的结束以及苏联的解体，随后越南等苏联阵营的社会主义国家加入东盟，使得来自意识形态基础上的威胁不再紧迫。同时，苏联的继承人俄罗斯将关注重点转向国内和周边的中亚地区，也不再构成东盟的威胁来源。因此，从整体上看，后冷战时代的东盟并不存在来自外部的紧迫的安全威胁。在东南亚地区内部，越南从柬埔寨撤军，此后越南、老挝、柬埔寨和缅甸等国相继加入东盟，从而消除了在冷战期间影响地区稳定的一大因素。

冷战刚一结束，东盟即开始了地区一体化的进程。1992年第四届东盟首脑会议决定从次年开始建立东盟自由贸易区，计划2008年完全建成。这一计划几经调整，被提前到2002年。2003年东盟宣布建立东盟共同体。2007年东盟第十二届首脑峰会上决定在2015年建成包括经济、文化和安全三个方面内容的共同体，于同年11月第十三届首脑峰会上又通过了《东盟宪章》。

对比东盟冷战前后的变化，不难发现，冷战结束之后东盟将重心逐步由处理内部矛盾纠纷转向了促进地区经济社会一体化这一目标上来。[1] 东盟在加强地区内部一体化的同时，并没有形成一个封闭的地区组织，其成员与地区外国家的联系同样在增强。确保一国与外部地区的商品、货物、人员、资本和信息等生产要素的流动不被中断，并服务于本国的经济社会发展目标，对其实现国家的稳定、发展和繁荣非常重要。但对后冷战时代的东盟而言，要实现这一目标仍然面临着威胁。

---

[1] 张锡镇：《东盟的历史转折：走向共同体》，《国际政治研究》2007年第2期，第123—134页。

1. 传统安全威胁

冷战结束之后，东盟面临的首要问题是如何以更有利的方式处理与大国的关系。作为由小国组成的组织，无论是在经济还是在安全上都显得脆弱。中国、印度等邻国的崛起，日本在外交上表现的日益自信以及军国主义的复兴，让东盟担心美国和苏联从东亚撤退之后，这些国家趁机填补"权力真空"。① 考虑到冷战结束初期，东盟与周边大国并没有建立起有利于国家间的相互信任，这不仅仅是因为现实主义学者所强调的"安全困境"问题。东盟对每一个大国的担心都有着充分的理由。

首先是中国的崛起。对东盟而言，中国的崛起不仅仅改变了地区乃至全球权力格局，更为现实的是东盟国家与中国在地理位置上的邻近、历史上的朝贡体系、现实的领土领海争端，同时在经济上形成的日益紧密的依赖，尤其是中国与东盟在南海问题上的争端，这些因素加大了东盟对中国的安全关切。

其次是日本。日本与东盟之间最大的问题，就是日本在"二战"期间及其之前对包括东盟在内的东亚国家的侵略历史。在"二战"期间，除了泰国之外，所有东盟国家都曾遭受过日本的侵略和掠夺。日本对东盟国家的侵略历史一直成为东盟与日本发展关系的阴影。更为严重的是，日本对历史的态度增加了东盟国家对日本的疑虑。新加坡资深政治家李光耀对日本的担忧就非常有代表性：

> 南京大屠杀，朝鲜、菲律宾、荷兰和其他妇女被拐骗或者强迫到前线充当日军的"慰安妇"，对活生生的中国、朝鲜、蒙古、苏联和其他满洲囚徒进行惨无人道的生化武器实验。他们对这一切都矢口否认，直到一件件史实在日本的档案中被发现，他们才迫不得已承认。这种态度，又怎么不叫人对他们未来的意图生疑呢？日本人现在的态度，可以被视为他们日后行为的苗头。②

---

① Chandran Jeshurun ed., *China, India, Japan and the Security of Southeast Asia*, Singapore: Institute of Southeast Asian Studies, 1993.
② 《李光耀回忆录》，新加坡联合早报出版社2000年版，第560页。

冷战期间东盟与日本基于共同应对苏联威胁而形成合作关系。通过战争赔款、经济援助以及对外直接投资等形式，日本保持着与东盟的密切互动。随着苏联这一共同威胁的消失、美日同盟关系的调整以及日本对外政策的日益自信和强硬，使东盟与日本之间的关系充满变数。

最后是印度。"二战"结束后到冷战初期，印度与东盟曾经有过一段积极的互动关系。在这一期间，印度支持印度尼西亚的民族解放斗争并与缅甸和印度尼西亚共同发起不结盟运动，并与缅甸、印度尼西亚和菲律宾缔结了和平友好条约。到20世纪70年代之后印度加入苏联阵营，并支持越南入侵柬埔寨，使得东盟与印度关系开始紧张。① 冷战结束之后苏联解体，并没有打消东盟对印度的疑虑。尤其是印度经济上的崛起以及军事力量的增强，让东盟感受到了巨大的安全压力。

印度作为东盟的邻国，其的确可以对东盟的流动性从物理上施加有效影响。印度冷战结束后重新翻新和开放了扼守安达曼—尼科巴要塞的布莱尔港军事设施，这一要塞紧邻马六甲海峡。这一举动引起了东盟尤其是马来西亚、泰国和印度尼西亚等国家的极大不安。东盟担心印度的海军力量强大之后将进一步扩张到东南亚，从而填补美军撤出西太平洋地区后留下的权力真空。② 20世纪80年代末，印度尼西亚国防部长就曾暗示北苏门答腊非常容易受到印度洋敌对大国的威胁。1989年6月新德里的一次会上，与会的印度尼西亚海军司令明白无误地表示印度尼西亚政府非常担心印度的扩张。③ 而印度对外表现出的大国心态以及在地区事务尤其是在处理与斯里兰卡和斐济等国关系中的强硬态度，似乎验证了东盟国家对印度的担忧。④ 印度学者司里寒兰（Kripa Sridharan）指出："印度的远程海

---

① 马缨：《当代印度外交》，上海人民出版社2007年版，第188页。
② G. V. C. Naidu, "The Indian Navy and Southeast Asia", *Contemporary Southeast Asia*, Vol. 13, No. 1, Spring 1991, pp. 80–83.
③ 马缨：《当代印度外交》，上海人民出版社2007年版，第188页。
④ Chandran Jeshurun ed., *China, India, Japan and the Security of Southeast Asia*, Singapore: Institute of Southeast Asian Studies, 1993, p. 136.

军、空军和导弹力量的增强,大大提升了印度的军事投射能力。印度对东南亚地区所表现出的兴趣,加剧了东盟的不安。"[1]

无论是中国、日本还是印度,作为东盟的邻国,都是一种无法改变的存在。但问题的关键在于,东盟国家之间的互动关系发生了变化。这种变化使得东盟与邻国间的关系本身的意义也发生了变化。冷战时期我们看到,东盟所面临的这三个大国中,日本与东盟在应对苏联这一威胁上存在着共同利益,而美国与日本的同盟关系则进一步缓解了东盟对日本的担忧。东盟对中国的担忧则主要来自意识形态方面可能对国内政治稳定产生的威胁。印度则是苏联的盟友,考虑到美国与苏联之间的竞争和对抗,东盟对来自印度的威胁很大程度上通过诉诸美国的支持得到缓解。但是,冷战结束之后,这种相对稳定的状态被打破了。印度与美国关系不断改善,并成了战略伙伴。美国与日本之间的同盟关系朝着更为平等的伙伴关系转型,美国对日本的约束力降低。中国与东盟之间的关系有了新的内容。总之,冷战结束之后,东盟所面临的大国关系更为不确定。在这种环境中,东盟失去了类似冷战时期稳定的安全战略环境和可预期的安全保障。

除了需要处理复杂的大国关系,东盟还需要处理地区内部的关系。冷战结束后,东盟内部冲突开始重新浮现出来。由于历史上的殖民统治以及其他历史因素,在东盟成立之前,东南亚国家之间的对立和冲突普遍存在。冷战期间,这些国家面临着共产主义势力的入侵这一紧迫威胁掩盖了各国之间的矛盾。而美国主导的轴辐安全体系,事实上也不便利东盟成员国之间的互动。[2] 冷战结束之后,在冷战期间被掩盖的矛盾凸显出来。例如,在马来西亚与新加坡、菲律宾之间,马来西亚与文莱之间,泰国与越南之间,柬埔寨与泰国之间,都存在着尚未解决的领土、领海争端。这些争端尽管整体上保持了

---

[1] Kripa Sridharan, "India-ASEAN Relations: Evolution, Growth, and Prospects", in Chandran Jeshurun ed., *China, India, Japan and the Security of Southeast Asia*, Singapore: Institute of Southeast Asian Studies, 1993, p. 133.

[2] Victor D. Cha, "Powerplay: Origins of the US Alliance System in Asia", *International Security*, Vol. 34, No. 3, Winter 2009/2010, pp. 158 – 196.

和平稳定的局势，但是在某些情况下仍然可能激发，甚至引发武装冲突，如近期泰国和柬埔寨围绕着柏威夏古寺归属问题引发的外交紧张。

2. 经济方面的威胁

在冷战时期，东盟成员国所面临的主要安全挑战来自传统安全领域。美国出于应对苏联共产主义势力的需要，除了在军事上直接对东盟国家提供支持和援助外，还通过"经济安全化"来促进东盟国家的经济恢复和发展。① 这种"经济安全化"使得东盟成员国得以从美国及其盟友单方面以优惠条件获得市场准入、经济援助以及对外直接投资等经济利益。这就为东盟经济的发展提供了相对稳定的外部环境，使得东盟即使在地区经济合作未取得大的进展的情况下，成员国仍保持了经济的快速发展。②

冷战的结束改变了这种格局。美国在冷战之后调整了东亚战略，在经济领域采取"去安全化"的政策。③ 美国不再将东盟视为一个需要提供援助的对象，而是平等的竞争伙伴。由于东盟对美国市场和投资的过度依赖，美国的这一战略调整使东盟国家面临巨大的压力。事实上，早在冷战结束前的20世纪80年代中期，美国就开始朝着这一战略转向。广场协议之后，东盟面临来自美国的压力就日益增加。美国1988年出台《贸易条例》（*Trade Acts*）后，东盟成为首批进入美国监察的对象，并被要求在保护知识产权问题上采取更多措施。④ 同时美国还将亚太经合组织等多边机制视为撬开东亚市场的工具，利用多边组织向包括东盟在内的东亚国家施压。⑤

冷战结束也给东盟提供了进入更为广阔市场的机会。东盟主要

---

① Richard Higgott, "US Foreign Policy and the 'Securitization' of Economic Globalization", *International Politics*, Vol. 41, No. 2, June 2004, pp. 147–175.

② Vinod K. Aggarwal and Min Gyo Koo, eds., *Asia's New Institutional Architecture: Evolving Structures for Managing Trade, Financial, and Security Relations*, New York: Springer, 2008.

③ Richard Higgott, "US Foreign Policy and the 'Securitization' of Economic Globalization", *International Politics*, Vol. 41, No. 2, June 2004, pp. 147–175.

④ Preeti Sinha, "Special 301: An Effective Tool against Thailand's Intellectual Property Violations", *Pacific Rim Law & Policy Journal*, Vol. 1, No. 2, Summer 1992, pp. 281–298.

⑤ John Ravenhill, *APEC and the Construction of Pacific Rim Regionalism*, New York: Cambridge University Press, 2002, p. 105.

成员国实施的开放经济战略便利了融入全球经济体系。但是,东盟参与全球经济网络同样面临着风险,这种风险至少体现为以下两个方面。

第一,东盟面临更大的竞争压力。从20世纪中期开始,东盟老成员国印度尼西亚、马来西亚、菲律宾、新加坡和泰国,开始从进口替代政策转向出口加工工业。这种产业政策严重依赖于对外直接投资和出口市场。[1] 而同时期中国以及苏联国家开始大量融入全球市场经济体系,并进入低端的加工工业领域。这与东盟国家在对外直接投资来源和出口市场等领域形成了竞争。这一时期东盟地区的对外直接投资流量出现了下滑趋势,从1997年到2002年,流入东南亚国家的对外直接投资从277亿美元下降到140亿美元。[2] 这一定程度上印证了东盟面临的竞争压力。

第二,面临着更不稳定的宏观经济环境。冷战结束之后,全球统一市场的形成,带来了更大规模的资金、货物流动,也导致了经济领域的更大波动。而全球生产网络的形成使得一国更容易受到外部市场的影响。大多数东盟成员国在全球生产网络中处于生产价值链的末端,又严重依赖少数国家的出口市场和对外直接投资。在全球生产网络的分工,使东盟成员国更易于受到外部经济影响。[3]

另外,东盟面临着更为紧迫的问题是,可能在全球经济网络中被边缘化。冷战结束之后全球化在迅速发展的同时,地区一体化也在加速推进。而东盟自身的一体化受制于地区内经济发展水平的差异以及民族主义等因素,长期滞后于世界其他地区。有统计显示,到20世纪80年代末冷战结束时,东盟在PTA框架下开展的贸易量还不足地区内贸易总量的1%。[4] 东盟担心其他地区的一体化可能形成相对封

---

[1] Dennis Arnold, "Free Trade Agreements and Southeast Asia", *Journal of Contemporary Asia*, Vol. 36, No. 2, Summer 2006, pp. 195–216, 198.

[2] Ibid. .

[3] Greg B. Felker, "Southeast Asian Industrialization and the Changing Global Production System", *Third World Quarterly*, Vol. 24, No. 2, May 2003, pp. 255–258.

[4] John Ravenhill, "Economic Cooperation in Southeast Asia: Changing Incentives", *Asian Survey*, Vol. 35, No. 9, September 1995, pp. 850–866.

闭的贸易集团，从而将东盟排挤出去。① 考虑到东盟开放性经济对外部市场和对外直接投资的巨大需求，这一威胁就变得更为紧迫。而周边国家中国、印度的崛起，将可能使东盟在吸引对外直接投资、参与国际竞争中处于不利地位。

东盟融入全球经济的过程中，日益受到既有国际经济秩序的约束。冷战之后，东盟不再享有来自美国等国家在经济领域的"优待"。一些发达国家利用反倾销、绿色壁垒等各种贸易规则，对东盟国家的对外贸易施加限制。而东盟自身在国际贸易规则的制定方面又缺乏话语权。更为严重的是，一些国家将贸易政策与诸如人权、民主、环保等议题挂钩，也对东盟成员尤其是新成员国的贸易带来了不利影响，制约了东盟国家在全球经济网络中的流动性。②

总之，随着全球生产网络的进一步成熟，全球的商品、货物、人员、资本和信息等生产要素的流动性大为提高，东盟的开放性经济战略由于将自身置于更为流动的经济环境之中，面临着更大的不确定性。而地区一体化、各种贸易规则以及其他国家的单方面的贸易政策，又限制了东盟充分利用流动性带来的机会。因此，考虑到东盟国家在经济上对少数国家的过度依赖，使得东盟在经济领域面临更大的挑战。

3. 政治威胁

东盟除了面临着传统安全威胁和经济方面的威胁之外，还面临着新的政治威胁。这些威胁主要来自国内、地区和全球三个方面。

首先，东盟成员国的政权合法性受到来自国内外力量的挑战。冷战结束之后，西方大国推行的民主、人权保护等规范使一些东南亚威权国家面临着日益增加的压力。冷战的结束被一些人视为以民主自由和市场经济为代表的西方资本主义对共产主义世界的胜利，世界进入了"历史的终结"。在这一背景下，世界范围内掀起了民主运动的

---

① Paul Bowles & Brian MacLean, "Understanding Trade Bloc Formation: The Case of the ASEAN Free Trade Area", *Review of International Political Economy*, Vol. 3, No. 2, May 1996, pp. 319 – 348.

② Jonathan T. Chow, "Trade and Human Security in ASEAN: Toward Deeper Linkage?", in Vinod K. Aggarwal and Kristi Govella eds., *Linking Trade and Security*, New York: Springer, 2013, pp. 67 – 88.

"第三波"。印度尼西亚、泰国和菲律宾这些国家国内都经历了不同程度的民主转型和社会动荡。印度尼西亚和泰国国内政权一直面临着来自国内各种反对党同盟、宗教和少数民族团体、军队等各方面持续的压力和抵抗。

而各国国内普遍面临的民族和宗教问题加剧了东盟成员国的政治不安全。泰国、印度尼西亚、菲律宾等国家的反政府武装长期与政府军对抗,不断发生激烈的武装冲突。印度尼西亚的亚齐、巴布亚等地区的民族和宗教问题十分突出,地区分离主义盛行;泰国南部的民族和宗教冲突亦相当严重,其南部武装组织多年来一直主张通过武力建立独立的国家或与"同文同种"的邻国马来西亚合并;菲律宾南部信仰伊斯兰教的摩洛人在宗教信仰、国家认同、经济利益和政治权利等方面与菲律宾主体民族存在着严重分歧,暴力冲突一直不断。[1]

其次,全球性问题给东盟国家的治理能力带来新的挑战,成为影响其流动性的一个重要因素。东盟所面临的全球性问题诸如传染病、环境问题、网络安全、跨国犯罪等各种威胁非常突出。这些全球性问题和跨国威胁处理不当,将严重威胁东盟国家的政治安全。SARS、禽流感等传染病、环境问题毒品问题、武器走私、跨国贩卖人口、洗钱、跨国恐怖主义活动等各种全球性问题和跨国犯罪现象日益严重。要解决这些问题涉及政府之间的跨国合作,需要在信息情报共享、执法立法和监管等各个领域的合作。对非常强调国家主权完整的东盟成员国而言,要建立起紧密的合作关系,将是一个非常困难的过程。

最后,与上述两个威胁密切相关的是,作为整体的东盟这一组织本身的地位和身份问题。前面已经指出,冷战期间东盟成员国主要通过单方面追随美国的方式而获得安全保障,而作为整体的东盟的作用主要限于协调地区内部成员之间的关系。但是,冷战之后正如笔者上述分析所表明的,东盟成员国越来越需要以一个整体的面貌出现来应对来自地区内外的挑战。由于缺乏冷战时期类似美国的坚定盟友,东盟单个成员无论是在经济、军事还是政治方面的影响力都非常有限。

---

[1] Muthiah Alagappa ed., *Political Legitimacy in Southeast Asia: The Quest for Moral Authority*, Stanford, CA: Stanford University Press, 1995.

无论是在政治、经济还是军事等领域,东盟如果试图扮演更大角色,通过东盟这一整体的身份更容易获得影响力。随着东盟成功地解决越南与柬埔寨问题,东盟成员国之间便很难找到共同的动力来保持内部的团结和凝聚力的提高。东盟成员国都是小国,自身在应对这些问题上的无力,亟须通过东盟这一地区多边平台来实现联合应对。东盟这一组织凝聚力的下降,让东盟成员感受到了威胁。

的确,随着苏联这一共同威胁的消失和东盟自身的扩大,东盟在许多问题上内部的分歧似乎要远大于共识。不仅在南海问题,与中国和美国、日本等大国的关系等政治安全问题上存在着分歧,而且在经济领域的合作方面,东盟一些成员国在开展地区合作的同时,也抛开东盟单独与其他地区的国家缔结双边层次的 FTA。这种单边主义的行动引发了东盟地区的 FTA 竞赛,时任马来西亚总理马哈蒂尔甚至公开谴责这种"令人恶心"的行为。[1] 显然,如果东盟不提高内部的凝聚力,东盟成员国独自对外采取行动,则东盟很可能被边缘化。针对东盟凝聚力不强的现状,新加坡外长贾古玛就在 2000 年曼谷召开的东盟外长会议上明确表示,"如果我们依然被视为无所作为,我们的对话伙伴和国际投资者就会把我们晾到一边,我们就会被彻底边缘化",并指出"这种危险是实实在在的"。[2]

总之,相比冷战相对静止的国际关系,冷战结束之后东盟所面临的国际环境无论是在政治、经济还是军事上,都要更为"流动"。但是,东盟与外部世界在商品、货物、人员、资本和信息等生产要素方面的正常流动仍然面临着被中断的风险。这种风险既可能来自传统安全领域,也可能来自经济和政治领域。东盟作为由一群小国构成的地区组织,制度化水平并不高,因此,在国际关系网络化趋势不断加强的背景下,东盟面临着被"边缘化"的威胁。这种边缘化将使得东盟在安全上陷入大国包围之中;在经济上面临着外部日益激烈的竞争

---

[1] Takashi Terada, "Competitive Regionalism in Southeast Asia and Beyond: role of Singapore and ASEAN", in Mireya Solis, Barbara Stallings and Saori N. Katada, eds., *Competitive Regionalism: FTA Diffusion in the Pacific Rim*, London: Palgrave Macmillan, 2009, pp. 161 – 180.

[2] Simon S. Tay, Iesus P. Estanislao, and Hadi Soesastro, eds., *Reinventing ASEAN*, Singapore: Institute of Southeast Asian Studies, 2001, p. ix.

和充满更大的风险的同时，可能无法从全球化中获得满足自身发展所需的市场份额、资金、技术、人才等各种资源；在政治上则可能沦为一个无足轻重的组织。[①]

二 "不可能三角"与东盟战略网的构建

冷战期间，东盟通过选择站在美国一边而获得安全保障和经济社会发展所需要的资源和信息，在这种情况下，作为一个整体的东盟则将中立作为目标，专注于协调内部矛盾。冷战结束之后国际环境的变化，使得东盟成员国与美国之间基于应对苏联共产主义阵营的威胁这一共同利益消失。东盟成员国自身也将重点转向解决本国的经济社会发展问题。这一环境的变化，使东盟的角色需要做出调整。对于东盟而言，其可能存在着以下几种选择。

首先，东盟若坚持传统的结盟战略，美国显然是东盟的最佳结盟对象。相比中国、日本和印度等周边大国，美国在传统安全领域对东盟的威胁最小。[②] 但是，美国是否愿意与东盟结盟就是个问题。即使美国同意与东盟国家仍然保持冷战时期的同盟关系，但这种同盟关系的存在将使东盟与其他国家尤其是与中国的关系受到影响。而中国也同样是东盟应对各种威胁和挑战的重要依靠对象，尤其是中国在东盟对外经济活动中的重要地位。同时，与美国结盟还面临着国内民族主义的压力，从而威胁其政治安全。由此可见，结盟并不是东盟国家的首要选择。

其次，东盟还可能以类似欧盟的方式，通过与东北亚国家建立更为紧密的一体化组织来应对各种威胁和挑战。冷战后尤其是 1997 年亚洲金融危机爆发之后，东盟的确加快了与东北亚国家之间的多边合作，并形成了"10＋3"进程。但是，东盟如果要建立高度一体化的地区组织，意味着需要将东盟冷战时期的安全保障提供者——美国排除在外。这一选择又将影响东盟与美国的关系，反过来削弱传统安

[①] Rabea Volkmann, "Why does ASEAN Need a Charter? Pushing Actors and Their National Interests", *ASIEN: The German Journal on Contemporary Asia*, January 2008, pp. 78－87.

[②] 陈奕平：《依赖与抗争——冷战后东盟国家对美国战略》，世界知识出版社 2007 年版，第 76—88 页。

全。同时，建立高度一体化的合作组织要求成员国对主权做出更多让渡，这对于强调自主性的东盟来说，也面临着不小的困难。

最后，东盟还面临着自助这一政策选项。自助意味着加强本国自身的军事能力和经济建设，在更大范围内则需要加强东盟自身的一体化建设。冷战期间东盟的确提出过建立东盟中立区的构想，而且至今这一构想仍然是一些东盟成员国的目标。但是，中立毕竟不同于自助。东盟的经济已经高度融入东亚生产网络之中，东盟在军事领域也广泛地与外部国家开展多元化的合作。因此，东盟作为小国，本身自助能力受到局限，在网络化国际关系中，这一选择更不切实际。

总之，冷战结束后，东盟所面临的国际关系网络化趋势，使得传统的对外战略无法有效应对国际关系网络中的威胁和挑战。换言之，任何单一的传统战略工具都无法同时解决其在传统安全、经济安全和政治安全三个方面的威胁和挑战，这就是东盟对外战略所面临的"不可能三角"难题。

在这种环境下，东盟的对外战略开始转型。东盟从冷战时期追求中立，到后冷战时代积极融入地区和全球国际关系网络之中，并将追求成为地区和全球网络的"中心"作为对外政策的目标。这一目标在东盟国家于2007年9月签署的《东盟宪章》中清晰无误地体现了出来：

> 东盟与外部伙伴发展关系，合作建立开放、透明以及包容的地区框架。（在这一过程中）东盟要保持中心性（centrality）和扮演积极主动的角色。

> 保持东盟在与外部的政治、经济、社会和文化关系中的中心位置，同时积极参与、开放、包容和非歧视。[1]

在中心性这一概念明确提出之前，东盟在其他政策文件中也提出

---

[1] 分别转引自《东盟宪章》第1条第15段和第2条第2段。详见 ASEAN, *Charter of the Association of Southeast Asian Nations*, 2007, http://www.asean.org/asean/asean-charter/asean-charter。

过类似的术语。东盟 1995 年关于东盟地区论坛的一份文件指出，东盟要成为"东盟地区论坛的主要动力（driving force）"。东盟也因此被视为地区合作的"司机"（driver）。《东盟宪章》显然更为明确地阐述了东盟试图在地区网络中获得中心位置这一目标。在此基础上，东盟 2007 年签署的《东盟经济共同体蓝图》指出，东盟在对外经济关系中，将"通过谈判 FTA 和全面经济伙伴关系协议等措施但并不限于这些措施"，共同保持"东盟的中心性"。《东盟经济共同体蓝图》强调，东盟除了协调成员与外部的关系，还应该成为"设计地区架构的动力"。[①] 但是，《东盟经济共同体蓝图》经常将"中心性""动力""塑造地区架构"等词交叉并列使用。从这一意义上，东盟不仅仅是"司机"，而且要求掌握方向以及协调各个行为体之间的关系，并尽可能提供地区领导力。

东盟追求的"中心性"目标，与冷战时期东盟只是被动地摆脱大国权力政治的消极反应有着明显的区别，而是要与其利益密切相关的国家建立更为紧密的合作关系。与关键国家之间的合作关系，就构成了东盟的战略网。这一战略网将为东盟从外部获取满足国家稳定、发展和繁荣等目标所需要的物质资源、资本、技术、人才以及商品出口市场等要素提供更多机会，大力提高东盟对流动性的影响和控制能力。构建这一战略网涉及三个要素：第一，关键节点的选择。与东盟实现地区稳定、发展和繁荣目标密切相关的行为体，将构成东盟战略网的关键节点。第二，节点的链接方式。这主要涉及东盟与关键国家之间的双边互动，即通过什么样的方式与这些关键国家在双边基础上建立合作关系。其很大程度上取决于东盟与这些国家所面临的威胁来源以及合作利益。第三，东盟战略网的运行和维系。这涉及东盟如何确保这些理性的国家，与自己持续不断地合作，从而实现地区的稳定、发展和繁荣的目标。

本书接下来将对这三个要素进行分析，包括东盟如何处理与守成大国美国和崛起大国中国的关系；东盟如何通过由多节点构成的战略

[①] ASEAN, Roadmap for an ASEAN Community 2009 – 2015, 2009, Jakarta, http://www.asean.org/resources/publications/asean-publications/item/roadmap-for-an-asean-community – 2009 – 2015.

网来实现对流动性的管理和控制；以及东盟如何将这些关键节点协调起来，服务于本国的战略目标。东盟在这三个方面的表现，将很大程度上决定其在地区乃至全球国际关系网络中对商品、货物、人员、资本和信息等生产要素跨国流动的影响力大小。

第二节 东盟伙伴关系网络中的关键节点

冷战结束之后，东盟对外战略中所面临的最为重要的两个国家是中国与美国。美国作为冷战时期东盟国家的安全保障提供者，以及世界上经济和军事实力最为强大的国家，对东盟的重要性不言而喻。中国作为崛起的新兴大国和东盟的邻国，在东盟的安全和经济社会发展中也日益扮演着重要角色。如何处理与这两个国家之间的关系，对东盟实现国家稳定、发展和繁荣的目标尤为重要。

一 冷战结束后美国的东南亚政策与东盟的反应

冷战结束之后，美国的东亚战略显然面临着调整。在冷战结束初期，美国并没有提出一个清晰的东南亚战略。一方面，布什政府声称美国仍将坚持冷战时期与东南亚国家之间形成的同盟关系。但另一方面，美国国内经济自20世纪80年代以来持续衰退，不得不做出裁减包括在东亚的海外驻军的决定。冷战刚一结束，就传出美国计划在1990—2000年裁减在亚洲的驻军10000人以上的消息。[1] 美国驻菲律宾大使透露，美国防部决定到1992年底将在既有驻军数量上裁减12%驻军的计划可能还会提前，并明确表示亚洲"并不是美国当前关注的焦点"。[2] 美国最终于1992年关闭了驻菲律宾的克拉克空军基地和苏比克湾海军基地。这使东南亚国家开始对美国能否继续提供安

---

[1] Douglas T. Stuart and William T. Tow, *A US Strategy for the Asia-Pacific: Building a multipolar balance-of-power system in Asia*, London: the International Institute for Strategic Studies, 2005, pp. 6–11.

[2] Stephen W. Bosworth, "The United States and Asia", *Foreign Affairs*, Vol. 71, No. 1, Spring 1991/1992, p. 116.

全保障表示疑虑。

对东盟而言，美国的存在是应对国际和地区环境中诸多不确定性的有力保证。① 因此，如何确保美国继续留在东南亚是东盟关注的优先事项。1989 年美国与菲律宾围绕着克拉克空军基地和苏比克湾海军基地的谈判失败之后，新加坡随即表示愿意为美国使用其军事基地提供方便。1989 年 8 月，新加坡公开表示美国可以使用新加坡的军事基地。1990 年 11 月，新加坡总理与美国副总统丹·奎尔（James Dan Quayle）签署了《备忘录》，允许美国利用新加坡的军事设施。②

马来西亚对美国退出东南亚非常谨慎，"马哈蒂尔希望美国继续保持其在菲律宾的基地……当美国最终决定从菲律宾撤出时，马来西亚对新加坡采取的措施表示赞赏，并同意美国军队未来可以使用马来西亚的某些设施"。③

菲律宾虽然于冷战结束初期的 1991 年结束了美国在菲律宾的军事基地使用权，但是此后美菲之间仍然保持了紧密的军事合作关系。1998 年 2 月菲律宾与美国签署《美菲访问部队协议》。该协议准许美海军访问菲律宾港口、陆军进入菲律宾参加双边联合演习。这一协议为重新恢复美菲安全同盟关系迈出了重要一步。"9·11"事件之后，菲律宾与美国缔结《后勤互助协议》，对美国在东亚的反恐行动给予大力支持。

泰国与美国的关系在越南战争结束之后曾经历过一段时间的"停滞"。但是自从进入 21 世纪以来，泰国为美国介入东亚提供了许多便利，2003 年成为美国在东亚地区"主要的非北约盟友"。在此之前美国只与菲律宾建立了类似关系。在阿富汗战争和伊拉克战争期

---

① Khong, Yuen Foong, In Suh, Peter Katzenstein and Allen Carlson, eds., Coping with Strateg Uncertainty, *Rethinking Security in East Asia: Identity, Power, and Efficiency*, California: Stanford University Press, pp. 172–208.

② Michael Leifer, *Singapore's Foreign Policy: Coping with Vulnerability*, New York: Routledge, 2013, pp. 100–121.

③ David Camroux, *"Looking East" and Inwards: Internal Factors in Malaysian Foreign Relations during the Mahathir Era, 1981–1994*, Singapore: Centre for the Study of Australia-Asia Relations, 1994, p. 17.

间，泰国允许美国军机利用泰国机场，并重新向美国开放越南战争期间美国曾经使用的军事设施。①

印度尼西亚作为传统上强调地区独立的国家，仍然为美国继续在东亚的军事存在提供便利。印度尼西亚参加了美国主导的年度海上战备合作项目，并定期接待美国海军舰艇的来访。在1991年东帝汶事件印度尼西亚与美国军事合作之后一度中断，但是自2005年2月印度尼西亚重新参与美国发起的国际军事教育和培训项目，接着参加了同年11月美国的外国军队财政援助项目。印度尼西亚与美国军事合作的全面恢复，为美国在东南亚这一重要地区提供了"立足之地"。②

这种试图"留住"美国的行为，不仅仅在东南亚的海岛国家——东盟老成员国——身上表现出来，而且在东南亚大陆国家越南也在冷战后积极发展与美国的关系。越南在1995年与美国建立了外交关系，同时两国在军事、政治和经济等各个领域的双边关系发展迅速。2003年美国护卫舰自越战结束之后第一次访问越南。同年越南开始以观察员身份出席美国主导的"金色眼镜蛇"军事演习。2005年越南开始参加美国的国际军事教育和培训项目。③

从整体上看，东盟主要国家都认可美国这一"良性霸权"对维持地区的和平与繁荣的重要性。④ 东盟与美国之间的关系，在冷战结束之后经历了一段时间的"漂移"之后，通过伙伴关系确立了双边的互动关系。在2005年11月，美国总统小布什与东盟7国领导人发表了《关于增进东盟—美国伙伴关系的联合声明》，双方决定建立"东盟—美国增进伙伴关系"。到2006年7月，时任美国国务卿莱斯

---

① Evelyn Goh, *Meeting the China Challenge: the US in Southeast Asian Regional Security Strategies*, Washington, D. C. : East-West Center, 2005, pp. 32 – 34.

② Rosemary Foot, *Human Rights and Counter-Terrorism in America's Asia Policy*, Adelphi Paper, No. 363, Oxford University Press for the International Institute for Strategic Studies, 2004, pp. 46 – 54.

③ J. Peter Pham, "From Normalization to Partnership: An Overview of Relations between the United States and Vietnam", *American Foreign Policy Interests*, Vol. 27, No. 5, October 2005, pp. 407 – 418.

④ John G. Ikenberry, "American Hegemony and East Asian Order", *Australian Journal of International Affairs*, Vol. 58, No. 3, September 2004, pp. 353 – 367.

出席东盟地区论坛时,又与东盟10国外长签署了《实施增进东盟—美国伙伴关系的行动计划》,确定了今后5年美国与东盟在政治、经济和社会文化等方面全方位合作的计划。①

在"增进伙伴关系"框架下,美国与东盟建立了贸易投资流动机制,定期举行经济部长级磋商会议。2006年美国总统参加河内亚太经合组织领导人会议期间,举行了美国—东盟领导人会议。

此后,与美国关系密切的新加坡多次要求进一步提升东盟—美国伙伴关系。2012年第四届东盟—美国领导人会议就区域及国际课题交换了意见,同时也检讨了东盟—美国伙伴关系框架下的合作,领导人采纳了《第四届东盟—美国领导人会议联合声明》,并肯定了东盟—美国专家团针对加强双边关系的报告。其中,进一步提升东盟—美国伙伴关系是专家团的其中一项建议。②

当然,东盟与美国的利益并非总是一致。在贸易领域,美国一方面大力推动其他国家在贸易领域的自由化,另一方面本国却在钢铁、纺织品、农业以及服装等包括东盟在内的发展中国家的优势领域推行保护主义,并滥用反倾销手段打击发展中国家。同时,美国将贸易政策与国家安全、环保等政治议题挂钩的做法也引起东盟的不满。在地区事务中,美国一方面要求其盟友和伙伴分担更多国际责任,另一方面又对不按照美国意愿行事的多边合作进行阻止,这典型体现在美国对东亚经济集团、亚洲货币基金等多边合作的反对。同时,东盟与美国在如何处理诸如印度尼西亚与东帝汶独立问题、缅甸问题上也存在着不小分歧。东盟认为美国减少或者取消对印度尼西亚和柬埔寨等国家的援助并强行推动国家民主转型的做法,可能引发地区的不稳定。对东盟而言,这些问题不仅仅关系到民主本身,而且关系到地区的稳定。此外,在一些全球性问题上,东盟也对美国的单边主义和"双重标准"感到不满。例如,美国经常在人权、民主等议题上对东盟施压,而与此同时其自身却面临着虐囚丑闻。

更为重要的是,东盟与美国在一些重要原则上存在分歧。尽管美

---

① 赵学功:《当代美国外交》,社会科学文献出版社2001年版,第283页。
② 中华人民共和国驻新加坡使馆经商处:《新加坡全力支持提升东盟—美国至战略伙伴关系》,2012年11月21日(http://www.mofcom.gov.cn/aarticle/i/jyjl/j/201211/20121108445093.html)。

国一再向东盟确保"保持在东南亚的存在",但美国的过度扩张使其在诸如中东、阿富汗、非洲等诸多事务之中,对东南亚的投入受到制约。这使得东盟对美国是否以及能够继续扮演地区稳定者的角色表示怀疑,并认为美国对东盟事务"漫不经心"。① 而且,美国推崇的效率、高度制度化的合作形式,与东盟所坚持的"东盟方式"不合。美国因此被东盟认为缺乏耐心。② 而且美国外交政策过于强调人权、民主等规范,对缅甸、柬埔寨等国家实行打压政策,并倾向于与东盟成员在国家层次上开展双边合作。这种方式一定程度上削弱了东盟的整体团结,可能导致东盟的分裂。

美国的这些做法,刺激东盟在美国之外寻求更多合作伙伴。一位评论人士指出,20 世纪 90 年代美国与东南亚国家之间的关系可以描述为"由愤懑构成的松散安排",而这种"愤懑"为"中国拓展与东盟国家的关系,并增强地区影响力提供了突破口"。③ 换言之,仅仅发展与美国的关系并不符合东盟的利益。对于东盟与美国的关系,金灿荣曾有过形象的描述:

> 美国在亚洲当领袖就意味着东盟丧失主导亚洲多边合作机制的地位而成为美国的小跟班,这是不符合东盟国家的初衷的。因为东盟真正想请的是一个保安而不是一位老板……美国介入越深,主导越强势,与东盟发生摩擦的可能性越大……相信东盟不会在中美平衡中靠美国太近,离中国太远。④

正因为美国无法充当东盟的"保安"角色,冷战结束后尽管一

---

① Julian Weiss, "A New Asian Agenda", *Washington Quarterly*, Vol. 23, No. 1, January 2000, pp. 21 – 24.

② Jean A. Garrison, "China's Prudent Cultivation of 'soft' Power and Implications for US Policy in East Asia", *Asian Affairs*, Vol. 32, No. 1, Spring 2005, pp. 25 – 30.

③ Lin Juo – Yu and Catharin Dalpino, *China and Southeast Asia: The Difference of a Decade*, Brookings Northeast Asia Survey, No. 3, 2002, 77 – 90, www.brookings.edu/fp/cnaps/papers/survey2003/6asean.pdf.

④ 金灿荣、戴维来:《冷静看待美国重返亚洲》,《当代世界》2012 年第 4 期,第 19—23 页。

些国家仍然保留了与美国的同盟关系,但作为整体的东盟并不试图与美国维持或者建立同盟关系。而且,除了传统同盟关系之外,东盟没有新的国家与美国建立同盟关系。从双边同盟关系来看,美国冷战时的东南亚盟友也已经从具有明确追随和制衡倾向的安排转向更加中立的做法。很多东南亚国家在与美国发展关系时保持了一定程度的限制。菲律宾和新加坡通过"建立据点不是基地"(places not bases)这一形式,来支持美国在东亚海洋国家中的优势地位。马来西亚和印度尼西亚长期以来一直避免美国在地区中的势力过于强大而坚持推动该区域内外部力量间的影响力的大致平衡。基于对和平自由中立区原则的坚持,东盟大多数国家普遍都对与美国建立和发展军事同盟关系持谨慎态度。

二 中国的崛起与东盟的反应

中国崛起对于东盟国家的意义,因为地理位置的邻近、历史上中国与东盟成员国之间的朝贡体系、当前的领土领海争端,以及日益密切的相互依赖关系,而被进一步强化。首先,历史上一些东南亚国家是以中国为中心的朝贡体系的一部分,中国作为朝贡体系的中心,对东南亚国家的政治、经济、文化等各个方面产生了广泛的影响。取得民族独立以后的东盟国家尤其重视主权的独立和国家的自主性。中国的崛起及其在东南亚影响力的增强,使一些东南亚国家对中国历史上主导的朝贡体系的"复活"感到忧虑。[1] 其次,中国在东亚国家庞大的华侨在所在国的政治经济生活中扮演着重要角色。东盟国家担心中国借助华侨对其本国施加影响。[2] 这一点对于马来西亚和印度尼西亚正面临着国内分裂威胁的国家而言,尤为突出。[3] 最后,由于中国与一些东盟国家在南海的争端,进一步加深了东盟对中国的疑虑。菲律宾总统拉莫斯曾经公开表示,"面对崛起的中国,最令人不安的是其

---

[1] Michael R. J. Vatikiotis, "Catching the Dragon's Tail: China and Southeast Asia in the 21st Century", *Contemporary Southeast Asia*, Vol. 25, No. 1, April 2003, pp. 65–78.

[2] 例如,[意]乔万尼·阿里吉:《亚当·斯密在北京:21世纪的谱系》,路爱国、黄平、许安结译,社会科学文献出版社2009年版。

[3] Leszek Buszynski, "Southeast Asia in the Post-Cold War Era: Regionalism and Security", *Asian Survey*, Vol. 32, No. 9, September 1992, pp. 830–847.

正把势力从东亚大陆伸向临近的海洋地区,特别是南中国海这一东亚的心脏地带"。①

尽管中国反复宣示以和平方式"崛起",但东盟仍未消除对中国的忧虑。东盟担心"尽管当前的中国不是好战的,但是在将来未必如此"。② 当然,不同国家由于地理位置、历史因素以及现实原因,对中国的担忧存在着不同程度的差异。总体而言,东盟国家对中国都存在着不同程度的戒心,但是印度尼西亚、菲律宾和越南等国对中国威胁的担心程度较高;马来西亚、新加坡和泰国担心程度处于中等水平;缅甸、老挝、文莱和柬埔寨对中国威胁的担心程度较低。③

另外,中国的庞大人口、幅员辽阔的国土,以及地理位置上的邻近,是东盟必须面对的一个现实。④ 正是这种天然地理上的邻近,以及在此基础上形成的历史互动关系,在中国与东盟之间构成了一个"命运共同体"。⑤ 东盟与中国之间的相互敌对、人为地割断联系网络,不仅成本高昂,而且越来越不可行。在经济方面,中国已经成为东盟重要的经济伙伴。这对于东盟实现市场、对外直接投资来源多元化的目标具有重要意义。中国也是东盟重要的对外直接投资目的地。中国的经济增长已经成为拉动东盟经济增长的重要引擎,尤其当前全球金融危机下,日本长期处于停滞,美国、欧盟经济处于停滞状态,中国的经济增长对于东盟而言尤为重要。1995—2010年,东盟从中国的进口占其进口总量的比重从 2.2% 上升到 14.7%,增幅达到 12.16%;对中国的出口占其出口总量的比重从

---

① Fidel Valdez Ramos, *The World to Come: ASEAN's Political and Economic Prospects in the New Century*, Washington D. C.: Ronald Reagan International Trade Center, 17th May 2000, http://www.asean.org/resources/2012-02-10-08-47-56/leaders-view/item/the-world-to-come-asean-s-political-and-economic-prospects-in-the-new-century.

② Robert S. Ross, "Balance of Power Politics and the Rise of China: Accommodation and Balancing in East Asia", *Security Studies*, Vol. 15, No. 3, September 2006, pp. 355–395.

③ 曹云华、唐翀:《新中国—东盟关系论》,世界知识出版社 2005 年版,第 219—220 页。

④ 这方面因素影响中国与东盟关系的例子,例如,Peter S. Goodman, "Manipulating the Mekong", *Washington Post*, December 30th, 2004。

⑤ 习近平:《携手建设中国—东盟命运共同体——在印度尼西亚国会的演讲》,2013 年 10 月 3 日,新华网(http://news.xinhuanet.com/world/2013-10/03/c_117591652.htm)。

2.1%上升至14.5%，增幅达到14.80%。与此同时，东盟从美国的进口却从14.6%降至10.3%，仅增长了7.6%；对美国的出口从18.5%降至7.4%，只增长了7.4%。① 而且，东盟与中国双边贸易中，东盟处于出超地位。

东盟与中国形成的紧密相互依赖的关系，使东盟很难通过与其他国家诸如美国或者日本结盟的方式来应对崛起的中国。于是，东盟通过与中国建立伙伴关系，甚至将中国融入更为广阔的国际环境中，试图对中国实现"社会化"来消除可能的威胁。东盟通常都很谨慎地避免将中国视为威胁，并努力利用其他原因，如反恐，来证明其与美国发展军事合作关系的合理性，以避免引起中国的担忧。② 马来西亚总理马哈蒂尔明确地阐释这种战术："为什么我们要担心中国崛起？如果你把一个国家当做你未来的敌人，那它现在就可能成为你的敌人。"③

1997年底，中国国家主席江泽民与东盟领导人实现首次非正式会晤并发表《联合声明》，明确了中国—东盟的睦邻互信伙伴关系。这为双方关系全面和深入的发展构筑了基本框架。2002年11月，中国与越南、菲律宾、马来西亚、印度尼西亚、文莱等国家签署了《南海各方行为宣言》，为解决中国与东盟之间围绕着领土主权争端确定了初步的原则，为避免领土争端升级、培育各方之间的信任提供了制度框架。2003年10月，中国与东盟签署《中国—东盟面向和平与繁荣的战略伙伴关系联合宣言》，标志着双方战略伙伴关系的正式建立。值得注意的是，联合宣言明确指出了伙伴关系是"非结盟性、非军事性和非排他性的，不影响各自全方位地发展对外友好合作"。④ 2004年11月，中国与东盟签署了《落实面向和平与繁荣的战略伙伴关系的五年行动计划》，该计划规定了中国与东盟双方在经济、政

---

① ASEAN Secretariat, http://www.aseansec.org.19230.htm.

② Evelyn Goh, "Great Powers and Hierarchical Order in Southeast Asia: Analyzing Regional Security Strategies", *International Security*, Vol. 32, No. 3, Winter 2007/2008, pp. 113–157.

③ Aziz Zariza Ahmad and Ahmad Aziz, *Mahathir's Paradigm Shift: The Man Behind the Vision*, Perak Darul Ridzuan: Firma, 1997, p. 97.

④ 《中国—东盟战略伙伴关系》，新华网（http://news.xinhuanet.com/world/2013-08/28/c_117130910.htm）。

治、外交、安全、人文交流等各个领域的合作措施。① 最近，随南海问题重要性的凸显，我国又倡议与东盟建立"中国—东盟海洋伙伴关系"。②

通过与中国建立伙伴关系，东盟与中国之间的关系逐步由潜在的威胁变成了伙伴。当然，有学者注意到，中国对东盟采取了恰当的外交政策对实现这种关系的转变发挥了重要作用。③ 但东盟对中国的结伴行为，为双方积极互动创造了条件。东盟认识到中国发展所带来的巨大发展机遇，但同时又无法忽视其中的不确定性。因此，伙伴关系就成了东盟最好的选择。正如一位越南外交官所承认的：

> 建设性地接触中国，体现了越南试图将中越关系置于融合了经济和政治利益的更大网络中，从而形成这么一种安排，即任何试图侵犯越南主权的行为都将被视为侵犯了地区内其他国家的利益。④

东盟与中国伙伴关系的建立，提高了其网络力。这种网络力首先表现为谈判权力。中国与东盟关系的改善往往推动其他大国如日本、印度、韩国甚至欧盟等政治力量对东盟的关注。2002年11月，中国—东盟领导人会议上签署《全面经济框架合作协议》，决定2010年建成中国—东盟自由贸易区。次年10月，日本与东盟签署《日本与东盟全面经济合作伙伴框架协议》，正式启动日本—东盟自由贸易区的进程。此后，韩国、澳大利亚、新西兰、印度也加快与东盟建立自由贸易区的谈判进程，并陆续缔结了类似的条约。同样的，在政治

---

① 中华人民共和国外交部：《落实中国—东盟面向和平与繁荣的战略伙伴关系联合宣言的行动计划》，2004年12月21日（http://www.fmprc.gov.cn/mfa_chn/gjhdq_603914/gjhdqzz_609676/lhg_610158/zywj_610170/t175786.shtml）。

② 中华人民共和国中央人民政府：《李克强出席第十届中国—东盟博览会开幕式并演讲》，2013年9月3日（http://www.gov.cn/ldhd/2013-09/03/content_2480628.htm）。

③ Daniel M. Slane and Carolyn Bartholomew, *China's Activities in Southeast Asia and Implications For U. S. Interest*, Testimony before the U. S. - China Economic and security review commission. CAN Strategic Studies, February 4th, 2010, https://www.uscc.gov/sites/default/files/transcripts/2.4.10HearingTranscript.pdf.

④ Carlyle A. Thayer, "Sino-Vietnamese Relations: the Interplay of Ideology and National Interest", *Asian Survey*, Vol. 34, No. 6, June 1994, pp. 513 - 528.

方面也存在着类似的竞争效应。2003年中国与东盟签署了《面向和平与繁荣的战略伙伴关系》。次年11月韩国与东盟签署《韩国与东盟全面伙伴关系联合宣言》，2005年12月日本与东盟联合签署了《深化并扩大日本东盟战略合作伙伴关系》共同声明。类似的，中国签署《东南亚友好合作条约》，也推动日本、印度、俄罗斯甚至美国都签署了这一条约。俄罗斯一媒体形象地将中国与东盟的关系称为"黄色一体化"，"东京和汉城都别无选择，只能仓促参与'黄色一体化'计划，以免将来这一地区的主动权完全让给中国"。[1] 显然，对于大国之间的竞争，东盟乐见其成。这种竞争首先保证了东盟在国际关系网络中不被边缘化。

东盟—中国伙伴关系也是东盟试图加强地区和全球多边合作的重要途径。冷战结束之后，东亚出现的"没有地区主义的地区化"现象，已经越来越影响到地区合作的深入开展。[2] 正如前文提到的，在经济领域，东盟已经明显地感受到了其他地区一体化给东盟的流动性带来的制约。东盟曾经希望日本在推动地区合作中发挥更大作用。但是，自冷战结束后日本经济连续经历两个"失去的10年"，并受制于内部政治和美日同盟的掣肘，越来越难于在地区合作中发挥建设性作用。最为明显的是，在地区经济合作中，日本就严重受制于国内农业利益集团的压力而无法采取更为积极的措施。[3] 同样的，由于美国的因素，日本也反对建立类似东亚经济集团的提议，而且日本提出的亚洲货币基金也因美国的反对而放弃。而中国崛起以及对区域合作的兴趣，为东盟推动地区合作提供了新的合作伙伴。

东盟与中国的伙伴关系，事实上还反映了东盟试图在当前西方主导的国际秩序之外，寻找新的全球治理途径。当前国际秩序仍然是建立在西方少数大国尤其是美国主导之下的，这无论从全球治理多边机构中的成员构成还是多边机构本身的规则都不难看出。一方面包括美

---

[1] 《美国害怕"黄色一体化"》，《生意人报》2004年8月16日，转引自韦红《中国—东盟合作与东亚一体化》，《现代国际关系》2005年第9期，第23页。

[2] Samuel S. Kim, "Regionalization and Regionalism in East Asia", *Journal of East Asian Studies*, Vol. 4, No. 1, Spring 2004, pp. 39–67.

[3] Aurelia George Mulgan, "Japan's FTA Politics and the Problem of Agricultural Trade Liberalisation", *Australian Journal of International Affairs*, Vol. 62, No. 2, June 2008, pp. 164–178.

国在内的西方国家越来越受制于国内经济的衰退和国内政治的束缚，在国际贸易、气候变化、传染病扩散、跨国犯罪等领域的领导力下降。美国经济的下滑、"9·11"事件、2008年的经济危机等一系列事件打击了美国的霸权地位。欧盟受制于内部经济衰退，逐步将关注焦点转向欧盟内部。另一方面，西方大国主导的全球多边治理体系过于强调大国自身利益，尤其是美国的单边主义和强权政治，进一步暴露出全球治理体系在应对全球性问题方面的缺陷。中国在全球多边场合所持的立场和利益诉求，与东盟存在着许多共同点。因此，与中国建立伙伴关系，有利于提升东盟在地区和全球的政治影响力。

总之，在东盟看来，中国的崛起既给东盟带来了机遇，也带来了挑战，至少带来了不确定性。但是，这种挑战或者不确定性并没有给东盟带来紧迫的现实威胁。同时，东盟与中国在地区和全球存在着诸多共同利益。在美国力量相对下降以及战略转型下，选择与新兴崛起的中国建立伙伴关系，正是东盟国家实施对冲战略的体现。这种对冲战略的使用，使得东盟可以在"留住美国"的同时，积极与中国发展关系。

三 中美关系与东盟的困境

通过前面的分析不难发现，美国与中国作为守成大国与崛起的新兴大国，对东盟应对国内、地区和全球问题，提升东盟在地区和全球的影响力，都是不可或缺的。与此同时，东盟为了提高本国的自主性，也需要谨慎处理与美国、中国之间的关系。从而，美国、中国与东盟这一组三边关系，构成了东盟必须面对的外交难题（见表5—1）。

首先，美国被东盟视为确保地区稳定尤其是军事安全的重要力量，但是过度依赖美国并不符合东盟的长远利益。美国的东南亚战略显然服务于其全球战略。美国是否支持东盟以及以何种方式支持，都受到美国国家利益的影响。在缺乏苏联这一共同紧迫威胁的情况下，东盟对被美国"抛弃"的疑虑无法消除。在这种情况下，东盟选择与邻近新兴大国中国建立伙伴关系，在一定程度上是对冲被美国"抛弃"这一风险。同时，与中国结伴，也为东盟在美国主导的治理框架之外，获得了新的安全保障。东盟与中国经济上日益增强的相互依赖、政治上日益密切的接触，有力地提升了东盟在地区和全球的影响力。但是，东盟一直在不同程度上将中国崛起之后的战略走向视为"不确定"的因素，过度依赖中国也不符合东盟的利益。

表 5—1　　　　　东盟、美国与中国的权力政治困境

	美国介入东南亚	美国离开东南亚
中国介入东南亚	收益： ①东盟组织的重要性得到提高 ②东南亚地区重要性得到提高	收益： ①更高的地区自主性 ②东盟组织框架得到利用
	成本： 美国、中国以及其他大国之间在东盟展开的战略竞争	成本： ①更大的地区不确定性 ②中国影响力的增大 ③东盟在政治上可能被边缘化
中国离开东南亚	收益： ①地区经济和安全稳定 ②东盟在制度方面的重要性增加	收益： 在东南亚的地区自主性增强
	成本： ①过度依赖美国 ②东盟在政治上被边缘化	成本： ①东盟在政治上被边缘化 ②东盟组织框架无法发挥作用

对东盟而言，美国是东亚传统的主导力量，中国是新兴大国。二者之间既存在竞争，又形成互补。在中国—东盟—美国这一组三边关系，以及东盟—美国、东盟—中国这两组双边关系中，东盟能够施加的影响非常有限。过度依赖任何一方都可能陷入被大国支配的境地。阿查亚指出，东盟在安全事务上既不愿意依赖于中国也不愿意依赖美国，从而采取了让中美同时参与地区安全制度的"双重捆绑"战略。[1] 通过"双重捆绑"，东盟为应对国内外的各种威胁和挑战获得了社会资本，而且可以降低被边缘化的风险。

但是，东盟同时将中美两个大国引入东南亚，增加了东盟沦为大国权力竞争的场所这一风险。尽管中美关系整体上保持了稳定，但中

---

[1] Amitav Acharya, "Will Asia's Past Be Its Future?", *International Security*, Vol. 28, No. 3, Winter 2003/2004, pp. 149 – 164.

美之间也存在着竞争性因素和诸多不确定性，尤其是台湾问题。如何避免中美之间的竞争转变成对抗甚至武装冲突，将是东盟要处理的重点。为了应对这一风险，东盟采取的一个重要措施，就是与更多的其他行为体建立伙伴关系，形成一个伙伴关系网，以更好地协调东盟与外部行为体的关系。

第三节　东盟的安全利益与伙伴关系网的构建

在同时将两个大国引入东南亚地区时，东盟面临着一个困境，即如何在保持两个大国都留在东南亚的同时，又不至于让这两个大国之间的竞争失控。在应对这一问题上，东盟采取的策略就是引入更多地区外大国，一方面为自身在与中美之外提供更多的替代选择方案，对冲被中美任意一国所支配的风险。另一方面，通过引入更多地区外大国介入东南亚，在一定程度上稀释了中美关系中的竞争色彩。

一　东盟伙伴关系网中的主要节点

东盟与地区外大国的合作，主要通过两个机制进行：东盟外长扩大会议和东盟防长扩大会议。东盟外长扩大会议始于1988年。当年东盟外长会议结束后，加拿大、欧盟、美国、澳大利亚、日本和新西兰等国的外长们以"对话伙伴"的身份被邀请与东盟成员国外长一起参加了东盟外长扩大会议（Post-Ministerial Conference）。自此，东盟与这些国家的对话被延续下来。随后，中国、印度和俄罗斯分别于1991年、1992年和1996年开始参加东盟外长扩大会议。除了这些大国之外，一些国际和地区组织诸如联合国发展项目也被以嘉宾的身份邀请参加。到目前为止，东盟总共有10个国家对话伙伴和5个国际组织对话伙伴。[①]

[①] 这10个对话伙伴国分别是美国、加拿大、澳大利亚、新西兰、中国、日本、印度、俄罗斯、巴基斯坦和欧盟。其中，巴基斯坦现为东盟的部分对话伙伴国，欧盟在东盟文件中被视为国家。5个国际组织分别是ECO、GCC、MERCOSUR、RIO GROUP、SAARC。资料来源东盟官网（http://www.asean.org/asean/external-relations/asean-dialogue-coordinator）。

东盟外长扩大会议分两个阶段举行。第一阶段是由东盟成员国外长们与其对话伙伴国的外长们一起召开的闭门会议，主要围绕着国际和地区关注的经济、政治和安全等热点议题交换各自的看法。第二个阶段则是东盟成员国外长一起与每一个对话伙伴国外长以"10+1"的形式，就东盟与伙伴国之间的合作单独举行会谈。每一组会谈都是围绕着东盟所提出的地区合作框架下的议题进行。

东盟的伙伴关系网就是建立在东盟的对话伙伴这一基础上。通过将潜在的伙伴关系国纳入东盟对话伙伴这一框架之下，然后逐步建立正式的伙伴关系。通过与伙伴国签署双边协议和发布公开声明，来确认正式伙伴关系的建立。东盟与外部大国建立伙伴关系始于2003年与中国建立的"东盟—中国和平与繁荣的战略伙伴关系"。自此，东盟与地区和全球主要国家开始建立伙伴关系。到目前为止，除了中国和美国之外，东盟还分别与东亚的日本、韩国及东亚周边地区的印度、澳大利亚等国家建立了伙伴关系。

根据双方合作的对象和关系的亲密程度，东盟与这些国家的伙伴关系分别被称为不同名称的伙伴关系。例如，东盟与中国就是"面向和平与繁荣的战略伙伴关系"，东盟与美国、欧盟分别建立的是"增进伙伴关系"。同时，这些伙伴关系经历一段时间的合作之后，名称也会发生变化。例如，东盟与印度2004年建立了"面向和平、进步和共享繁荣的伙伴关系"，2012年又提升至"战略伙伴关系"。[①]

伙伴关系建立之后，在各自的政府官方机构之间建立起不同的合作机制，开展从经济到军事到国际秩序等不同领域全方位的双边合作。在组织框架上，包括较低层次的政府间官员对话到首脑峰会等不同类型。在东盟伙伴关系框架中，包含了政治、经济、军事、人文交流、非传统安全合作等不同的内容。这些内容通过双边合作的进一步细化，包括与各个伙伴国家签署的伙伴关系实施计划，得以具体落实。

到目前为止，除了与中国和美国的伙伴关系之外，东盟还与东亚

---

① 陈雪莲：《印度与东盟宣布升级为"战略伙伴"关系》，2012年12月21日，新华网（http://news.xinhuanet.com/world/2012-12/21/c_124125777.htm）。

及周边其他主要国家建立了伙伴关系。

1. 日本

冷战结束之后，日本外交重点开始转向亚洲，由此东盟与日本的外交互动增多。1997年日本首相桥本龙太郎访问东盟五国之后，东盟—日本领导人会议开始每年定期举行。1998年，东盟开始了局长级的东盟—日本磋商小组会议，还设立了经济工业合作委员会，以加强双方的工业合作。此外，双方还建立了一系列新的合作机制，诸如"日本—东盟发展圆桌会议""全面人力资源发展计划""日本—东盟反恐会议"等。2003年12月，东盟与日本在东京举行了日本—东盟峰会，这是东盟在东南亚之外参加的第一次峰会，会上双方联合签署《东京宣言》。宣言表示，双方要加强经济、政治和安全关系，在包括反对恐怖主义、打击海盗活动、防止大规模杀伤性武器扩散等方面采取联合行动，并决定建立"东盟—日本活力和持久的伙伴关系"。

2005年12月，东盟与日本的首脑峰会后，双方发表《深化并扩大日本—东盟战略性合作伙伴关系》。共同声明表示：双方将基于平等立场，共同致力于地区的和平、安全与繁荣深化并扩大日本—东盟战略性合作伙伴关系。双方的伙伴关系由此被提升为"战略合作伙伴关系"。[1]

2. 韩国

东盟与韩国在冷战结束前的1989年11月就建立了部门之间的对话，并成立了韩国—东盟联合部门合作委员会（JSCC）。1990年双方又成立了韩国—东盟特殊合作委员会（SCF）。到1991年时举行了韩国—东盟对话会议，双方关系进入全面对话阶段。2004年11月30日，韩国总统卢武铉与东盟各国首脑出席在老挝举行的韩国—东盟首脑会议时，双方签署了《韩国与东盟全面伙伴关系联合宣言》，双方确认建立"韩国—东盟全面伙伴关系"。

2009年10月，在韩国—东盟首脑峰会上，双方对全面伙伴关系框架下双方在开发合作、低碳绿色发展、文化人员交流三大领域开展

---

[1]《日与东盟深化战略伙伴关系意在制衡中国》，2005年12月14日，新华网（http://news.xinhuanet.com/world/2005-12/14/content_ 3919273.htm）。

的合作进行了评价。双方根据"韩国—东盟杰出人物团体"（EPG）的建议，决定将韩国—东盟关系从"全面合作伙伴关系"提升为"战略性伙伴关系"。①

3. 印度

冷战期间印度加入苏联共产主义阵营，与东盟国家关系比较紧张，与东南亚的社会主义国家越南、老挝等形成了统一战线。冷战结束之后，印度开始实施"东向政策"，双方关系开始改善。东盟与印度伙伴关系的建立经历了好几个阶段。1992年印度在经济和发展合作等领域成为东盟对话伙伴。1995年12月，印度成为东盟全面对话伙伴。2002年，印度和东盟举办首次首脑峰会，并决定从当年起每年定期举行一次。

2004年11月，在老挝举行的第三次东盟—印度首脑峰会上，东盟与印度签署了《和平、进步与共同繁荣伙伴关系协定》，宣布建立"和平、进步与共同繁荣的伙伴关系"。该协定成为指导和促进东盟与印度在政治、经济、文化、科技和安全等领域全面合作的纲领性文件。

2012年12月在新德里举行的"印度—东盟纪念峰会"上，双方联合发表《印度—东盟纪念峰会愿景声明》，并宣布将印度与东盟关系升级为"战略性伙伴关系"。双方决定加强在政治、安全、经济、社会及文化发展等方面的全面合作，如定期举行高官级安全对话以共享信息，确认在海洋安全、航行自由、资源获取、海上交通要道安全等方面深化合作等。②

4. 澳大利亚

澳大利亚是最先承认东盟的国家之一，早在1974年时澳大利亚与东盟就在多边基础上建立了关系，在1977年于吉隆坡举行了第一次东盟—澳大利亚首脑会议。③ 在冷战结束前东盟与澳大利亚就开始每年轮流举办澳大利亚—东盟合作会议。东盟与澳大利亚位置接近，

---

① 《韩国与东盟决定将关系提升为"战略伙伴关系"》，2009年10月24日，中国新闻网（http://www.chinanews.com/gj/gj-yt/news/2009/10-24/1928648.shtml）。

② 陈雪莲：《印度与东盟宣布升级为"战略伙伴"关系》，2012年12月20日，新华网（http://news.xinhuanet.com/world/2012-12/21/c_124125777.htm）。

③ 高歌：《东南亚经济与贸易》，广西人民出版社2009年版，第85页。

而且东盟的马来西亚、印度尼西亚和新加坡与澳大利亚,都曾同属英国殖民地,战后又同为英联邦成员。因此,双方有很深的历史渊源。

冷战结束之后,双方关系得到进一步发展。2007年8月,东盟10国外长与澳大利亚外长唐纳在马尼拉共同签署了《东盟—澳大利亚全面伙伴关系联合宣言》,宣布双方建立"全面伙伴关系"。双方确定在全面伙伴关系框架下合作的领域包括政治、安全、经济、社会文化等。在经济合作方面,双方将共同促进区域经济一体化进程。双方同意在环境保护、防治传染病和抵御自然灾害等方面加强合作,并联合打击恐怖活动和毒品走私。

二 东盟的经济、政治和安全利益与主要节点的角色

在与中美两国保持伙伴关系的同时,东盟还通过与其他更多行为体建立伙伴关系,形成了战略网。东盟战略网中的不同节点,对于东盟实现其目标而言,有些是互补的,有些则存在着替代关系。节点之间的互补关系有利于战略网目标的完成。节点之间的竞争关系则为东盟实现自身目标提供了多样化的替代选择方案,也表明了东盟对内外环境的判断。接下来笔者从传统安全威胁、经济威胁和政治威胁这三个维度,来分析东盟战略网中不同节点所扮演的角色。

1. 东盟的传统安全利益与主要节点的角色

冷战结束之后东盟所面临的外部紧迫威胁逐渐消失,但同时东盟也失去了美国所提供的坚定的安全保障。这给东盟的传统安全环境带来了更多的不确定性。而东盟对其成员国的意义更多体现在政治方面,在军事安全方面并没有提供类似北约的安全保证。如何防止局部的冲突给地区流动性带来的负面影响,仍然是东盟需要克服的一大问题。要降低传统安全威胁对本国流动性带来的负面影响甚至造成流动性中断,地区外大国诸如美国、中国、日本、印度等都发挥着重要作用。伙伴关系为东盟同时与这些国家互动提供了条件。

首先,伙伴关系缓解了东盟与周边大国的安全困境。东盟与中国、日本、印度等国家之间并未建立起确保安全环境的信任关系,而东亚地区也缺乏解决冲突的国际机制。在这种情况下,通过伙伴关系来缓解与周边大国的安全困境,就成了比较可行的选择。在伙伴关系

框架下，东盟与中国、印度和日本等确立了国家间互动的规则，对各自的行为进行了约束，提高了行动的可预见性。同时，伙伴关系推动了双方在各个领域的多层次互动，有利于培育行为体之间的信任。此外，在不同领域的全方位合作，也有利于行为体之间形成复合相互依赖，通过"利益绑架"来增加行为体发动武装冲突的成本。

其次，伙伴关系框架下开展的军事合作，提高了东盟应对传统安全威胁的能力。伙伴关系尽管并不将特定国家视为威胁来源，但伙伴国之间同样存在着军事合作。这种军事合作虽然以诸如联合军事演习、武器售卖、技术转让等方式进行，但同样有助于提高一国应对威胁的能力。这对于军事现代化很大程度上依赖于外部大国的武器供应和技术转让的东盟而言，尤为重要。从传统上，老东盟成员国主要依赖美国作为武器供应国，新东盟成员国越南主要从苏联以及此后的俄罗斯购买武器。这种单一依赖严重束缚了本国对外政策的自主性，并带来了潜在的安全隐患。伙伴关系就为东盟从多元化的途径来获取军事装备、技术和资金支持提供了条件，降低了对少数国家的过度依赖。[①] 例如，一些前美国盟友如菲律宾、印度尼西亚、泰国等开始从俄罗斯购买武器，而越南则也开始将美国、印度等国家作为获得武器的重要来源。除此之外，印度、韩国、澳大利亚等伙伴国都成为东盟在军事领域的合作对象。

最后，伙伴关系为东盟解决现实的领土、领海争端提供了平台。当前东盟所面临的领土、领海争端主要体现为南海问题。冷战结束之后，随着东亚各国经济的腾飞，对能源的需求激增，同时各国对外贸易迅速发展推动了对海上运输的需求。在这种情况下，以保护海上关键通道为中心的海洋安全日益受到重视。南海连通了印度洋和大西洋，是东亚国家开展国际贸易和获得稳定能源供给的关键通道。因此，南海地理位置十分重要，"谁控制了南海，谁就控制了各周边重要海峡，谁就控制了整个东亚乃至太平洋地区"。[②]

[①] Panitan Wattanayagorn, "ASEAN's Arms Modernization and Arms Transfers Dependence", *The Pacific Review*, Vol. 8, No. 3, September 1995, pp. 494–507.

[②] Lin Sien Chia, *Southeast Asian Seas: Frontiers for Development*, Singapore: McGraw-Hill International Book Co., 1981, p. 228.

正是因为这一重要的地缘政治和经济利益，再加上《联合国海洋法公约》的生效，使得南海领土争端问题的重要性再一次浮现出来。由此，南海问题成为影响地区和平与稳定的重要因素。南海问题事实上包含了两个方面：一是各方关注的南海的航道安全和自由通行问题，二是相关五个国家围绕着南海领土主权归属的争议。① 各方的领土、领海主权诉求往往相互交叉重叠，同时参与方构成身份多样，使得南海问题非常复杂。一些国家为了在冲突中占据有利地位，还往往引入外部相关国家参与进来。而且，一些国家还与跨国公司签订合作协议，单方面授权跨国公司在有争议的领地上开采油气资源和捕鱼等。结果，南海问题成了典型的多节点政治。鉴于南海在东盟控制流动性中占据的重要位置，东盟并不能完全依赖美国。因此，如何获得更多其他国家的支持就非常重要。

日本是东盟在南海问题上争取的重要对象。由于中国与日本在东海领海问题以及钓鱼岛归属上的争端，日本尤其希望借助南海问题来打压中国。同时，南海是日本获得原材料和能源进口以及商品出口的重要通道，其中日本海运石油总量的70%要经过南海，这增加了日本关注南海局势的激励。② 2010年7月当中国与菲律宾围绕着南海问题的争端上升时，日本外相冈田克也公开表示，南海地区不稳定局势将会影响日本的贸易，并威胁着地区的和平。③ 日本担心东盟国家在南海问题上的让步将会刺激中国的野心，促使中国更自信地解决东海争端和钓鱼岛争端。④ 同时，日本还担心中国通过控制南海之后在军事上实施反介入/区域拒止战略（anti-access/area denial）。日本的这种忧虑契合了东盟在南海问题上对中国的戒备。

---

① 曹云华、鞠海龙：《南海地区形势报告：2012—2013》，时事出版社2013年版，第15—16页。

② Japan National Institute of Defense Studies, *NIDS China Report*, Tokyo: National Institute of Defense Studies, 2011, p. 17.

③ BBC Moniitoring Asia-Pacific, *Japanese FM Airs Concern over Territorial Disputes in SouthChina Sea*, 27 July 2010, p. 1, http://search.proquest.com/docview/724504192/131A739EA562.

④ Ian Storey, "Japan Steps Up to the South China Sea Plate: Tokyo is Confronting Beijing and Increasing Defense Ties with ASEAN Members to Protect Maritime Trade", *Wall Street Journal*, July 9, 2012, http://online.wsj.com/news/articles/SB10001424052702303567704577516252626896574.

东盟与印度的伙伴关系也包含着安全考量，尤其是维护南海安全利益方面的表现更为突出。从地缘战略角度来看，东盟的缅甸与印度陆路接壤，新加坡、马来西亚和印度尼西亚三个国家扼守贯通印度洋和太平洋的贸易和能源通道——马六甲海峡，而马六甲海峡又直接关系到孟加拉湾的安全，因此印度十分关注马六甲海峡的航行安全。在2000年的印度国家海洋战略中提出未来要控制从阿拉伯海到南海广大海域的构想。① 为此印度的"东向战略"正好与东盟的"西向战略"相符。这种新的区域化动力，推动了东盟与印度在南海问题上的合作。2012年东盟与印度在新德里举行的"印度—东盟纪念峰会"上通过《印度—东盟纪念峰会愿景声明》，明确表示双方要定期举行高官级安全对话以共享信息，并确认双方将在海洋安全、航行自由、资源获取、海上交通要道安全等方面深化合作。②

澳大利亚与东盟在安全领域存在着共同的关切。澳大利亚与东盟的印度尼西亚隔海相对，对东亚地区的安全事务态度积极，是东盟地区论坛的创始成员。东盟借助与澳大利亚的伙伴关系，希望在安全上建立起更为紧密的合作关系，尤其是在南海问题上希望得到澳大利亚的支持。而随着中国的崛起及其在地区尤其是在海上力量的提升，引起了澳大利亚的警惕。澳大利亚担心中国在海上力量的崛起，将可能对南海航行自由带来威胁。③ 在这一点上，东盟与澳大利亚找到了共同利益。2012年东亚峰会上，澳大利亚总理朱莉亚·吉拉德（Julia Gillard）发言时就强调南海作为海上航线对澳大利亚的重要性："我们谈论的是一条通向世界各地的航海要道。南中国海对于澳大利亚而言是一条十分重要的海上贸易通道，因此，这一海上要道的安全对澳大利亚是非常重要的。"④ 尽管澳大利亚在南海问题上并不明确站队，但是东盟与澳大利亚的伙伴关系，无疑为东盟争取更多的舆论同情和

---

① 亢升：《析印度"东进"东盟对中国的影响》，《云南行政学院学报》2006年第5期。
② 陈雪莲：《印度与东盟宣布升级为"战略伙伴"关系》，2012年12月21日，新华网（http://news.xinhuanet.com/world/2012-12/21/c_124125777.htm）。
③ The International Institute for Strategic Studies, *The Military Balance* 2012: *The Annual Assessment of Global Military Capabilities and Defense Economics*, London: Routledge, 2012, p. 207.
④ 庄国土、卢秋莉：《近年来澳大利亚官方对南海争端的基本立场》，《南洋问题研究》2013年第3期，第98页。

国际支持提供了机会。

总之，尽管东亚国家间爆发大规模武装冲突的可能性已大大降低，伙伴关系也没有提供安全保障承诺的功能，但是仍然能够对传统安全问题产生影响。对东盟而言，通过将与其利益密切相关的关键节点链接起来构成伙伴关系网，从以下三个方面提高了应对安全威胁的能力：首先，通过国家之间的频繁互动，有利于缓解东盟与周边的安全困境。其还通过在各个领域的合作形成的相互依赖，实现"利益绑定"来防止双边纠纷升级为武装冲突，从而降低了东盟与大国打交道时的脆弱性。其次，伙伴关系为东盟从多个渠道实现军事现代化，提升自身应对威胁的能力。最后，伙伴关系为东盟在多边场合赢得舆论支持和政策协调，提供了工具。有学者指出，东盟越来越倾向于将南海问题纳入多边场合来解决。东盟往往是东亚地区多边机制中的东道主，其试图利用这一优势来安排多边合作议程，以获得谈判优势。[1]伙伴关系发挥的作用，一定程度上缓解了东盟在传统安全威胁上的挑战，降低了传统安全问题对其流动性带来负面影响的风险。

2. 东盟的地缘经济利益与主要节点的角色

地区外大国在东盟的经济和政治安全中同样扮演重要角色。东盟的经济安全往往与本国和地区安全分不开。东盟成员国政府大都将经济增长和发展视为推动本国政治—社会进步、政权稳定、维持国家—社会关系以及提高国际地位的重要手段。[2] 在发展经济过程中，东盟先后不同程度地依赖于美国、日本和中国。自东盟建立以来尤其是冷战期间，美国就是东盟重要的对外直接投资来源国、先进技术的提供者，以及主要的商品出口市场。随着日本经济的腾飞，日本官方的战争赔款、对外援助，日本大公司的对外直接投资、技术以及日本国内庞大的消费市场，在推动东盟经济的发展方面扮演了重要角色。

冷战结束之后，中国经济的崛起并逐步成为东亚生产网络的中心，使中国在东盟经济中的角色变得日益重要。一方面，中国崛起为东盟提供了机遇。在东亚生产网络的"三角贸易"中，东盟成员国

---

[1] 葛红亮：《东盟在南海问题上的政策评析》，《外交评论》2012 年第 4 期。

[2] Michael Leifer, *ASEAN and the Security of South-East Asia*, London: Routledge, 2013.

大量的中间产品和零部件出口到中国,经中国再加工然后出口到欧美等西方国家市场。这样,中国就将东盟与外部市场联系起来,促进了东亚经济发展。另一方面,中国崛起又让东盟感受到经济领域的竞争的政治、安全上的不确定性。东盟对中国经济上日益增大的不对称依赖,加剧了对中国崛起所带来的政治、安全领域的不确定性的忧虑。东盟担心这种经济领域的不对称依赖中国被转变成在政治或者安全领域的筹码,从而削弱本国对外政策的自主性。

事实上,无论是美国、日本还是中国,这些大国庞大的国内市场和经济规模,对东盟而言都形成了不对称的相互依赖。冷战期间在应对苏联共产主义阵营这一共同威胁下,美国实施的"经济安全化"政策降低了东盟经济领域所面临的脆弱性。冷战结束之后中国的崛起使中国逐步超过美国、日本成为东盟绝大多数成员国最大的贸易对象和商品出口市场。与此同时,美国在经济领域不再单方面对东盟让步,有时甚至利用东盟对美国在安全领域的依赖,迫使东盟在经济问题上对美国妥协。这种环境的变化,使东盟正面临着日益增大的经济风险。与其他国家在经济领域建立合作关系,就成了对冲这种风险的工具。

对于东盟而言,日本是分散经济风险的首选。冷战结束前的相当长时间内,日本一直是东盟重要的投资来源和商品出口市场。但自冷战结束以来,由于日本经济的萧条以及中国的崛起,日本在东盟经济领域的地位逐渐被中国取代。日本和东盟的贸易已从 1995 年的最高 1210 亿美元降至 2001 年的 990 亿美元,2000 年和 2001 年日本对东盟的直接投资仅为 20 世纪 90 年代年平均额的 60%。[①] 东盟通过伙伴关系来加强与日本的经济联系,遏制处于下滑中的东盟—日本经济关系,就为应对与中国日益增加的不对称依赖及由此可能陷入新"朝贡体系"的风险,提供了替代选择。因此,东盟在与中国建立伙伴关系之后,迅即与日本建立起了日本—东盟活力和持久的伙伴关系,2009 年这一伙伴关系再次提升为面向民主、和平与繁荣的战略伙伴

---

① Donald E. Weatherbee, *International Relations in Southeast Asia: The Struggle for Autonomy*, London: Rowman & Littlefield, 2009, pp. 45–46.

关系。在战略伙伴关系框架下，东盟与日本于 2003 年 10 月正式签署了《全面经济伙伴框架》。东盟从日本获得了技术援助和国家能力建设支持，双方决定采取推动贸易和投资促进及便利化和便利工商界人士流动的措施，开展贸易和投资政策对话。同时，双方决定于 2012 年建成日本—东盟自由贸易区，并使东盟对日本的出口到 2020 年时在 1997 年的水平上提高 44.2%，同期日本对东盟的出口增加 27.5%。[①] 而在此之前，东盟已经决定在 2010 年前建成中国—东盟自由贸易区。显然，东盟发展与日本伙伴关系，可以通过改善处于下降中的东盟—日本经济关系，来对冲不断上升的东盟—中国经济关系所带来的风险。

东盟与韩国的伙伴关系同样包含着经济意义。韩国是东盟的重要市场。在与韩国建立伙伴关系之前，韩国已成为东盟的第六大出口市场，东盟对韩国出口额占其出口总额的 3%—4%。韩国也是东盟第六大进口来源国，进口额占东盟进口总额的 3%—4.5%。[②] 通过建立伙伴关系，将有助于进一步降低双方经济合作的障碍，扩大东盟的出口市场，从而分散其依赖于少数市场的风险。另外，东盟与韩国的伙伴关系还为吸引更多的对外直接投资创造了条件。东盟相较于韩国，在土地、工资等生产要素方面具有价格比较优势，而且地理位置邻近。但韩国在东盟的投资总体水平并不高，尤其是在中国加入世贸组织之后，面临中国的竞争。东盟亟须改善投资环境以获得促进本国经济社会发展所需的资本。伙伴关系框架下的合作和政策协调，为东盟实现这一目标提供了工具。

东盟与印度在伙伴关系框架下的经济合作，体现了通过多元化合作关系来分散经济风险、增强对流动性控制的能力的努力。从历史上看，东盟国家尤其是海洋国家曾与印度有过密切的经济社会联系。但是，这种联系被殖民统治尤其是冷战割断，印度曾一度被东盟视为只是一个影响局限在南亚次大陆的国家，并不希望印度的势力进入东南亚地区。但冷战结束之后，随着东亚地区局势的变化，东盟对印度的

[①] Lee Poh Ping, Tham Siew Yean, George T. Yu, eds., *The Emerging East Asian Community, Security&Economic Issues*, Bangi: Penerbit, 2006, p. 300.

[②] 蓝昕：《东亚区域合作中的韩国与东盟》，《国际经济合作》2004 年第 11 期，第 39 页。

态度发生了明显的改变。印度越来越被东盟视为一个可以借重的地区外大国。①尽管东盟地区内成员经济发展水平、资源禀赋等方面存在很大差异,但不同成员国都从印度获得了促进本国经济社会发展所需要的资源和信息。新加坡、马来西亚、泰国和印度尼西亚等发展程度较高的东盟老成员国,利用崛起的印度这一充满巨大潜力的市场,将有助于降低其对中国市场的过度依赖。而越南、缅甸、柬埔寨等新东盟成员国,通过与印度发展关系,除了获得市场,还获得了加强本国基础设施建设所需要的部分资金、对外援助,以及诸如计算机技术等。此外,在伙伴关系框架下,东盟与印度还围绕着服务贸易、跨国投资、工程承包、劳动力流动等方面建立起了广泛的合作关系。在2012年时东盟与印度双边贸易总额已经达到800亿美元,2012年双方伙伴关系升级为"战略伙伴关系",并计划在2015年时实现双边贸易额达到1000亿美元的目标。②

东盟通过与澳大利亚建立伙伴关系,提升了两国在贸易、投资等经济领域的合作水平。在建立伙伴关系之前,澳大利亚与东盟之间的经济联系并不紧密。澳大利亚的国际贸易以出口农产品和矿产品为主,而东盟对外贸易主要是机械、电子产品零部件、农产品以及原材料等内容。因此,两国互补性并不高,而且都主要面临西欧、美国等发达国家市场。东亚的崛起推动澳大利亚与东亚经济体关系开始密切,尤其是与中国的经济关系。目前,中国已经成为澳大利亚第一大贸易对象。在都需要应对过度依赖所带来的风险这一共同利益的驱动下,东盟与澳大利亚在伙伴关系框架下,采取了加强经济联系的措施。2007年,东盟与澳大利亚共同签署了《东盟—澳大利亚全面伙伴关系联合宣言》,建立起了全面伙伴关系。在这一框架下,双方确定了多个合作议程,其中包括共同促进区域经济一体化进程。

东盟与伙伴国在经济领域的合作,取得了丰硕的成果。到目前为止,东盟已经与中国、韩国、日本、印度、澳大利亚和新西兰等重要

---

① Sudhir Devare, *India & Southeast Asia: Towards Security Convergence*, Singapore: Institute of Souheast Asian Studies, 2006, p. 21.
② 陈雪莲:《印度与东盟宣布升级为"战略伙伴"关系》,2012年12月21日,新华网(http://news.xinhuanet.com/world/2012-12/21/c_124125777.htm)。

国家签署了双边 FTA。其中，东盟与中国、韩国和日本的 FTA 已经进入实施阶段。通过与伙伴国的合作，东盟不仅提升了获取自身发展所需要的资源和信息的能力，而且降低了对任何单一大国的依赖。这种多元化的合作为东盟更好地管理自身与外部的商品、货物、人员、资本和信息的流动提供了基础。有学者认为，随着东盟与伙伴国在经济领域合作的深化，其正在成为连接东亚地区和世界主要经济体的轴心（hub）。[①]

3. 东盟的地缘政治利益与主要节点的角色

东盟所面临的政治威胁事实上可以归纳为两个方面：第一个方面是东盟成员国所面临的可能影响其政权稳定的威胁，诸如金融危机、传染病扩散、自然灾害、跨国犯罪等非传统安全问题。第二个方面则是来自东盟这一组织的凝聚力问题。

冷战期间，东盟在协调地区内部国家间的矛盾尤其是在处理越南与柬埔寨问题上的表现，获得地区内外国家的认可。同时，在冷战的背景下，东盟成员国在面临共产主义阵营这一共同威胁下，地区内成员间保持克制。再加上美国的驻军和同盟保障，维系了东南亚的稳定。

冷战结束之后，随着越南从柬埔寨撤军以及随后东盟的扩大，东盟成员国间存在的领土争端、各种矛盾开始显现出来，内部凝聚力转而开始下降。欧洲、北美等地区一体化加速推进，而东亚地区一体化长期滞后迟迟无法取得进展。在这种情况下，东盟意识到如果不增强地区凝聚力，将面临被边缘化甚至解体的风险。

东盟与地区外大国间的伙伴关系就为东盟解决这一政治威胁提供了有效工具。首先，相比周边大国，东盟成员国面临更大的脆弱性，单独与外部大国打交道处于弱势地位。但是，作为一个整体，东盟仍然具有很大优势。东盟为其成员与外部大国开展合作提供了平台。从这一意义上，伙伴关系就将东盟成员国凝聚起来，成了加速东盟一体化的催化剂。

---

① Masahiro Kawai and Ganeshan Wignaraja, *Patterns of Free Trade Areas in Asia*, Polocy Studies No. 65, Honolulu, Hawai: East-West Center, 2013, p. 10.

其次，冷战结束之后，美国等西方国家开始在人权、民主等问题上打压东盟，使东盟在政治上面临很大压力。新加入成员国越南、老挝、柬埔寨和缅甸等所面临的问题更为明显。在这种情况下，伙伴关系提供了东盟与美国等西方国家的有效沟通渠道。同时，东盟还可以通过伙伴关系在国际上获得更多国家的支持，减缓西方国家的压力。

最后，东盟通过与东北亚的中国、日本、韩国，与南亚的印度，以及与大洋洲的澳大利亚等国建立伙伴关系，再加上地理位置的优势，就将自身置于连接东北亚与大洋洲、东亚与南亚地区的枢纽位置，增强了东盟在东亚地区网络中的重要性。

三　小结

面临后冷战时代的"威胁三角"，东盟构建了一个包含了主要大国在内的伙伴关系网，来应对这一挑战。这一伙伴关系网由中国、日本、韩国、印度、澳大利亚和美国等主要节点构成。从节点的链接方式看，主要采用了弱链接，即东盟与大国双边之间是通过伙伴关系联系起来的。这种弱链接方式并不具有排他性，因而东盟能够将主要大国都纳入其战略网中，通过与不同大国之间的合作，来实现自身的战略目标。

首先，从传统安全来看，伙伴关系为东盟提供了与大国对话和沟通的渠道，缓解了东盟面临的安全困境。另外，东盟与大国在伙伴关系框架下开展的防务合作，有利于提升军事现代化水平，并为其赢得国际社会支持提供了机会。其次，在经济领域，东盟通过与多个大国建立伙伴关系，获得了多元化的资源来源和发展机会。最后，在政治方面，与外部大国的伙伴关系一定程度上增强了东盟内部的凝聚力、防止其被边缘化，并有助于提高在地区网络中的重要性。综合这几个方面来看，伙伴关系为东盟应对"威胁三角"问题，防止本地区与外部的商品、货物、人员、资本和信息等生产要素的流动被中断，并进而实施对流动性的控制，提供了外交政策工具。

但是，伙伴关系这种弱链接方式，是建立在行为体之间共同利益一致基础之上的，并不具有诸如同盟、国际组织等对成员的约束力。尽管在与外部大国打交道时，作为一个整体的东盟要比单个成员更具有优势,但从东盟与外部大国之间的每一组双边关系来看,东盟并不具有明显优势。① 因此,如何维系这种双边伙伴关系,并确保其服务于自身的战略目标,仍然对东盟是一大考验。

东亚地区的地缘政治因素又进一步加大了东盟维系双边伙伴关系的难度。东盟将伙伴关系作为其战略网的链接方式,在有助于东盟扩大合作关系范围的同时,也不利于东盟与伙伴关系的深化和稳固。尤其是考虑到东亚地区大国之间的竞争以及传统安全威胁带来的挑战可能引发的地区冲突,东盟的战略网就显得非常脆弱。例如,当中美或者中日之间关系陷入僵局甚至爆发地区冲突时,东盟就可能面临着需要做出选择的困境。② 因此,东盟要更为有效地管理流动性,除了需要在双边层次上处理好与大国的关系,还需要协调战略网内部其他行为体之间的关系。这就涉及战略网的维系问题。东盟对这一问题的解决,主要是通过建立大量的多边制度,将自身"嵌入"其中,以对外部环境进行更有效控制。下一节笔者将就这一问题做进一步分析。

第四节 东盟的"嵌入"策略:国际制度与东盟的网络力

东盟的伙伴关系网在应对"威胁三角"问题上是有成效的。但是,东盟的伙伴关系网能否正常运行和维系,至少受到两个方面因素的影响:第一,东盟的伙伴国是否愿意与东盟继续开展合作;第二,东盟的伙伴国之间的关系是否稳定。这两个因素涉及东盟如何维系伙伴关系网的运行。东盟采取的措施,就是通过发起和建立地区多边合作制度,将伙伴国"嵌入"东亚多边制度之中。东盟通过对地区多边制度的领导,来维系其伙伴关系网的稳定。

---

① Jones, Lee, "Still in the Drivers' Seat, But for How Long? ASEAN's Capacity for Leadership in East-Asian Internaitonal Relations", *Journal of Current Southeast Asian Affairs*, Vol. 29, No. 3, September 2010, pp. 95 – 113.

② 唐小松、刘江韵:《论东盟对中美的对冲外交困境及其原因》,《南洋问题研究》2008 年第 3 期。

一 以"东盟方式"建立东亚多边制度

"东盟方式"无论是在学界研究中还是东盟自身都没有对此做出统一的定义。作为学术概念,"东盟方式"可以视为有别于"欧盟方式"的一种地区合作的组织和决策模式。东盟方式伴随着东盟的发展演变的整个历史阶段。早期对东盟的运行产生过重要影响的印度尼西亚的穆托波将军(General All Moertopo)指出,"东盟方式"在多边合作中体现为"许多工作以协商为标志",并且认为这种特征在其成员国处理各种各样的问题时都体现了出来。新加坡外长贾古玛(Shatumugan Jayakumar)将"东盟方式"归纳为"非正式性、组织最小化、广泛性、深入细致地协调达成一致与和平解决争端"。[1] 由此我们可以认为,"东盟方式"的实质是国家行为体之间如何开展集体行动的问题,包括所采取的组织结构形式、决策程序以及效力问题。

东盟所坚持的"非正式化""组织最小化""一致同意"为特征的"东盟方式",在冷战后被延续了下来,并将其扩展到东盟所领导的更大范围的东亚乃至亚太地区的网络中,形成"亚洲方式"甚至"亚太方式"。[2]许多分析批评"东盟方式"对推动国际多边合作中存在的问题,诸如低效、耗时、流于形式、缺乏执行力,等等。[3] 当然,一些研究也注意到"东盟方式"对通过渐进的方式推动地区合作所发挥的作用。[4]

从网络理论的角度来看,"东盟方式"从两个方面有利于实现东

---

[1] 张振江:《"东盟方式":现实与神话》,《东南亚研究》2005年第3期。

[2] Simon Chesterman and Kishore Mahbubani, "The Asian Way of Handling the World", *The Guardian*, March 4, 2010, https://www.theguardian.com/commentisfree/2010/mar/04/global-problem-solving-asian-way.

[3] 例如,Hyung Jong Kim, "ASEAN Way and its Implications and Challenges for Regional Integration in Southeast Asia", *Journal of Southeast Asian Studies*, Vol. 12, No. 1, January 2010, pp. 17-29;Timo Kivimäki, "Southeast Asia and Conflict Prevention. Is ASEAN Running out of Steam?", *The Pacific Review*, Vol. 25, No. 4, December 2012, pp. 403-427。

[4] 例如,David Martin Jones and Michael L. R. Smith, "Making Process, Not Progress: ASEAN and the Evolving East Asian Regional Order", *International Security*, Vol. 32, No. 1, Summer, 2007, pp. 148-184;Jose T. Almonte, "Ensuring Security the 'ASEAN Way'", *Survival*, Vol. 39, No. 4, December 1997, pp. 80-92;[加拿大]阿米塔·阿查亚:《建构安全共同体:东盟与地区秩序》,王正毅、冯怀信译,上海人民出版社2004年版。

盟的目标。其一,"东盟方式"坚持在多边合作中的非正式协商和一致同意的决策模式,降低了国家之间的猜疑,照顾了参与者的舒适度,从而能够尽可能地将与其利益密切相关的行为体纳入进来。事实上在冷战结束初期,澳大利亚、加拿大以及日本等国都曾提出效仿欧安会在亚太建立类似的多边安全对话框架,但这一提议并没有得到包括美国在内的亚太地区国家的支持。喻常森认为有三个方面的原因使亚太地区国家对多边合作心存"顾虑":

> 一是亚太地区历史上缺乏多边合作的传统,各国对相关安全合作的游戏规则更是不甚了解,因而不敢贸然加入;二是美国担心多边安全合作一旦走上正规化有可能会冲淡它的双边安全结构安排,因而反应冷淡;三是大多数亚洲国家(包括中国)对西方国家(包括日本)带有强烈的不信任感,怀疑他们的意图,不愿意看到由他们提出甚至带头组织多边安全合作,更不愿意跟随其后。①

因此,如何打消国家对多边合作的这些疑虑,是成功发起多边合作、并赢得其他国家支持的关键。东盟坚持的"东盟方式"和东盟规范就在实现这一目标上发挥了作用。恰如理查德·斯塔布(Richard Stubbs)所指出的,"东盟方式的弱点正是其优势所在"。②

其二,"东盟方式"保持了对外政策的灵活性。"东盟方式"强调"一致同意""非正式化"等决策模式,非常有利于东盟在多边合作中掌握主动权,尤其是考虑到东盟在与外部大国打交道这一点时,这种主动权更为重要。事实上,"东盟方式"在一定程度上也反映了东盟国家的避险战略:东盟不希望受制于某一既定安排,而试图通过多样化的合作来降低其所面临的不确定性。一些自由制度主义学者也

---

① 喻常森:《东盟在亚太多边安全合作进程中的角色分析》,《外交评论》2007 年第 8 期,第 62 页。

② Richard Stubbs, "ASEAN's Leadership in East Asian Region-Building: Strength in Weakness", *The Pacific Review*, Vol. 27, No. 4, December 2014, pp. 1–19.

强调一些国家通过对国际制度的精心设计来规避风险。① 显然,"东盟方式"正是东盟试图规避多边制度被外部大国主导的有效方式。

自由制度主义认为,国际制度的主要功能在于提供信息、降低交易成本、延长未来合作预期以及提供争端解决机制等。而这些功能又依赖于国际制度所具有的明确的规则、规范和决策程序。② 显然,按照"东盟方式"建立起来的多边制度并不具备自由制度主义理论所强调的特征。由此产生的一个问题就是,东盟建立的地区多边制度为何会吸引其他行为体加入并维持运行?

1. 提供信息

制度的一个重要功能,就是提供信息。沃兰德和基欧汉指出,"制度可以通过信息和信号机制,为行为体了解各自的利益、偏好和意图等信息。通过提供可靠的信息,制度降低了不确定性。而且,成功的制度往往包含着协调行为体行为的原则、规范和规则,使一国的对外行为变得更可预测"。③ 尽管东盟发起的首脑峰会、东盟地区论坛、各种对话往往并不包含明确的原则、规范和规则,但是东盟发起的多边制度仍然具有提供信息的作用。

东盟通过举办首脑峰会、多边论坛、对话等多种形式的多边互动,行为体通过频繁地参与多边互动这一过程本身就包含了重要的信息。秦亚青就强调行为体之间的互动过程在东亚国际关系中具有重要作用。④ 东盟通过举办首脑峰会、论坛、对话等各种多边活动,强化了行为体之间互动关系的存在。这些互动一方面便利了行为体向外界

---

① B. Peter Rosendorff and Helen V. Milner, "The Optimal Design of International Trade Institutions: Uncertainty and Escape", *International Organization*, Vol. 55, No. 4, Septmeber 2001, pp. 829 – 857.

② [美]罗伯特·基欧汉、约瑟夫·奈:《权力与相互依赖》,门洪华译,北京大学出版社 2012 年版;[美]罗伯特·基欧汉:《霸权之后:世界政治经济中的合作与纷争》,苏长和、信强、何曜译,上海人民出版社 2006 年版;Stephan D. Krasner ed., *International Regimes*, Ithaca: Cornell University Press, 1983; Andreas Hasenclever and Peter Mayer, *Theories of International Regimes*, New York: Cambridge University Press, 2007。

③ Celeste A. Wallander and Robert O. Keohane, "Risk, Threat, and Security Institutions", in Robert O. Keohane ed., *Power and Governance in a Partially Globalized World*, New York: Routledde, 2002, pp. 88 – 114.

④ 秦亚青:《关系与过程》,上海人民出版社 2012 年版。

传递信息，另一方面行为体也可借此获得关于外部世界的信息。江忆恩观察到，东盟地区论坛的一个作用就是通过行为体之间的互动，降低了不确定性，提高了行为的预期。他还特别指出，东盟地区论坛对于改善中国与东盟之间的关系具有重要作用。随着中国的崛起尤其是军事力量的增强，在东亚缺乏多边安全合作框架的情况下，其他周边国家尤其是东盟对中国感到"捉摸不透"，东盟地区论坛就成为观察和试探中国态度的重要试验场。[1] 换言之，中国是否接受东盟的邀请参加东盟地区论坛，以及在论坛中的表现，都向外界传递了中国对多边安全合作乃至国际事务的态度这一重要信息。类似的，美国2005年和2007年两次缺席东盟地区论坛，也被外界解读为美国对东亚地区"不够重视"。相反，奥巴马上台后美国决定加入东亚峰会，则被解读为美国重返东亚的一个重要标志。

2. 降低交易成本

自由制度主义强调国际制度通过将日常互动正式化为程序，从而降低交易成本。东盟所建立的多边制度往往强调非正式性。但是，东盟通过巧妙地将不同的制度交叉重叠，形成制度群，从而达到降低了交易成本的效果。东盟在举办这些峰会或者论坛时，通过精心安排，往往将一系列活动连在一起，从而使与会行为体之间能有更多的互动机会，从而降低了交易成本。

例如，东盟将东盟地区论坛放在东盟年度外长会议和东盟外长扩大会议之间，这一安排大大降低了与会者的成本。同时，由于东盟论坛成员涵盖了亚太地区包括澳大利亚、中国、欧盟、日本、韩国和美国等重要行为体，而这些行为体又同时是东盟外长扩大会议的成员。因此，这种一箭双雕的做法，提高了主要行为体与会的动力。这就确保了东盟发起的多边对话或者论坛的高出勤率，而高出勤率反过来又增加了积极的互动效应。由于主要行为体的参与，使得任何行为体都不愿放弃与其他重要行为体互动的机会，尤其是考虑到竞争对手可能会参与时。东盟利用这一逻辑确保了美国、日

---

[1] Alastair Iain Johnston, "The Myth of the ASEAN Way? Explaining the Evolution of the ASEAN Regional Forum", in Wallander, Haftendorn and Keohane, eds., *Imperfect Unions: Security Institutions over Time and Space*, New York: Oxford University Press, pp. 287–324.

本、中国、俄罗斯和印度等国家高频率地参与东盟组织的多边峰会或者对话。例如，2002年早期布什政府曾经暗示美国国务卿太忙可能不参加东盟当年8月份召开的东盟外长扩大会议和东盟地区论坛，但美国会派一位较低层次的代表与会。但是，后来美国因急需在反恐上寻求东亚国家合作，鲍威尔最终仍然亲自参加了当年度的东盟外长扩大会议和东盟地区论坛。根据后来的论坛宣言不难发现，美国通过东盟地区论坛获得了其所需要的结果，即与会成员签署了反恐联合宣言。① 显然，东盟外长扩大会议以及东盟地区论坛为美国寻求反恐支持提供了便利，从而降低了交易成本。此外，通过连续出席东盟举办的各类多边峰会或对话，美国也向盟友和伙伴发出了将继续留在东亚的信息。

3. 促进行为体之间的合作

事实上，东盟所领导的多边制度远不止于提供信息交流和对话的功能，东盟还试图化解其伙伴关系网中成员之间的分歧，以利于伙伴关系网的稳定。首先，东盟建立的多边制度包括了地区内乃至全球主要的"利益攸关者"，从而为一些地区问题的解决提供了良好的平台。例如，东盟外长扩大会议不仅包含了加拿大、欧盟、美国、澳大利亚、日本、新西兰、中国、印度以及俄罗斯等地区和全球重要大国，而且包含了一些国际组织诸如联合国发展援助小组。成员的广泛性和重要性，使得东盟发起的多边制度在解决热点议题方面能够发挥重要作用。事实上，在解决越南入侵柬埔寨问题上，东盟外长扩大会议就发挥过重要作用。②

其次，东盟建立的多边制度还为行为体之间的直接互动提供了平台。在会议期间，行为体通过"走廊外交"（corridor diplomacy），往往会推动一些地区热点问题的解决。③ 所谓"走廊外交"，就是通过

---

① Ralph A. Cossa and Akihiko Tanaka, eds., *An East Asian Community and the United States*, Washington D. C.: Center for Strategic and International Studies, 2007, p. 149.

② John Funston, "ASEAN: out of Its Depth?", *Contemporary Southeast Asia*, January 1998, Vol. 20, No. 1, pp. 22 – 37.

③ Joel Wuthnow Xin Li Lingling Qi, "Diverse Multilateralism: Four Strategies in China's Multilateral Diplomacy", *Journal of Chinese Political Science*, Vol. 17, No. 3, September 2012, pp. 269 – 290.

非正式会面来传递相互之间在一些问题上的关切和态度，从而达到互动和沟通的效果。这种互动有利于缓和国际局势、推动问题的解决。东盟每年举办数百次会议，这种会议为各国开展"走廊外交"提供了机会。例如，在1995年6月美国不顾中国警告同意李登辉访美，中国政府召回了驻美大使，中美关系受到严重考验。美国国务卿克里斯托弗利用当年8月在文莱的斯里巴加湾市召开的东盟地区论坛的机会，与中国外长钱其琛碰面。两人在会议间隙进行了长达一个小时的会晤，就李登辉访美事宜进行了私下沟通，缓解了两国之间的紧张关系。而且此后不久中国国家主席江泽民访美的事宜也是在这一次会谈后达成的初步意向。[1]类似的，还有中日之间也多次在双边关系陷入僵局时，利用参与东盟主办的地区论坛和峰会的机会，双方通过"电梯外交""休息室外交"来缓解双边关系的紧张。[2]

这种"走廊外交"不需要向对方提供保证，但同样也交换了信息，缓解了紧张局势。而且，外交人员并没有必须产生公开结果的压力，也不需要获得国内领导人的授权。东盟外长会议、东盟外长扩大会议、东盟地区论坛、东盟防长会议以及东盟防长扩大会议等，就为行为体之间的正式、非正式、多边和双边协商提供了开放性的平台。事实上，中日韩三边对话就是在"东盟+3"这一平台下衍生出来的。

由此可见，东盟以"东盟方式"发起和建立的地区多边制度，发挥了提供信息、降低交易成本、促进行为体之间的合作等功能，同时又避免了传统国际制度所带来的消极影响，从而确保了东盟伙伴国的广泛参与，又防止了地区多边制度被大国主导。

二 将非传统安全作为多边合作的主要内容

东盟领导的多边制度，一直将非传统安全领域的合作作为重要内容。诸如救灾、难民问题、海上搜救以及环境问题，这些问题本身在性质上就是跨国界的。随着国际关系网络化趋势的加强，非传统安全问题的重要性变得日益明显。因此，将这些议题作为多边互动关系的

---

[1] 钱其琛：《外交十记》，世界知识出版社2003年版，第289—318页。
[2] 秦亚青主编：《大国关系与中国外交》，世界知识出版社2011年版，第373—377页。

主要内容，很容易吸引国际社会的关注。

事实上，东盟在增强自身的治理能力和维持国内稳定方面，一直在应对非传统安全问题。因此，自从冷战结束之后，东盟建立了许多委员会来协调地区内国家之间在应对非传统安全方面的行动，并加大与地区外大国的合作力度。这些合作议题包括诸如灾难管理、反恐、毒品走私、海盗和传染病扩散等。例如，东盟在 2003 年建立了东盟灾难管理委员会 (ASEAN Committee on Disaster Management)。在 2004 年印度洋地震和台风之后，东盟决定扩大 ACDM 的行动，增强救灾领域的合作。[①] 东盟 2005 年缔结《东盟灾害管理和应急协议》，旨在增强行为体在应对自然灾害方面的早期预警、危机管理和救援能力。[②] 作为灾害危机管理合作的一部分，东盟从 2005 年开始举行东盟地区灾难应急模仿演习。2008 年缅甸爆发"纳尔吉斯"热带风暴 (Cyclone Nargis) 之后，东盟成立了紧急快速反应应对小组，并建立了东盟灾害援助合作基金。[③]

东盟将在地区内应对非传统安全问题上取得的成绩向外推广，将其纳入东盟领导的地区多边制度中，成为更大范围内国家间多边合作的重点。在 2007 年在马尼拉召开的第 14 届东盟地区论坛将加强地区灾害预防和合作纳入会议主题，通过了《东盟地区论坛灾害合作一般指南》，并决定开展自然灾害紧急救援联合演习。首次联合演习由东盟成员国印度尼西亚与澳大利亚于 2008 年联合发起。东盟还为此成立了东盟地区论坛自然灾害救援小组 (ARF Inter-Sessional Meeting on Disaster Relief)。[④] 同样的，诸如反恐、毒品、传染病扩散以及环境保护等这些议题都不同程度地被纳入东盟发起的多边合作议题

[①] ASEAN Secretariat, Special ASEAN Leaders Meeting on Aftermath of Earthquake and Tsunami, Jun. 6, 2005, http://www.aseansec.org/17066.htm.

[②] ASEAN Secretariat, ASEAN Agreement on Disaster Management and Emergency Response, July 26, 2005, http://www.aseansec.org/17579.htm.

[③] Christopher Roberts, "Myanmar, Cyclone Nargis and regional intermediaries", in Minako Sakai and Edwin Jurriëns, eds., *Agency in Asia Pacific Disaster Relief: Agency and Resilience*, London: Routledge, 2014, p.93.

[④] ASEAN Secretariat, Chairman's Statement, 14th ASEAN Regional Forum, http://www.aseansec.org/20807.htm.

之中。

尽管一些研究怀疑东盟在地区合作中的领导能力，尤其是东盟受到自身实力的限制，无法像大国一样通过向其他国家提供诸如资金、技术、人员援助等"公共物品"来诱导其他国家参与合作，也无法通过强制力来推行合作目标。[1] 但是东盟通过将应对非传统安全作为开展多边合作的主要内容，仍然显示了其在地区合作中的价值。正是这种价值，提高了东盟所领导的多边制度的吸引力，从而使得东盟能够将与其利益密切相关的行为体都纳入进来。

东亚国家普遍对国家主权的敏感，限制了国家之间的合作，这甚至使得在非传统安全领域的合作也无法深入开展。例如，在应对一些非传统安全问题诸如反恐、传染病扩散等领域要求参与方之间在信息共享、合作执法和监管等方面采取合作措施。但是，东盟作为小国，发起和积极推动的非传统安全合作，往往容易避免引起大国相互之间的敏感和猜疑。

另外，东盟领导的多边机制较少涉及传统安全议题，尤其避免将大国敏感的传统安全问题如领土、领海争端纳入多边合作议题之中，并避免采取过于程序化的方式来解决这些争端。例如，鉴于南海问题近年来成为东亚地区国际关系的热点，美国早在2011年就试图将南海问题纳入东亚峰会以"牵制"中国。但是，会前多数东盟国家认识到这一问题的复杂性、敏感性，表示要避免在会上讨论具体的政治和安全问题。[2] 此后在2013年东亚峰会上尽管将南海问题纳入议题，但大会发表的主题声明中只对中国与东盟9月启动旨在制定南海行为准则以避免纠纷的正式磋商表示"欢迎"。这种措辞被认为是为了"避免刺激中国"。[3]

---

[1] 例如，Lee Jones, "'Still in the Drivers' Seat', But for How Long? ASEAN's Capacity for Leadership in East-Asian International Relations", *Journal of Current Southeast Asian Affairs*, Vol. 29, No. 3, September 2010, pp. 95 – 113; Mely Caballero-Anthony, *Regional Security in Southeast Asia: Beyond the ASEAN Way*, Singapore: Institute of Southeast Asian Studies, 2005。

[2] 中华人民共和国中央人民政府：《外交部就反对在东亚峰会上讨论南海问题等答问》，2011年11月21日（http://www.gov.cn/xwfb/2011-11/21/content_1999592.htm）。

[3] 张晓芳：《日媒称东亚峰会声明草案南海表述回避刺激中国》，2013年10月4日，中国新闻网（http://www.chinanews.com/gj/2013/10-04/5344712.shtml）。

通过将非传统安全问题作为多边合作的主要内容，东盟避免了受到相关当事大国的抵制，提高了所有大国参与东盟领导的多边制度的积极性，从而实现了将与其利益密切相关的行为体"嵌入"地区多边制度的目的。

三 地区多边制度与东盟的网络力

冷战结束之后，东亚地区涌现出大量的多边制度。从互动关系的内容来看，这些制度大致可以归纳为两种类型：一种是更为一般性的、以开展政治对话为主要形式的多边制度。这类制度大多不关注特定议题，而是涵盖了从政治、经济和社会合作到传统安全领域等广泛范围的合作议题。这些制度主要包括"东盟＋3"、东亚峰会以及APEC。而东盟在这一过程中往往扮演着发起人和领导者的角色。另外一类则是强调国家之间在特定领域开展功能性合作（如安全合作）为主要目的的功能性多边制度。在安全领域，这类制度包括诸如东盟外长扩大会议、东盟防长扩大会议、东盟地区论坛、亚洲防扩散高官论坛等（见图5—1）。

ASEAN
马来西亚、新加坡、菲律宾、文莱、老挝、印尼、柬埔寨、缅甸、泰国、越南

ASEAN+3
中国、日本、韩国

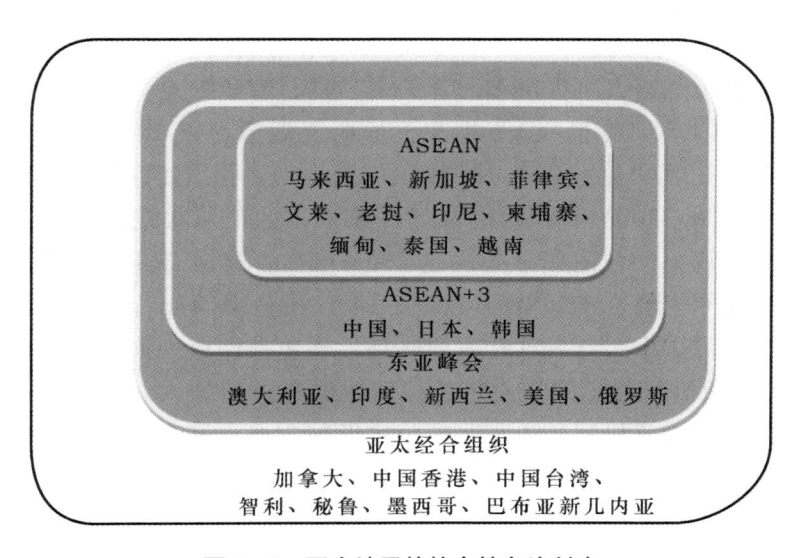

东亚峰会
澳大利亚、印度、新西兰、美国、俄罗斯

亚太经合组织
加拿大、中国香港、中国台湾、智利、秘鲁、墨西哥、巴布亚新几内亚

图5—1 亚太地区的综合性多边制度

注：阴影部分代表由东盟发起的制度，空白部分代表非东盟发起但东盟参与的制度。

"东盟＋3"源于1997年爆发的东亚金融危机。为了应对金融危机的冲击，东盟和中、日、韩三国领导人于1997年底在马来西亚的吉隆坡举行首次非正式会晤。次年又于越南举行第二次非正式会晤。到1999年第三次会晤时，各方联合发表了《东亚合作联合声明》。《联合声明》提出根据《联合国宪章》的宗旨和原则、和平共处五项原则、《东南亚友好合作条约》等公认的国际原则处理相互关系；强调要推动东亚国家间的对话与合作，促进相互理解、相互信任和睦邻友好。《联合声明》确定了东亚合作的8个重点领域，包括经济、货币与金融、社会及人力资源开发、科技、发展合作、文化和信息、政治安全和跨国问题等。[1] 这一网络首次将东北亚三国与东南亚10国联系起来，朝着地区合作方面迈出了重要的一步。这一网络由三个层次的互动关系构成：（1）首脑峰会；（2）部长级会议，已启动的有外交部长会议、高官会议、财政部长会议、财政和中央银行副手会议、经济部长会议、经济高官会议等；（3）第二轨道（非官方）活动，包括东亚展望小组会议、主要产业—商业论坛以及中日韩三边政策研究机构合作，等等。"东盟＋3"首脑峰会由东盟轮值主席国举办，时间在东盟首脑峰会之后，每年举行一次。

东亚峰会的构想可以追溯到冷战结束初期的1990年，时任马来西亚总理马哈蒂尔提出东北亚的中、日、韩和东盟一起建立"东亚经济集团"。"东盟＋3"框架下的东亚展望小组2001年向领导人峰会提交的"建立东亚共同体"的报告，勾勒出建立东亚共同体的初步蓝图。2004年在老挝首都万象举行的第八次东盟与中日韩领导人会议上，各国领导人决定2005年在吉隆坡召开首届东亚峰会。首届东亚峰会于2005年12月14日在马来西亚首都吉隆坡举行，成员除了中、日、韩和东盟之外，还包括印度、澳大利亚和新西兰，共16个国家。2011年美国和俄罗斯申请加入。东亚峰会为年度领导人会议机制，由东盟轮值主席国主办，峰会议题由所有参与国共同审议。

---

[1] 中华人民共和国外交部：《东亚合作联合声明》，1999年11月28日（http：//www.fmprc.gov.cn/mfa_chn/gjhdq_603914/gjhdqzz_609676/lhg_610158/zywj_610170/t25703.shtml）。

1989 年成立的 APEC 涵盖了亚太地区,不是由东盟而是由日本和澳大利亚发起的。[①] 但是,由于东盟国家的坚持和提倡,APEC 仍然采取了"东盟方式"来运作。首次会议于冷战结束前的 1989 年在澳大利亚召开,主要关注地区经济增长、多边合作、贸易和投资等议题。在实践中,APEC 的合作议题后来逐渐包括了打击恐怖主义和杀伤性武器扩散等非传统安全议题。尽管 APEC 并没有囊括所有的东盟国家(柬埔寨、老挝和缅甸没有加入),但是这一多边制度包含了东亚地区诸如中国香港和中国台湾等经济体。

除了这种综合性的、以强调一般互动为特征的多边制度,东亚还存在着大量的功能性的合作,以部长级会议和工作组会议体现出来(图 5—2)。东盟在这些由部长级官员以及工作组构成的多边制度中,同样处于中心位置。东盟地区论坛成立于 1994 年,是亚太地区

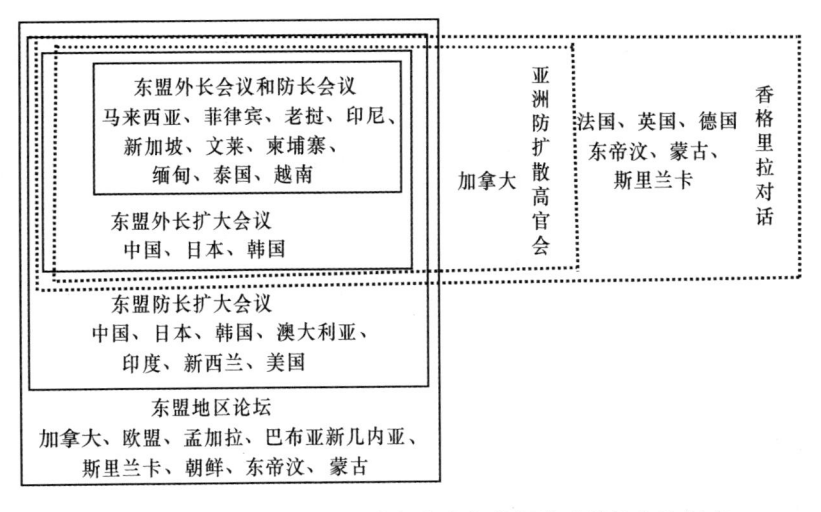

图 5—2 东盟在安全领域发起和参与的部分功能性多边制度
(部长级会议和工作组)

注:——代表东盟发起和领导的多边制度;
……代表其他行为体发起和领导、东盟参加的多边制度。

[①] Berger, M. T., "APEC and Its Enemies: The Failure of the New Regionalism in the Asia-Pacific", *Third World Quarterly*, Vol. 20, No. 5, 1999, pp. 1013–1030.

第一个以安全合作为主要议题的多边平台，其目标在于通过信任措施来开展预防外交，为行为体之间的冲突解决提供平台。[1] 尽管东盟地区论坛试图将目标向前推进，但是目前仍然停留在信任建立措施方面。在功能领域的合作取得更大成绩的，则是东盟打击跨国犯罪的部长级非正式会议（ASEAN Ministerial Meeting on Transnational Crime，AMMTC）。这一制度建立于1997年，主要用于应对"恐怖主义、非法毒品交易、武器走私、洗钱、人员流动和海盗"等问题。[2] 中国、日本、韩国于2004年加入这一制度，形成了AMMTC+3合作机制。为了推动各国在传统安全领域的互动，东盟于2006年建立了防长会议（ADMM）。这一制度的主要目标是推动国防外交和信任措施建设，增强各国军事行为的透明度和开放性，并最终实现建立东盟安全共同体的目标。[3] 现在东盟将ADMM这一机制扩展成ADMM+X的形式。目前有澳大利亚、中国、印度、日本、新西兰、韩国、俄罗斯和美国8个国家加入这一制度。[4] 这一多边合作制度当前主要关注各国在人道主义救援和救灾等领域的合作。

此外，东盟还参加了诸如亚洲防扩散高官论坛（Asian Senior level Talks on Non-Proliferation，ASTOP）、香格里拉对话等功能性多边制度。其中，亚洲防扩散高官论坛由日本于2003年建立。每年日本会邀请东盟、韩国、中国、美国、加拿大等国家围绕着核不扩散问题交流意见。同时，这一网络也将美国发起的防扩散安全倡议（the Proliferation Security Initiative，PSI）联系起来。香格里拉对话则是由英国国际战略研究所主任约翰·奇普曼于2002年发起的第二轨道对话。

---

[1] 关于东盟地区论坛更为详细的介绍，参见杨永明《东协区域论坛：亚太安全之政府间多边对话机制》，《政治科学论丛》1999年第11期，第145—180页。

[2] ASEAN Secretariat, *ASEAN Declaration on Transnational Crime*, December 1997, p. 20. Available at: http://www.aseansec.org/5640.htm.

[3] ASEAN Secretariat, Joint Press Release of the Inaugural ASEAN Defence Ministers Meeting, Kuala Lumpur, May 9. Available at: http://www.aseansec.org/19893.htm.

[4] ASEAN, *About the ASEAN Defence Ministers' Meeting*, 2014, https://admm.asean.org/index.php/about-admm/about-admm-plus.html. 2 ASEAN Secretariat, ASEAN Defence Ministers Meeting-Plus (ADMM-Plus): Principles for Membership, Singapore, November 14, 2007, http://www.aseansec.org/18471-e.pdf.

这一网络第一次将亚太地区与地区外其他世界主要国家的防长召集起来，围绕全球热点安全议题进行对话。①

通过上述分析不难发现，东盟通过对制度的设计以及选择适当的合作内容，在东亚得以发起和参与众多的多边制度。这些多边制度相互交叉重叠，环环相扣，形成了制度群。东盟显然处于这一制度群的中心。东盟在制度群中的这一位置，使其能更好地维系伙伴关系网的稳定，并据此提升了网络力。

第一，通过为东亚地区合作提供国际制度这一公共物品，提高了东盟在东亚地区和伙伴国中的国际地位。霸权稳定论者将国际制度视为霸权国实现其利益的工具。伊肯伯里指出，美国通过国际制度来主动限制自己的行动，以获得其他国家对美国霸权地位的支持。基欧汉认为美国通过建立国际制度，将在其衰落之后仍能维系其霸权地位。② 由于美国在东亚地区偏爱双边合作，而中日之间围绕地区主导权的竞争又妨碍了地区多边制度的形成，因此，东亚地区长期缺乏多边制度。③ 东盟发起的地区制度，就部分地解决了这一影响地区合作的难题。

前面的分析已经指出，东盟在与其伙伴国的双边合作中，并不具有优势。考虑到东亚多边制度大都涵盖了东盟伙伴关系网中的成员这一因素，东盟在东亚多边制度中的地位和角色，无疑将有利于提高其在伙伴国中的地位。因此，东盟通过发起和参与地区多边制度，巩固了与伙伴国的关系。

第二，东亚多边制度为协调伙伴关系网中成员间的关系提供了工具，从而有利于减少东盟因为伙伴国之间可能的冲突而带来的麻烦。

---

① David Capie and Brendan Taylor, "The Shangri-La Dialogue and the Institutionalization of Defense Diplomacy in Asia", *The Pacific Review*, Vol. 23, No. 3, September 2010, pp. 359–376.

② [美] 约翰·伊肯伯里：《大战胜利之后》，门洪华译，北京大学出版社 2008 年版；[美] 罗伯特·基欧汉：《霸权之后：世界政治经济中的合作与纷争》，苏长和、信强、何曜译，上海人民出版社 2006 年版。

③ Christopher Hemmer and Peter J. Katzenstein, "Why is there No NATO in Asia? Collective Identity, Regionalism, and the Origins of Multilateralism", *International organization*, Vol. 56, No. 3, Summer 2002, pp. 575–607; Rathus, J., *Japan, China and Networked Regionalism in East Asia*, London: Palgrave Macmillan, 2011.

由于东盟与东亚地区内主要国家都建立了伙伴关系，不同的伙伴国就成了东盟实现其战略目标的一个节点。这些节点之间的互动显然会影响到整个伙伴关系网的效力。东盟通过将这些节点"嵌入"多边制度之中，将有利于促进节点之间关系的稳定，从而保证伙伴关系网的正常运行。

第三，东盟在东亚多边制度中的中心位置，使其不仅可以通过议题设置来影响行为体间的互动，而且还可以通过限定成员身份来影响网络中行为体间关系的分配。即东盟通过确立"谁属于这一组织"的标准，并邀请特定成员加入，来影响行为体之间的互动关系，进而影响国际结果。这种影响国际结果的方式，不同于现实主义所强调的"权力"的作用。行为体通过决定与谁建立关系、在哪个领域建立关系，以及关系的亲密程度，从而使得自身处于互动关系网络中的有利位置，能够对地区网络中的商品、货物、人员、资本和信息等生产要素的跨国流动，施加更大影响力。

小　　结

冷战前后环境的变化，对东盟对外战略产生的影响非常突出。冷战结束前尤其是东盟成立初期，面对当时东亚地区两极阵营对立的地区和国际环境，东盟试图通过建立自由、和平中立区，来摆脱大国之间的纠纷。但是，当时的环境使得作为小国组成的东盟无法在东南亚地区之外产生任何实质性影响。因此，东盟专注于地区内部国家之间的关系协调。

冷战结束之后，东盟所面对的国际关系环境发生了巨大改变：在东南亚地区内，社会主义与资本主义阵营的对峙结束了，东盟范围扩大到囊括所有东南亚国家的地区组织；在东南亚之外的其他地区，冷战时期泾渭分明的格局也被打破。这种新环境使得东亚地区国际关系更为流动。这也为东盟在更大范围内发挥影响力提供了条件。

但东盟面临的传统安全威胁尽管不再紧迫，但仍然是影响其管理和控制流动性的一个因素。此外，在经济和政治领域所面临的威胁凸显出来。而且，这些威胁相互影响、相互交织，从而构成了"威胁三角"。这一"威胁三角"问题是影响东盟与外部的商品、货物、人员、资本和信息等生产要素正常流动的主要因素。面对新的地区和国际环境，东盟改变了冷战时期被动地强调中立的做法，通过与利益攸关者和主要地区大国建立伙伴关系，来应对所面临的"威胁三角"问题。

对后冷战时代的东盟而言，美国和中国是影响流动性的两个关键节点。东盟通过让美国继续在东盟驻军、支持美国在东亚地区的军事优势地位，部分地降低了影响流动性的传统安全威胁的风险。同时，东盟通过与中国在经济领域的合作，获得了巨大的经济利益。但是，东盟对美国和中国的这种不对称依赖，面临着巨大的脆弱性。一方面，东盟面临着被美国"抛弃"的风险。美国可能从东亚撤退，也可能凭借在安全领域的地位迫使东盟在诸如经济和政治领域让步。另一方面，东盟对中国的和平崛起存有疑虑，尤其是中国与东盟一些国家在南海问题上的争端，加剧了东盟在接触中国时的不安全感。更为重要的是，东盟对流动性的控制能力还严重受到中美关系的影响。为此，东盟为了增强对流动性的控制，需要建立一个包括更多合作伙伴的战略网。

东盟的战略网主要由一些伙伴关系组成，形成了伙伴关系网。东盟的伙伴关系网包括了美国、中国、日本、韩国、印度和澳大利亚等主要节点。这些伙伴国从各个方面为东盟应对"威胁三角"提供了支持。同时，通过这一伙伴关系网，降低了对中国和美国等任一大国的过度依赖。通过多元化的合作关系以降低对单一大国的过度依赖的做法，为东盟反复强调。新加坡总理李显龙于2006年7月在香格里拉对话开幕式上的致辞中指出：

> 要预测（东亚）地区架构的最终形成还为时尚早。但是我们需要承认跨地区之间的联系，同时还要培养亚洲和世界其他地区之间的这种联系。亚洲的繁荣将永远依赖于我们生存于其中的全球经济，而不是一个封闭的贸易集团。当亚洲变为一个贸易和投资的多元化网络时，经济合作的开放架构将自然会产生。建立

这一由各种关系构成的综合网络是一个精心设计的过程，需要亚洲国家以及地区外伙伴的共同努力，包括美国在内。①

东盟的伙伴关系网中节点的链接方式采取了弱链接的方式。考虑到其战略网中的成员，相对东盟而言都是大国，处于明显优势地位。这使得东盟的战略网并不稳定。东盟与大国之间的合作能否持续存在，至少受到两个因素的影响：第一，东盟能否为其提供具有竞争优势的资源；第二，东盟能否协调大国之间的行动，并避免大国之间的矛盾和冲突破坏整个伙伴关系网的稳定。

为此，东盟发起和参与了大量多边制度，并将其战略网中的成员"嵌入"多边制度之中，来管理与伙伴国间的关系。东盟通过对东亚制度的设计、合作内容的设定以及成员身份的限制，获得了多边制度网络的中心位置。这一位置增强了东盟对伙伴关系网的管理能力，进而为东盟实现自身目标创造了条件。

---

① Lee Hsien Loong, *The Shangri-La Dialogue Keynote Address*, Singapore, 2th June 2006, https://www.iiss.org/en/events/shangri% 20la% 20dialogue/archive/shangri-la-dialogue-2006-f1a5/opening-remarks-and-keynote-address-c8ca/lee-hsien-loong-749e.

第 六 章

日本的伙伴关系网

冷战期间日本主要依靠美日同盟来应对外部安全威胁,并从美国及其领导的资本主义阵营获得生存发展所需要的原材料和商品出口市场。冷战结束之后外部环境的变化,使日本改变了过度依赖美日同盟的做法。

第一节 东亚网络中的日本

日本作为海岛国家,海洋将其与外部世界分割开来。这一地缘特征在塑造日本对外战略方面产生了重要影响。一方面,日本可能免于与外部国家的陆地争端,而且在与外部世界的联系上提供了良好的机动性。但另一方面,与同被大洋分割开的美国不一样,日本国土面积狭小,资源缺乏,日本的生存很大程度上依靠外部世界。在不同的国际关系网络环境中,日本面临着不同的机遇和挑战,也就选择了不同的对外战略。

一 冷战结束后日本面临的"威胁三角"

冷战期间美日同盟关系确保了日本的安全和复兴。但冷战结束之后无论是威胁来源还是日本所能获得的外部支持来源,都发生了变化。本节从传统安全、经济和政治等三个方面来分析这种变化。

1. 传统安全挑战

肯·卡尔德(Kent Calder)指出,日本在冷战后面临着两大地缘挑战：其一是东北亚的"危机之弧"，包括朝鲜半岛问题、台海冲突以及不确定的中美、中俄等大国关系；其二是东海和南海等"麻烦之海"。①

首先，日本在东北亚面临的首要威胁来自朝鲜。冷战后日本公开的外交政策和国防安全文件中，朝鲜一直被视为最大挑战。应对朝鲜的威胁成为日本加强与美国的同盟、增强自身军事力量的借口。朝鲜虽然经济上是个弱国，但先军政治使军事能力尤其是中程和远程军事打击能力远远超过与其经济水平相一致的能力。朝鲜1993年3月首次的导弹试验落入日本海，让日本意识到可能面临导弹攻击的脆弱性。在1994年爆发的朝鲜核危机之后，朝鲜半岛的可能冲突成为日本对外政策的热点。朝鲜在生化武器方面的能力也令日本担忧：1995年日本邪教组织奥姆真理教的毒气袭击事件令日本人至今心有余悸。此外，20世纪80年代朝鲜绑架日本人质事件也成为影响朝日关系改善的障碍。

尽管国际社会围绕朝鲜问题做出了一系列的努力，但进展有限。日本对此并不满意。② 面对朝鲜的挑衅，日本曾希望中国出面进行斡旋。但随着朝鲜半岛事件的演变，日本逐渐改变了对中国的看法，日本认为中国不可能、无意也无法约束其"鲜血铸成的同盟"的行为。日本越来越将中国视为鼓动朝鲜而不是约束朝鲜做出种种冒失行为的国家。③ 此外，日本对美国很少关注朝鲜绑架日本人质问题，也心存不满。对于韩国，日本认为其对朝鲜过于宽容，尤其是诸如自1988年对朝鲜采取的"阳光政策"让日本受挫。总之，在朝鲜问题上，日本感到处于孤立无助的境地。④

其次，中国的崛起。中国经济实力增强带来的国防现代化，让日

---

① Kent E. Calder, *Asia's Deadly Triangle: How Arms, Energy and Growth Threaten to Destabilize the Asia-Pacific*, London: Nicolas Brealey, 1996, pp. 13 – 42.
② M. Auslin, *Japanese Perspectives on the Six Party Talks and the North Korean crisis*, Joint US-Korea Academic Studies: Tomorrow's Northeast Asia, Vol. 21, 2011, pp. 195 – 206, http://keia.org/publication/japanese-perspectives-six-party-talks-and-north-korean-nuclear-crisis.
③ Ikegami Masako, *China-North Korea: Renewal of the Blood Alliance*, Asia-Pacific Bulletin, Washington, D. C.: East-West Center, April 2012.
④ David Fouse, "Japan's Post-Cold War North Korea Policy: Hedging toward Autonomy?", *Asian Affairs*, Vol. 31, No. 2, Augest 2004, pp. 102 – 120.

本感到不安。中国与日本在东海、钓鱼岛等领土、领海问题上的争端，以及各方围绕争端采取的行动，加剧了双方的互不信任。冷战期间一方面有美国作为日本的安全提供者，另一方面此后中国与苏联关系的破裂和敌对，使得中国事实上与日本在应对苏联威胁上结成了同盟。冷战结束之后，中国与俄罗斯关系回暖，以及日本与中国关系的变化，打破了冷战时期相对固定的关系格局。

最后，日本与周边国家间的互信度低。日本与韩国、俄罗斯等周边国家存在的领土、领海争端至今尚未解决，成为诱发各方关系紧张的导火索。北方四岛的主权归属问题一直是日本与俄罗斯外交关系的重点。在对俄问题上，日本自身并无有效的外交工具，使这一问题久拖不决。而日本与韩国围绕独岛（竹岛）主权归属也争议不断。尽管日本与东南亚国家之间没有领土、领海争端，但是日本的侵略历史仍然严重影响了与东盟国家之间关系的发展。冷战期间日本与周边国家在应对苏联共产主义阵营这一紧迫威胁下，各方保持了克制态度，相安无事。但冷战结束后，历史遗留问题以及领土问题上的争议重新成为影响日本与周边国家关系的因素凸显出来。

面对挑战，日本重新解释或者修正宪法，并不断加强军事力量。这反过来又引发邻国的担忧。考虑到美国可能从东亚撤退，日本的军事力量增强将导致地区不稳定的风险增大。历史包袱制约了日本的战略雄心，面对诸如朝鲜问题、领土领海争端等问题，日本所处的孤立境地可能使日本抛开昔日被动的和平主义。

总之，冷战结束以来，日本所面临的诸如外敌入侵等紧迫威胁已经大大降低甚至消失。但冷战结束并没有从根本上消除影响日本生存、发展的传统安全威胁，而是以新的形式体现出来。由于日本"严重依赖于其他国家的自然资源、能源、食物以及其他原材料的供应，以维持国家的生存"，并且日本的繁荣很大程度上取决于与其他国家的贸易，因此，当周边发生"紧急事态"时，确保日本与外部世界的联系不被切断是当前日本在传统安全领域需要应对的主要威胁。[1]

---

[1] Japan Defense Agency, *Defense of Japan* 1990, Tokyo: Japan Defense Agency, 1990, p. 116.

2. 经济方面的挑战

日本作为岛国，经济活力很大程度上取决于与外部的联系。能否从外部获得资源和商品出口市场，是经济保持稳定和活力的关键。冷战期间，日本通过吉田主义与美国结盟，在获得安全保障的同时，致力于经济发展。冷战结束之后，日本面临的经济环境也发生了变化。

第一，日本对少数大国的过度依赖，给经济稳定和繁荣带来隐患。冷战期间，日本通过美日同盟，从美国获得资源和发展援助，并单方面享有市场开放政策，经济得以恢复和发展。但过度依赖存在的前提是美国单方面承受贸易逆差的代价。在冷战背景下，美国同意了这种安排。随着苏联威胁的降低以及美国国内面临的赤字问题，美日间在贸易上的冲突浮现出来。到20世纪80年代后期，美国通过广场协议迫使日元升值。在经历了"工业国家中最为迅速的货币升值"后，日本付出了巨大的代价。[1]

日本需要进一步拓宽商品出口市场和对外直接投资目的地。这一过程对日本而言，非常艰辛。美国和日本间的贸易逆差在1991年达到美国对外贸易逆差总额的66%。[2] 直到2000年初期美国仍然是日本最大的出口市场。自从20世纪90年代开始，日本出口美国的商品占据其出口总额的28%—30%。2001年时，这一数据仍然是30%。[3] 美国还是日本投资的主要目的地。对美的投资从1960年的24%增加到1985年的40%。[4] 广场协议进一步刺激了日资大量涌入美国。到冷战结束前，日本已是美国最大的贸易赤字来源和第二大对外直接投资来源国。

第二，日本在经济上面临着日益增大的竞争压力。冷战期间日本未能像西欧国家一样在东亚建立起一体化的地区经济集团。但日本与

---

[1] T. J. Pempel, "Structural Gaiatsu International Finance and Political Change in Japan", *Comparative Political Studies*, Vol. 32, No. 8, 1999, pp. 907 – 932, 915.

[2] C. P. Bown, and R. McCulloch, "US-Japan and US-China Trade Conflict", *World Bank Research Working papers*, Vol. 1, No. 1, 2009, pp. 1 – 45.

[3] Edward J. Lincoln, *East Asian economic regionalism*, Washington, D. C.: Brookings Institution Press, 2004, p. 51.

[4] Glenn D. Hook, Gilson Juile, Hughes W. Christopher, and H. Dobson, *Japan's International Relations: Politics, Economics and Security*, New York: Routledge, 2011, p. 113.

东亚国家间的合作以"雁型模式"开展,在这种垂直分工中,日本在国内通过相对封闭的财团来保持经济的稳定和持续,并将这种模式复制到东亚国家以保证在东亚生产网络中的支配地位。①

东亚生产网络很大程度上依赖于日本。日本国内生产越来越集中到少数有竞争力的领域,诸如电子产品、金融等领域。日本国内政治家、官僚和商人一起构成了一个网络化的联盟,其中国家机构和官员作为中介人,协调政府和企业之间的关系。通过这种方式,保护国内市场。但随着冷战的结束尤其是世界贸易、国际货币基金组织等推动的新一轮贸易自由化,日本被迫采取更为开放的贸易和投资政策。日本主导的东亚生产网络中的垂直分工,并无法通过规模化生产建成单一市场,降低了日本企业的整体竞争力。

更为重要的是,随着中国崛起,东亚生产网络内部结构发生了变化。东亚逐步由日本领导的"雁型模式"变成了以中国为中心的"竹子模式"。② 在这一网络中,日本不仅在商品出口市场、对外直接投资等领域面临中国的竞争,而且中国通过与东南亚国家缔结双边和多边 FTA,逐步改变了日本对外贸易的国际环境。

第三,日本国内经济陷入了困境。冷战结束后,日本国内面临的人口老龄化问题、预算赤字规模过大等问题,严重影响了经济的可持续发展。日本从 2005 年人口总规模开始缩小,而这一趋势将不可逆转。有分析预测到 2055 年时日本人口将减少 30%,届时日本总人口数量将跌至世界第 18 位之后。更为突出的问题是,日本人口中出现的老龄化现象非常严重,当前超过 65 岁老人占日本人口总数的 21.5%,这一比例在 2050 年将上升到 38.9%。③ 日本在经历两个"失去的 10 年"

---

① Walter F. Hatch, *Asia's Flying Geese: How Regionalization Shapes Japan*, Ithaca: Cornell University Press, 2010.

② A. MacIntyre, and Naughton, B., "The Decline of a Japan-Led Model of the East Asian Economy", in T. J. Pempel, eds, *Remapping East Asia: the Construction of a Region*, Ithaca: Cornell University Press, 2005, pp. 77 - 100; Murray L. Weidenbaum, *The Bamboo Network: How Expatriate Chinese Entrepreneurs are Creating a New Economic Superpower in Asia*, New York: the Free Pres, 1996.

③ T. Tsunoda, and B. Glosserman, "The Guillotine: Japan's Demographic Transformation and Its Security Implications", *Pacific Forum CSIS*, Honolulu, Hawaii, East- West Center, June 17, 2009.

之后，经济总量已经在 2010 年被中国超过。有预测指出，到 2030 年日本经济规模将被印度尼西亚超过，届时将退出世界五大经济体之列。①

综上所述，冷战结束以来日本在经济领域面临着以下挑战：对少数大国的过度依赖、日益增加的竞争压力以及国内经济不景气等问题。事实上，这几个方面往往是相互叠加，考虑到日本岛国的特征，这些问题要更为严重。

3. 政治威胁

追求成为世界一流大国是日本从明治维新以来对外战略的一个关键动力。这一动力最终以日本发起灾难性的"二战"而告一段落。但日本并没有因此放弃大国目标。"二战"结束之后日本很快复兴这一目标。即使主推吉田主义的吉田茂首相也认为，"日本注定要成为大国"。但吉田茂也意识到，"与支配着亚洲和太平洋的欧美大国结盟，关系到日本国家的扩张与安全"②。换言之，日本与美国结盟的背后，潜藏着"成为大国"这一长远目标。因此，从政治威胁角度来看，日本所面临的主要挑战是能否达成世界大国这一目标。

冷战期间，日本的内外政策很大程度上受到吉田主义的影响。如同本书在第五章所分析的冷战时期的东盟国家一样，日本基于在应对苏联威胁中所扮演的角色，而相对美国获得了"退出权力"。这种"退出权力"使日本得以专注于国内经济发展，并成为世界经济大国。冷战结束之后，日本开始追求实现完全大国的目标。对日本而言，要实现这一目标所面临的障碍主要来自于以下几个方面的因素。

首先是和平宪法。和平宪法一方面为日本提供了良好的外部环境。和平宪法展示了日本致力于和平的决心，改变了军国主义形象。和平宪法也为日本在冷战时期致力于经济发展提供了条件。但另一方面，日本面临着外部国家尤其是美国要求日本"分担"更多国际责任的压力。日本国内的部分民众也希望通过修改宪法实现日本"正常国家"的身份。由此，日本国内一直存在着修改和平宪法的压力，

---

① Standard Chartered, *The Super-Cycle Report*, New York, November 15, 2010, p. 21.
② [日] J. ダワー：《吉田茂とその時代》（下），東京：TBSブリタニカ，1981 年，第 61 页。转引自廉德瑰《日本的大国志向与小国外交》，《现代国际关系》2008 年第 6 期。

这种压力在冷战结束之后日益明显。问题在于，考虑到日本历史上的侵略行为以及对历史问题的态度，日本对和平宪法的任何修订，都将引发周边国家的疑虑甚至带来安全困境。

第二，日本经济长期停滞尤其是冷战结束后新兴大国的群体崛起，使日本经济大国地位面临着挑战。有学者指出，日本经济的停滞正如一把"铡刀"，砍掉了日本未来的战略选择。① 的确，日本的大国地位很大程度上依赖于强大的经济实力。经济上衰退势必限制日本对外战略空间。例如，经济上的压力已经影响到了日本的国防预算。2009 年有报道指出日本可能无力继续在资金上支持与美国联合开展的导弹防御项目。② 2010 年日本发布的《中期防御计划》进一步压缩了 2011 年度防务预算的 0.4%，而且没有增加对新设备或者技术投资。③

最后，日本受制于和平宪法、历史问题等，除了作为经济大国之外，无法在国际上发挥影响力。为此，日本将国际制度尤其是联合国视为提高国际地位的工具，但进展并不顺利。冷战结束后日本加快了入常步伐，由于历史问题以及各方围绕联合国改革的博弈，日本入常计划遥遥无期。日本围绕着联合国展开的多边外交的效力也大打折扣。④

二　"不可能三角"困境与日本战略网的构建

冷战结束之后国际环境的变化为日本应对安全威胁既带来了机遇，也带来了挑战。从机遇方面来看，尽管日本存在领土争端等传统安全问题，但短期内与他国爆发大规模武力冲突的可能性已大大降低。日本除了与朝鲜尚未建交之外，与其他国家的关系整体上都有了明显改善。这种国际环境为日本从更多途径和更广范围来获得生存和

---

① Tatsuhiko Tsunoda, "The Guillotine: Japan's Demographic Transformation and Its Security Implications", *Pacific Forum CSIS*, Honolulu, Hawaii, June 17, 2009.

② I. Reynolds, "Japan – U. S. Missile Defense Faces Budget Limits", *Reuters*, October 2, 2009.

③ 徐菁菁：《日本的强国企图与历史现实——安倍能改变什么》，《三联生活周刊》2013 年 8 月 1 日。

④ 金熙德：《日本联合国外交的定位与演变》，《世界经济与政治》2005 年第 5 期。

发展所需要的资源和信息提供了机会，同时也为其通过多种途径来提高国际影响力提供了可能。

从挑战方面来看，日本面临美日盟友关系转型、新的威胁来源以及自身实力相对下降等问题。苏联解体削弱了日本对美日同盟这一安排的信心。美国此后减少在东亚的驻军，进一步使日本感受到被美国"抛弃"的风险。面临朝鲜的核武试验和中国崛起，同时国内经济不景气和外部激烈竞争，加剧了日本的不安全感。根据 SAGE 做的一份调查，90%的日本受访者表示相比 25 年前，今天日本人所具有的不安全感反而大大增加。[1]

从传统国际关系理论来看，日本面临着三个选择：自助、结盟和制度化合作。但是，这三种选择只能部分地实现日本对外战略目标。

第一，日本作为海岛国家本身限制了自助这一战略。随着冷战结束之后国际关系的网络化，进一步加大了日本对外部的依赖。

第二，结盟。鉴于日本与周边国家间的关系，以及冷战结束之后东亚国际关系环境的变化，大大限制了日本的结盟选择。到目前为止，美国仍然是日本唯一的盟友，而且，美日同盟关系也正处于转型之中。

第三，国际制度。首先日本可以像德国一样，联合中国一起共同推动东亚一体化，来获得发展所需要的资源以及安全的外部环境。但中日关系停滞不前以及美国反对，这一战略并不可行。日本还可以借助国际多边组织诸如联合国、世界贸易组织和国际货币基金组织、世界银行等，来影响地区和全球秩序。诚然，冷战结束之后多边国际组织的效力得以大大提高，但其仍然面临着诸多问题。而且日本在国际组织中的影响力仍然有待提高。最为典型的就是，日本成为联合国安理会常任理事国的目标，至今仍无法实现。

总之，无论是结盟、国际制度还是自助，任何单一战略都无法帮助日本实现对外目标。这就是日本对外战略上面临的"不可能三角"困境。由此，日本需要构建一个涵盖了与其利益密切相关的主要行为

---

[1] A. L. Oros, *Normalizing Japan: Politics, Identity, and the Evolution of Security Practice*, Stanford, CA: Stanford University Press, 2008, p.174.

体在内的战略网,通过协调战略网中不同节点间的行动,来服务于自身的战略目标。

日本的战略网包括了三个要素:第一,节点选择。面临冷战结束之后新的国际和地区环境,日本需要确定与哪些国家开展合作,来应对其所面临的"威胁三角"问题,以确保本国与外部世界的商品、货物、人员、资本和信息等生产要素的跨国流动,并施加影响。第二,节点链接方式。日本在确定与本国利益密切相关的行为体之后,还需要选择以何种方式与这些行为体开展合作,以更好地实现本国目标。第三,战略网维系。涉及日本如何协调战略网中具有不同利益的行为体之间的行动,使其能共同服务于日本的战略目标。

第二节 日本伙伴关系网络中的关键节点

日本要解决"威胁三角"问题,面临的首要难题就是如何处理与美国和中国这两个大国的关系,这一点单是从经济上就不难看出来。美国、中国、日本已经成为世界上最大的三个经济体。而且,中国和美国构成了日本最大的两个贸易伙伴,日本和中国也构成了美国除 NAFTA 之外最大的两个贸易伙伴国。同样的,美国和日本也构成了中国最大的两个贸易伙伴国。与此同时,中国、美国和日本这三国之间的关系也变得更为复杂。在安全上美国仍然是日本应对传统安全威胁的重要保障,在经济上中国对日本的重要性不断上升。与此同时,中国—日本—美国之间的竞争性因素在不断增大。这使得日本必须首先要处理好这一组大国关系。

一 与美日同盟并存的美日全球伙伴关系

1. 日本为什么仍然需要美日同盟

美日同盟很大程度上是为了应对苏联共产主义阵营的需要。但冷战结束后这一共同威胁消失之后,美日同盟并没有解体,相反在一些领域的合作还出现了加强的趋势。美日同盟对于冷战结束后的日本而言,有何意义?

首先，"留住美国"是日本寻求与更多国家"结伴"的需要。"二战"结束之后美国对日本的改造以及冷战期间在日本的驻军，减缓了日本邻国对军国主义复兴的疑虑。在美国轴辐安全体系下，日本与东亚的韩国、东盟通过战争赔偿以及援助等手段，建立和发展了密切的关系。因此，美国军事力量及其同盟体系在东亚的存在"覆盖"了东亚的安全动力。从积极的意义来说，《美日安保条约》对日本军国主义的复兴起到了"瓶盖"的作用，限制或者威慑性地"锁定了"一些地区冲突。[①] 冷战结束后，出于对东亚权力真空的担心，"留住"美国，缓解了日本邻国对军国主义复兴的担忧。日本政治家中曾根康弘曾公开承认，美日同盟使得"美国可以监督日本的军事能力，这给我们亚洲邻国带来了一种安全感"。[②]

其次，日本仍然面临着国内和平宪法的束缚。美日同盟在应对日本威胁方面的重要性，一直为日本历任首相所强调。曾任日本外相的麻生太郎曾直言不讳地表示："日本自战后开始便以美国为重，强化同盟外交是一个绝对正确的选择。因为有了这一关系，亚洲才有和平的海洋，而在亚洲居住的人们才可称为了不起的贸易国。毫无疑问，这些安全保障都来自美国的军事力量，归功于日美同盟的存在。作为以世界为中心的日美同盟，日美合作将越来越重要。"[③] 2010年4月时任日本首相鸠山由纪夫在接受《中国新闻周刊》记者采访时也公开表示，"日美同盟是日本外交与国家安全的基石，美国是和日本共享基本价值观念和战略利益的唯一盟友"。[④]

最后，日本将美日同盟视为维护地区稳定、建立地区秩序的基石。美国与日本在民主价值观、国家政治体系等方面的相似性，使日本将美国视为可信的盟友，认为双方在地区和全球秩序构建方面存在

[①] ［美］艾什顿·卡特、威廉姆·佩里：《预防性防御》，胡利平译，上海人民出版社2000年版，第101—102页。

[②] Paul Midford, "China Views the Revised US - Japan Guidelines: Popping the Cork?", *International Relations of the Asia - Pacific*, Vol. 4, No. 1, February 2004, pp. 113 - 145.

[③] 张智新：《麻生太郎执政后的日本政局及其对华政策》，《国际资料信息》2008年第10期。

[④] 张一帆：《专访日本首相：美是日本唯一同盟国，中国的发展是机遇》，《中国新闻周刊》2010年4月22日（http://news.xinhuanet.com/world/2010-04/22/c_13262767.htm）。

着共同利益。日本希望借助美国，来完成对地区秩序的构建。时任日本首相桥本龙太郎指出：

> 在日本与东盟加强面向新世纪的合作关系时，最重要的前提条件是确保亚太地区的和平与稳定。我毫不怀疑，支持这一前提条件最重要的因素是美国在亚洲的存在。日美安保协定对于保持美国在亚洲的存在是非常重要的框架。所以我想借此机会明确日本将尽力对这一协定保持信心。我衷心希望这一安排的意义能够被正确理解。它是被作为亚太地区稳定与经济繁荣的一种基础，没有针对任何特定国家的内容。①

这一被称为"桥本主义"的演说，事实上不仅传递了日本对美日同盟的态度，而且阐释了美日同盟对于东亚秩序构建的意义。

门洪华指出，日本在美日同盟问题上，面临两难选择：一是实现防卫独立，重新武装，这将面临国内宪法的束缚，以及国内和平力量反对，加剧周边国家的疑虑，而且也得不到美国的首肯；二是实行"非武装中立"，这又与日本要在国际上发挥更大作用的意向相悖。②

可见，尽管苏联威胁消失了，但日本仍然需要美日同盟来维护其安全利益。冷战结束之后，地区和国际环境的变化，美主日从的同盟关系已给日本的对外战略带来了挑战。

2. 美日同盟与日本的战略困境

冷战结束之后，东亚地区和国际环境的变化，使冷战时期的美日同盟面临着日益增大的挑战，这种挑战有以下表现。

第一，苏联解体及地区安全环境的改善，使美日同盟失去了存在的基础，日本面临着被美国"抛弃"或者"拖累"的风险。冷战结

---

① [日]桥本龙太郎：《为迎接新纪元进行改革——建立更深更广的日本—东盟伙伴关系》，新加坡，1997年1月14日。转引自于邓仕超《从敌对国到全面合作的伙伴——战后东盟—日本关系发展的轨迹》附录2，世界知识出版社2008年版，第225页。
② 门洪华：《张弛有度，和斗相兼——试析冷战后的美日关系》，《国际政治研究》1998年第2期。

束之后，美国与中国、印度、俄罗斯、东盟等日本周边国家之间的关系趋于缓和，并无紧迫的安全威胁。由于缺乏类似苏联的敌人，使日本对美国继续提供安全保障承诺的信心下降。①

另外，冷战结束之后，日本改善了与周边国家的关系，美日之间很难在寻找潜在的"敌人"问题上达成共识。美国的"敌人"不一定是日本的敌人，甚至可能是日本的朋友。日本通过"抱紧美国"来应对被美国"抛弃"的可能性，增加了"被动卷入的危险"。② 例如，在美国与伊朗的冲突中，伊朗已经成为日本重要的石油供应国，这使得日本很难在制裁伊朗问题上追随美国。同样，在台湾问题上，日本也面临着艰难选择。

第二，美国在东亚的霸权地位尤其是在经济领域不断降低，削弱了提供"公共物品"的意愿和能力，影响了美日同盟的可靠性。日本2010年发布的《国家防务指南》注意到美国"相对诸如中国、俄罗斯和印度等新兴国家地位的下降"，表达出对美国在亚太地区主导地位的担忧。③ 美国减少驻日美军数量，以及搬迁冲绳海军基地，一些学者认为这将降低美国对日本常规军事入侵遏制的有效性。越来越多的学者注意到，美国未来可能无力或者不愿意采取行动以满足日本的安全需要。④

第三，日本维系美日同盟的成本不断提高。其包括两个方面：一是日本跨国公司为代表的商业集团在全球的进一步扩展；二是国内民族主义的复兴。冷战结束便利了日本跨国公司在全球范围的扩张，促使日本需要更为独立的对外政策来维护海外利益。米尔顿·伊拉提

---

① 例如，日本对美国改善对华关系就相当担心。参见 Yoichi Funabashi, "Tokyo's Depression Diplomacy", *Foreign Affairs*, Vol. 77, No. 6, December 1988, pp. 26 – 36; T. G. Carpenter, "Roiling Asia: US Coziness with China Upsets the Neighbors", *Foreign Affairs*, Vol. 77, No. 6, 1998, pp. 2 – 6。

② [美] 理查德·J. 萨缪尔斯：《日本大战略与东亚未来》，刘铁娃译，上海人民出版社2010年版。

③ David Fouse, "Japan's 2010 National Defense Program Guidelines: coping with the 'Grey Zones'", *Asia-Pacific Papers*, Honolulu, HI: The Asia-Pacific Center for Security Studies, April. 1, 2011.

④ Yasuhiro Izumikawa, "Explaining Japanese Antimilitarism: Normative and Realist Constraints on Japan's Security Policy", *International Security*, Vol. 35, No. 2, October 2010, pp. 123 – 160.

(Milton Ezrati)指出:

> 随着日本企业在亚洲不断扩大海外基地,为了确保这些企业的安全,日本需要更为积极的外交政策。尽管这一举动与其现有的政策不符,但是任何国家包括日本在内,无法将其生产设施置于海外而不发展出至少能够威慑潜在威胁的权力投放能力,来保护这些财富资源。这一新的安全视角变得更为关键,因为这将与日本长期以来依靠美国来保护日本利益的做法相悖。[1]

对日本而言,权力投射能力主要受到"和平宪法"的限制。当美国与日本利益一致时,一切运行正常。但随着美国与日本围绕着世界市场展开争夺,美国为了反恐而试图从亚洲抽身,日本为了维护本国利益则面临着挑战。

同时,日本国内民族主义情绪不断上升,要求摆脱美日同盟、实现"正常"国家的呼声日高,给美日同盟带来了变数。1995年日本发生美国士兵强奸日本女学生事件,引发日本国内民众对美日同盟的一次全国性的质疑。日本前首相细川护熙1998年在美国《外交》杂志上撰文,要求以美军撤出日本为前提重建美日同盟。这些反应正是日本民族主义上升的体现。根据日美2006年达成的协议,美驻冲绳的部分美军陆战队须于2014年底之前迁往关岛,驻日美军海军陆战队位于冲绳县宜野湾市中心的普天间机场也将迁移至冲绳县名护市施瓦布军营延安。2009年,美国国务卿希拉里·克林顿访日期间,两国签署了《关岛国际协议》,美国将8000名驻扎在冲绳的美国海军陆战队员调防到关岛。

3. 美日全球伙伴关系的建立

美日同盟显然对日本仍然具有重要作用,但美日同盟的缺陷已经非常明显了。日本的确需要美日同盟提供安全保障,但日本需要采取更为独立的对外政策,以获得更多的战略选择和操作空间。因此,日本面临的首要问题就是摆脱美日同盟带来的束缚,同时继续享受美国

---

[1] Milton Ezrati, "Japan's Aging Economics", *Foreign Affairs*, Vol. 76, No. 3, May - June 1997, pp. 96 – 104.

提供的公共物品，尤其是安全保障。伙伴关系就为日本解决这一难题提供了一种途径。

1992年1月，日本与美国发表了《关于美日全球伙伴关系的东京宣言》，双方正式确立了"全球伙伴关系"。在宣言中，美日再次确认了坚持双方于1960年签署的共同合作和安全保障条约。同时强调美日全球伙伴关系"是建立在两国具有全球性合作关系的基础上的，是两国为了确保世界的和平与稳定而各自发挥作用并承担责任、相互协作的政治基础"。① 在美日全球伙伴关系框架下，日本既确保了美国在冷战结束之后继续留在东亚，同时伙伴关系又充实了双方合作内容，来弥补美日同盟的缺陷。

首先，美日全球伙伴关系拓宽了双方合作领域，为美日双边合作提供了新动力。在美日全球伙伴关系框架下的合作，双方将合作内容扩大到了经济和政治等更为广阔的领域。合作内容的扩展，对稳定美日关系具有重要意义。

与其他伙伴关系一样，美日在全球伙伴关系框架下建立起各种双边协调和合作机构。美日自2002年以来启动的联合安全咨询委员会（the Joint Security Consultative Committee）已成为美日双方讨论政治、国际战略和处理双边关系中具体问题的主要平台。除了美日防长和外长的"2+2"会议之外，这一委员会还包括来自双方经济、金融、教育、环境保护、社会问题等其他领域的高级官员等组成的部长级层次的对话。2002年12月，联合委员会在华盛顿召开了21世纪以来的第一次工作会议，进一步建立了更为具体的对话框架。本次会议双方除了讨论导弹防御系统、大规模杀伤性武器的扩散、朝鲜问题等地区安全问题之外，还围绕着经济合作、联合打击跨国犯罪、全球气候变化、全球金融货币领域的合作等非军事问题进行了对话。同时，联合委员会还强调双方在政治领域合作和对话的重要性，并将联合安全咨询委员会作为两国应对外部威胁和挑战的主要平台。② 显然，在传

---

① 张耀武：《冷战后的日美安保体制与台湾问题》，《日本学刊》2001年第3期。
② Japan Ministry of Foreign Affairs, *US-Japan Security Consultative Committee*, *Joint Statement*, 16 December 2002, http://www.mofa.go.jp/region/n-america/us/security/scc/joint0212.html.

统的美日同盟框架下，这些领域的合作是很难开展的。因此，美日伙伴关系的建立，也使得日本和美国在安全领域的关系更为"嵌入"。①

其次，日本通过美日全球伙伴关系"留住了美国"，并加强了双方在军事领域的合作。美日同盟关系合作的内容得到进一步充实，由防御日本本土遭受攻击变成了应对日本"周边事态"乃至全球秩序问题。日美两国于1994年3月成立了由双方内阁成员组成的"日美安全保障委员会"共同磋商。1995年11月，日本修订了《防卫计划大纲》，突出强调了日美同盟在日本安全保障中的分量。1996年台海危机之后，日美首脑发表《日美安全保障联合宣言》。宣言指出，亚太地区"仍然存在着不稳定和不确定因素"，因此继续维持和加强日美同盟关系在实现亚太地区稳定方面不可或缺。日本将依据日美安全条约继续为美国驻日军队提供设施和领土，并通过东道国援助的方式做出恰当的贡献。并由冷战时期遏制苏联、保障日本本土安全变为对付地区内各种"不稳定、不确定因素"，处理周边"紧急事态"以维护亚太地区的和平与稳定。同盟关系的适用范围也由日本本土扩大到日本周边地区，从日本本土及菲律宾的"远东地区"扩大到整个亚太甚至波斯湾地区。

日美两国根据1996年《日美安全保障联合宣言》的规定，对《日美防卫合作指针》进行了修改。1997年9月公布的新《日美防卫合作指针》规定了日美两国在平常时期、当日本遭遇物理侵略时期，以及日本周边地区发生不测事态等不同时期的合作。与之前日美1978年缔结的《日美防卫合作指针》相比，新版指针将"日本周边地区"作为日美联合防卫的重点地区。而且，日本声称"日本周边地区"这一概念也是以"情势"而定，随着国际形势的发展而变化，将包括亚太地区，甚至还包括印度洋和波斯湾地区。修改《日美防卫合作指针》，美日关系从主仆关系和日本战败国身份，逐步提高其国际影响，为日本进一步获得政治大国甚至军事大国地位铺路。②

---

[1] Andrew L. Oros, *Normalizing Japan: Politics, Identity, and the Evolution of Security Practice*, Stanford, CA: Stanford University Press, 2008, p. 80.
[2] 刘江永：《新"日美防卫合作指针"何以令人忧虑》，《现代国际关系》1997年第11期。

1999年5月，日本参议院在继众议院之后，先后通过了与《日美防卫合作指针》相关的三法案，即《周边事态安全保障法草案》《日美相互提供物品及劳务协定修正案》和《自卫队法修正案》。这样，日本在支援、配合美军的掩盖下，企图将军事侵略武力投入到世界任意地区。事实上，通过这三个法案，日本对外行动尽管受到国内和平宪法的制约，但行动能力已经大大增强。

总之，通过与美国建立全球伙伴关系，日本留住了美国。同时，借助伙伴关系这一平台，日本在协调和化解与美国的矛盾的同时，在更为广泛的领域建立起合作关系，以共同应对新时期的挑战。更为重要的是，通过伙伴关系将美日在安全领域的合作"嵌入"多边互动关系之中，进一步将美国与日本的利益"捆绑"在一起，为应对后冷战时代的"威胁三角"问题，创造了条件。

二 中国崛起与中日伙伴关系

自从日本与中国恢复外交关系以来，日本对华关系经历了好几个阶段的演变。其中，冷战的结束是一个大的分水岭。

1. 冷战结束前日本对华政策

在中苏关系破裂、中美关系开始好转之后，日本于1972年与中国实现了关系正常化。自此到冷战结束前，日本一直与中国在应对苏联这一共同威胁下，开展合作。明显体现就是在中日1978年签署的《中日和平友好条约》中，双方还加上了"反霸"条款，这一条款被视为是应对苏联的威胁。[1] 中日冷战期间开展合作背后的一个重要目的，就是相互借重以应对苏联的威胁。[2] 直到冷战结束，日本与中国的关系基本上都处于冷战美苏两大阵营对立这一整体格局之下。冷战期间，日本对中国的关系包含着以下三个要素。

第一，日本与中国在贸易领域合作密切。日本自从1978年开始对中国的日元贷款项目，就超越了纯粹的经济利益。到1980年时，日本

---

[1] K. Matake, "Japanese Foreign Policy toward Northeast Asia", *Japanese Foreign Policy Today*, 2010, p. 231.

[2] Michael J. Green, and Benjamin L. Self, "Japan's Changing China Policy: From Commercial Liberalism to Reluctant Realism", *Survival*, Vol. 38, No. 2, 1996, pp. 35 – 58.

已经成为中国最大的官方发展援助来源国。① 有学者指出，日本与中国在经济领域的合作，体现出"商业自由主义"的逻辑，即"一个繁荣的中国将对日本友好"。② 日本认为中国的稳定发展是符合日本利益的。因此，日本利用商业关系和经济援助，使中国变得"对日本友好"。③

第二，日本在历史问题上，采取了安抚中国及亚洲邻国的姿态。在 1972 年，中日关系正常化公报上，日本承认日本发动侵略战争给中国带来的严重伤害，并表示要深刻地反思。1982 年，有媒体报道日本试图在教科书中将入侵中国的行为（agression）改为"进入"，这引起中国的抗议，最终日本政府决定推出新的教材指南，更好地反映了亚洲受害者的诉求。④

第三，日本避免与中国在安全上的竞争，甚至与中国开展策略性的合作。1969 年，日本首相佐藤荣作在日美联合公报中，声称"保持台湾地区的和平和安全对于日本的和平和安全也非常重要"。但是，日本并不希望介入台湾相关的军事行动。事实上，在 1969 年的公告中之所以出现台湾条款，主要是日本为了通过在这一问题上的让步，最终收回冲绳。1972 年，中日邦交正常化后，日本表示理解和支持中国在台湾问题上的立场，并声明"台湾是中华人民共和国不可分割的一部分"。美日 1978 年的双边防务合作谈判中，日本也避免对台湾问题做出明确承诺。⑤

---

① Reinhard Drifte, "The End of Japan's ODA Yen Loan Programme to China in 2008 and Its Repercussions", *Japan aktuell-Journal of Current Japanese Affairs*, Vol. 16, No. 1, January 2008, pp. 3 – 15.

② Michael J. Green, and Benjamin L. Self, "Japan's Changing China Policy: From Commercial Liberalism to Reluctant Realism", *Survival*, Vol. 38, No. 2, 1996, pp. 35 – 58.

③ Tsukasa Takamine, *Japan's Development Aid to China: The Long-running Foreign Policy of Engagement*, Mew York: Routledge, Summer 2006; B. Jerdén, and L. Hagström, "Rethinking Japan's China Policy: Japan as an Accommodator in the Rise of China, 1978 – 2011", *Journal of East Asian Studies*, Vol. 12, No. 2, 2012, pp. 215 – 250.

④ K. Matake, "Japanese Foreign Policy toward Northeast Asia", In Inoguchi Takashi and Purnendra Jain eds., *Japanese Foreign Policy Today: A Reader*, New York: Palgrave, 2000, pp. 232 – 233.

⑤ Michael J. Green, *Japan's Reluctant Realism: Foreign Policy Challenges in an Era of Uncertain Power*, New York: Macmillan, 2003, p. 88.

可见，冷战期间，日本对华采取了合作和支持的态度。无论是在政治、经济还是军事领域，中日之间的合作都远大于竞争。这种关系的形成，显然与当时冷战背景下相对清晰的威胁来源以及相对固定的权力格局密切相关。

2. 冷战结束后的中日关系

冷战结束之后，中日合作应对苏联这一威胁的共同利益不复存在，双边关系的不确定性提高。同时，随着中国崛起引发了地区乃至全球权力格局的变化，进一步加剧了中日关系的复杂性。这种变化从政治、经济和军事安全等三个方面，影响了日本对华政策。

首先，来自于政治方面。中国崛起以及影响力的扩大，使日本担心被中国排挤出东亚地区。日本在冷战期间通过对发展援助以及经济合作形成的"特殊关系"，面临被中国日益提升的影响力削弱的风险。[①] 日本认为中国通过"北京共识"来推行"软实力"，从而谋求在东亚构建以中国为中心的地区秩序。[②]

其次，日本的经济地位受到中国的挑战。第一，中国通过开放的经济体系参与东亚经济合作，逐步成为东亚生产网络的中枢，削弱了日本在东亚的经济影响力。第二，日本在经济上对中国的影响力逐步下降。传统上日本的官方发展援助一直是中国获得对外官方援助的重要来源。但冷战结束之后尤其是进入21世纪以来，日本逐步将对中国的官方发展援助转向非发展领域，如环保领域，而且在2008年日本停止了对华日元贷款，仅对华提供部分用于环保目的的援助。[③] 这反过来又在一定程度上减少了日本对中国施加影响力的渠道。

最后，在安全上，日本认为"朝鲜是日本当前的主要威胁，而中国则是日本的长期安全威胁"。[④] 中国经济增长伴随的国防现代化

[①] David Shambaugh, "China Engages Asia: Reshaping the Regional Order", *International Security*, Vol. 29, No. 3, Winter 2004, pp. 64 – 99.

[②] Joshua Cooper Ramo, *The Beijing Consensus*, London: Foreign Policy Centre, January 2004.

[③] C. B. Johnstone, "Japan's China Policy: Implications for Us-Japan Relations", *Asian Survey*, Vol. 38, No. 11, 1998, pp. 1067 – 1085.

[④] Christopher W. Hughes, "'Super-Sizing' the DPRK Threat: Japan's Evolving Military Posture and North Korea", *Asian Survey*, Vol. 49, No. 2, March/April 2009, pp. 291 – 311.

引发日本的不安。中国1992年通过的《领海法》、1996年3月中国对台军事演习，加剧了日本对中国崛起的疑虑。日本尤其担心中国海军力量的增长影响其自由航行安全，尤其是考虑到台湾海峡和南海对于日本与外部联系的重要性。而中国与日本在东海、钓鱼岛等领土领海主权的争端，被视为中国崛起后可能具有侵略性的证据。

面对这些挑战，一些现实主义学者认为，中国崛起导致中日之间必然走向冲突。[1] 中国的崛起将导致日本相对位置的下降，引发崛起国家和衰落国家之间的螺旋式的疑虑，除非两国之间存在着良好的信任关系。[2] 现实主义学者认为，国家间很难建立起信任。[3] 而自由制度主义者则认为中日两国经济上形成的相互依赖关系，增加了两国发生冲突的成本，经济上的相互依赖将推动两国政治关系的稳定。事实上，冷战结束之后，中日之间关系的演进远远超出了任何单一理论的解释和预测。一方面，中日关系整体上保持了稳定的局面，两国在政治、经济乃至军事上的交流、合作日益增多。另一方面，中日关系越来越受制于历史问题、领土领海争端等负面因素的影响。

中国崛起也让日本从中获益。冷战结束之后尤其是进入21世纪以来，日本对华贸易依赖度已经大大提高。2002年，日本对华进口超过日本从美国的进口，中国首次成为日本第一大进口来源地。到2004年时，日本向中国出口超过向东盟出口，中国首次成为日本第三大出口对象。2007年，日本对华贸易首次超过日美双边贸易，中国成为日本第一大贸易伙伴国。同时，日本对华出口超过向欧盟出口，中国首次成为日本第二大出口对象。与此同时，日本其他几个重要贸易大国美国、欧盟等发达国家近年来受制于国内经济发展迟缓，尤其是2008年爆发的全球金融危机的冲击，大大降低了这些市场对日本产品的需求。

在中日贸易领域的相互依赖关系中，日本对中国的依赖大于中国

---

[1] Paul Midford, *Rethinking Japanese Public Opinion and Security: from Pacifism to Realism?*, Stanford: Stanford University Press, 2011.

[2] Andrew Kydd, "Trust, Reassurance, and Cooperation", *International Organization*, Vol. 54, No. 2, Spring 2000, pp. 325 – 357.

[3] John J. Mearsheimer, "The False Promise of International Institutions", *International Security*, Vol. 19, No. 3, Winter 1994, pp. 5 – 49.

对日本的依赖。1993—2003 年，日本连续 11 年保持中国最大贸易伙伴国的地位。2003 年中日贸易额占中国对外贸易总额的 15.7%。这一比例高于中美贸易和中欧贸易所占比重。到 2010 年时，中日贸易额占中国对外贸易总额的 10%，已经明显低于中欧双边贸易（16.1%）和中美双边贸易（13.0%）所占中国对外贸易总额的比重。从双边贸易的内容上看，日本对华进口主要是服装、鞋帽等劳动密集型产品，食品、原油煤炭等原材料，加工产品中很多是日本在华企业的返销产品。而日本对华出口主要是电器机械、一般机械为主的机械机器以及化工制品和原材料制品。[1] 日本担心这种不对称的相互依赖将进一步有利于中国。[2]

在政治上，日本也需要中国的支持。日本要加入联合国、应对来自朝鲜的威胁、解决国内的经济低迷，以及更多非传统安全问题，都需要中国的支持。例如，中日之间在环境问题上就形成了典型的相互依赖。有研究指出，来自蒙古草原的沙尘暴也会影响到日本，因此，日本在环境领域的治理也需要与中国合作。[3]

另外，中国意识到与外部其他行为体合作的重要性，坚持和平崛起的理念，营造了良好的地区和国际环境。中国通过"睦邻、安邻、福邻"的政策，改善了与周边国家的关系。中国通过发展市场经济和实行对外开放的战略，积极融入了国际体系。这样，中国与外部行为体之间的商品、货物、人员、资本和信息等生产要素的大规模跨国流动，将中国与世界连成一个整体。其他国家也从中国的经济发展和社会稳定中获益。在这种背景下，将中国视为"不确定"而不是"威胁"，显然是更为明智的。因此，日本对待崛起的中国，选择了与中国建立伙伴关系的方式，来利用各种可能的机遇，并对冲可能面临的威胁。

1998 年 11 月，中国国家主席江泽民访日时，双方达成了建立

---

[1] 刘昌黎：《中日贸易的新发展、新变化及问题》，《日本问题研究》2011 年第 4 期。

[2] David C. Kang, *China Rising: Peace, Power, and Order in East Asia*, New York: Columbia University Press, 2010, pp. 176 – 177.

[3] L. B. Campbell, "The Political Economy of Environmental Regionalism in Asia", in T. J. Pempel eds., *Remapping East Asia: The Construction of a Region*, Ithaca: Cornell University Press, 2005, pp. 216 – 235.

"致力于和平与发展的友好合作伙伴关系"的一致意见，并通过双方共同发表的《中日联合宣言》确立了这一关系。学者金熙德指出，中日两国决定建立"致力于和平与发展的友好合作伙伴关系"为世纪之交乃至21世纪的两国关系定下了基调。《中日联合宣言》为中日伙伴关系确定了原则基础，《中日联合新闻公报》则把当前乃至未来中日合作的领域和事项予以公布。这些内容构成了面向21世纪两国关系的新的双边框架。[1]

进入21世纪以来，中国继续保持着高速经济发展，东亚地区网络化趋势进一步增强。但中日在经济上相互依赖进一步增大的同时，政治关系反而因历史问题、领土领海争端问题停滞不前，形成了政冷经热的局面。在安倍晋三2006年上台之后，开始着手改变中日之间的僵局，在当年访华时提出建立战略互惠关系。2008年5月，中国国家主席胡锦涛访日时，与福田康夫首相签署《中日关于全面推进战略互惠关系的联合声明》，强调双方采取包括增强政治领域的互信、推动人员和文化交流、增强互利合作、推动亚太地区稳定、合作解决全球问题等合作措施。[2] 至此，中日之间的"致力于和平与发展的友好合作伙伴关系"发展成了"中日战略互惠关系"。

从冷战结束以来的中日关系变迁来看，中日双方在伙伴关系框架下整体保持了稳定，并在一些领域开展了富有成效的合作。日本并没有采取具有对抗性质的遏制战略。日本对自身行为施加了一定限制，确保中日关系"斗而不破"。1996年日本与美国的联合安全宣言中，希望中国在地区稳定和繁荣中扮演着"积极和建设性"角色。在日本国会围绕着《日本防务项目指南》中是否要明确地将台湾纳入美日同盟这一问题展开辩论时，日本最终在这一问题上仍然未有明确表示将把台湾问题纳入美日同盟，而是采取了模糊的态度。[3] 日本对中

---

[1] 金熙德：《"中日伙伴关系"的背景、实质及趋势》，《日本学刊》2000年第5期，第8页。

[2] 《中日关于全面推进战略互惠关系的联合声明》，2008年5月7日，新华网（http://news.xinhuanet.com/newscenter/2008-05/07/content_ 8123814. htm）。

[3] R. Drifte, *Japan's Security Relations with China since 1989: From Balancing to Bandwagoning?*, New York: Routledge, 2005, pp. 97–99.

国国防现代化的反应也保持在一定限度内。日本的国防开支基本上一直保持在 GDP 的 1% 之内。日本 2004 年发布的《国家防务项目指南》中指出，日本面临大规模入侵威胁的可能性已经大大下降，强调需要应对"新的威胁和各种情势，诸如大规模杀伤性武器的扩散和国际恐怖主义"。因此，日本在提升前沿装备方面比较温和，主要关注导弹防御，提升参与海外维和行动的运输能力。[1] 同时，日本 2004 年的报告中的确提到要关注中国"未来的行动"，但是仍然避免将中国明确地视为威胁来源。[2] 日本公开的立场仍然是"日本政府并不将中国视为威胁"。[3]

约翰斯通（Christopher Johnstone）用拳击比赛中的"钳住"（clinching）策略来比喻日本对华战略。"钳住"，即在拳击比赛中，为了防止拳击手相互之间产生实质性的伤害而相互之间抱成团的做法。类似的，日本对中国的结伴策略表明日本试图"钳住"中国，从而限制了中国打击日本关键利益的能力。通过在中日之间具有共同利益的领域开展合作，来维持双边关系的稳定。[4] 一定程度上，中日伙伴关系为日本实施这种"钳住"策略提供了工具。当然，伙伴关系的作用远不止于"钳住"中国，其同样为日本与中国在具有共同利益的领域开展合作，提供了平台。

三　中美关系与日本的困境

自 20 世纪 70 年代中日建交到冷战结束前这段时间内，中国、美

---

[1] The National Institute for Defense Studies, *East Asian Strategic Review* 2005, Tokyo: The NationalInstitute for Defense Studies, pp. 212 - 228.

[2] 2004 年日本的《国家防务项目指南》对中国做了如下评价：中国对地区安全具有重要影响，其在继续推动核能力和导弹能力以及海军和空军能力现代化。中国还在扩展在海上的行动。我们需要继续关注其未来的行动。（www.jda.go.jp/e/policy/f_work/taikou05/fy200501.pdf）日本准官方研究机构日本防卫研究所在 2005 年发布的《东亚战略评估》报告中，对日本将中国视为威胁这一观点进行了否认。参见 The National Institute for Defense Studies, *East Asian Strategic Review* 2005, Tokyo: The National Institute for Defense Studies, 2005, pp. 227 - 228。

[3] Yasuhiro Matsuda, "Japanese Assessments of China's Military Development", *Asian Perspective*, Vol. 31, No. 3, 2007, pp. 183 - 193.

[4] C. B. Johnstone, "Japan's China Policy: Implications for US-Japan Relations", *Asian Survey*, Vol. 38, No. 11, 2007, pp. 1067 - 1085.

国和日本在应对苏联的威胁上形成了统一战线。面对清晰的威胁来源和权力结构，中、美、日三方关系保持了稳定。冷战结束之后地区和国际环境的变化，尤其是中国经济上的崛起导致东亚地区网络中出现的经济—安全二元结构，使日本的对外战略越来越受到中美这一组关系的影响。

关于中美关系的前景，学界和政策界的观点分歧也很大。这些观点粗略地可以分为两类：一种观点是悲观的，即认为随着中国的崛起和中美之间的权力转移，不可避免地导致中美之间的竞争甚至冲突。鉴于国际关系的网络化趋势不断加强，以及中美之间紧密的相互依赖，使得中美之间的权力转移引发大规模冲突的可能性已经大为降低。为此，本书将这一观点称为中美冲突论。另一种观点则认为随着全球化的深化以及中美之间的相互依赖，中美两国为了应对全球性问题，将不得不通过大国合作来应对各种挑战。本书将这一观点称为中美和谐论。

随着中国的崛起和国际影响力的增强，日本在东亚地区相对地位的下降已经成为必然趋势。由于美日同盟的存在，以及日本对中国的依赖尤其是经济领域的不对称依赖，将使得日本在中国—日本—美国这一组三角关系中处于被动地位。而且，无论中美之间关系的性质如何，日本的被动地位都难以改变。

1. 中美冲突与日本的战略困境

有学者观察到，自冷战结束以来中国对美日同盟不同程度地保持着一种矛盾的心态：一方面中国意识到美日同盟对约束日本军国主义复兴所扮演的角色，担心美日同盟的解体可能引发日本军事力量的扩张，带来地区的不稳定。另一方面，中国对美日同盟的增强同样保持戒心。尤其是冷战结束后美日同盟在1997年将防御范围由日本本土扩大到"周边海域"之后，加剧了中国对美日同盟的疑虑。

正是建立在中美将不可避免地走向竞争这一假设基础上，一些现实主义者将美日同盟视为遏制或者"塑造"中国未来战略走向的工具。但是，若从中美关系将走向竞争的视角来看，美日同盟的加强必将加剧中国与美国关系的紧张。在这种情况下，对美国而言，一个地位处于下降中的日本，要应对正处于上升地位的中国的挑战，显然不是可靠的盟友。有学者认为，随着中国的崛起，美日同盟可能无法有效地应对来自中国的威胁。[1] 正是出于这种疑虑，美国加强了与韩国、印度、印度尼西亚等国家的合作。因此，从这一意义上而言，日本在美国东亚战略中的地位将下降。

2. 中美合作与日本的战略困境

有学者认为中国毕竟不是苏联，中国的崛起是建立在市场经济和开放的国内社会基础之上。同时，中美之间形成的紧密依赖关系和日益增多的全球共同利益，将使中美最终走上合作的道路。例如，布热津斯基就提出 G2 的概念。[2] 在这种情况下，考虑到中国的崛起和日本地位的相对下降，日本在中美合作中将不可避免地被边缘化。有学者指出，当中美之间建立起稳定的合作关系时，日本将变成美国"有限的可靠伙伴"（limited liability partner）。[3]

总之，随着中国的崛起和日本地位的相对下降，在与中美这两个大国打交道时，日本在美国东亚战略中的地位都面临着下降的威胁（见图6—1）。考虑到当前日本对美国在安全领域、对中国在安全领域的不对称依赖，日本在中—日—美这一组三边关系中，正面临着日益增加的脆弱性。

尽管日本与美国通过伙伴关系巩固了美日同盟，通过中日伙伴关系"钳住"了中国。但是，由于日本实力的不断下降，使得其在美国东亚战略中的地位面临着下降的风险。这加大了日本被美国"抛弃"的风险，大大削弱了其在后冷战时代应对"威胁三角"问题的能力。

为此，日本需要在美国和中国之外，来寻求更多合作关系，来降低这种脆弱性，增强应对"威胁三角"的能力。正如休斯（Christo-

---

[1] 例如，M. Finnegan, *Managing Unmet Expectations in the US - Japan Alliance*, NBR Special Report 17, Seattle and Washington DC: National Bureau of Asian Research, November 2009, p. 3。

[2] Zbigniew Brzezinski, "The Group of Two that could change the world", *Financial Times*, 14 January 2009.

[3] Michael Finnegan, *Managing Unmet Expectations in the US - Japan Alliance*, NBR Special Report 17, Seattle and Washington DC: National Bureau of Asian Research, November 2009, p. 20.

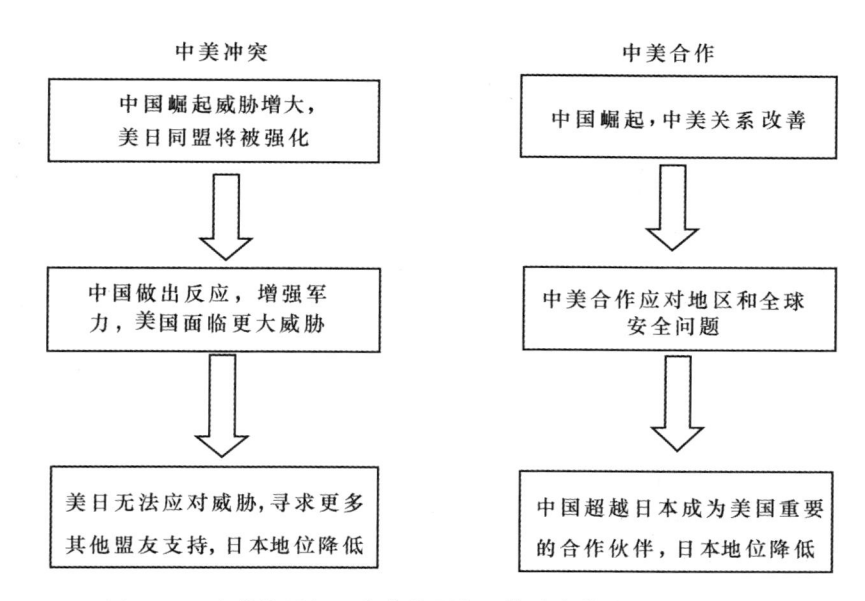

```
     中美冲突                        中美合作
┌─────────────────┐          ┌─────────────────┐
│ 中国崛起威胁增大,│          │ 中国崛起,中美关系改善│
│ 美日同盟将被强化 │          │                 │
└────────┬────────┘          └────────┬────────┘
         ▼                            ▼
┌─────────────────┐          ┌─────────────────┐
│ 中国做出反应,增强军│          │ 中美合作应对地区和全球│
│ 力,美国面临更大威胁│          │ 安全问题         │
└────────┬────────┘          └────────┬────────┘
         ▼                            ▼
┌─────────────────┐          ┌─────────────────┐
│ 美日无法应对威胁,寻求更多│    │ 中国超越日本成为美国重要│
│ 其他盟友支持,日本地位降低│    │ 的合作伙伴,日本地位降低│
└─────────────────┘          └─────────────────┘
```

图 6—1 中美关系与日本在美国东亚战略中的地位下降的逻辑

pher Hughes)所指出的,如果认为日本会完全拥抱与美国的同盟关系并排除其他可能的选择,这种看法是不准确的。[①] 但另一方面,冷战结束之后地区和国际环境的整体好转,尤其是国际关系中出现的流动性这一新特征,为日本在美国和中国之外建立多元化合作关系提供了可能。

第三节 日本的安全利益与伙伴关系网的构建

美国作为日本安全保障的主要提供者,中国作为日本日益重要的经济伙伴,对于确保日本的生存和可持续发展都扮演着非常重要的角色。但是,日美关系、日中关系以及中美关系之间相比冷战时期,都

[①] Christopher W. Hughes, "The Democratic Party of Japan's New (but Failing) Grand Security Strategy: From 'Reluctant Realism' to 'Resentful Realism'?", *The Journal of Japanese Studies*, Vol. 38, No. 1, January 2012, pp. 109–140.

变得更为不确定。因此，日本需要在中美之外，将更多与其利益密切相关的其他行为体纳入进战略网络，以更为有效地应对"威胁三角"问题。

一 日本伙伴关系网中的主要节点

冷战结束之后，日本开始了伙伴关系多元化的战略。自从1995年与澳大利亚签署《日澳建设性伙伴关系》开始，日本在亚太地区先后与韩国、印度、印度尼西亚、菲律宾、越南等国家缔结了伙伴关系。

1. 澳大利亚

冷战期间日本与澳大利亚同属于美国亚太的轴辐安全体系，但是日澳双边关系很大程度上限于经济领域的合作。冷战结束之后，日本与澳大利亚的关系逐步拓展到安全和政治领域。1995年，日本首相村山富市与澳大利亚总理保·罗基廷共同签署了日澳建立建设性伙伴关系的《联合声明》，标志着日澳伙伴关系的正式建立。该声明指出，"日本政府对澳大利亚在本地区创造未来的决定表示欢迎，并且重申澳大利亚是地区事务中一个不可缺少的伙伴"。[①]这一联合声明为日澳建设性伙伴关系提供了基本框架。自1996年开始，日澳开始每年两国来自政治和军事领域的高层官员举行年度磋商。

进入21世纪以来，日本与澳大利亚的伙伴关系逐步成熟和深化，在1995年的伙伴关系基础上，双方关系逐步变成了"建设性伙伴关系"（2002）、"战略伙伴关系"（2007）和"全面战略伙伴关系"（2008），到2009年已经发展成"全面战略、安全和经济伙伴关系"。这一关系的演变，反映了日本与澳大利亚对当前国际局势和本国利益的判断。日澳2007年共同签署的《安全保障联合宣言》指出，"日本和澳大利亚之间的战略关系是建立在民主价值观，共同致力于人权、自由和法治，以及各项的利益、相互尊重、信任和深厚的友谊基

[①] ［澳大利亚］保罗·基廷：《牵手亚太——我的总理生涯》，世界知识出版社2002年版，第65页。

础上"。① 这也是日本第一次与美国之外的其他国家签署安全合作声明。2012 年,日本和澳大利亚两国开始举行防长和外长的"2+2"年度对话。

2. 韩国

在近代史上日本曾经入侵朝鲜。"二战"结束之后以及朝鲜半岛的分裂,使韩国加入美国领导的资本主义阵营,并与日本共同成为美国在东亚的重要盟友。日韩于 1965 年实现关系正常化。但是日韩两国之间的关系发展一直不顺。② 冷战结束之后,随着韩国民主制度的进一步巩固、中国的崛起以及朝鲜问题的凸显,改变了日韩关系的外部环境。1998 年 10 月韩国总统金大中与日本首相小渊惠三共同签署《日韩面向 21 世纪伙伴关系联合声明》,标志着日韩正式建立面向未来的伙伴关系。在宣言中,日本就过去历史做出道歉,并主张双方应跨越不幸的历史,发展睦邻友好、共创未来的和平关系。③

但是,日韩关系的发展一直受到两个悬而未决的问题影响:其一是历史问题,其二是围绕着独岛(竹岛)的主权归属问题。随着朝鲜核试验的成功以及金正日去世之后朝鲜政权不确定性因素的增大,韩日关系开始改善。日本与韩国 2012 年决定缔结《军事装备获得与交叉提供服务协议》(*Military Acquisitions and Cross-Servicing Agreement*)和《一般军事信息安全协议》(*General Security of Military Information Agreement*)。④ 但是由于日本和韩国各自面临国内的反对和立法部门的约束,这一决定也被推迟。日本早在 2005 年就与韩国就缔结双边 FTA 开始谈判,但至今未能完成。

---

① Japan Ministry of Foreign Affairs of Japan, *Japan – Australia Joint Declaration on Security Cooperation*, 13 March 2007, Available at: http://www.mofa.go.jp/region/asia-paci/australia/joint0703.html.

② 关于日韩关系更为详细的分析,参见 Victor D. Cha, *Alignment Despite Antagonism: The United States-Korea-Japan Security Triangle*, Stanford: Stanford University Press, 1999。

③ Ministry of Foreign Affairs of Japan, *Japan-Republic of Korea Joint Declaration: A New Japan-Republic of Korea Partnership towards the Twenty-first Century* 8 October 1998, http://www.mofa.go.jp/region/asia-paci/korea/joint9810.html.

④ 蒋骢骁:《日韩拟签军事协议,欲共享军事情报》,2012 年 6 月 28 日,新华网(http://japan.xinhuanet.com/jpnews/2012-06/28/c_131680386.htm)。

3. 印度

冷战时期日本和印度分属美苏两个对立阵营。冷战结束之后，日本开始重视与印度的关系。2000年8月日本首相森喜朗访印期间，两国宣布建立"面向21世纪的全球伙伴关系"。① 2001年12月印度总理瓦杰帕伊访日，印日发表《日印联合宣言》，双方决定在高层对话、信息通信技术、联合反恐和防止大规模杀伤性武器扩散等领域开展合作。2005年4月，日本首相小泉访印，两国发表了《日印在亚洲新时代的伙伴关系：日印全球伙伴的战略定位》联合声明，并提出了推动两国关系的八点倡议。内容包括每年要举行一次总理级的会谈、加强两国在能源以及海上安全等多领域的合作、力争双边贸易额在未来三年内增加到100亿美元等内容。2006年12月，印度总理辛格访日，双方发表了《日印全球战略伙伴关系联合声明》，内容包括双方每年举行年度首脑会晤、外长战略对话机制化、启动全面经济伙伴关系谈判，双方在东亚峰会、联合国、南盟等多边场合的合作，以及在科技、能源、环境、海洋安全、防扩散以及文化等领域的合作。2008年10月，日本首相和印度总理签署了《印日联合安全宣言》，宣称印日战略伙伴关系已经成为"地区未来架构的关键支柱"。② 这一宣言是日本签署的第三个类似协议，此前于1996年和2007年5月分别与美国和澳大利亚缔结了类似的协议。2010年10月日印签署《经济合作协定》（EPA），结束了自2007年开始的双边贸易谈判。

4. 东盟

日本与东盟国家间的关系在东盟与东盟成员国两个层次上同时展开。与东盟合作主要在政治和经济领域。2003年10月，东盟与日本第七次领导人峰会上，日本与东盟签署了《东盟与日本全面经济伙伴关系框架协议》，日本统一向东盟新成员国提供技术援助，开展贸易与投资对华、商界对华，并继续给予未加入世贸组织的东盟成员国最惠国待遇。2003年12月于东京举行日本与东盟领导人首次峰会，

---

① 白景山：《印度和日本宣布建立伙伴关系》，2000年8月24日，新华网（http://202.84.17.73/world/htm/20000824/79845.htm）。

② Ministry of Foreign Affairs of Japan, *Joint Statement on the Advancement of the Strategic and Global Partnership between Japan and India*, October 22, 2008, http://www.mofa.go.jp.

大会通过了推进双边合作的《东京宣言》和《东盟—日本行动计划》。2008 年日本与东盟签署《东盟—日本全面经济伙伴关系协定》。

除了与作为整体的东盟加强政治经济联系，日本还同重要的东盟成员国发展了伙伴关系。到目前为止，日本已经与印度尼西亚、菲律宾和越南建立了伙伴关系。

（1）菲律宾。日本和菲律宾于 2006 年 9 月份在芬兰首都赫尔辛基亚欧首脑会议期间签署了经济伙伴关系协定，该协定已于 2017 年 12 月份正式生效。2006 年 12 月时任日本首相安倍晋三访菲期间，两国决定建立"近邻间全面合作伙伴关系"。2009 年双方签署《近邻间面向未来的战略伙伴关系》，开始建立战略伙伴关系。在政治和安全方面，两国自 2011 年开始启动在海洋安全方面的高层对话。2012 年日本第一次参加美菲肩并肩联合军事演习。

（2）印度尼西亚。在冷战期间，日本与印度尼西亚的关系主要是在经济领域。冷战结束之后尤其是苏哈托政权垮台之后，日本加强了与印度尼西亚在各个领域的合作，通过官方发展援助支持印度尼西亚的民主转型、提高印度尼西亚国内公共治理能力，并帮助印度尼西亚培训警察。同时，日本还帮助印度尼西亚加强国内公共基础设施、港口、铁路等基础设施的建设。[①] 2004 年印度洋海啸之中，日本对印度尼西亚国内救灾予以大力援助，进一步推动了双边关系的发展。日本与印度尼西亚于 2006 年签署《面向和平与繁荣未来的战略伙伴关系》。在经济领域，日本在清迈框架下向印度尼西亚提供货币互换，并继续加大对印度尼西亚的经济援助。安全方面，两国同意加强军队领域的合作，并在 2013 年的首脑峰会上同意开始举行防长和外长层次上的"2+2"对话。[②]

（3）越南。越南战争结束之后的 1973 年，日本与越南正式建立外交关系。但是由于冷战这一特殊背景，尤其是越南入侵柬埔寨问

[①] 中华人民共和国商务部：《日本拟斥巨资援建印度尼西亚基础设施》，2010 年 12 月 10 日（http://www.mofcom.gov.cn/aarticle/i/jyjl/j/201012/20101207302315.html）。

[②] Japan Ministry of Foreign Affairs, *Japan-Indonesia Summit Meeting*, December 13, http://www.mofa.go.jp/region/asia-paci/pmv_1301/indonesia.html, 2013.

题，使得日本与越南在冷战期间的关系一直停滞不前。冷战结束之后，日本与越南关系回暖，并随着国际局势的演变双边关系开始升温。2003年日本与越南签署《改善在越投资环境第一阶段共同意见》，日本加大对越官方发展援助力度。2006年10月越南总理访问日本，越日关系步入新的发展时期。2007年5月，两国外交部成立越日双边合作委员会。2007年11月越南国家主席阮明哲访日，与日方签署《促进越日关系深入发展的联合声明》和《建设战略伙伴关系的合作计划》。2009年4月越共中央总书记农德孟应邀访日，与日本首相麻生太郎共同签署了《关于为了亚洲和平与繁荣的战略伙伴关系的联合声明》。至此，日本与越南建立了战略伙伴关系。

此外，近年来随着缅甸地缘政治地位的上升，日本也加大了与缅甸接触的力度。尽管缅甸目前尚不是日本的战略伙伴，但是由于在东盟框架下的伙伴关系，以及缅甸未来的重要战略地位，使得日本也非常重视与缅甸的接触。日本与缅甸的接触主要是通过官方发展援助和对外直接投资的形式进行。从2008年到2012年，日本官方共以贷款的形式向缅甸提供32亿美元的贷款。① 2013年3月，日本又新增对缅甸援助5亿美元。同年10月日本首相安倍晋三访问缅甸，再次承诺增加对缅援助6.10亿美元。②

冷战结束之后，日本的伙伴关系多元化战略反映了日本试图在美日同盟之外，寻找确保自身安全、经济、政治利益保障的努力。通过多元化伙伴关系，日本降低了自身作为海岛国家在维持生存发展和应对外部威胁时的脆弱性。接下来本书将进一步分析日本通过伙伴关系多元化所获得的利益。

二 日本的传统安全利益与主要节点的角色

日本作为海岛国家，自身的生存和繁荣很大程度上取决于与外部国家的联系。因此，确保与外部联系的畅通是日本首要的国家安全利

---

① Japan Ministry of Foreign Affairs. *Japan's ODA Data by Country*, Available at: http://www.mofa.go.jp/policy/oda/data/01ap_ea01.html.

② S. Mahtani, "Abe Pledges More Aid for Myanmar", *The Wall Street Journal*, December 15, 2013.

益。这种联系首先是在物理空间上实现与外部世界的联系，具体而言就是确保通往外部世界的关键的海上通道的安全。海洋安全在日本国家安全战略中一直占据着中心位置。[1] 冷战期间，美国在亚太地区强大的军事存在，为确保美国亚太地区盟友与外部的联系提供了保证。冷战结束之后美国压缩了亚太地区的驻军，使日本所面临的这一安全威胁凸显出来。为此，日本确立了确保海上安全的三个优先事项，即"海上防务""海岛防务"以及非传统安全和传统安全议题所导致的海洋通道的受阻。[2]

1. 日本与外部世界联系的主要节点

《军事研究》将以阿拉伯半岛和地中海—北非国家为起点，经红海、波斯湾、阿拉伯海、印度洋、南海、东海与日本本土连接起来的这一通道视为日本的"海上能源生命线"。[3] 除了获得能源，日本也需要获得其他矿产资源、粮食以及出口商品市场。从地图上可以发现亚太及其周边地区有三条海洋航线对维系东亚国家尤其是日本的生存尤为关键：巴士海峡—南海—马六甲海峡；印度尼西亚群岛附近海域；以及孟加拉湾—印度洋海域。首先，巴士海峡—南海—马六甲海峡是日本与外界联系的重要商业运输通道，日本88%的商品包括能源和原材料都要通过这一通道。[4] 其次，印度尼西亚群岛附近海域的重要性在于，望加锡海峡—龙目海峡是联系日本与澳大利亚的重要通道，这一航线是唯一可以替代马六甲海峡—南海—巴士海峡线路成本最低的航线。而澳大利亚是日本重要的矿产资源来

---

[1] A. Patalano, Japan's Maritime Past, Present and Future, In G. Till and P. Bratton eds. *Sea Power and the Asia-Pacific: The Triumph of Neptune?*, New York: Routledge, 2011, pp. 93 – 110.

[2] E. Graham, *Japan's Sea Lane Security*, 1940 – 2004: *A Matter of Life or Death?* London: Routledge, 2006; T. Yoshihara, and J. Holmes, "Japanese Maritime Thought: If Not Mahan, Who?", *Naval War College Review*, Vol. 59, No. 3, 2006, pp. 23 – 51; A. Patalano, "Japan's Maritime Strategy: The Island Nation Model", *The RUSI Journal*, Vol. 156, No. 2, Journal 2011, pp. 82 – 89.

[3] 李珍、罗山爱、马俊：《日欲向航道沿岸国输出武器 或将影响中国能源安全》，《环球时报》2014年2月27日。

[4] E. Frecon, "Piracy and Robbery at Sea along the Malacca Straits, Initial Impressions from the Fieldwork in the Riau Islands", in G. Ong ed, *Piracy, Maritime Terrorism, and Securing the Malacca Straits*, Singapore: Institute of Southeast Asian Studies, 2006, pp. 68 – 83.

源地。最后，印度洋及其上游包括孟加拉湾在内的广大地区，以及安达曼海域和六度水道将日本与中东地区联系起来，其中六度水道是来自中东能源经由印度洋进入马六甲海峡的必经之地。同样的，孟加拉湾海域将湄公河地区联系起来，使日本可能不经由马六甲海峡而通往世界其他地区。

这三条航线很大程度上控制着东亚与外部世界的联系。对于以贸易立国、国内资源极其稀缺的日本而言，确保海上关键线路的畅通意义尤为突出。这也不难理解，日本的许多军事行动和外交战略与保证这些关键节点的安全密不可分。冷战结束之后，面临不确定的美日同盟以及中国崛起，东亚在全球政治中地位的提升、恐怖主义、自然灾害等对日本周围海洋环境的影响日益突出，尤其是东亚国家之间围绕着领土、领海问题的冲突加剧。主要国家间的领海冲突遍及从东海到南海的广大海域。因此，确保对关键通道的控制，就成为日本首要的安全利益。

日本外务省 2001 年发布的《21 世纪海洋国家日本的外交政策》强调，日本要克服封闭的"岛国心态"，增强海洋国家应有的开放性和进取性，以"海洋立国"为目标定位，实现由岛国向"海洋国家"转变。[①] 围绕关键通道，日本在自身力量受限的情况下，积极发展与沿线伙伴国家间的军事、外交和经济关系，来确保与外部世界的联系通道不被破坏。这些国家主要包括越南、印度尼西亚、新加坡、印度、澳大利亚以及缅甸等国。自从冷战结束之后尤其是进入 21 世纪以来，日本加大了与上述沿海国家之间的接触与合作，尤其注意与接近战略阻塞点和海岸线的国家建立密切的双边军事关系。这些双边合作关系部分地对冲了美国可能从东亚地区的撤退以及各种意外事件的发生的风险。

2. 日本的传统安全利益与主要节点的角色

伙伴关系为日本与关键国家的安全合作提供了框架。在安全领域的合作包括防长和外长层次的"2+2"对话、军队之间其他形式的

---

① 马荣升、苏开华：《论日本扩张性海洋战略对中国维护海洋权益的影响》，载陈锋主编《日本社会政治生态与中日关系》，世界知识出版社 2007 年版，第 164 页。

双边人员交流、联合军事演习、情报分享以及日本向这些国家出售武器、技术援助、军事人员培训等形式。

中国被日本视为来自海上的首要威胁。中国崛起之后海军实力的增强，以及最近中日之间围绕着东海、钓鱼岛等海域的领土领海的争端升级，加剧了日本对中国控制南海的担忧。甚至有学者认为，日本与东盟的伙伴关系，主要目的就是维护东海和南海海上关键线路的安全。① 日本首先与同样跟中国存在着领海争端的东南亚国家越南、菲律宾和印度尼西亚加强了海上安全合作。在与越南、菲律宾、印度尼西亚缔结的伙伴关系框架下，日本与这些国家开展了不同层次的对话。2010 年 7 月，日本和越南开始开启防长和外长层次上的"2+2"对话，而在此之前日本只与美国、澳大利亚和印度存在着类似的紧密安全安排。2010 年钓鱼岛事件后，日本和越南两国领导人表示要进一步在各个层次和领域发展"和平与繁荣的战略伙伴关系"。② 2010 年，日本与越南缔结了双边协议，决定加强双边合作，积极推动防务交流，双方军队已开始了常规化交流。2012 年 8 月，日本国防部宣布将向包括越南在内的东亚国家直接提供非战斗军事设备和相关技术支持，以增强这些国家的军事能力。③ 2012 年日越两国签署海上安全合作备忘录，并于 2013 年 5 月举行首次海洋安全保障会议，会上日本建议越南政府将海上经常部队从越南人民军中分离出来，按照日本海上安保厅的模式变成形式上"非军事化"的独立武装力量。④

同样，菲律宾与中国在南海问题上的争端，也为日本发展与菲律宾的伙伴关系提供了机遇。日菲在安全领域的合作包括双方军事人员交流、出售武器以及联合军事演习。菲律宾与中国在南海争端升级之

---

① Japan K. Jimbo and Southeast Asia Three Pillars of a New Strategic Relationship, *The Tokyo Foundation*, http://www.tokyofoundation.org/en/articles/2013/japan-and-southeast-asia, May 30, 2013.

② MOFA *Japan-Viet Nam Joint Statement on the Strategic Partnership for Peace and Prosperity in Asia*, Hanoi, http://www.mofa.go.jp/region/asia-paci/vietnam/joint1010.html, 31 October 2010.

③ 刘军国：《日本向中国周边国家军队提供技术支援》，《人民日报》2012 年 8 月 27 日第 3 版。

④ 唐奇芳：《日本越南加强海洋安全合作》，《世界知识》2014 年第 17 期。

后，日本迅即为菲律宾提供监视和保护海洋环境的军事设备。[1] 2012年，在中国和菲律宾围绕黄岩岛的争端升级后，日本宣布向菲律宾海岸警备队提供12艘已经装备现代化设备的武装巡逻艇，而日本驻菲律宾大使清水慎介接受媒体采访时称日本已经承诺"将继续帮助菲律宾海岸警卫队处理海上安全及执法问题"。[2] 紧接着，日本联席会议主席第一次访问了菲律宾。同时，中国船只在2012年7月集聚黄岩岛，此后不久，菲律宾和日本签署了《防务合作和交流的意向声明》，表明双方将继续保持防务部门各个层次的交流——部长、官员和士兵——日本自卫队和菲律宾海军之间开展培训和互访活动。[3] 这是日本继与越南和新加坡之后，与东南亚国家签署的第三份类似声明。

日本与印度尼西亚的伙伴关系，同样具有安全考量。印度尼西亚作为重要的资源和能源提供者，日本一直寻求与印度尼西亚的友好关系。印度尼西亚作为新兴崛起国家，在东南亚具有重要的地缘政治地位。日本近年来加大了对印度尼西亚的投入力度。2004年印度尼西亚海啸中，日本提供了财政和军事人道主义救援支持，为日本改善与印度尼西亚的关系提供了契机。[4] 日本2006年不顾"武器出口三原则"的限制，决定对印度尼西亚提供前所未有的安全援助，为印度尼西亚捐助3艘巡逻艇以增强其打击恐怖主义和海盗的能力。[5] 2009年日本又向印度尼西亚提供了海洋监控系统和3艘日本巡逻艇。[6] 日本对印度尼西亚释放的善意，获得了印度尼西亚的认可。在2012年印度尼西亚总统访问日本时，双方同意分别在外交、防务和经济领域

---

[1] Renato Cruz De Castro, "Exploring a 21st-Century Japan-Philippine Security Relationship: Linking Two Spokes Together?", *Asian Survey*, Vol. 49, No. 4, July/August 2009, pp. 691 – 715.

[2] 孙秀萍、候涛：《日要赠菲12艘武装巡逻艇 称与南海争端无关》，《环球时报》2012年7月31日（http: News. cntv. cn/20120731/10545. shtml）。

[3] Ministry of Defense of Japan, *Statement of Intent on Defense Cooperation and Exchanges between the Department of National Defense of the Republic of the Philippines and the Ministry of Defense of Japan*, http://www.mod.go.jp/j/press/youjin/2012/07/02_ st_ e. pdf, July 2, 2012.

[4] 温北炎：《印度尼西亚海啸灾难与大国救灾动机评析》，《东南亚研究》2005年第3期。

[5] "Japan to give patrol boats to Indonesia, to relax arms export ban", BBC Monitoring International Reports, June 8, 2006.

[6] "Japan to supply Indonesia with maritime surveillance systems, patrol boats", BBC Monitoring International Reports, October 8, 2009.

举行部长级会议,同时日本还被邀请参与2013年9月在印度尼西亚西爪哇省进行的多国联合反恐演习。①

印度尼西亚与新加坡、泰国和马来西亚等国,对保证马六甲海峡这一黄金水道的安全是非常重要的。冷战结束之后,日本加大了对这一黄金水道的介入力度。在非传统安全方面,新加坡、泰国、印度尼西亚和马来西亚在国际社会的支持下,已经逐步控制住了马六甲海峡的海盗局势。在传统地缘政治方面,马六甲海峡沿岸国家并不希望外来大国主导这一关键地区水道,而是希望大国力量保持相对的平衡。② 日本抓住这些国家对中国崛起的疑虑尤其是中国与这些国家在南海问题上的争端,积极与这些国家加大了合作的力度。因此,对这一地区的许多国家而言,日本的伙伴关系多元化战略为东盟国家提供了以中国为中心的地区秩序之外的替代选择。

澳大利亚对日本地缘安全的重要性,不言而喻。冷战结束后日本积极改善与澳大利亚的关系,尤其重视与澳大利亚的防务合作。澳大利亚—日本的防务关系始于非传统安全领域,两国在柬埔寨和东帝汶的维和行动中有过密切合作的经历。③ 此后双方在2004年的印度尼西亚海啸救援中也合作密切。两国在关于杀伤性武器扩散的拦截中也开展了合作。目前日本与澳大利亚的双边防务关系已经是日美同盟之外最为成熟的双边防务关系。

在2006年有美国参与的"三方战略对话"以及此后的美国、印度参与的双方战略对话后,澳大利亚和日本的双边关系从2007年已经进入到了一个新阶段。2007年日澳在第一次"2+2"对话之后发布了"合作联合声明",是日本第一次与美国之外的国家发布类似联合声明。④ 日本与

---

① 常思聪:《日本陆上自卫队幕僚长访印度尼西亚,凸显军事合作色彩引关注》,2013年1月31日,国际在线(http://gb.cri.cn/27824/2013/01/31/6251s4008719.htm)。
② 张建新:《新加坡的军事现代化及其地缘安全战略》,《中共天津市委党校学报》2011年第3期。
③ Yoichiro Sato, "Japan-Australia Security Cooperation: Jointly Cultivating the Trust of the Community", *Asian Affairs*, Vol. 35, No. 3, September 2008, pp. 152 – 172.
④ Nick Bisley, "The Japan-Australia Security Declaration and the Changing Regional Security Setting: Wheels, Webs and Beyond?", *Australian Journal of International Affairs*, Vol. 62, No. 1, May 2008, pp. 38 – 52.

澳大利亚签署了第一份《物品义务相互提供协定》（Acquisition and Cross-Servicing Agreement），双方将在情报分享、海洋监察和海上演习等领域开展合作。① 2012 年 9 月中日在钓鱼岛问题陷入紧张时期，日本推动澳大利亚"认真考虑"与日本"苍龙"级潜艇的交易。"苍龙"级潜艇具有世界领先的动力系统、静音技术和水下探测能力。这一交易不仅可以增加日本的军工外汇从而推动日本的军工技术得到进一步发展。还有一个深层次的目的就是，日本试图联合澳大利亚，从南北两个方向掣肘中国海上力量。②

日本与印度的伙伴关系也具有重要的安全战略意义。印度东临孟加拉湾，将有助于日本维护通往亚丁湾、索马里和海湾等重要通道的安全。③ 尤为重要的是，印度可能在进入马六甲海峡和缅甸的深水港的孟加拉湾海域，对这一通道安全施加决定性影响。2000 年日本首相森喜朗访问印度，与印度总理瓦杰帕伊宣布建立印日全球伙伴关系。这一关系的重要性，用森喜朗的话说，"日印关系从地图上一目了然，战略上也很重要。日本希望与印度在政治、安全保障上开展紧密合作"。④

早在 2001 年印度就计划在安达曼群岛的布莱尔港口（Port Blair）筹建"远东海军司令部"，在大尼科巴岛（Great Nicobar）的坎贝尔湾基地（Campbell Bay）建立巴梓海军港口（Baaz），并计划到 2012 年建成。⑤ 印度在这一基地部署了超音速的"布拉莫斯"反舰导弹（BrahMos），将不仅能够增强对这一海域的控制权，而且可以禁止其他国家进入这一海域。印度前海军参谋长梅赫塔（Sureesh Mehta）就提出要充分利用这一半岛的地缘优势确保对从阿拉伯海到马六甲这一

---

① 《媒体称日本与澳大利亚将签军方相互提供补给协定》，中新网（http://www.chinanews.com/gj/gj-qqjs/news/2009/09-27/1888727.shtml）。
② 李艳：《日本欲售澳先进潜艇 联手包围、遏制中国》，《环球时报》2014 年 6 月 13 日。
③ Gurpreet S. Khurana, "Security of Sea Lines: Prospects for India-Japan Cooperation", Strategic Analysis, Vol. 31, No. 1, July 2007, pp. 139 – 153.
④ 转引自王施异《后冷战时期印度—日本关系的战略层面考察》，《南亚研究季刊》2006 年第 2 期。
⑤ 王宁夏、李大光：《印度要建远东海军司令部》，《环球军事》2010 年第 12 期。

广阔海域的控制权。现任海军参谋威尔玛（Nirmal Verma）在此基础上进一步提出要建立更多的"转换基地和海空飞地"，以冲破中国的"金属链"的封锁。① 随着海军力量的增长，印度正日益成为印度洋上的权力中心。② 因此，与印度建立伙伴关系对于日本获得海上通道的流动性具有重要战略意义。

2007年的"印日友好年"是两国防卫关系的转折点。2007年安倍访印以后，印度成为唯一与日本保持总理级别年度会晤机制的国家。③ 2007年日本第一次参与了同年4月和9月的代号为Malabar的联合军事演习，美、日、印三国进行了海上控制演习和海洋监督演习，9月的演习中，印度、美国、澳大利亚和新加坡在安达曼海和尼克巴群岛进行了包括反潜艇战、海上监察、打击海盗、搜救和抓捕行动等的演习。④ 2009年底日本鸠山首相访问印度，双方举行了年度内阁"2+2"对话。2012年，印度和日本举行了第一次双边海军联合演习。⑤ 自从2013年起双边海军联合演习已经变成年度演习。同时，随着日本突破"武器出口三原则"的限制，考虑到印度对武器的巨大需求，印度也将成为日本新的军火市场的重要买家。⑥

三 日本的地缘经济和政治利益与主要节点的角色

日本长期将重点放在与美国的同盟关系，对东亚一体化并不热心。从冷战结束初期阻止东亚经济集团的建立到迫于美国压力取消亚洲货币基金的计划，都反映了日本在东亚合作中唯美国马首是瞻的态

---

① I. Rehman, "Should India Fear China's Navy?", *The Diplomat*, 17th May 2012.
② Robert D. Kaplan, "Center Stage for the Twenty-First Century: Power Plays in the Indian Ocean", *Foreign Affairs*, Vol. 88, No. 2, March/April 2009, pp. 16 – 32.
③ 高兴涛：《日印近期强化战略合作的深层背景与影响》，《东北亚论坛》2011年第2期，第84页。
④ Gurpreet Khurana, *Joint Naval Exercises: A Post-Malabar-2007 Appraisal for India*, IPCS Issue Brief, New Delhi: Institute of Peace and Conflict Studies, No. 52, 2007, p. 3.
⑤ 王敏：《权力转移理论视角下的东亚区域安全架构变迁分析》，《山东社会科学》2012年第11期，第130页。
⑥ David Brewster, "The India-Japan Security Relationship: An Enduring Security Partnership?", *Asian Security*, Vol. 6, No. 2, May 2010, pp. 95 – 120.

度。因此，日本缺乏领导力一直广受诟病。① 中国崛起之后积极推动地区合作，影响力迅速提高。最为典型的例子就是 1997 年亚洲金融危机之后，中国坚持人民币贬值的做法获得了东盟国家的好评。随后中国在地区一体化上开展的努力，尤其是在推动"东盟 + 1"和"东盟 + 3"上取得的进展，使得中国开始成为塑造东亚秩序的主要力量。②

日本过于依赖美国，再加上日本在对待历史问题上的态度，引发了东亚国家对日本的疏远和疑虑。一些批评者甚至质疑日本是否属于"亚洲"国家。③ 日本 2005 年申请成为联合国安理会常任理事国席位时，东盟秘书长王景荣明确表示"东盟并非一致支持日本入常"。④ 事实上，东亚只有新加坡和越南表示支持日本。日本认为这是中国对东南亚国家施加了影响的结果。⑤ 中国与东盟关系的改善与东盟对日本的疏远，增加了日本关注这一地区的紧迫感。安倍上台后调整了对东南亚国家的外交政策，对东盟外交更为积极主动。日本与东南亚地区的菲律宾、越南和印度尼西亚等缔结了 EPA。日本的 EPA 与中国的 FTA 相比，往往包括了更为全面的合作内容，其不仅仅包括了贸易和投资条款，而且包括了农业、SMEs、人力资源开发、ICTs、交通和能源安全等领域的合作措施。支持工业能力建设是这些协议中的关键内容，便利了日本与这些国家之间双边贸易的发展。⑥ 日本 2007

---

① 例如，Marvin Ott, Bio, "Southeast Asia's Strategic Landscape", *SAIS Review*, Vol. 32, No. 1, January 2012, pp. 113 – 124; Tan Hsien-Li, "Not Just Global Rhetoric: Japan's Substantive Actualization of Its Human Security Foreign Policy", *International Relations of the Asia-Pacific*, Vol. 10, No. 1, August 2009, pp. 159 – 187。

② David Shambaugh, "China Engages Asia: Reshaping the Regional Order", *International Security*, Vol. 29, No. 3, Winter 2004, pp. 64 – 99.

③ Lay Hwee Yeo, "Japan, ASEAN, and the Construction of an East Asian Community", *Contemporary Southeast Asia*, Vol. 28, No. 2, Augast 2006, pp. 259 – 275.

④ 张永兴：《东盟秘书长称东盟并非一致支持日本入常》，2005 年 8 月 29 日，新华网（http://news.xinhuanet.com/world/2005-08/30/content_ 3419489. htm）。

⑤ Hoshimatsu Yoshimatsu, "The Mekong Region, Regional Integration, and Political Rivalry among ASEAN, China and Japan", *Asian Perspective*, Vol. 34, No. 3, September 2010, pp. 71 – 111.

⑥ Shujiro Urata and Mireya Solís, "Japan's New Foreign Economic Policy: A Shift toward a Strategic and Activist Model?", *Asian Economic Policy Review*, Vol. 2, No. 2, May 2007, pp. 227 – 245.

年与作为一个整体的东盟缔结了日本—东盟 EPA。这被日本官员认为是与中国和韩国在这一地区在经济上的竞争。①

日本官方发展援助和 EPA 政策推动了在东南亚私人投资的增长,有利于扩展日本主导的东亚生产网络。② 日本试图通过官方发展援助和 EPA 政策来激发亚洲的经济活力,以为日本获得更为安全的外部环境、稳定的原料供应、更为多元化的投资市场和商品出口市场。③ 日本与亚太其他国家发展伙伴关系,并通过对伙伴国的官方发展援助,改善了这些国家的投资环境,一方面便利了日本企业分散投资风险,另一方面又降低了这些国家对中国的依赖。这样,日本与伙伴关系之间的合作就形成了一种"中国+1"的选择。④ 这种"中国+1"战略的应用,明显地体现了伙伴关系的竞争性质。

日本与越南的伙伴关系非常典型地体现了日本的对外战略目标。两国都对中国的军事现代化表示担忧,同时也担心中国未来经济增长以及中国对外政策中将经济和军事强制措施相结合的可能性。例如,有学者认为日本帮助越南发展其出口产业,将有助于遏制中国的竞争力。⑤ 日本和越南应该避免过度依赖中国所面临的自由行动的约束。日本因此致力于低烈度形式的"国家建设",⑥ 支持越南改革司法系统、公共财政管理以及其他为建立良好的商业环境和

---

① Tan Hsien-Li, "Not Just Global Rhetoric: Japan's Substantive Actualization of Its Human Security Foreign Policy", *International Relations of the Asia-Pacific*, Vol. 10, No. 1, 2010, pp. 159 – 187.

② Mark Manger, "Competition and Bilateralism in Trade Policy: The Case of Japan's Free Trade Agreements", *Review of International Political Economy*, Vol. 12, No. 5, 2005, pp. 804 – 828.

③ Mireya Solis, and S. Urata, "Japan's New Foreign Economic Policy: A Shift toward a Strategic and Activist Model?", *Asian Economic Policy Review*, Vol. 2, No. 2, 2007, pp. 227 – 245; K. Jimbo, *Japan and Southeast Asia: Three Pillars of a New Strategic Relationship*, Tokyo Foundation, 30 May 2013, http://www.tokyofoundation.org/en/articles/2013/japan-and-southeast-asia.

④ 中华人民共和国商务部:《日本分散投资风险加速向东盟国家投资》,2012 年 10 月 18 日(http://www.mofcom.gov.cn/aarticle/i/jyjl/j/201210/20121008389682.html)。

⑤ T. Ogasawara, *The Prospects for a Strategic Partnership Between Japan and Vietnam*, AJISS Commentary, No. 124, 2011, pp. 1 – 4.

⑥ Dinh Thi Hien Luong, "Vietnam – Japan Relations in the Context of Building an East Asian Community", *Asia-Pacific Review*, Vol. 16, No. 1, June 2009, pp. 100 – 130.

稳定社会所需要的各种改革。同时，日本政府还积极从外交方面为日本公司参与包括越南在内的东盟国家的基础设施建设提供方便，并推动本国设备出口。① 日本与越南之间的关系要远远超越这些实际经济利益，日本作为越南新工业化战略的唯一外国政府代表，大力支持越南政府改善人力资源、港口建设、交通和其他基础设施建设。2014年7月，越南政府总理阮晋勇签署了批准《面向2020年及2030年远景越南与日本合作框架下越南农业机械、节约能源及环境、电子、农水产加工等四个领域工业化战略行动计划》，日本政府承诺将大力支持越南到2020年实现"现代化的工业国家"这一目标。② 工业战略的合作扩展到经济合作和教育交流等领域，以更好地改善越南的工业竞争力，帮助越南在2018年之前为提高贸易门槛做好准备，这一条件是东盟自由贸易协定提出的要求。

日本试图将与越南的合作模式扩展到湄公河流域的其他国家。日本利用官方发展援助和私人对外直接投资在东西经济走廊复制这一模式。东西走廊对于实现日本的能源进口和商品出口市场多元化具有重要价值。这一走廊连接了越南、泰国、老挝、柬埔寨、缅甸和印度等国家。从社会经济方面，这一走廊可以解决走廊沿线国家与东盟发达国家之间的发展差距问题，从而有利于统一市场的形成。日本于2007年发起了日本—湄公河地区伙伴关系项目，以支持这一地区的经济一体化，并改善社会—经济基础和社会制度；通过帮助制定法律框架、改善投资和贸易环境、推动工业合作来拓展日本与这一地区的投资和贸易关系。除此之外，这些项目还包括提升国家的治理能力、消除贫困、促进教育和环保等共同目标，并注重开展旅游、教育、科技等与人文交流相关领域的合作。③

日本通过支持地区合作，改善了当地的经济发展环境，为向其他地区出口商品提供了"跳板"。日本本田公司自从2009年开始从泰国向印度出口汽车整车；索尼公司已在马来西亚生产液晶电视并向印度

---

① 吴怀中：《安倍"战略外交"及其对华影响评析》，《日本学刊》2014年第1期。
② 梁泽：《日本将助推越南在四个领域实现工业化》，2014年9月28日，中华人民共和国商务部经贸新闻（http://vn.mofcom.gov.cn/article/jmxw/201409/20140900746904.shtml）。
③ 张博文：《日本对东南亚国家的援助：分析与评价》，《发展与援助》2014年第4期。

出口，并在印度占据了最大市场份额；东芝公司也正通过设在印度尼西亚的子公司扩大对东盟和印度出口。① 通过这种方式，日本缓解了国内经济持续低迷带来的压力，也实现了出口市场多元化目标。更为重要的是，这在一定程度上推动了日本对外直接投资市场的多元化，降低了对中国等少数市场的过度依赖。日本瑞穗综合研究所 2012 年 5 月发布的一份针对 4700 多家日本企业的调查结果显示，高达 44.7% 的被访企业首选东盟作为今后计划重点开展业务的国家或地区。而东盟作为日本企业首选投资目的地的主要理由（占 72.4%）也是因为认为"当地市场有扩大趋势"，以及"可以作为面向日本及其他国家的出口基地和易于采购零部件及原材料"。这是自 1999 年这一调查开始以来东盟首次成为日本企业的首选投资目的地，此前一直位居首位的中国下降到了第二位，所占比例为 36.7%。②

日本与中国在海洋领域的竞争和潜在冲突，进一步推动日本将大多数关键海洋资产用于东亚周边海域。印度就成了日本在新加坡之外重要的海洋安全伙伴。尤其是当美国在亚太的"再平衡战略"正在加强与印度的关系，这无疑也为日本改变对印战略提供了契机。③ 日本一直试图帮助印度成为东南亚重要的政治和经济行为体，并使这一地位合法化。随着印度"东向政策"的实施，印度的这一要求更为迫切。日本这一战略最为明显的例子，就是支持印度加入东亚峰会。④ 事实上，上文已经指出日本近年来在印度洋地区非常明显的以军事为中心的外交行动，但是事实上日本所构建的伙伴关系网并不是仅仅出于安全的需要。日本的最终目标不仅仅是在安全上建立以对冲中国未来可能的军事侵略行为，更为重要的是日本还要确保中国无法选择性地利用强大的经济霸权和政治权力，对日本和地区内其他国家实施强制和孤立政策。因此，日本也积极在伙伴关系框架下开展与印

---

① 李妍：《东盟成日企投资"新宠"》，《国际商报》2011 年 3 月 11 日第 A1 版。
② 《日调查称东盟成日企最重视地区，中国降至第二》，《环球时报》2013 年 5 月 15 日。
③ Michael J. Green, and Andrew Shearer, "Defining U. S. Indian Ocean strategy", *Washington Quarterly*, Vol. 35, No. 3, Mar. 2012, pp. 175 – 189.
④ A. Sharma, "The Quadrilateral Initiative: An Evaluation", *South Asian Survey*, Vol. 17, No. 2, 2010, pp. 237 – 253.

度的经济合作，双方都将此作为自身实施"中国 + 1"经济战略的一部分。①

由于长期以来日本对印度市场的忽视，使得日本与印度之间的双边贸易总量、对外直接投资等经济关系相比与东南亚或者东北亚国家而言，都显得微不足道。但是从另一个角度来看，正是这种差距，为印日发展经济关系提供了动力。考虑到网络力是建立在关系的流动性基础之上这一点，那么我们就不难理解日本大力发展与印度的经济关系的动力了。日本为了降低对少数国家市场的过度依赖，通过开拓印度等这些尚待开发的新市场，为实现对外投资、贸易的多元化奠定了基础。为此，日本积极支持印度参与地区一体化，以打开印度这一庞大的潜在市场。

日本支持印度经济发展的一个措施，就是积极推动印度全方位融入东南亚并发挥更大影响力。日本首相安倍 2007 年访问印度时指出，由于印度和其他国家经济的发展以及朝着地区一体化的巨大努力，东亚地区出现了经济增长的新动力。日本—印度关系将是这一地区未来架构的关键支柱。② 在访印之后，安倍大力推动日本与印度之间停滞多年的经济伙伴关系谈判。除了双方规模小但稳步增长的贸易关系之外，日本还增加了对印度的官方发展援助，尤其是在推动改善印度的基础设施方面进行了大力援助。有学者指出，日本与印度的伙伴关系也反映了日本试图通过投资目的地多元化，来降低在华投资所占比重过高所带来的风险。③ 日本与印度发展伙伴关系，的确有减少对中国等国在资源、市场等方面的过度依赖所导致的潜在风险的意图。最为典型的例子，就是最近日本为了降低对中国的稀土依赖，积极开展与印度的合作。2010 年中日之间围绕着钓鱼岛问题冲突升级，中国减

---

① Masahisa Fujita and Nobuaki Hamaguchi, *The Coming Age of China-Plus-One: The Japanese Perspective on East Asian Production Networks*, Background paper for Dancing with Giants: China, India, and the Global Economy, Institute for Policy Studies and the World Bank, Washington, DC, February 18, 2006.

② M. Ghosh, "India and Japan's Growing Synergy: From Political to A Strategic Focus", *Asian Survey*, Vol. 48, No. 2, May 2008, pp. 282 – 302.

③ 张薇薇:《日本与印度：构筑"全球战略伙伴关系"》,《国际问题研究》2007 年第 6 期，第 36 页。

少对日本的稀土出口。日本为此加大与印度、越南等国家的合作，寻找进口稀土的部分替代市场。2012 年 11 月，日本政府宣布与印度正式建立"稀土联盟"，两国在东京签署了一份印度向日本出口稀土的备忘录。此后，日印正式组建了稀土出口的合资公司，预计建成之后日本每年可从印度进口多达 4000 吨镧、铈等稀土产品，可满足日本每年稀土需求的 15%。①

澳大利亚对于日本而言同样具有重要的地缘经济和地缘政治重要性。澳大利亚主要的农业和资源出口对满足日本的食物和资源安全尤为重要，而澳大利亚的资源和能源密集的加工业部门也依赖日本的对外直接投资。② 在 2000 年早期，当中国在与澳大利亚的 FTA 谈判顺利推进并可能超过日本时，日本便迅速地与澳大利亚展开了 EPA 谈判。显然，日本是担心中国与澳大利亚缔结 FTA 后，获得了进入澳大利亚关键资源的机会。自从美国启动 TPP 战略之后，日本加快了与澳大利亚缔结 EPA 的谈判进程，并于 2014 年 4 月两国就缔结 EPA 达成一致。③ 与印度一样，澳大利亚也是日本扩展东亚地区合作范围的关键伙伴。日本尤其偏向将印度、澳大利亚和新西兰等"共享民主价值观"的国家纳入东亚合作框架，以满足日本多方面的战略利益需要。④

第四节　日本的"嵌入"策略：价值观外交与日本的网络力

日本为了应对"威胁三角"，除了与美国和中国两个关键大国建立了伙伴关系之外，还与其利益密切相关的更多其他行为体建立了伙伴关系。这些不同的行为体就构成了日本战略网的组成部分。从链接

---

① 刘军国：《日本绕开中国找稀土》，《环球时报》2012 年 11 月 19 日。
② Yoichiro Sato, "Japan-Australia Security Cooperation: Jointly Cultivating the Trust of the Community", *Asian Affairs*, Vol. 35, No. 3, September 2008, pp. 152–172.
③ 王欢：《日本与澳大利亚签署 EPA 及防卫装备合作协议》，《环球时报》2014 年 7 月 9 日。
④ 张学刚：《东盟系列峰会凸显各方战略盘算》，《国际资料信息》2007 年第 2 期。

方式来看，日本除了与美国保持着同盟关系之外，与其他行为体都是通过伙伴关系的形式链接起来。日本也与东盟面临着同样的一个问题，就是如何维系伙伴关系的稳定。

一 价值观作为日本维系伙伴关系网的纽带

1. "自由与繁荣之弧"的提出

自"二战"结束以来，主导日本对外政策的指导原则是吉田主义，其强调对内以发展经济为中心，对外追求以贸易立国，同时依靠美日同盟获得安全保障。这一对外政策原则为日本恢复和发展经济，成为世界经济大国做出了重要贡献。冷战结束之后，日本经济实力增强，国际地位发生变化。与此同时，日本所面临的外部环境也发生了变化。日本开始探寻新的对外战略指导原则。

冷战结束之后日本在发展对外关系方面仍然面临着一些束缚。例如，国内的和平宪法仍然是影响日本对外战略的重要因素，日本历史上对邻国的侵略，以及日本长期形成的"经济大国、政治侏儒"的现状，都影响了日本在国际上的地位。而且，日本在短期内仍然难以克服这些障碍。当面临冷战结束之后国际关系的网络化趋势时，日本开始调整对外战略。其中，最为明显的就是，日本将价值观引入对外政策之中，并成为日本冷战结束之后尤其是进入 21 世纪以来对外政策的新要素。

作为"二战"的发起者和战败国，日本的许多邻国都曾长期遭受日本的侵略，这一历史经历使得日本外交上长期在对价值观保持回避的态度。但是，近年来日本一反常态，高调地表示要在全球推广自由、民主和法治等"普世价值观"。我们该如何理解这一反常举动呢？力推价值观外交的时任日本外相麻生太郎对此辩解道：

> 人们可能会说，在战争中遭遇失败并给国内和国外带来如此"邪恶良心"的国家现在怎么能教训别人呢？对于这一问题我只能这样回答，认为镜子里面的"自我"仅仅是一种模仿或者一种聪明的发明这一看法是不合常理的。当一个人照镜子时所看到的是真实的东西……日本已经成年了，我们需要做的是当我们照

镜子时，抛弃那种让我们感到局促不安的想法。我们需要轻松地面对这一切。①

麻生太郎这一番"照镜子"的理论，事实上就是日本在历史问题上"放下包袱"。选择这种态度，就使日本能够轻装上阵来推行价值观，并"教训"他人。

正是坚持了这种态度，日本开始将价值观引入对外政策之中。这一做法早在1996年签署的《美日安全联合宣言》中就已经露出端倪。在这一宣言中，尽管美国关注在军事合作中的技术合作以及拓宽安全合作的领域，而日本则重点强调美日同盟所共享的价值观的作用。② 日本在对外政策上将价值观作为一个整体框架，则始于安倍晋三第一次出任首相时期。首先正式提出价值观外交的时任日本外相麻生太郎于2006年11月在日本国际问题研究所做的名为《自由与繁荣之弧》的演讲中首次公布了这一计划。"价值观外交"和"自由与繁荣之弧"这两个新概念构成了日本以价值观作为维系战略网运行的核心要素。麻生太郎指出，价值观外交就是在推行外交中对"民主主义、自由、人权、法治以及市场经济等普遍价值"给予"高度重视"。而所谓"自由与繁荣之弧"就是日本试图将"欧亚大陆外缘正在成长中的新兴民主主义国家"用日本所推崇的"价值观"把它们"像纽带一样联结在一起"。麻生太郎还强调，为确保地区的和平、安定与繁荣，日本需要与美国、澳大利亚、印度、欧盟等拥有共同思想和价值观的友好国家紧密团结，共同行动来拓展基于法治和善治的空间。③

有日本学者认为，这一倡议是日本有史以来第一次在对外政策中

---

① 时任日本外相麻生太郎在日本国际事务研究所演讲时第一次公开提出了这一观点，详见 T. Aso, *Arc of Freedom and Prosperity: Japan's Expanding Diplomatic Horizons*, Tokyo: Japan Institute of International Affairs, November 30, 2006, http://www.mofa.go.jp/announce/fm/aso/speech0611.html。

② Japan Ministry of Foreign Affairs, *Japan-U. S. Joint Declaration on Security — Alliance for the 21st Century*, April 17, 1996, http://www.mofa.go.jp/region/n-america/us/security/security.html。

③ Taro Aso, *Arc of Freedom and Prosperity: Japan's Expanding Diplomatic Horizons*, Tokyo, November 30, 2006, http://www.mofa.go.jp/announce/fm/aso/speech0611.html。

推销其价值观,以确保盟友和志同道合者意识到日本的国家利益。[①] 从这一角度而言,"自由与繁荣之弧"事实上是日本用价值观来维系其战略网的运行。从地理范围上看,"自由与繁荣之弧"基本上涵盖了日本东亚战略网的重要成员。如果从更大范围上看,这一网还包括了欧盟、北约以及其成员国。这一"弧"构成了日本国际活动的关键空间。

"自由与繁荣之弧"一经提出,便遭到日本国内一些学界和政策界人士的反对,也引发了周边国家的疑虑。此后日本经历了政党的更替,这一战略口号此后鲜有提及,而是直接代之以"价值观"外交。但是,从整体上日本对外政策还是基本上延续了突出价值观这一做法。从日本近年来发展的各种伙伴关系来看,其外交中心仍然放在与"自由与繁荣之弧"范围内的国家打交道。无论是"自由与繁荣之弧"的构想还是价值观外交,其核心仍然是日本试图通过推广符合本国利益的"普世价值观"来维系战略网的运行。时任日本首相安倍2013年1月在印度尼西亚发表演讲时称:"从现在开始,美日同盟必须构建起一个有效的网络,这个网络范围要足以确保两个大洋(太平洋和印度洋)的安全和繁荣"[②]。由此不难看出,日本正在试图构建一个以日本为中心、有"志同道合者"广泛参与的网,而指导网络中行为体互动的原则就是日本"自由与繁荣之弧"构想的以民主、人权和法治等为核心内容的"普世价值"。

2. 价值观外交与伙伴关系网的维系

"价值观外交"是一个与"现实利益外交"相对的概念,指一国对外政策并不直接以当前的现实利益为出发点,而是以维护本国的价值观体系以及扩展本国价值观在世界上的影响力为目的。[③] 如果从这

[①] Tomohiko Taniguchi, Beyond "The Arc of Freedom and Prosperity": Debating Universal Values in Japanese Grand Strategy, GMF Asia Paper Series, October 26, 2010, Washington, DC.: The German Marshall Fund of the United States.

[②] Shinzo Abe, The Bounty of the Open Seas: Five New Principles for Japanese Diplomacy. Jakarta, January 18, 2013, http://www.mofa.go.jp/announce/pm/abe/abe_0118e.html.

[③] A. Wilhelm, Auoenpolitik, Grundlagen, Strukturenund Prozesse, Mtinchen Wien: Oldenbourg Vedag, 2006, p.257. 转引自李文红《人权外交的新版本——默克尔的价值观外交》,《国际论坛》2009年第3期。

一定义来判断日本的外交行为，显然日本所推行的价值观外交是"名不副实"的。有学者观察到，日本在与欧洲国家打交道时，往往会积极主动地强调双方在"价值观"上的相通，在与印度、澳大利亚等国打交道时则会将外交重点转向更为直接的"战略关系"，而在对待与其"价值观"相异但有重要战略利益的国家时，基本上坚持"价值观"让位于利益诉求。① 日本的"价值观"的确体现出了这种因人而异的不连贯性，最为典型的特征是日本与越南的伙伴关系。尽管作为社会主义国家的越南显然与日本所推行的"价值观"不符，但日本近年来却大力发展了与越南的伙伴关系。② 从这一角度而言，价值观事实上是日本为了维系伙伴关系网的正常运行的权宜之计。

首先，价值观外交有利于缓解周边国家因为历史问题给日本带来的压力。历史上周边国家几乎都遭受过日本的侵略甚至沦为日本的殖民地。尤其是"二战"时期日本在东亚所犯下的侵略罪行严重影响了日本的形象，至今仍然有一些国家仍心有余悸。但是，日本并不准备妥善处理这段历史。相反，日本领导人继续参拜靖国神社、国内修改教科书等事件，引发了周边国家的疑虑，甚至导致与中国、韩国等国家关系的紧张。一些分析者指出日本要在东亚地区获得领导权，其所面临的历史问题是一个最大的障碍。③ 因此，日本在对外政策中高调宣扬民主、自由、人权和法治等"普世价值"，来向其邻国表明日本不会重走军国主义的道路，从而降低周边国家因为历史问题对日本的疑虑，并获得道义高地。

其次，在上述基础上，价值观外交有利于日本进一步突破和平宪法束缚。在"二战"结束之后，作为"二战"的发起者和罪魁祸首，日本希望通过和平宪法来向世界展示其致力于和平的决心。由于和平

---

① 邱静：《两次安倍内阁的"价值观"外交》，《外交评论》2014年第3期。

② T. Ogasawara, "The Prospects for a Strategic Partnership between Japan and Vietnam", AJISS - Commentary, No. 124, 2011, pp. 1 – 4, http://www2.jiia.or.jp/en_commentary/201106/16-1.html.

③ 例如，李锴：《东亚的一体化需要日本正视历史》，《社会观察》2005年第9期；时永明：《东亚区域合作与中日关系》，《和平与发展》2012年第4期；李秀石：《日本历史教科书问题剖析（1947—2002）》，《历史研究》2002年第5期；郑在贞：《日本历史教科书问题与韩日关系展望》，《当代韩国》2001年第3期。

宪法对日本军事力量的限制,使日本一直无法像其他"正常国家"一样合法地使用武力。日本为了追求大国目标,开始逐步突破和平宪法的限制。这种逐步修宪引起了周边国家的疑虑。人们担心日本"右翼"势力的兴起以及军国主义的复活,将导致日本变成一个极富侵略性的国家。[1] 面对这些疑虑,日本通过在对外政策中推广价值观,变相地向外界尤其是周边国家给予了安全承诺,从而试图缓解由此导致的安全困境。

最后,价值观外交有利于缓解日本的地区合作倡议与美日同盟关系之间的紧张。自从"二战"结束之后建立的美日同盟一直在日本对外政策尤其是安全政策方面起到关键性作用。但是正如本章第二节分析指出的,日本并没有完全依附于美国,而是一直在寻求通过加强与地区内国家的合作来保持相对美国一定程度的独立性。问题的关键就是如何在美日同盟与地区合作之间寻求平衡。日本推动没有美国参与的地区合作,很容易遭到美国的反对。最为典型的例子,就是日本推出的亚洲货币基金由于将美国排除在外而遭受失败。同样的,如果日本过于突出美日同盟而远离地区合作,则很难获得地区主导权,甚至还会引发地区国家尤其是中国的疑虑。为此,日本以价值观为合作纽带,则可以在发展与美国的关系的同时,加强与地区内"共享"价值观的国家之间的合作。小泉首相任期内于2006年夏天最后一次前往华盛顿,与美国签署的联合声明中就特别强调:"美日之间的联合不仅仅是为了应对共同的威胁,而且是为了推动诸如自由、人权、民主、市场经济以及法治等普世价值。"[2] 我们从这一宣言中,不难看出日本事实上已经将美日同盟推到了一个超越具体利益的高度。美国对东亚地区合作的阻止往往是针对特定议题诸如经济领域的东亚经济集团、金融领域的亚洲货币基金等。同样的,日本在与亚太地区国家发展伙伴关系时,也往往强调双方所"共享"的价值观的作用。

---

[1] 例如,王凤贤:《日本右翼势力日趋猖獗的背后》,《当代世界》2005年第10期;孙立祥:《日本右翼势力的历史演变及其重新抬头的原因》,《中国石油大学学报》(社会科学版)2010年第5期;霍建岗:《日本右翼阴霾又现》,《瞭望》2011年第34期。

[2] The White House, *Joint Statement*: *The U. S. -Japan Alliance of the New Century*, June 29, 2006, www. whitehouse. gov/news/releases/2006/06/20060629-2. html.

强调价值观作为成员间的同质性，在增强国家间亲密关系的同时，也可以减缓其他国家的疑虑，这正是日本所追求的目标。

由此可见，价值观为日本拓展对外关系提供了统筹工具。通过价值观这一工具，日本不仅可以缓解周边国家因为日本修宪、军事扩张等所带来的疑虑，而且为其进一步发展伙伴关系提供了润滑剂。这就从整体上改善了日本对外关系的环境和氛围，降低了日本发展对外关系的阻碍，从而为确保伙伴关系网的稳定创造了条件。

二 价值观外交与日本的网络力

日本提出的"自由与繁荣之弧"的外交理念，将伙伴关系网中的成员联系起来，有利于维系伙伴关系网稳定。这一伙伴关系网，为日本应对"威胁三角"提供了支持，从而可以更好地控制本国的流动性。日本用价值观来维系伙伴关系网的运行，更有利于提升其在东亚乃至全球的地位，即提高网络力。日本网络力的提升主要表现在两个方面：第一，在与美国的关系中，日本从美国东亚伙伴关系网的"轮辐"位置变成了"次轴心"。第二，在与中国的竞争方面，日本通过用价值观维系的伙伴关系网与中国"逆向而行"，展开竞争。

1. 日本在美国战略网中由"轮辐"上升为"次轴心"

冷战期间，作为美国在东亚地区重要的盟友，日本被纳入以美国为中心的轴辐安全体系。在这种轴辐安全体系中，日本与其他国家一样，处于网络的轮辐位置。日本与其他国家之间的联系相对松散，有时甚至与轮辐之间的联系也需要通过美国这一轴心发挥作用。冷战结束之后，随着国际关系的网络化，各个"轮辐"之间的联系也日益增多，日本转变对外政策，通过强调与共享价值观国家之间的合作，逐步提升了在美国亚太盟友中的地位。

首先，日本以价值观外交将伙伴关系网中的成员联系起来，作为其伙伴关系网的运行原则。这一伙伴关系网包含了美国在亚太地区的主要盟友和伙伴，通过与这些"共享价值观"的国家建立各种伙伴关系，形成了与这些国家在政治、经济和军事领域的全方位互动与合作。目前，美国在东亚的正式同盟包括日本、韩国、菲律宾、泰国和澳大利亚、新西兰、新加坡、印度、越南、马来西亚、印度尼西亚等国已经成为美国重要的战略伙伴，日本都已经与这些国家建立了各种形式的伙伴关系。同时，日本借助价值观外交与美国的亚太战略形成了某种共振。例如，美国加大了与澳大利亚的同盟关系，并向达尔文市驻军。而日本也加大与澳大利亚的军事合作，并与澳大利亚缔结了《军事后勤相互提供协定》。美国重视与印度的关系，日本也与印度缔结了全面伙伴关系。同时，日本还与澳大利亚、印度开始了防长和外长层次上的"2+2"对话。印度一名海军认为，日印关系在经历好几十年的冷却之后能够重新升温，显然是印美战略框架的推动作用。① 由此可见，日本通过价值观外交，契合了美国在东亚乃至全球的外交战略需求，为推动美日关系的改善、提高日本在美国对外战略中的重要性，提供了砝码。

其次，在美国与亚太盟友的双边或者多边合作中，日本逐步成为新的元素加入进来，形成了"美国+日本+1"的形式。例如，日本先后于美韩、美澳、美印等双边关系的基础上，形成了美日韩、美日印和美日澳三边关系，等等。日本强调加强澳大利亚、日本、印度和美国四个亚太地区最大的四个民主国家之间合作的重要性，认为"通过将自由、民主、尊重基本的人权以及法治作为关键原则，可以巩固我们之间的关系"。② 这种三边关系进一步突出了日本在美国与亚太盟友之间关系的重要性。尤其是考虑到美国霸权衰落的背景下，日本参与这种三边关系，显然有利于为美国的亚太战略"分担责任"。

最后，日本打着"自由与繁荣之弧"的旗号，试图在美国不参与的情况下，推动"自由与繁荣之弧"范围内国家之间的合作。例如，在安倍第一任期内，就推出日本、印度与澳大利亚之间的三边合作。③ 通过这种合作，日本进一步密切了与伙伴国之间的关系，同时又借助"共享价值观"减少了来自美国的压力。这种形式的合作，同样推动了美国亚太盟友之间的团结，可以降低对美国的过度依赖，并减少由此导致的在与美国打交道时的被"剥削"程度。

---

① 邱永峥：《日本自卫队三巨头密集访印》，《青年参考》2006 年 2 月 18 日。
② Shinzo Abe, *The Bounty of the Open Seas: Five New Principles for Japanese Diplomacy*, January18，2013，http：//www. kantei. go. jp/jp/pages/jan18speech. html.
③ 李天亮：《安倍政府对华政策的新动向》，《学习月刊》2007 年第 5 期。

这种转变最为明显的，就是日本已逐步从美国亚太安全网中的轮辐演变为次轴心。① 通过由"轮辐"位置变成"次轴心"，日本至少获得了以下两个利益：第一，日本缓解了被美国抛弃的担心。在次轴心位置，日本对美国的东亚乃至全球战略具有了更高的价值。如果美国要在亚太扮演更大角色，显然需要通过与日本的合作，来获得其他盟友和伙伴的支持。第二，日本提高了在亚太地区的地位。相比美国在亚太地区的其他盟友和伙伴，处于次轴心位置的日本更接近美国。为了"留住"美国，与日本发展关系是获得美国支持的有力保障。由此，日本从"轮辐"变成"次轴心"，日本就变成了将美国与其他亚太盟友联系起来的桥梁，从而获得了网络力。

2. 日本与中国在地区合作中的"逆向而行"

日本在地区和全球的外交还包括一个重要目标，就是阻止在东亚出现以中国为中心的地区一体化。由于中国经济上的崛起尤其是地区政治影响力的增强，让日本感受到来自中国的威胁。但是，由于地区内其他国家对中国在经济上的依赖，使得任何试图"遏制"中国的努力都难成功。为此，日本在与中国建立伙伴关系、参与东亚地区一体化的同时，另起炉灶，开始构建以价值观为基础的伙伴关系网。

通过这种方式，日本"合法"地将中国排挤出日本所建立的以西方价值观为基础的伙伴关系网的核心，并获得了比较优势。但这种试图将中国排挤出局的方式，并不是通过公开的遏制或者制衡的政策。这样，日本一方面降低了其伙伴关系网中的成员在中日之间所面临的"二选一"的压力，另一方面也没有公开与中国对抗。但是，日本通过价值观外交，仍然达到了排挤中国的目的。诚如黄大慧教授认为，日本的价值观外交本质上是"要在亚太地区塑造一个针对中国的'民主轴心'或者说'价值观联盟'"。② 日本外相麻生太郎提出要加强民主国家之间的联合，他 2005 年在一次演讲中指出：

> 令人高兴的是，澳大利亚、新西兰和印度从一开始就能够

---

① 信强：《"次轴心"：日本在美国亚太安全布局中的角色转换》，《世界经济与政治》2014 年第 4 期。

② 黄大慧：《冷战后日本的"价值观外交"与中国》，《现代国际关系》2007 年第 5 期。

作为正式成员加入东亚峰会。这些国家与我们有共同的基本民主价值观，他们作为新的同行加入，未来将与我们一道来设计亚洲的未来。①

不仅如此，日本还试图将在其伙伴关系网中形成的价值观纳入东亚地区网络的多边合作议程之中。对于东亚峰会这一重要的地区合作机制，日本强调东亚峰会的目标是建立"原则性的多边主义"（principled multilateralism），通过推动民主、法治和善治来缩小亚洲国家间多样性的政治体系之间的差异。②

但是，这种以价值观为基础的伙伴关系网，又不同于通过经济或者建立军事集团明确与中国对立的做法。日本并不试图直接与中国对抗，将中国变成日本事实上的敌人。按照建构主义学者的观点，日本不希望将中国"造就"成敌人。日本的确担心与美国、澳大利亚、印度等国的结伴行为引起中国的警觉。在举行首次美、日、印三边对话之后，日本一位官员表示："我们的印度朋友很乐意举行这种对话，我们也乐意，但是我们的中国朋友对此有点儿担心"③。

另外，日本还试图通过与中国的伙伴关系，来影响未来中国的选择机会。日本与中国在伙伴关系框架下的互动，已经在经济、政治和社会文化等各个领域密切开展。日本通过在中国周围构建起以价值观为基础的伙伴关系网，通过网络效应，逐步将中国改造成按照日本的价值观来行事的国家。这一做法，同样体现了日本通过网络力来影响和塑造中国的观念、身份和利益的企图。安倍曾公开地阐释了对这一问题的看法：

> 看看日本、澳大利亚和印度……亚太地区的这些主要国家，

---

① T. Aso, *Asian Strategy as I See It：Japan as the 'Thought Leader' of Asia*, Speech at the Foreign Correspondents' Club of Japan, Tokyo, December 7, 2005, http://www.mofa.go.jp/announce/fm/aso/speech0512.html.

② Takio Yamada, "Toward a Principled Integration of East Asia：Concept for an East Asian Community", *Gaiko Forum*, Vol. 5, No. 3, 2005, pp. 24 - 35.

③ Josh Rogin, "Inside the First ever U. S. - Japan-India Trilateral Meeting", *Foreign Policy*, December 23, 2011.

我们共享着诸如自由、民主、人权、尊重法治等重要的价值观。因此我们认为，我们这三个国家连同美国一起可以建立一个论坛，来讨论这些国家之间的各种事情……当然这并不意味着我们在制衡中国……事实上，还存在可以容纳中国的其他论坛，诸如 APEC、东亚峰会，或者东盟＋3，等等。我们同样也明白与中国发展关系的重要性。[1]

除了直接将价值观作为明确的对外政策，日本还在对伙伴国的官方发展援助中渗入价值观标准，与中国来竞争影响力，并进一步主导地区一体化的方向。针对一些国家指责中国在对外经济活动中为提取能源和资源不惜牺牲当地环境的做法，[2] 日本在对东亚伙伴国的经济活动中，以推动可持续发展、关注发展中国家的切身关切的面目出现，以区别于中国被视为主要获取投资和外交利益的"机会主义"形象。[3] 中国在缅甸北部及湄公河上游建立的大坝工程所引起的争议就是东亚国家对这一行为担忧的典型例子。相反，日本在其外交中强调"绿色湄公河"的概念，以表明致力于可持续经济发展的决心，尽管有人怀疑日本公司对输出绿色技术和基础设施的兴趣很大程度上是出于潜在的商业利益考虑。[4]

日本在对伙伴国援助坚持的另外一个重点就是支持伙伴国的"软基础设施"建设，诸如推动这些国家的人力资源开发、立法建设、保护环境等以改变其投资和商业环境。通过这些措施，日本的援助提高投资者的信心，推动硬件基础设施的合理利用，最终推动地区

---

[1] Shinzo Abe, *The Bounty of the Open Seas: Five New Principles for Japanese Diplomacy*, 18 January 2013, Available at: http://www.kantei.go.jp/jp/pages/jan18speech.html.

[2] Hoshimatsu Yoshimatsu, "The Mekong region, regional integration, and political rivalry among ASEAN, China and Japan", *Asian Perspective*, No. 34, 2010, pp. 71 – 111.

[3] Thomas Fuller, "Long reliant on China, Myanmar now turns to Japan", *New York Times*, October 26, 2012.

[4] Maaike Okano-Heijmans, "'Japan'sg reen' economic diplomacy: environmental and energy technology and foreign relations", *The Pacific Review*, Vol. 25, No. 3, September 2012, pp. 339 – 364.

经济的发展。① 环境和经济方面的可持续发展,是日本支持"将湄公河国家融入更为广阔的地区和国际经济中"的重要部分。这背后的逻辑就是"支持这些国家的工业发展……通过提升这些国家利用自身人力和自然资源的能力,从而降低这些国家对中国的依赖"。② 从更为本质的层次上看,就是日本与中国争夺地区影响力,担心这些国家对中国过度依赖而疏远日本。通过与这些国家建立战略伙伴关系,"日本获取了更大的战略纵深。这不仅能为日本提供在东南亚地区安全中扮演关键性角色的机会,而且能让地区内国家产生某种抵抗中国的自信"。③

总之,日本在东亚及亚太地区的价值观外交,以及围绕价值观外交展开的其他外交行动,背后已经呈现出要构建一个以日本倡导的价值观为基础的伙伴关系网。通过强调与中国在价值观上的相异,实现了与中国外交"相向而行"的目的。这种"逆向而行",与在经济上、军事上的公开遏制不同,可以在与中国发展经济并在政治上保持接触的同时,对中国在价值观上进行塑造。同时,价值观外交与美国东亚战略并行不悖,甚至互为表里,从而最大限度地获得美国支持。这种价值观外交同样达到了提升日本网络力的作用。可见,日本既不可能满足于在同盟内"分享负担",也不会满足于仅仅充当"链接更新过的轴辐体系中的轮辐"的角色。④ 相反,日本通过价值观来维系其伙伴关系网的运行,逐渐克服了经济衰落和政治障碍所带来的负面影响,正成为美国东亚盟友中的"次轴心"和与中国竞争地区影响力的强大对手。

---

① Sueo Sudo, "Japan ASEAN Policy: Reactive or Proactive in the Face of a Rising China in East Asia", *Asian Perspective*, Vol. 33, No. 1, January 2009, pp. 137 – 158.

② Hidetaka Yoshimatsu, "The Mekong Region, Regional Integration, and Political Rivalry among ASEAN, China And Japan", *Asian Perspective*, Vol. 34, No. 3, September 2010, pp. 71 – 111.

③ J. M. Pau, "Asian Powers Scrambling for Regional Space", *The Japan Times*, October 24, 2011.

④ R. Medcalf, *Squaring The Triangle: An Australian Perspective on Asian Security Minilateralism*, NBR Special Report: Assessing the Trilateral Security Dialogue 16. Seattle, WA: The National Bureau of Asian Research, December 2015, p. 25.

小　结

　　追求成为世界一流大国是日本自明治维新以来的既定目标。"二战"结束后两极对立的冷战时期，日本选择与美国结盟来获得安全保证。这一战略具体通过"吉田路线"不断加以完善，即通过国内的和平宪法、在军事力量的自我约束以及由美国提供安全保障，而自身则致力于发展经济，从而迅速重新崛起为世界经济大国。冷战结束之后，日本的大国意识进一步增强。但是，国际环境的变化迫使日本开始改变其对外战略。

　　日本对外战略的转型，表现之一就是对外大力发展伙伴关系。冷战结束之后，日本首先与美国和中国这两个与其利益密切相关的大国建立了伙伴关系。日本同时与中、美两个大国建立伙伴关系，分别从两国获得了应对"威胁三角"所需的不同资源，但要实现对流动性的有效控制，仍然面临着很大制约。在中国—日本—美国这一组三边关系中，无论中美之间是竞争还是合作，日本在美国东亚战略中的重要性都面临下降的风险。日本为了克服这一不利地位，需要将更多与其利益密切相关的行为体纳入日本构建的战略网中。

　　日本的伙伴关系网除了中国和美国之外，还包括了地区内其他的主要行为体：东盟、印度、澳大利亚以及东盟成员国菲律宾、越南和印度尼西亚等国。与东盟的战略网不同的是，日本与其战略网中的任一个伙伴国相比，都是大国。因此，在每一组日本与其伙伴国的双边关系中，伙伴国都不同程度地从与日本的合作中获得了大量的利益。单从每一组双边关系来看，无疑这种互利合作关系对日本而言是比较稳定的，因为日本与其伙伴国相比所具有的优势。

　　日本提出的"自由与繁荣之弧"则为日本维系伙伴关系的稳定、增强在东亚地区网络中的竞争力提供了保障。从近期日本与伙伴国之间的互动关系来看，日本将价值观作为维系伙伴关系网运行的要素，取得的成效很明显。首先，通过建立在价值观基础上的伙伴关系，日本与美国及其盟友在各个领域开展了深入的合作，并在美国与其盟友和伙伴国合作关系基础上，逐步形成"美国＋日本＋1"的形式。其次，日本与中国的一些伙伴国也建立起伙伴关系，并通过为这些国家提供市场准入、技术援助、官方发展援助等方式，为这些国家在控制流动性方面提供了"中国＋1"的选择。这就在一定程度上降低了这些国家对中国的依赖，变相地稀释了中国的地区影响力。更为重要的是，日本还将价值观引入伙伴关系之中，通过强调与中国不同的经济合作模式，来增强竞争力。

总之，日本将与其利益密切相关的行为体纳入伙伴关系网之中，并通过价值观外交来维系其伙伴关系网的运行，从而构建了一个相对稳定的战略网。这一伙伴关系网，为日本通过协调与外部国家之间的关系，来管理商品、货物、人员、资本和信息等生产要素的跨国流动提供了条件。随着与伙伴国之间关系的巩固和深入，日本不仅大大提高了对本国流动性的管理和控制能力，而且还可以通过伙伴关系影响更为广泛的外部地区的流动性。

第 七 章

美国在东亚的伙伴关系

从地理位置上看,美国并不是一个东亚国家。但由于美国长期在东亚的存在,尤其冷战期间在东亚建立的同盟、伙伴关系,使得美国成为影响东亚的重要因素。法国学者克劳德·迈耶认为美国一直在亚洲拥有"影子主权国"的地位。[①] 一些学者认为美国的硬权力和软权力以及跨国协调治理能力,确保了对东亚国际关系能够施加有效影响。[②] 卡赞斯坦也将美国视为塑造地区架构的主要成员之一。[③] 因此,探讨东亚的伙伴关系战略,美国是一个不可或缺的因素。

冷战期间美国通过与日本、韩国、菲律宾、泰国等国家结盟,共同应对来自苏联共产主义阵营的威胁。在同盟基础上形成的轴辐安全体系构成了冷战时期东亚安全架构的核心要素。冷战结束之后,随着国际关系网络化趋势的加强,美国又一次调整了对东亚的战略。尽管越来越多的学者在讨论美国霸权的衰落问题,但是美国经济、军事势力在当今世界上仍然处于独一无二的地位,而且美国在东亚的同盟、伙伴关系以及东亚整体对美国的依赖,这些因素使得美国成为影响东亚地区秩序安全架构的一个重要因素。

---

① [法]克劳德·迈耶:《谁是亚洲的领袖:中国还是日本?》,潘革平译,社会科学文献出版社 2011 年版,第 2 页。

② Richard Robison, "The Reordering of Pax American: How Does Southeast Asia Fit in", in Vedi Hadiz ed., *Empire and Neoliberalism in Asia*, London: Routledge, 2006, pp. 52 – 68; Kanishka Jayasuriya, "Beyond New Imperialism: State and Transnational Regulatory Governance in East Asia", in Vedi Hadiz ed., *Empire and Neoliberalism in Asia*, London: Routledge, 2006, pp. 38 – 51.

③ [美]彼得·卡赞斯坦:《地区构成的世界:美国帝权中的亚洲和欧洲》,秦亚青、魏玲译,北京大学出版社 2007 年版。

第一节　轴辐安全体系及其在
后冷战时代的挑战

一　后冷战时代美国面临的"威胁三角"

从美国角度来看，冷战结束之后东亚地区发生的以下几个方面的变化直接影响了轴辐安全体系的效力：以中国为代表的新兴国家的崛起以及由此导致的东亚国家的战略反应，使美国冷战时期的霸权地位发生变化；东亚国家之间的关系正从冷战的遗产中走出来，国家间缺乏明确的敌友关系，相互之间形成新的互动模式；非传统安全问题的兴起，使得美国面临的安全威胁来源更不确定。

1. 传统安全威胁

冷战结束之后，美国仍然拥有明显优势的军事实力，再加上远离东亚这一地理优势，因此，在苏联解体之后美国并不面临紧迫的传统安全威胁。但是，美国基于维持霸权统治的需要，在东亚地区庞大的海外驻军以及盟友关系，使得传统安全威胁仍然构成了影响美国对外战略的一个因素。美国所面临的传统安全威胁受到地区和国际环境变化的影响。

首先，东亚整体军事实力增强和新武器的扩散，降低了美国谋取绝对安全的能力。尽管美国仍然在军事实力方面占据世界领先地位，但是，冷战结束后东亚国家提高了军事现代化水平。在应对传统安全威胁方面，东亚国家的军事现代化，提高了进攻能力，一定程度上降低了与美国在攻防能力上的差距。尤其是中国经济的快速发展和经济实力增强，以及国防现代化水平的提高。美国认为中国缺乏军事透明度，尤其是随着中国海军实力的增强以及实施的反介入—拒止战略（access-denial strategy）被认为减小了与美国在东亚海上实力的差距。随着中国海军实力的增强，美国担忧中国在台湾海峡和南海问题上可能引发的冲突。

另外，新武器尤其是核武器和导弹技术水平的提高及在东亚的扩散，加剧了美国的担忧。世界上八个被公认为拥有核武器的国家中，有五个在亚洲。更让美国担心的，则是朝鲜的核问题。随着朝鲜导弹技术的进步，可能会危及美国本土的安全。这种环境的变化，改变了美国传统安全环境。

其次，东亚冷战遗产问题成为影响地区安全的新因素，在后冷战时代凸显出来。朝鲜半岛问题在冷战结束之后成为引发地区不稳定的新因素。这些因素都与美国息息相关。由于与韩国的同盟关系，使美国直接卷入了朝鲜半岛问题。在朝鲜领导人发生变化之后，尽管金正恩为了巩固政权做出了许多努力，但是仍然面临着诸多不确定性。美国担心朝鲜政权的危机可能导致人道主义灾难甚至军事危机。[①] 中国台湾问题也是冷战的一大遗产。在中美建交时，美国虽然废除了与台湾的"正式外交关系"，但仍坚持继续对台军售，并变相地为台湾提供安全保障。台湾问题涉及中国领土完整这一核心利益，中国坚持在必要时用武力维护国家统一。这就增加了中美之间因为台湾问题爆发冲突的风险。另外，冷战结束之后中美之间关系的变化，以及中国军事现代化水平的提高，被美国视为不确定因素。中美之间这一崛起大国与守成大国之间，由于相互信任水平低，再加上复杂的现实利益纠葛，使得美国尤为关注中国在传统安全问题上可能给美国带来的威胁。[②]

最后，盟友所面临的传统安全威胁也构成了影响美国安全战略的一个因素。美国东亚盟友韩国、日本、菲律宾和泰国等国家不同程度地存在着传统安全威胁，尤其是在领土、领海争端问题上的冲突。而且，这些冲突不仅存在于美国盟友与外部其他国家之间，而且存在于美国盟友内部。例如，韩国与日本之间在独岛（竹岛）问题上的争端。[③]

总之，冷战结束之后，作为霸权国的美国仍然面临着来自传统

[①] Bruce W. Bennett and Jennifer Lind, "The Collapse of North Korea: Military Missions and Requirements", *International Security*, Vol. 36, No. 2, Fall 2011, pp. 84–119.

[②] Bill Gertz and Alan Robertson, *The China Threat: how the People's Republic Targets America*. Washington. D. C.: Regnery Publishing, 2013; Ian Storey and Herbert Yee, *The China Threat: Perceptions, Myths and Reality*, London: Routledge, 2002.

[③] Gillbert Rozman, "South Korea and Sino-Japanese Rivalry: A Middle Power's Options within the East Asian Core Triangle", *The Pacific Review*, Vol. 20, No. 2, May 2007, pp. 197–220.

安全的威胁。尽管这种威胁引发国家间大规模的武装冲突甚至爆发全面大战的可能性已经大大降低，但是这些威胁仍然会影响美国的国家利益。尤其是后冷战国际关系的网络化趋势不断增强，这些来自传统安全领域的威胁处理不好，更可能会波及经济和政治安全领域。

2. 经济领域的挑战

冷战结束之后美国在东亚面临的更大挑战，事实上来自于经济领域。这不仅因为东亚的崛起和美国的相对衰落，而且更重要的是国际关系的网络化导致美国对东亚经济的依赖。美国面临的经济威胁主要来自相互交织的两个方面：首先，随着东亚经济的崛起，美国面临来自东亚经济体日益增加的竞争压力，并由此衍生出贸易赤字、货币问题等经济问题。其次，东亚地区在经历1997年金融危机之后，开始朝着一体化迈进。美国面临着被东亚一体化排除在外的风险。

第一，美国在经济领域面临着来自东亚地区日益激烈的竞争和贸易摩擦。自从20世纪70年代末开始，日本以及新兴工业化国家新加坡、泰国、韩国以及中国台湾等亚洲"四小龙"在经济上迅速腾飞。由此带来的美国与东亚国家之间巨大的贸易逆差，开始引发美国的关注。但是，冷战时期美国出于应对苏联威胁的需要，更多地将经济问题"安全化"。冷战结束之后，随着美国国内经济的下滑，以及国内财政赤字的增大，面临东亚地区经济力量的不断上升，开始在经济领域"去安全化"。[①] 但是，东亚地区经济体大都实行开放型经济战略，加上东亚地区作为后发国家在劳动力、土地等生产资料方面的价格优势，使得美国在贸易领域面临着日益增大的压力。20世纪80年代中期，美国就通过"广场协议"促使日元升值来解决美日之间的贸易问题。进入21世纪以来，美国与东亚地区在贸易领域的冲突更为突出，尤其是中美之间的贸易摩擦不断出现。

在贸易问题上进一步衍生出来的贸易赤字和财政赤字问题，加大

---

① R. Higgott, "US Foreign Policy and the 'Securitization' of Economic Globalization", *International Politics*, Vol. 41, No. 2, May 2004, pp. 147 – 175.

了美国经济运行的风险。东亚在美国贸易逆差上占了相当比重,东亚国家通过贸易盈余建立起巨额的外汇储备大都以美元形式存在。东亚与美国之间的"外汇恐怖均衡",一定程度上削弱了美国经济政策的自主性。

第二,东亚地区一体化的推进,使美国面临被排挤出东亚市场的风险。冷战结束之后,在外部危机的推动下,东亚地区共同体意识不断增强,在经济领域开始朝着一体化方向迈进。[1] 在冷战结束之初,具有强烈民族主义情感的马来西亚总理马哈蒂尔就提出了将美国排除在外的建立"东亚经济集团"的主张。这一提议很快遭到美国的反对。东亚金融危机之后,日本提出的建立亚洲货币基金(AMF)的计划也将美国排除在外。同样,这一提议因为美国的反对而胎死腹中。美国一直对东亚地区出现将其排除在外的地区合作计划持反对意见,并利用东亚地区内部行为体之间的分歧来达到这一目标。但是,冷战之后东亚和全球国际环境的变化,尤其非传统安全问题的突出,推动了东亚地区开始朝着一体化方向迈进。[2]

东亚国家在经济领域的许多合作,是在美国"缺席"的情况下进行的。在整个地区层面,在东亚金融危机之后东盟与东北亚的中、日、韩三国开始了"东盟+3"合作进程以及"东盟+6"合作议程(10个东盟成员,加上澳大利亚、中国、印度、日本、韩国和新西兰)。[3] 东亚在经济领域的多边合作在金融领域取得的成绩最为突出,"清迈倡议"已经实现了"清迈倡议多边化"。这些多边合作都不同程度地将美国排除在外。

美国为防止东亚地区出现排他性的地区主义,大力推动 APEC 这

---

[1] Takashi Terada, "Constructing an 'East Asian' Concept and Growing Regional Identity: from EAEC to ASEAN + 3", *The Pacific Review*, Vol. 16, No. 2, May 2003, pp. 251 – 277.

[2] 例如, Mark Beeson, "Crisis dynamics and regionalism: East Asia in comparative perspective", *The Pacific Review*, Vol. 24, No. 3, September 2011, pp. 357 – 374; Saori N. Katada, "Seeking a place for East Asian regionalism: challenges and opportunities under the global financial crisis", *The Pacific Review*, Vol. 24, No. 3, September 2011, pp. 273 – 290; Karl Calder, and Ming Ye, *The Making of Northeast Asia*, California: Stanford University Press, 2011.

[3] Dick K. Nanto, *East Asian Regional Architecture: New Economic and Security Arrangements and US Policy*, CRS Report for Congress, January 4, 2008, https://fas.org/sgp/crs/row/RL33653.pdf.

一跨太平洋区域经济合作组织，在推动地区一体化方面的成效并不显著。因此，在东亚地区启动一体化之后，美国越来越担心被排挤出去。尤其是考虑到东亚崛起之后，正成为美国重要的商品出口市场、廉价商品来源和对外直接投资的主要场所。

3. 政治威胁

冷战时期，美国面临的政治威胁很大程度上来自共产主义意识扩张形态引发的威胁。冷战结束之后，随着苏联的解体以及中国实行改革开放的战略，这一威胁基本上消除了。但是，冷战结束之后美国实力相对下降，包括大量新兴国家在内的"他者"的崛起，正挑战美国主导的全球秩序。[1] 如何确保美国主导的地区和全球秩序不受挑战，成了美国需要应对的政治威胁。

首先，从国家层面上看，中国崛起和地区影响力的增强，不仅让美国感受到来自传统安全和经济领域的竞争压力，也感受到来自政治领域的压力。美国担心中国可能通过经济手段来惩罚"不听话"的国家，削弱美国对东亚秩序的控制。中国经济发展模式形成的"北京共识"，进一步削弱了美国领导的自由资本主义的"华盛顿共识"的吸引力。中国对不干涉内政、尊重主权等的强调，与美国"输出民主"的做法截然不同。中美在许多方面的分歧，加剧了美国对中国崛起的担忧。在美国看来，崛起的中国是"修正主义"还是"现状维持者"，仍然有待于观察。[2] 更有甚者认为，中国的崛起将不可避免地挑战美国在东亚的战略主导地位。[3] 2000年布什就任美国总统之后，就将中国定义为美国主要的战略和军事竞争对手。[4] 时任美国助理国务卿佐利克明确地警告中国不要试图做东亚的"支配大国"

---

[1] ［印］法里德·扎卡利亚：《后美国世界：大国崛起的经济新秩序时代》，赵广成、林民旺译，中信出版社2009年版，第39页。

[2] Alastair Iain Johnston, "Is China a Status Quo Power?", *International Security*, Vol. 27, No. 4, Spring 2003, pp. 5 – 56.

[3] National Intelligence Council, *Mapping the Global Future: Report of the National Intelligence Council's 2020 Project*, Washington, D. C., the National Intelligence Council, 2004.

[4] Willian T. Lippmann, "The Tables Turn as a Bush Criticizes Clinton's Policy Towards China", *Washington Post*, 20th August 1999; Condoleezza Rice, "Promoting the National Interest", *Foreign Affairs*, Vol. 79, No. 1, February 2000, pp. 45 – 62.

(a predominance of power),并暗示中国正在朝着这一方向迈进。[①]作为与美国具有不同意识形态和政治制度的中国的崛起,显然给美国带来了冲击。而且,由于中国的崛起被视为一个不确定因素,因此美国主导的世界秩序能否在中国崛起之后继续存在,让美国感受到威胁。

其次,后冷战时代兴起的各种极端主义思潮尤其是恐怖主义,给美国带来的政治威胁也非常明显。尽管这种威胁造成的危害是多方面的,但是由此给一国政治稳定带来的负面影响不可忽视。东亚冷战后出现的一些恐怖主义组织活动给美国带来的威胁日益增加。尽管诸如阿布沙耶夫(Abu Sayyaf)和摩洛伊斯兰解放战线(the Moro Islamic Liberation Front)这样主要的恐怖主义团体的行动还处在地方层面,但是这些组织能够和全球的恐怖主义组织建立起行动链接。[②] 发生在美国的"9·11"事件就典型地体现了这些地区性的恐怖活动会如何影响美国本土的安全。

不难发现,尽管苏联的继承者俄罗斯实力已大为削弱,而且在冷战结束初期还积极向西方示好,美国在东亚面临的来自苏联共产主义阵营的威胁基本上消失。但东亚地区冷战的遗产以及地区和国际环境的新变化,使得来自传统安全、经济和政治等三个领域的威胁仍然没有消除,一定条件下可能被激活。这三个领域的威胁相互联系、相互影响,构成了美国所面临的"威胁三角",从而影响着美国的东亚甚至全球战略。

二 "不可能三角"困境与美国战略网的构建

冷战期间美国主要通过双边同盟基础上形成的轴辐安全体系来应

[①] Robert B. Zoellick, "Whither China: From Membership to Responsibility?", *NBR Analysis*, Vol. 16, No. 4, January 2005, pp. 94 – 98.

[②] 关于东南亚恐怖主义的网络化,参见 Z. Abuza, "Funding Terrorism in Southeast Asia: The Financial Network of Al Qaeda and Jemaah Islamiya", *Contemporary Southeast Asia*, 2003, pp. 169-199; David Martin Jones, Michael L. Smith, and Mark Weeding, "Looking for the Pattern: Al Qaeda in Southeast Asia—The Genealogy of a Terror Network", *Studies in Conflict & Terrorism*, Vol. 26, No. 6, June 2003, pp. 443 – 457; D. Leheny, "Terrorism, Social Movements, and International Security: How Al Qaeda Affects Southeast Asia", *Japanese Journal of Political Science*, Vol. 6, No. 1, Januanry 2005, pp. 87 – 109。

对其在东亚的威胁。冷战结束之后,东亚地区和国际环境的变化,使得这种基于同盟基础上的安全架构在应对"威胁三角"问题上变得难以为继。

1. 同盟关系在应对"威胁三角"问题上的困境

美国东亚同盟都是在冷战这一特殊背景下建立的。冷战结束之后在帮助美国应对"威胁三角"问题上面临严重缺陷,不但无法应对来自政治和经济等领域的威胁,甚至在应对传统安全威胁上都不再可靠。

首先,美国的同盟只涵盖了有限的少数国家,无法应对"威胁三角"这一复杂多样化的威胁和挑战。在经济领域,美国与东亚国家之间的相互依赖关系已经非常明显。东亚尤其是一些新兴国家已经成为美国重要的商品出口市场和对外投资目的地。而美国盟友在经济领域的表现并不突出。日本自冷战后已经连续经历两个"失去的10年"而陷入低迷,韩国和菲律宾的市场规模都受到限制。奥巴马政府于2010年发起的"国家出口行动计划"(National Export Initiative)中10个新兴出口市场就有3个在东亚——中国、印度尼西亚和越南,而这三个国家都不是美国的同盟。而且,随着东亚网络化趋势的加强,美国的东亚盟友已经与地区内国家尤其是中国,存在着不同程度的依赖关系。有统计数据显示,自2004年开始中国就成为其东亚所有邻国最为重要的出口市场。[1] 中国和美国也互为对方的第二大贸易伙伴,而且自中国加入WTO以来,已经连续成为美国增长最快的主要市场。

在政治领域,同盟同样面临着缺陷。中国是美国解决政治威胁所需要重点借助的对象。这不仅因为崛起的中国本身被美国视为政治威胁的一部分,更重要的是美国在应对一些政治威胁诸如由恐怖主义带来的威胁时,需要中国和其他非盟友国家的合作和支持,例如,恐怖主义、传染病扩散、跨国犯罪,等等;更为重要的是,这些发生在东亚的地方性的威胁来源,可能通过国际关系网络扩散、传播到美国本

---

[1] Heather Smith, Garth Day, Brian Thomas, and Luke Yeaman, "The Changing Pattern of East Asia's Growth", *Economic Round-Up*, Summer 2005, pp. 45 – 67.

土，最终危及美国的安全利益。最为典型的，是发端于亚洲的恐怖主义，已经从根本上改变了美国关于"本土安全"的概念。这些威胁尽管不如传统安全威胁引人注目，但的确会不同程度地威胁到一国政治的稳定甚至政权稳定。

其次，国际安全环境的变化，使一国所面临的外部环境和威胁来源等方面发生变化，从而削弱了美国同盟关系的效力。冷战结束之后东亚主要国家之间都建立或者恢复了外交关系，官方和非官方等在各个领域、各个层次的互动日益频繁，东亚整体环境得以改善。这种环境的好转使美国作为安全保障提供者的地位下降，从而使同盟关系所面临的"被拖累"和"被抛弃"的风险增大，同盟关系中的承诺和义务被履行的可信度降低。与此同时，美国盟友国内的民族主义情绪上升，美国的盟友在对外政策中更强调自主性，进一步加大了被盟友"抛弃"的可能性。布热津斯基曾警告美国要提防被盟友"抛弃"的风险。他指出：

> 美国最大的潜在威胁是中国、俄罗斯或许还有伊朗结成的大联盟。中日轴心可能在美国失去远东的地位以及日本从根本上改变对世界的看法之后出现。另一个则是大欧洲联盟。如果后两种联盟出现了，就意味着美国被盟友抛弃了。[1]

还有学者指出，美国加强与日本同盟关系的一个动机，就是防止中日联手对付美国。[2]

最后，随着实力的下降，美国在应对东亚地区和全球挑战时越来越显得力不从心，因而要尽力避免因为同盟义务而带来的负担。但是，后冷战时代东亚地区不稳定的安全环境和一些盟友在应对外部挑战时所采取的战略，使美国因为同盟关系不得不承受日益加重的安全保障负担。例如，日本与中国在钓鱼岛、东海等问题上的摩擦，一些"台独"分子在分裂道路上的过激做法，都加剧了地区的不稳定。美

---

[1] ［美］滋比格纽·布热津斯基：《大棋局——美国首要的地位及其地缘战略》，中国国际问题研究所译，上海人民出版社1998年版，第72—73页。

[2] 付瑞红：《美国东亚战略的中国因素》，中国社会科学出版社2012年版，第195页。

国因为同盟关系的存在，可能被动卷入。考虑到与中国日益紧密的依赖关系，美国显然无力承担与中国发生冲突的代价。因此，如何避免为同盟的外交上的失误或者太过于自信的外交行为所"拖累"，也是美国需要面对的一个问题。

由此可见，同盟关系作为美国应对"威胁三角"的工具，在后冷战时代东亚地区环境中，其可靠性已经大为降低，成本却不断提高。而且，有些威胁比如经济领域和政治领域，同盟关系基本上无法解决。因此，如果美国继续将同盟作为应对"威胁三角"的工具，就陷入了"不可能三角"困境，即无法同时解决其所面临的军事、经济和政治威胁问题。

2. 美国战略网的构建

基于东亚地区和国际环境的变化，美国也开始调整其对外战略。综合冷战结束以来美国所发布的对外政策和安全领域的文件，不难发现，美国在东亚的战略目标主要集中在三个方面：第一，阻止任何国家成为美国的敌对霸权国；第二，通过前沿军事部署，维系美国在东亚乃至更大范围的影响力；第三，在东亚推动民主原则，维持地区的政治稳定。[①] 这三个方面的目标事实上反映了美国应对"威胁三角"的一个总体思路。

冷战结束之后，美国实现上述目标的既有工具主要是双边同盟。从理论上来讲，除了同盟，美国还存在着其他选项。比如，自助和国际制度。美国冷战结束之后在东亚地区的许多行为的确反映了自助的倾向。美国调整了在盟友及周边军事基地的前沿部署，以应对后冷战时代安全威胁的需要。同时，美国加大了对东亚的投入，并试图继续保持其在东亚的军事优势位置。[②] 这种自助方式面临着两大挑战：一

[①] White House, *The National Security Strategy of the United States of America*, Washington, DC, March, 2010; G. Curtis, "The US in East Asia: not architecture, but action", *Global Asia*, 2007, pp. 43 – 51; S. Weisman, "Rice Seeks to Balance China's Power", *New York Times*, 2009, p. 19; US Department of State, *Deputy Secretary Zoellick Statement on Conclusion of the Second U. S. – China Senior Dialogue*. Statement presented on the conclusion of the Second U. S. – China Senior Dialogue, Washington, D. C., December 8, 2005. www. america. gov.

[②] U. S. Department of Defense, *Sustaining US Global Leadership: Priorities for 21st Century Defense*, Washionton: U. S. Department of Defense, January 2012.

是美国的相对衰落与东亚地区尤其是中国的崛起，使得美国将无法永远保持优势地位。二是网络化的国际关系中，越来越多的全球性问题本身就是跨国性质的，单靠一个国家无法解决，而且仅依靠军事手段更是无法胜任。显然，美国要通过自助来应对"威胁三角"，需要更多地与他国合作而不是自助。

在冷战结束之后，美国大力推动 APEC 作为亚太地区经济一体化的工具，并先后加入东盟地区论坛和东亚峰会等地区多边制度。但是，美国着力推动的 APEC 成效并不显著，最后因各方意见分歧大在贸易自由化方面停滞不前。美国还认为坚持"东盟方式"的东亚多边制度并不能推动具体问题的解决。[①] 因此，美国与东盟、日本等其他东亚行为体一样，也面临着需要构建一个涵盖了与其利益密切相关的主要行为体在内的战略网，来应对所面临的"威胁三角"。

这一战略网的构建同样涉及三个要素：第一，节点的选择。那些与美国在东亚战略利益密切相关的行为体将成为美国战略网中的节点。这些节点将为美国应对来自传统安全、经济和政治等领域的安全威胁和挑战提供不同的资源。第二，节点的链接方式。传统上美国主要通过同盟来维系在东亚的存在，并借此维护美国在东亚和全球的利益。东亚环境的变化，给同盟体系带来了挑战。在缺乏明确、紧迫的威胁下，要建立和维护同盟关系，意味着要付出更高的成本以及更少的收益。因此，美国需要考虑在节点之间建立新的链接方式。第三，节点的运行和维系机制。战略网要发挥作用，需要采取措施协调战略网内节点之间的关系，并维系战略网的稳定。传统的轴辐安全体系的维系主要是基于应对苏联这一共同威胁，美国通过单方面向其同盟提供公共物品的方式来维系轴辐安全体系的正常运行。在东亚缺乏明确的、紧迫的安全威胁的情况下，美国需要在其战略网的成员间建立新的纽带，以维系战略网的运行。

---

① Juilan Weiss, "A New Asian Agenda", *Washington Quarterly*, Vol. 23, No. 1, January 2000, pp. 21-24.

第二节　美国伙伴关系网络中的关键节点

后冷战时代东亚地区和国际环境的变化，已经给美国冷战时期借以应对威胁的同盟关系带来了挑战。美国为了应对后冷战时代东亚的"威胁三角"问题，需要与那些与其利益密切相关的主要行为体合作，从而构建起一个战略网。

从节点的构成来看，美国冷战结束之后继续保留的同盟仍然是构成其战略网的关键节点的一部分。另外，随着中国的崛起及其地区和全球影响力的增强，中国正成为美国应对"威胁三角"的"利益攸关者"。但是，由于美国的同盟关系是建立在应对苏联共产主义阵营这一共同威胁基础之上的。冷战结束之后，美国同盟关系存在的基础不复存在，中国与美国的关系也发生了变化。因此，美国需要调整其与节点之间的链接方式。这表现为，美国同盟关系经历了转型，同时与中国也建立起伙伴关系。

一　美国同盟关系的转型

从地理位置上看，美国的东亚同盟有日本、韩国、菲律宾、泰国等四个。但美国的东亚战略往往与亚太战略等同起来，因此与澳大利亚的同盟关系也被美国纳入东亚战略框架之下。这些以同盟关系链接起来的节点，在后冷战时代不同程度地经历了转型。

1. 美韩同盟转型

冷战结束之后，韩国面临的外部威胁已经明显降低。一方面源于国际和地区局势的整体好转，另一方面源于韩国经济的腾飞以及放弃了以意识形态为主要依据来处理朝鲜半岛问题转而采取更为务实的态度。自冷战结束以来，美韩同盟关系就处于不断调整中。进入21世纪之后，美韩通过发表《韩美联合宣言》建立"全面、具有活力、互利的伙伴关系"将美韩同盟带入了新阶段。2005年11月美国总统布什访问韩国，与韩国总统卢武铉围绕双方关心的韩美同盟问题展开会谈，会谈成果是双方联合发表了《韩美共同宣言》。宣言决定双方建立"全面、具有活力、互利的伙伴关系"。

此后,这一"全面、具有活力、互利的伙伴关系"又得以提升。在 2009 年 6 月双方联合签署《美韩同盟未来展望》联合声明,决定将构筑双边、地区乃至全球范畴内的"全面战略同盟"。2013 年韩国总统朴槿惠访美时,双方决定将"全面战略同盟"关系进一步提升为"全球伙伴关系"。

如同其他伙伴关系一样,美韩伙伴关系在建立的次年即 2006 年 1 月就开始举行伙伴关系框架下的首次战略对话。在这次对话中,双方围绕着如何合作来解决地区及全球范围内面临的挑战展开讨论。双方除了表示要加强反恐、防止大规模杀伤性武器和运载工具的扩散等传统安全议题上合作之外,还强调要共同努力建立开放的民主制度及保护人权、防治(禽流感等)跨国界的传染病、应对危机及自然灾害管理等诸多非军事领域的问题。①

不过,美韩伙伴关系并没有废除同盟关系。自冷战结束以来,韩美双方一直围绕着美韩同盟的重新定位展开讨论。这一议题主要围绕着驻韩美军基地搬迁、同盟内部各自的军事安全角色和美韩军队功能的分工,以及未来美韩同盟的政策构想等三个大的问题展开。其中,第一个问题主要涉及具体的军事技术问题,而后两者则涉及更为一般的美韩同盟关系转型问题。

1993 年 11 月在第 25 次美韩年度例行安保会议上,决定次年美军正式将平时作战指挥权交回韩国。2002 年 12 月,美国与韩国签署了修改之后的《驻韩美军地位协定》,赋予韩国对驻韩美军更大的司法权。2007 年美韩双方就战时作战控制权移交问题达成协议,同意 2012 年 4 月解散韩美联合司令部。② 显然,这种调整使得美韩之间的关系更为平等。

相对这些具体问题的解决,美国同盟中成员的任务分工和关系重新定位等原则性问题上的解决,要更为复杂。美韩经过谈判,实现了对美韩同盟的双重扩展:美韩同盟适用地理范围的扩展和同盟内涵的

---

① 郭宪纲:《韩美同盟寻求新定位》,《国际问题研究》2006 年第 3 期,第 32 页。
② 由于此后朝鲜半岛局势等问题,这一决议在 2010 年 6 月韩国总统李明博与奥巴马的首脑会谈中,将这一时间推迟到 2015 年 12 月 1 日。

扩展。而这种"双重扩展"与美韩伙伴关系框架下的合作，无疑是相辅相成的。

美韩同盟适用地理范围的扩展，通过驻韩美军所获得的"战略灵活性"得以实现。2003年美国在第4次FOTA上首次提出要实现驻韩美军"战略灵活性"，希望能将驻韩美军的作用与任务扩展到朝鲜半岛以外。①到2006年时，双方在这一问题上达成一致。韩国表示"理解美国全球军事战略的变化，尊重实现驻韩美军'战略灵活性'的必要性"；美国则表示尊重韩国立场，不会在违背韩国民意的情况下，介入东北亚地区冲突。②

美韩同盟内涵的扩展，则通过将美韩同盟由军事同盟朝着"全面同盟"方向转型得以实现。"全面同盟"下美韩合作在以下三个方面有了新的内容：（1）合作内容由专注于军事，扩展为包括政治、经济、安全和文化等方方面面，由此赋予美韩同盟在推动地区乃至全球实现自由民主和市场经济的共同价值观等政治领域，加强双方的经济合作、推进亚太区域一体化等经济领域，以及应对恐怖主义、维护能源安全、应对自然灾害等各种非传统威胁领域的合作。（2）将同盟间应对来自具体国家的威胁变为维护地区稳定和秩序，降低了冷战的色彩。（3）在地区问题上，双方的合作保持了模糊性，比如中国台湾问题，强调根据事态发展再决定同盟之间的合作程度。③事实上，这种"全面同盟"关系下的很多合作，正是通过美韩伙伴关系这一框架来实现的。

冷战结束以来，美韩同盟的调整正朝着三大方向转化：正在从军事同盟转向伙伴关系，从以针对具体国家威胁为取向转向以问题为取向，从应对传统安全威胁驱动转向利益驱动。④国内学者郭宪纲研究员在坚持美韩保留了同盟关系的基础上，也认为美韩之间无论是从双

---

① 《制定韩美同盟的图》，[韩]《中央日报》2006年2月9日，转引自李军《驻韩美军"战略灵活性"的内涵及影响》，《现代国际关系》2006年第4期，第50页。

② 同上。

③ Yun Duk-Minm, *Envisaging Future of ROK-US Alliance*, *Policy Brief* IFANS, December 2004/2005, pp. 8 – 12.

④ James J. Przystup Kang Choi, "The U.S. – ROK Alliance: Building a Mature Partnership", *INSS Special Report*, March 2004.

方各自在同盟中的地位还是合作的内容，都越来越类似伙伴关系。①需要强调的是，在可预见的时期内，美韩同盟仍然不会解散，但是的确在转型。显然，伙伴关系正是美韩关系变化的结果，其对同盟关系会产生影响。通过建立伙伴关系，韩美进一步丰富和扩大了双边合作内容，有利于巩固同盟关系。但是，美韩伙伴关系的建立，的确反映了建立在冷战时期的美韩同盟，已经越来越不适应地区和国际环境这一事实。从美国的角度来看，韩美伙伴关系的建立也体现了美国试图通过伙伴关系来弥补同盟关系之不足，以更为有效地应对后冷战时代的"威胁三角"问题。

2. 美日同盟的转型

冷战结束之后，美日在保留同盟的同时，又建立了美日全球伙伴关系。这一点本书已经在第六章第二节进行了讨论。在此，笔者将着重强调美日同盟关系转型的特征。

在美国的东亚战略中，美日同盟与美韩同盟具有越来越多的相似性。换言之，日本和韩国作为美国战略网的节点，在功能上具有较高的一致性。美日同盟的转型同样体现在两个方面：地理范围的扩展和合作内容的扩展。在地理范围上由防御日本本土逐步扩大到应对"有事周边"再进一步扩大到亚太甚至全球地区。在合作内容上，由于建立了美日全球伙伴关系，美日也逐步由军事领域的合作扩大到政治、经济等多个领域。

3. 美菲同盟与美泰同盟

美菲同盟关系建立在冷战时期的1951年。冷战结束初期，美菲未能在延长租界军事基地和驻军期限问题上达成一致，美国从菲律宾撤出驻军。由此两国关系受到影响，军事交流几乎停止。1998年，美菲签署了《访问部队协议》，美国由此重新获得进入菲律宾的机会。两国军事交流合作活动逐步恢复。但是，在2003年的美国对伊拉克战争中，菲律宾因为人质事件而被迫从伊拉克战场撤军，美菲两国关系再次出现裂痕。此后美国忙于中东和阿富汗反恐，对整个东亚地区都无暇顾及，美国也进一步冷落了菲律宾。在奥巴马上台之后，

---

① 郭宪纲：《韩美同盟寻求新定位》，《国际问题研究》2006年第3期。

随着美国实施亚太再平衡战略,美国加强了与菲律宾的联系。菲律宾被指定为美国与东盟关系的"首席协调员"国家。① 并且美菲双方开始举行防长和外长的"2+2"对话,第一次对话已于 2012 年 1 月举行。在这一过程中,美菲同盟关系的变化,比较明显的方面是,出现了防长和外长的"2+2"战略对话。

值得强调的一点是,美菲同盟建立在《美菲共同防御条约》基础之上。这一条约并未包括南沙群岛。为此,美国政府多次重申将坚持《美菲共同防御条约》。而针对菲律宾与中国在南海问题上的冲突,美国并未明确表示在这一问题上用武力支持菲律宾,而是反复阐述希望相关方"通过和平方式解决"的立场这一"模糊"手段来处理。②

美泰同盟关系建立于冷战的高峰期。1962 年泰国外长他那·柯曼（Thanat Khoman）和美国国务卿腊斯克（Rusk）共同签署的《他那—腊斯克联合声明》（*Rusk-Thanat Joint communiqué*）构成美泰同盟关系的核心要件。在声明中,双方明确表示要联合抵制"社会主义势力的入侵",美国明确承诺确保泰国的安全。美国借这一条约获得了在泰驻军和使用泰国领土上的七个军事基地的权力。③ 冷战结束之后,美泰同盟关系尽管未终止,但也经历了反复波折。2012 年 11 月双方签署的《美泰防务联盟共同声明》（*Joint Vision Statement for the Thai-U. S. Defence Alliance*）,重新确认和更新了两国同盟关系。在新签署的防务合作中,双方删除了"抵御社会主义"等针对具体国家的合作内容,将合作的重点放在了维护东南亚及亚太地区的安全和稳定方面开展支持和协调。④ 显然,冷战时期的美泰同盟关系是非常典

---

① 孙天仁:《巩固传统盟友关系,协调美国东盟合作:菲律宾总统访美期待多》,《人民日报》2009 年 8 月 1 日第 3 版。

② 于景浩:《菲媒高度关注美菲"2+2"会谈,不满美模糊表态》,《人民日报》2012 年 5 月 3 日。

③ 李小军:《论战后泰国对华政策的演变》,《东南亚研究》2007 年第 4 期,第 41—45 页; L. P. Singh, "Thai Foreign Policy: The Current Phase", *Asian Survey*, Vol. 11, No. 3, September 1963, pp. 535 – 543。

④ U. S. Department of Defence, 2012 *Joint Vision Statement for the Thai-U. S. Defense Alliance*, November 15th, 2012, http://www.defense.gov/releases/release.aspx? releaseid = 15685。

型的军事同盟关系，双方存在着较为明确的权利义务承诺和共同应对的威胁目标。而此次更新后的美泰同盟关系，与美韩同盟关系类似，降低了针对特定国家的色彩，扩大了地域范围和合作领域。

美国与菲律宾和泰国等同盟关系近年来加强了海上自由航行、反对核扩散、提高军事透明度、民主人权、联合救灾、人道主义援助等合作。显然，合作内容和范围都不断扩大，并降低了针对特定国家的色彩。

4. 美澳同盟关系

美澳同盟关系建立在冷战时期的1951年，由澳大利亚、新西兰和美国三国发布的《澳新美三国安全条约》，确立了三边同盟关系。20世纪80年代美新同盟关系中断，但美澳之间仍然坚持了这一条约。这一同盟是冷战期间美国从南部抵制苏联共产主义阵营的重要工具。冷战结束之后，美澳同盟尽管延续了下来，但联系相对松散。20世纪90年代初，澳大利亚还收回了美国冷战时期设在位于澳西北岬的海军通讯。[①] 进入21世纪以来，美澳同盟关系重新活跃起来。

面对新的环境，美澳同盟关系在合作内容和地理范围上同样发生了变化。首先，美澳之间在冷战即将结束前建立的美澳部长级对话会议机制近期被重新重视，并丰富了对话内容。这一部长对话会议机制包括双方防长和外长在内，形成2+2战略对话机制。对话主要围绕着两国安全和对外政策中共同面临的重大问题展开。2007年9月澳美双方签署《澳美国防贸易合作条约》，将澳大利亚纳入了美英组成的防务"准许共同体"（Approved Community）。在"准许共同体"内的澳国防公司基本上可享受美国公司同等待遇。2011年美澳签署《网络空间的联合声明》，强调要加强在互联网安全领域的合作。[②]

美澳同盟关系的合作范围由防御本土提升到亚太甚至印度洋地区，试图形成一个联结印度洋与太平洋的合作框架。2011年对话战略发布的公告称，双方将在亚太地区的经济社会发展中扮演建设性角

[①] 宫少朋：《澳美安全合作的纠葛及其前景》，《美国研究》1992年第2期。

[②] U. S. Department of State, *U. S. - Australia Ministerial Consultations* 2011 *Joint Statement on Cyberspace*, Washington, D. C., September 2011, http://www.state.gov/r/pa/prs/ps/2011/09/172490.htm.

色，推动该地区的和平与繁荣，支持东南亚与南海地区的航行自由、尊重国际法规范以及降低商业活动的障碍。①

综合冷战结束以来美国与同盟之间的互动关系来看，不难发现这些同盟关系都经历了不同程度的转型。但以下几个共同特征非常明显：第一，同盟之间应对威胁的范围进一步扩大，逐步由应对本土的威胁扩大到周边甚至亚太地区。威胁来源也由应对具体国家逐步模糊化为应对"地区和周边不稳定因素"，降低了针对特定国家的色彩。第二，同盟合作内容进一步拓宽。除了传统安全威胁，还加强了在应对非传统安全威胁、发展经济、人文交流等领域的合作。而且，都建立了防长和外长层次的"2+2"对话机制，将军事合作与外交互动结合起来。其中，美国与日本、韩国还通过建立伙伴关系，来实现双边合作范围的进一步拓宽和在非军事领域合作的机制化。当然，这些同盟关系并没有削弱，而且双边还通过诸如驻军、军事演习、武器售卖等形式强化了军事领域的合作。但是，美国与同盟双边开展的新的互动内容同样不容忽视。这些新的互动显然超越了传统盟友框架下的合作内容，更具有伙伴关系特征。

二　中美在伙伴关系框架下的互动

冷战期间中国在美国东亚战略中就占据着重要位置。"二战"结束之后，美国将中国视为重要的威胁来源。中美之间还在朝鲜战场上直接交火。为此，美国对中国在经济上实行封锁、政治军事上遏制。随着中苏同盟关系的破裂，美国改变了对中国的态度，并与中国实现外交关系正常化。此后直到冷战结束前，中国一直是美国对抗苏联威胁的依靠力量。②

冷战结束之后中美关系发生了变化。一方面，苏联这一共同威胁不复存在，美国和中国都与苏联继承者改善了关系。另一方面，中国的崛起及其地区影响力的增强，越来越让美国感受到竞争压力

---

① U. S. Department of State, *Australia -United States Ministerial Consultation* (*AUSMIN*) 2011 *Joint Communique*, Washington, D. C., September 2011, http：//foreign minister. Gov. au/releases.

② J. Mann, *About Face：A History of America's Caurious Relationship with China from Nixon to Clinton*, New York：Random House, 1999.

和潜在威胁。尤其是台湾问题在冷战结束之后凸显出来。但与此同时，中美之间在经济、政治和社会文化等各个领域之间的互动也日益频繁，并形成了紧密的相互依赖关系。冷战结束之后中美之间的伙伴关系就在这一背景下展开。到目前为止，中美伙伴关系的演变大致经历了三次"再定义"：中美建设性战略伙伴关系、中美合作伙伴关系、中美新型大国关系。中美关系的演变过程也是中美之间权力变迁的过程。

1991年苏联解体之后，中美面临着相互关系的重新定位。冷战期间苏联这一共同威胁将中美两国联系起来。冷战之后，中美关系就缺乏了战略纽带。尤其是考虑到中美之间在政治制度、价值观、意识形态等方面都存在着的差异；更为重要的是，东亚的冷战遗产台湾问题以及与美日同盟相关的中日关系。这些因素加剧了中美之间关系的不确定性。

美国国内在围绕着是与中国交往还是遏制争论了一段时间之后，与中国建立了伙伴关系。1997年10月时任中国国家主席江泽民访问美国，双方联合签署了《中美联合声明》，提出中美将建立"面向21世纪的建设性战略伙伴关系"。在建设性战略伙伴关系下，中美双方在台湾问题、民主人权问题、经贸领域以及社会文化领域等多个层面展开了互动。而且，两国自2000年开始了军事交流。这一期间中美之间主要面临的是台湾问题。两国之间在实力上的巨大差距，使得美国更重视中国这一潜在巨大市场，在政治、安全方面则试图通过与中国的"接触"并进行社会化。

进入21世纪以来，中美两国之间的权力变迁表现得尤为明显。中国持续多年的高速经济增长和社会稳定，增强了中国的经济实力，并由此带动中国国防现代化水平的提高。中国加入WTO和参与地区多边合作，积极参与地区和全球热点问题的解决，提高了地区和全球影响力。与此相对的是，美国相对权力则处于下降之中。"9·11"事件以及此后美国发动的伊拉克和阿富汗战争削弱了美国的软、硬实力。2008年爆发的经济危机重创了美国经济，使美国国内面临的贸易赤字和财政赤字问题更为恶化。

到布什任总统时，美国已经开始将中国视为"战略竞争者""对手""处于十字路口的国家"。针对中国的政策更突出预防潜在的"中国威胁"。2006年美国《国家安全战略报告》将中国视为最有可能的"战略挑战者"。2010年奥巴马政府公布的《美国国家安全战略报告》中,中国已经成为美国直接的"战略竞争对手"。①

与此同时,美国与中国之间的相互依赖关系也日益密切。在经济领域,美中贸易委员会于2014年5月发布的一份报告称,美国过去10年对华出口增长255%,增速远超美国其他任何一个贸易伙伴,成为美国增长最快的出口目的地。2013年美国对华出口总额达1200亿美元,中国连续5年成为美国第三大出口市场。② 在金融货币领域,中国已经取代日本,成为美国国债最大持有人,中美之间形成了典型的"外汇恐怖均衡"。在安全领域,中国在朝鲜半岛问题上发起的六方会谈,已经成为解决朝核问题不可或缺的多边工具,甚至有学者认为六方会谈可以成为构建东北亚地区架构的主要平台。③ 在伊拉克问题、阿富汗问题等方面,中国也扮演着积极的角色。在政治领域,中国在解决全球气候变化、推动国际贸易多边谈判、联合打击恐怖主义等多边合作平台方面,扮演着重要角色。中国已经成为G20的重要成员。在这些多边合作中,美国越来越需要中国的支持和合作。

由此,在新形势下,美国一方面将中国视为"竞争对手""处于十字路口的国家"。另一方面,中美之间在双边、地区和全球形成的紧密依赖关系,又使得美国不得不借重中国这一"利益攸关者"。因此,中美两国之间的伙伴关系又面临着重新定位。

2009年4月,中美两国领导人在参加G20会议会晤后提出努力建设"21世纪积极合作全面的中美关系"。同年底,美国总统奥巴马访华提出中美建立"应对共同挑战的伙伴关系",对此定位进行了补充。2011年1月时任中国国家主席胡锦涛访美,两国领导人会晤后发表的《中美联合声明》,正式提出双方将建立"相互尊重、互利共赢的合作

---

① 美国《国家安全战略报告》的详细内容,参考美国国防部官网(Available at: http://www.defense.rail)。
② 张蔚然:《中国成美增长最快出口目的地,为美第三大出口市场》,2014年5月7日,中新网(Available at: http://www.chinanews.com/gn/2014/05-08/6145956.shtml)。
③ 例如,朱锋:《六方会谈的制度建设与东北亚多边安全机制》,《现代国际关系》2007年第3期;蔡建:《六方会谈与东北亚安全合作机制》,《东北亚论坛》2008年第6期。

伙伴关系"。①

此后，随着美国实施的亚太再平衡战略引发的反响和中国的疑虑，在中国新一届领导人上台之后，提出了中美关系的新定位：中美新型大国关系。这一定位产生之后，得到了美国方面的反应和认可。2013年11月20日，美国国家安全顾问苏珊·赖斯（Susan Rice）在乔治城大学发表演讲时，表示中美在亚洲乃至世界范围内的利益趋同，中美将建立更深层次的合作来管理彼此的竞争。金灿荣教授指出，这表明"新型大国关系"已经成为美国对华关系中的一个官方概念而得到认可。②

纵观冷战结束以来中美的互动历史，可以说双边关系从整体上保持了稳定，但局部一些事态诸如中国台湾问题、贸易摩擦、人民币汇率、人权问题等因素，仍然影响着中美关系的发展，甚至引发双边关系的紧张。但与此同时，中美两国之间无论是在传统安全，还是政治、经济等领域的相互依赖关系都在不断深入，在地区和国际事务上的合作需求也日益增加。在这种双边互动氛围中，美国既不能像对待苏联一样对中国进行"遏制"或者"包围"，又担心中国崛起之后成为美国主导的国际秩序的"挑战者"。因此，对于美国而言，伙伴关系除了具有推动两国之间的合作等一般功能之外，更为重要的功能还在于，作为管理中美关系的一种工具。

首先，伙伴关系为转型时期中美之间的关系进行了定位，提供了系统性的互动原则和规范，促进了关系的稳定。冷战结束之后，中美确立的建设性战略伙伴关系就非常明显地反映了伙伴关系的这一功能。金灿荣教授认为，"建设性战略伙伴关系"这一定位包含以下三层含义：

> 第一，它表明了双方避免敌对的决心和对两国关系的高度重视；第二，它显示出"求同存异"的态度，双方将在保留分歧的

---

① 军事科学院《世界军事年鉴》编辑部编：《世界军事年鉴2010》，解放军出版社2011年版，第633—637页。
② 金灿荣、赵远良：《构建中美新型大国关系的条件探索》，《世界经济与政治》2014年第3期，第52页。

同时，尽可能在具有某种共同利益的问题上展开合作，不让某一问题上的歧见干扰其他问题上的相互协调；第三，它反映了双方的一种意图，即寻求一种新的关系框架以使中美关系长期保持稳定，使未来两国的矛盾和冲突得以控制。①

其次，伙伴关系可以发挥"诱导"中国"遵守"美国主导的地区和全球秩序的激励因素。中美伙伴关系是基于两国利益一致这一基础之上，经过协商建立起的合作关系，并不具有强制力。中美关系在伙伴关系框架下的发展，很大程度上取决于双边共同利益的大小以及互动的历史经验产生的对未来关系的预期。因此，从这一意义上，中美之间的伙伴关系同样具有类似中日伙伴关系的"钳住"（clinching）功能。即美国在缺乏有效影响中国未来走向的手段的情况下，通过发展与中国的伙伴关系，产生了相互依赖所带来的利益，来增加中国成为地区和国际社会"捣乱者"的成本。在伙伴关系框架下中美双方在各个领域开展的进一步合作，推动了具体问题的解决，各自从合作中获得了绝对获益。例如，中美伙伴关系框架下，美国支持中国加入 WTO，并遏制台独势力过于激进影响地区稳定等方面给中国带来了利益。金俊远在分析中美伙伴关系中断之后，中国将面临的损失时指出：

> 如果与美国结束战略伙伴关系，不仅使中国享受参与国际经济所带来的所有好处受到限制，而且明显地使中国置于难以匹敌的美国强大的军事实力的瞄准之下。而且，这也使美国可以自由地进一步提高与台湾（和日本）的军事联系。②

最后，中美伙伴关系还被美国用于塑造和影响中国未来走向。尽管美国很少公开明确将中国视为威胁或者敌人，但中国的崛起尤其是军事实力的增强，的确让美国感到忧虑，或者至少被视为不确定性因素。伙

---

① 金灿荣：《更多的"建设性"——评江主席访美以来的中美关系》，《当代亚太》1998 年第 6 期，第 3 页。
② ［美］金俊远：《中国大战略与国际安全》，王军、林民旺译，社会科学文献出版社 2008 年版，第 172 页。

伴关系显然为美国接触中国来降低不确定性，提供了工具。2012年7月美国负责亚太地区防务的司令员塞缪尔·洛克莱尔（Samuel J. Locklear）访华时表示，美国不试图在东亚"遏制中国"，而是与中国"协作"（collaborate），其同时承认："我认为随着中国崛起为一个大国，同任何崛起大国一样，将面临许多选择并需要做出决定。我们的目标就是，在这个过程中将中国变成我们的建设性伙伴。"[1]

三　东亚同盟、中美关系与美国东亚战略的困境

冷战期间中国与美国在应对苏联威胁上达成了统一战线，这使得中国与作为美国的东亚盟友之间也存在着共同利益。冷战结束之后，来自苏联的威胁消失，东亚地区和国际环境发生了变化，但是美国仍然保留了同盟关系，与此同时与中国建立了伙伴关系。美国的东亚同盟关系和中美伙伴关系构成了美国后冷战时代在东亚战略网的关键组成部分。后冷战时代美国在东亚的战略，主要就是围绕着这种同盟与伙伴关系的互动而展开。

中国的崛起尤其是经济上的持续发展，增强了中国在地区和全球的影响力，并正成为东亚国家以及美国重要的经济伙伴。无论是美国还是其盟友都需要与中国发展外交关系，并保持积极友好的合作关系，以搭上中国经济增长的快车。但是，美国又将中国视为"不确定因素"，中国的迅速崛起引发美国的疑虑，担心中国崛起之后成为地区和全球秩序的挑战者。为此，美国在发展与中国的伙伴关系的同时，还积极深化与东亚同盟之间的合作。这就是冷战结束之后尤其是进入21世纪以来美国对华的对冲战略。[2] 但是，在东亚地缘政治中，美国的这一战略并无法帮助其有效应对后冷战时代的"威胁三角"问题，反而让其陷入困境（见表7—1）。

---

[1] J. Perlez, "U. S. Reaches Out to China, but Not for Naval Maneuvers", *New York Times*, 29th June 2012.

[2] 俞正樑：《试论美国对华的对冲战略》，《国际观察》2006年第1期；章嘉琳：《美国对付中国崛起的"对冲"战略》，载冼国明、陈继勇主编《当代世界经济格局下的中美经贸关系》，中国经济出版社2007年版，第310—311页；E. Medeiros, "Strategic Hedging and the Future of Asia-Pacific Stability", *The Washington Quarterly*, Vol. 29, No. 1, 2005, pp. 145–67。

表7—1　　　　　　　美国东亚战略的成本—收益分析

	美国强化中美关系	美国强化东亚同盟关系
收益	①获得中国在解决其国内经济、政治和安全等问题上的支持；②地区和国际事务中得到中国配合和支持；③增加了塑造中国未来走向的机会	①获得东亚盟友在解决国内、地区和全球问题上的支持；②增加了遏制中国崛起的手段和资源
成本	①动摇了东亚盟友对美国提供安全保障的信心；②东亚盟友可能转向"追随"中国，削弱了同盟关系，同时增强了中国的影响力	①不利于中美关系的改善，降低了中国在地区和国际事务上与美合作的积极性；②引发中国对中美伙伴关系的疑虑，可能转向自助形式谋取权力，从而强化了地区安全困境

首先，美国为了维持其霸权地位，解决国内经济社会发展所面临的各种问题，需要与中国积极发展外交关系，以从与中国的经济交往中获得资金来源、商品出口市场和对外投资场所等各种收益。同时，美国东亚和全球所面临的诸如朝鲜问题、伊朗核问题、阿富汗问题等各种传统安全威胁，以及全球气候变暖、能源危机、全球公共卫生问题、金融危机等非传统安全威胁，都需要中国在外交上的支持与合作。为有效地应对这些威胁和挑战，美国需要改善与中国的关系。但是，当美国与中国关系走得太近时，将引发其东亚同盟对被美国"抛弃"的忧虑。尤其是那些将中国崛起视为"威胁"的国家，对中美关系的改善尤为敏感，如日本。现实主义理论告诉我们，由于中国在东亚地区强大的影响力，如果美国盟友对"被抛弃"的恐惧不断增大时，就可能转而选择"追随"中国。这种情况一旦出现，美国就失去了制衡中国的外部资源。

其次，为了确保中国的和平崛起，并在崛起之后不破坏美国主导的地区和全球秩序，美国加强了与同盟之间的合作。但是，同盟关系的加强又会影响美国与中国的伙伴关系。这是由同盟关系的性质决定的。摩根索指出，"一个典型的同盟一定是针对某一特定国家或特定国家集团的"。① 中国作为崛起的新兴大国，面临美国在中国周边强化同盟关系，势必影响中国对中美关系的判断。更为严重的是，中美之间还存在着台湾问题这一可能爆发武装冲突的潜在隐患。因此，美国加强与同盟之间的合作尤其是军事领域的合作，将削弱中美之间的信任，激活中美之间的安全困境。

可见，美国与东亚一些国家之间采取同盟关系这一链接方式，与中美之间采取伙伴关系这一链接方式，造成了美国东亚战略困境的根源。在缺乏紧迫的外部安全威胁的背景下，同盟关系已经成为制约美国东亚战略的主要因素。也正因为如此，本书前面的研究也发现，美国的同盟关系正在经历转型，并与日本和韩国建立了伙伴关系。但是，只要同盟关系继续存在，美国东亚战略面临的这种困境就难以消除。作为对这一困境的暂时解决方法，美国采取的措施就是，在保持与中国和东亚盟友的既有关系基础之上，将与其利益密切相关的更多行为体纳入战略网，从而缓解这种困境。接下来本书将分析美国在同盟之外，新建立起来的伙伴关系。

第三节　美国的安全利益与伙伴关系网的构建

为了应对"威胁三角"问题，美国继续保留了冷战时期的东亚盟友，并与中国建立了伙伴关系。由于同盟这种合作形式的局限，以及后冷战时代威胁来源的不确定性，使得东亚盟友并不足以应对"威胁三角"。虽然与中国建立了伙伴关系，但美国对中国采取的对冲战略，使其与同盟之间还存在一定程度的紧张关系。为了更为有效地应对"威胁三角"，美国需要将更多与其利益密切相关的行为体纳入战略网。由于同盟关系的局限，美国在冷战结束之后对新建立的双边合作主要采取了伙伴关系这一形式。由此，东亚盟友以及伙伴关系

---

① ［美］汉斯·摩根索：《国家间政治：权力斗争与和平》，徐昕、郝望、李保平译，北京大学出版社2006年版，第220页。

就共同构成了美国应对"威胁三角"的战略网。

一 美国在同盟之外新建立的伙伴关系

到目前为止,除了中国以及传统盟友日本、韩国之外,美国还与东亚地区与其利益密切相关的新加坡、越南、印度尼西亚、马来西亚,以及南亚的印度、大洋洲的新西兰等国家缔结了双边伙伴关系。

1. 新加坡

2003 年美国总统布什访问新加坡,双方联合发表的《美新联合声明》,决定建立美新战略合作伙伴关系。《联合声明》提出了两国之间合作的领域包括防务和安全、反对恐怖主义、防扩散、开展贸易和金融合作,以及推动双方的社会人文交流等方面。① 同年,美新就缔结 FTA 达成协议,并于次年生效。

2012 年 1 月,美国负责东亚和太平洋事务的助理国务卿坎贝尔以及新加坡外交部常务秘书金喜共同主持了美新首轮战略伙伴对话。双方在对话结束后发表联合声明指出,对话旨在进一步加强双边关系,并表明两国战略伙伴关系取得新进展。双方围绕着东南亚、东北亚以及东盟、东亚峰会、东盟地区论坛和亚太经合组织等区域组织和机制内的最新事态发展进行了讨论。②

2. 越南

越南在冷战期间不仅与美国发生了"热战",而且长期作为苏联在东南亚的代理人与美国处于对峙状态。但是冷战结束后,越南在 1995 年与美国建立了外交关系,此后两国在军事、政治和经济等各个领域的双边关系发展迅速。2003 年美国护卫舰自越战结束之后第一次访问越南,同年越南开始以观察员身份出席美国主导的金色眼镜蛇军事演习。2005 年越南开始参加美国的国际军事教育和培训项目,派出军官去美国接受语言培训。③ 2010 年 7 月,美国国务卿克林顿访

---

① White House, *Joint Statement Between the United States of America and the Republic of Singapore*, Singapore, October 21, 2003, www.whitehouse.gov/bews/release/2003/1021-9.html.

② 易爱军、冉维:《美国与新加坡举行首轮战略伙伴对话》,2012 年 1 月 19 日,新华网(http://news.xinhuanet.com/world/2012-01/19/c_111451993.htm)。

③ J. Peter Pham, "From Normalization to Partnership: An Overview of Relations between the United States and Vietnam", *American Foreign Policy Interests*, Vol. 27, No. 5, August 2005, pp. 407-418.

问越南时，提出将两国关系上升到战略伙伴关系。由于 2011 年两国在人权问题上的分歧，使得这一提议受阻。2013 年 7 月，越南国家主席张晋创访美时，美越双方发表联合声明，宣布正式建立"全面伙伴关系"。① 两国决定在政治和外交、贸易、经济、科学和技术、教育、环境保护、战争遗留问题、防务、人权、文化和民间交流等各个领域开展合作。②

3. 印度尼西亚

印度尼西亚在美国东亚战略中具有重要地位。冷战时期及冷战结束初期，美国与印度尼西亚双方保持着密切的军事、经济和政治合作关系。冷战结束后，双方的合作受到印度尼西亚国内分离运动、民主以及人权等问题的影响。1991 年 11 月印度尼西亚用武力镇压东帝汶的独立运动之后，美国对印度尼西亚进行部分制裁，包括削减军事援助和经济援助。但是，直到 1999 年 9 月之前，美国仍然与印度尼西亚在一些领域保持合作关系。克林顿总统决定中断与印度尼西亚军方的关系，并表示如果印度尼西亚政府继续抵制东帝汶的独立，美国将停止对印度尼西亚的经济援助。2000 年美国国会通过的里奇修正案将对外军事关系与人权挂钩，这给印度尼西亚带来了压力，印度尼西亚拒绝接受美国的援助条件，双方合作关系中断。"9·11"事件之后，美国开始重新重视印度尼西亚在美国安全尤其是反恐战争中的地位。2004 年印度洋海啸中，美国向印度尼西亚的援助为两国关系的恢复和改善提供了契机。2005 年，美国开始重新向印度尼西亚开放"国际军事教育与培训计划"，并于同年 5 月恢复向印度尼西亚出口"非杀伤性武器"，同年 7 月两国在爪哇举行联合军事演习。2010 年

---

① 到目前为止，越南已经与世界上 12 个国家建立了战略伙伴关系。在越南伙伴关系战略中，其根据关系对外重要程度和合作紧密程度，将伙伴关系分为"战略伙伴关系""全面战略伙伴关系"以及"战略合作伙伴关系"等不同类型。例如，越南与泰国、新加坡等国家建立了"战略伙伴关系"，与中国建立了"战略合作伙伴关系"，与俄罗斯建立了"全面战略伙伴关系"，与美国建立的是"全面伙伴关系"。

② 公告全文内容参见：The White House, *Joint Statement by President Barack Obama of the United States of America and President Truong Tan Sang of the Socialist Republic of Vietnam*, 25th July 2013, http://www.whitehouse.gov/the-press-office/2013/07/25/joint-statement-president-barack-obama-united-states-america-and-preside。

11 月美国总统奥巴马访问印度尼西亚时,双方签署了《美国—印度尼西亚全面伙伴关系协议》,双方决定加强和扩展在贸易、投资、教育、能源、环境、国家安全等各个领域的全方位合作。[1]

4. 马来西亚

冷战期间,在反对苏联共产主义阵营这一共同威胁下,马来西亚加入美国领导的资本主义阵营,但并没有建立同盟关系。冷战结束之后,随着这一威胁的消失,马来西亚在马哈蒂尔领导下的外交政策越来越强调独立自主。美国与马来西亚的关系出现裂痕。马哈蒂尔在冷战结束不久即提出建立将美国排除在外的东亚经济集团的主张。1997 年爆发的东亚金融危机和 1998 年爆发在马国内的"安瓦尔事件"之后,美国与马来西亚之间的竞争日趋激烈。[2]

但是,"9·11"事件以来随着恐怖主义在全球的猖獗和美国改变对马来西亚的政策,马美关系迅速修复并不断好转。2014 年 2 月,美国总统访问马来西亚时,双方决定将两国关系提升为"全面伙伴关系",并决定将加强双方在经济、安全、教育、科学、技术等领域的合作。随着全面伙伴关系的建立,马美双边关系将进入新阶段。

5. 新西兰

"二战"后新西兰作为西方阵营的一员加入了"北约"。1951 年新西兰与澳大利亚一起与美国缔结《澳新美安全条约》,成为美国的盟友。该条约规定,缔约国将保持和发展其单独及集体的抵抗武装攻击的能力,"每一缔约国都认为在太平洋地区对任一缔约国的武装攻击都将危及它自身的和平与安全,并宣布将按照它的宪法程序采取行动,去应付共同的危险"。[3] 可见,美国与新西兰在冷战初期是一种军事同盟关系。其间,新西兰参与了美国发动的朝鲜战争和越南战争。但是,20 世纪 80 年代中期之后,新西兰与美国围绕着美国核动力舰停靠新西兰港口问题产生矛盾,最后美国于 1986 年 8 月宣布终止在《澳新美安全条约》下承担的防务义务,并将新西兰从盟国降

---

[1] 陈庆鸿:《美印度尼西亚关系热络:从问题国家到伙伴》,《世界知识》2011 年第 3 期。
[2] 廖小健:《冷战后的马美关系与马来西亚的外交策略》,《外交评论》2006 年第 6 期。
[3] 赵青海:《浅析新美"新型战略伙伴关系"》,《国际问题研究》2011 年第 4 期。

为"友好国家"。

冷战结束之后尤其是"9·11"事件以来，两国关系很快回暖。2010年11月，美国务卿克林顿访问新西兰时，两国签署《惠灵顿宣言》，宣布正式建成"新型战略伙伴关系"。① 双方决定加强防务、安全、经济、政治和社会文化等领域的全面合作。在伙伴关系框架下，双方当前将可再生能源和自然灾害应对等纳入重点合作领域，在反恐、防止核扩散、打击跨国犯罪和应对气候变化等领域加强了合作。

6. 印度

冷战期间印度加入苏联领导的共产主义阵营，由于美国与巴基斯坦以及20世纪70年代之后与中国的关系的恢复和发展，使得美印关系一直处于停滞状态。但是，冷战结束之后，美印关系获得了较为迅速的发展。2000年3月美国总统克林顿访问印度，这是1978年时任总统卡特访印之后22年来美国总统第一次访问印度。访问期间，双方共同签署了《印美关系：21世纪展望》文件，并决定建立双边高层对话机制等重要文件。自此开始，美印关系迅速发展。2005年，布什政府公开宣布将帮助印度成为"21世纪的大国"，并强调这一政策的军事意义。②美印于2010年6月开始双边战略对话。美国近年来将东亚范围进一步扩大到印度洋，形成印度洋—太平洋战略。其中，印度就是这一战略的关键节点。

此外，本书在第五章已经指出，美国与东盟也建立了伙伴关系。东盟作为东亚地区最为成熟的地区组织，在推动东亚地区合作、促进地区制度建设方面的作用，也为美国所重视。同时，由于东盟成员国在与大国打交道时，更倾向于以同盟的形式整体进行。因此，这也迫使美国为了"留在"东亚，而与作为整体的东盟建立了伙伴关系。但此前由于缅甸国内问题，美国在推进与东盟的伙伴关系上显得犹豫不决。

综合上述分析，不难发现，美国新建立的伙伴关系战略具有以下

---

① 黄兴伟、刘洁秋：《美国与新西兰建立战略伙伴关系》，2010年11月4日，新华网（http://news.xinhuanet.com/world/2010-11/04/c_13591331.htm）。

② Edward Luce, *In Spite of the Gods: The Strange Rise of Modern India*, London: Little and Brown, p. 281.

几个特点：第一，美国缔结的伙伴关系大都是之前没有与美国建立正式盟友关系或者盟友关系没有正式化的国家，也包括了与美国关系疏远但最近发展迅速的国家；第二，这些国家都在美国的亚太乃至全球战略中扮演着重要角色；第三，美国与这些国家的双边关系具有地区乃至全球的重要性。这些伙伴关系与此前冷战期间美国建立的同盟一起，构成了美国后冷战时代应对"威胁三角"的战略网。

二 美国的传统安全利益与主要节点的角色

冷战结束之后东亚地区发生大规模军事冲突的可能性已经大大降低，但是由于东亚从整体上缺乏能够约束国家行为的安全架构，从而增加了潜在冲突爆发甚至失控的可能性。这些潜在的冲突一旦爆发，考虑到美国与东亚密切的相互依赖，无疑将会威胁到美国对流动性的控制能力。从地理板块来看，美国正着力预防的传统安全威胁主要来自三大地域范围：朝鲜半岛、台湾海峡以及南海。此外，美国东亚战略出现的一个新动态，就是将印度洋与太平洋连接起来，确保对两大洋的有效控制。

1. 美国在东亚地区的传统安全利益与主要节点的角色

朝鲜半岛当前主要有两个密切相关的问题：一个是半岛的统一问题，另一个是核问题及其由此引发的地区局势紧张甚至武装冲突，从而给流动性带来的破坏。前者主要是涉及统一方式以及统一之后朝鲜半岛的走向。为此，美国加强与韩国和日本等盟友的合作，以确保朝鲜半岛以与其利益相符的方式完成统一。

在解决朝鲜核问题上，东亚的中国、韩国和日本既是利益攸关者，也是美国在解决朝鲜半岛问题上的合作对象。除此之外，美国为了解决制造核武器的原材料及其运载工具的扩散，还发起了"防核扩散安全倡议"（Proliferation Security Initiative）多边组织。美国试图利用各国的法规制度、外交、经济、军事等各种工具，阻止大规模杀伤性武器与相关设备与技术的运输与扩散。日本和澳大利亚响应美国的号召，并积极加入。随着朝鲜核问题的演变，韩国于 2009 年加入这一组织。此外，美国还与韩国和日本围绕朝鲜问题开展三边协调。

台湾问题是中国的内政，但美国一直没有放弃干预。美国介入台湾问题有多种因素在起作用。但从网络力这一角度来看，主要源于台湾海峡这一地缘位置的重要性。从地图上看，台湾海峡西北通日本海和东亚相通，向西过南海可进入印度洋，向南可抵大洋洲，对控制整个西太平洋具有十分重要的作用。早在冷战开始前，美国就十分关注台湾海峡这一地域。1949年美国参谋长联席会议上交给美国国务院的一份文件就突出强调了台湾对于美国在西太平洋的安全发挥的战略作用：（1）台湾在战时可以作为战略空军行动和控制附近海运航线的基地；（2）控制了台湾及附近海域，将可以在战争中控制日本和东南亚之间的海上交通线，并进而控制琉球群岛和菲律宾。[1] 在和平年代，台湾海峡同样发挥着重要作用。随着东亚的崛起，各国所需要的能源、商品出口以及人员往来，大都要经过这一"黄金水道"。因此，控制台湾海峡，对于增强一国对流动性的控制能力非常重要。

美国控制台湾海峡的主要方式是利用中国台湾问题来实施的。美国通过向台湾提供武器援助，试图保持两岸分裂现状。同时，为了防止中国用武力收回台湾，美国还加强与日本、韩国和澳大利亚等盟友的合作。冷战结束之后，美国与盟友的安全合作范围已经由应对本土安全威胁扩大到周边地区。这样，美国的同盟关系也成为其控制台湾海峡的重要工具。

南海处于东亚与外部世界联系中的枢纽位置，大量的商品、货物、人员、资本和信息等生产要素的流动经由这一地域。随着美国与东亚之间联系的加深，美国对这一地域的稳定和安全也非常关注。尤其是考虑到中国与一些国家在东海和南海的领土领海争端，增加了美国对这一地区的重视程度。美国担心中国强大之后，用武力控制这一地区，并阻止美国的军事介入，将直接威胁甚至切断美国与东亚地区的联系。[2]

美国对南海问题的公开态度是不站队。时任美国国务卿克林顿曾表示，在南海的领土领海争端中，美国不选边站队，美国支持包括所

---

[1] 张小明：《乔治·凯南对华认识及政策主张（1947—1949）》，《美国研究》1993年第1期，第74、75页。

[2] Patric M. Cronin, and R. D. Kaplan, *Cooperation from Strength: US Strategy and the South China Sea*, Washington D. C.: Center for a New American Security, 2012, pp. 5 – 30.

有涉及方的合作的外交程序。① 但是，美国仍然试图从两个方面来对这一问题施加影响：第一，主张通过国际法、多边谈判等手段来解决。南海冲突国际化，为美国介入提供正当理由。第二，加强与沿岸国家的合作，提高其军事能力，以降低中国控制这一地域的可能性。

首先，美国在公开场合反复强调南海"自由航行"，给中国施压。2010年6月，美国国防部长罗伯特·盖茨在新加坡的香格里拉对话上表示，美国的南海政策是维持地区稳定、保护自由航行及合法经济活动的顺畅进行，不受任何国家干扰。② 同年7月美国国务卿希拉里在东盟地区论坛上强调，南海地区的自由航行权和对国际法的尊重事关美国的国家利益，美国支持一些国家正在运作签署的"行为准则"，让有关各方在不使用武力的情况下商讨南海争议，这样可降低美国对南海的航行自由及在该地区进行合法经济活动的疑虑。③ 追求"自由航行"的利益，正反映了美国试图对这一关键通道进行有效控制的目标。

其次，美国加强了与沿线国家的合作。加强与菲律宾的关系，就非常明显地体现了这一安全考量。尽管冷战结束之后，美菲关系经历好几次波折，美国驻军基地、伊拉克战争中撤军等问题影响了同盟关系。但是，近年来随着菲律宾与中国在南海问题上的争端日趋激烈，美国重新重视与菲律宾的关系。自2011年，美菲开始举行双边战略对话。在2011年1月首次双边战略对话中共设立了4个工作组：法治及法律强化工作组、领土防御及海洋工作组、经济及贸易工作组、地区与全球关系工作组。显然"领土防御及海洋工作组"的设置对南海问题的针对性非常明显。自2012年开始，美菲又举行防长和外长"2+2"对话。首次外长和防长会议上，美国将美菲同盟定位为

---

① Hilary R. Clinton, *Remarks with Secretary of Defense Leon PaneRa, Philippines Foreign Secretary Albert del Rosario, and Philippines Defense Secretary Voltaire Gazmin after Their Meeting*, April 30, 2012, http://www.state.gov/secretary/rm/2012/04/188982.htm.

② R. Gates, *Strengthening Security Partnerships in the Asia-Pacific*. Singapore, 5th June 2010, Avaliable at: http://www.iiss.org/en/events/shangri%20la%20dialogue/archive/shangri-la-dialogue-2010-0a26/first-plenary-session-722b/dr-robert-m-gates-5086.

③ B. S. Glaser, *What Really Happened at the ARF?*. CSIS, cogitASIA, November 3, 2010, Avaliable at: http://cogitasia.com/what-really-happened-at-the-arf/.

"亚太地区和平、稳定、繁荣之锚",就同盟的共同战略目标、安全伙伴关系、经济关系以及政府的透明法制等4个具体方面提出指导。

美国与越南建立的伙伴关系,也同样包含着安全战略考量。越南与中国也存在着领海争端,美国在伙伴关系框架下与越南的防务合作,可以增强越南的军事实力,进而牵制中国在南海的行动。为此,自进入21世纪以来,美国加强了与越南在军事领域的联系和合作。这种合作方式主要通过军队之间的访问交流、人员培训、武器出售等方式进行。另外,越南的金兰湾海军基地对于美国在南海的行动具有重要战略意义。美国对这一基地觊觎已久。早在2002年,美国太平洋舰队司令法戈访越时就表达了租借金兰湾军事基地的意愿。2003年,美国太平洋舰队司令布莱尔访越时宣布美国政府正在与越南政府谈判有关美军舰艇在金兰湾军事基地停泊的事项。2004年,越南首次公开表示原则上同意美国军舰可在金兰湾停靠补给。[1] 通过与越南建立伙伴关系,美国进一步稳定了越南这一节点。

新加坡的地理位置对于美国实现控制流动性的目标而言,具有重要战略价值。新加坡扼守马六甲海峡,为西太平洋战略咽喉,全世界占1/4以上的贸易物资和石油运输经过这一地带。美国自从1992年从菲律宾撤军后,就开始利用新加坡的军事设施来为海军提供补给和养护。美国自2003年与新加坡建立伙伴关系,美新安全合作关系进一步巩固。

印度尼西亚、马来西亚同样对于美国控制这一海域具有重要作用。两国位于马六甲海峡附近,是连接太平洋与印度洋的重要海上通道,而且是东盟的核心成员国,因而具有重要的战略地位。冷战时期,这两国一直充当美国在东南亚地区的重要安全支点。冷战结束之后,因为不同原因,美国与这两国关系相对松散。在东亚整体崛起背景之下,美国与东亚联系尤其是经济联系日益密切,大量货物和商品、战略物资经由该地区流动。考虑到这两国与中国日益密切的关系,美国与其建立伙伴关系,无疑有利于美国拓宽对该地区施加影响

---

[1] 胡向春:《美越军事关系升温及未来走向分析》,《现代军事》2010年10月9日。

的渠道。

2. 美国印太战略中的主要节点

美国东亚战略的一个重要变化，就是"印太战略"实现两大洋之间的对接。有统计指出，世界50%的集装箱和70%的石油运输经过印度洋海域，这构成了最终抵达东亚的能源、资源最大的一部分。① 从网络力角度来看，印度洋地区对确保东亚与外界地区的能源、原材料和商品等的正常流动具有重要意义。为此，美国越来越关注印度洋地区，并提出了印太概念。② 美国负责东亚事务的助理国务卿坎贝尔指出，如何将印度洋和太平洋联系起来，将是美国战略思维中的"下一个挑战"。③ 在实现这一战略目标上，澳大利亚、印度和新西兰就成为美国战略网中的重要节点。

美国与印度伙伴关系中的安全利益非常明显。印度作为崛起的新兴大国，以及其所处的战略位置，成为美国应对安全威胁的理想合作伙伴。印度和中国之间日益加剧的战略竞争，也为美国提供了机遇。而印度的"东向政策"与美国实施的"印太战略"契合。2005年美印两国签署的共同声明中就强调在确保公海的海洋航线安全上的共同利益，并表示要增强在这一领域的合作。④ 此后，美印伙伴关系日益密切，并通过建立防长和外长"2+2"对话机制，协调两国共同面临的安全问题。与此同时，美国还将印度与其传统盟友日本、韩国和澳大利亚等国家联系起来，共同构成实施印太战略的核心成员。

澳大利亚地处印度洋与太平洋的联结处，又靠近东南亚，这一地缘位置使其成为美国印太战略目标的重要节点。美提升与澳军事关系正是在美军战略重心转至亚太的总体框架下，寻求将美军部署到更靠

---

① Aspen Institute India, *The United States and India: A Shared Strategic Future*, New York: Council on Foreign Relations.

② 例如，时任美国国务卿希拉里将亚太地区定义为"从印度洋次大陆到美国西海岸的广大地区。这一地区跨越太平洋和印度洋，海洋运输和战略的重要性日益将其联系起来"。H. Clinton, "America's Pacific Century", *Foreign Policy*, Vol. 189, No. 1, January 2011, pp. 56–63。

③ K. Campbell, *Campbell Joins Bloomfield at Stimson's Chairman's Forum*, January 20th, 2012, http://www.stimson.org/spotlight/asst-secretary-for-east-asian-affairs-kurt-campbell-speaks-at-stimsonschairmans-forum/.

④ Embassy of India., *India-U. S. Joint Statement*, Washington, D. C., July 18, 2012, http://www.indianembassy.org/press_release/2005/July/21.htm.

近东南亚地区，以回应地区局势的变化及盟友的安全需求。美国国防部长哈格尔（Chuck Hagel）在2013年香格里拉对话会上表示，美海军陆战队将"加深与我们的盟友澳大利亚和其他地区伙伴国的合作"，通过"保持阻止侵略的能力以及在所有领域行动的有效性"，来维持美国对亚太地区流动性的有效控制。① 新美国安全中心的东亚军事专家克罗宁（Patrick Cronin）指出，澳大利亚是将印度洋与太平洋连接起来一个关键节点。由此他认为美澳同盟之间的合作超越了军事训练和通行的意义，而且从心理上为地区国家提供了安全感。② 美国近年来不断加强美澳同盟关系，自2012年开始美国在达尔文港驻军，凸显出澳大利亚对美国印太战略的重要性。

新西兰在冷战期间曾与澳大利亚、美国一起，组成了澳美新同盟，后来美新同盟关系破裂。美国重新重视与新西兰的关系，并试图通过建立伙伴关系来推动两国间的合作。安全因素是美国此举的重要动因。新西兰处于连接南太平洋与东亚的中枢位置，与新西兰建立紧密合作无疑将为美国从整体上控制太平洋与印度洋这一广大海域具有重要战略价值。2010年美新建立战略伙伴关系的《惠灵顿宣言》就将加强两国在防务领域的交流与合作作为重要内容之一。③

三 经济和政治安全利益与主要节点的角色

随着美国实力的相对下降，其霸权地位开始动摇。这使得美国独自应对威胁的能力受到限制，尤其是应对来自经济和政治领域的挑战。美国在经济和政治领域的合作渠道既包括其传统盟友，又包括新建立的伙伴关系。在传统盟友的合作中，美国通过与主要盟友诸如日本和韩国建立伙伴关系，为双方在经济和政治领域开展合作建立了机制。在尚未建立伙伴关系的同盟如菲律宾、泰国和澳大利亚，也不同程度地拓宽了合作领域。此外，后冷战时代美国新建立的伙伴关系，

---

① C. Hagel, *Speech in International Institute for Strategic Studies* (Shangri-La Dialogue), Singapore, June1, 2012, http：//defense.gov/speeches/speech.aspx? speechid = 1785.

② A. Fifield, "US and Australia Tighten Military Ties", *Financial Times*, September 14, 2011.

③ 黄兴伟、刘洁秋：《美国与新西兰建立战略伙伴关系》，2010年11月4日，新华网（http：//news.xinhuanet.com/world/2010-11/04/c_13591331.htm）。

成为美国应对来自经济和政治领域挑战的新元素。

1. 伙伴关系作为实现美国经济利益的工具

美国对同盟实行转型,以及新建立大量的伙伴关系,其目的之一,就在于与这些国家开展经济活动,利用东亚这一庞大市场和经济活力,来解决国内所面临的经济挑战。随着东亚国家在经济上的崛起,以及东亚庞大的人口带来的潜在市场,使得美国尤为看重东亚国家的经济发展潜力。自从2000年开始,亚洲就成为美国最大的进口和第二大出口市场。当前美国增长最快的10个主要出口市场有六个在亚洲,其60%的商品出口到亚洲。[1] 美国2011年制订的国家出口倍增计划中,东亚经济体占据了这一战略的4/10的目标出口市场,中国、印度、印度尼西亚和越南等国家成为这一战略目标的关键组成部分。[2] 同时,除了东北亚中、日、韩三个传统大国,东盟一体化的加快以及经济的迅速发展、庞大的人口数量,对美国也有着很大的吸引力。作为一个整体的东盟,现已成为美国在亚洲FDI的最大目的地,同时也是美国在亚洲的五大FDI来源地之一。单是每年来自东盟国家的留学生就多达50000人,这为美国经济带来将近百万美元的直接收益。[3] 可以预测,亚洲作为世界上人口最多的地区和经济增长最快的地区,随着东亚一体化的推进和东亚生产网络的扩张,东亚以及整个亚太地区在美国经济战略中的地位将会不断提高。

伙伴关系的建立,为美国进入东亚市场提供了平台。东亚经济的崛起,使东亚成为一个重要的经济力量,东亚国家通过双边FTA和地区多边合作,逐步建立起广泛的经济合作关系网。这些双边、多边经济合作,为行为体之间的经济活动提供了互动规则。美国面临国内

---

[1] Brock R. Williams, *Trans-Pacific Partnership (TPP) Countries: Comparative Trade and Economic Analysis*, Washington, D. C.: Congressional Research Service, June 10, 2013, p. 2, https://fas.org/sgp/crs/row/R42344.pdf.

[2] 美国国家出口倍增计划(National Export Initiative, NEI)是美国总统2010年发起的旨在通过推动美国出口来拉动经济复兴和增加就业的一项经济计划,关于这项计划的详细内容,可参见Shayerah Ilias et al., *Boosting U. S. Exports: Selected Issues for Congress*, CRS Report R41929, November 29, 2011, https://fas.org/sgp/crs/misc/R41929.pdf。

[3] East West Center, In Partnership with the US-ASEAN Business Council, April 9, 2014, Available at: www.AsiaMattersforAmerica.org.

利益集团的牵制，在与东亚地区的经济合作中明显落伍了。东亚的这种多边合作势头让美国感受到威胁。美国越来越担心被边缘化。一份来自美国 APEC 工商理事会的报告显示，如果美国被排除在亚洲经济活动之外，由此产生的贸易转移效应将给美国造成多达 250 亿美元的损失。[1] 为此，伙伴关系就为美国参与东亚经济活动提供了重要的平台。到目前为止，美国与东亚主要经济体日本、韩国、中国、新加坡、印度尼西亚、越南、马来西亚等都建立了伙伴关系。

伙伴关系为美国从双边开始影响东亚地区经济活动的规则、规范，进而影响整个地区的国际经济活动生态，提供了工具。伙伴关系是国家之间全方位的合作关系，这就为国家通过伙伴关系实现"联系战略"提供了条件。由于美国整体实力处于优势位置，因此可以通过诸如技术援助、军事合作等内容，来迫使其伙伴国在经济上的让步，进而影响双边经济活动的规则、规范，为实现对流动性的控制创造条件。美国与新加坡、韩国之间的双边 FTA，就非常明显地体现了这一特征。美国与韩国缔结 FTA 久拖不决，但是在朝鲜核问题进一步升级之后，韩国为获得美国的支持，不顾国内农业利益集团和影视业利益集团的反对，迅速与美国缔结了 FTA。[2] 同样的，美国与新加坡建立伙伴关系不久，两国即缔结了双边 FTA。而在美国与新加坡的双边 FTA 中，新加坡明显做出了让步。[3] 最近，随着东亚经济崛起势头的加快，美国也加快了整合东亚地区的力度。美国于 2007 年加入 TPP 谈判，并试图将 TPP 变成美国主导东亚经济发展的工具。到目前为止，TPP 的所有东亚成员都与美国建立了伙伴关系或者同盟关系。

伙伴关系为美国改变地区整体的经济社会环境，降低流动性被中

---

[1] Robert Scollay, *Preliminary Assessment of the Proposal for a Free Trade Area*, Issues Paper for ABAC, Singapore: PECC Secretariat, 2004, https://www.pecc.org/resources/2027-preliminary-assessment-of-the-proposal-for-a-free-trade-area-of-the-asia-pacific? path =.

[2] Jeffrey J. Schott, Scott C. Bradford and Thomas Moll, *Negotiating the Korea-United States Free Trade Agreement*, Policy Briefs in International Economics No. PB06-4, Peterson Institute for International Economics, June 2006, http://www.piie.com/publications/pb/pb06-4.pdf.

[3] Eul-Soo Pang, "Embedding Security into Free Trade: The Case of the United States – Singapore Free Trade Agreement", *Contemporary Southeast Asia*, Vol. 29, No. 1, April 2007, pp. 1 – 32.

断的风险，提供了工具。美国与东亚地区经济社会互动日益密切，但是，这种互动关系除了可能因为传统安全的威胁被中断之外，各种非传统安全问题也成为重要的威胁来源。例如，印度尼西亚、菲律宾、斯里兰卡、斐济、所罗门群岛等地区内的分裂主义，以及越来越多的恐怖主义活动；杀伤性武器的扩散、毒品交易、非法走私、海盗等全球性问题。这些非传统安全问题，构成了威胁美国与东亚地区之间流动性的重要因素。而且，这些问题经由全球网络向外扩散，甚至直接威胁美国本土安全。

在这些威胁中，与美国利益最为密切的，首先是东亚以及印度洋地区海上航道的安全。随着亚太地区的崛起，以及美国战略地位的重要性，保证亚太地区的安全对美国尤为重要。亚太地区生产网络日益拓展和分散，其脆弱性也不断加大。美国与亚太地区的地理位置，其商品、货物、人员等的流动都要经过那些不稳定的海峡和航线。而生产网络中的各个价值链高度一体化，商品、货物、人员、资本和信息等在美国与东亚地区之间的流动需要经过许多环节。① 这种延长的价值链很容易受到各国的贸易政策、自然和人为灾害或者军事冲突的破坏。例如，2011年日本的地震和海啸，估计降低了3.15亿美元的经济增长，严重影响了国际制造业、金融和农业生产。② 因此，美国除与传统盟友发展紧密关系之外，大量的伙伴关系就构成了美国应对这些威胁的工具。通过与众多与其利益密切相关的行为体建立稳定的合作关系，就为美国有效控制流动性奠定了基础。

2. 伙伴关系作为美国影响东亚地区和全球秩序的工具

东亚地区在冷战后的经济崛起，使其在美国全球战略中处于非常重要的位置。对美国而言，东亚地区大量新兴国家的未来走向尚不明朗，地区局势充满着诸多不确定因素。因此，美国的目的在于与东亚地区关键行为体的接触，来推广美国所倡导的价值观，进而引导东亚

---

① Nagwa Riad, Luca Errico, Christian Henn et al, *Changing Patterns of Global Trade*, New York: International Monetary Fund, January 9, 2012, p. 4, https://www.imf.org/en/Publications/Departmental-Papers-Policy-Papers/Issues/2016/12/31/Changing-Patterns-of-Global-Trade-25104.

② William H. Cooper, Donnelly, Michael J. and R. Johnson, "Japan's 2011 Earthquake and Tsunami: Economic Effects and Implications for the United States", *Congressional Research Service*, April 6, 2011, p. 1.

地区的政治走向。伙伴关系框架下的大量互动，就扮演着这一角色。

美国将伙伴和同盟作为推广其倡导的民主和人权等价值观的工具，通过支持那些与美国价值观相似的国家的发展，同时援助尚处于转型中的国家，来确立其价值观的主导地位。那些与美国采取相似民主制度的国家得到美国赞赏，并被树立成民主标杆，并通过建立民主同盟，将促进民主和人权保护作为与伙伴关系的重要内容，并在这方面开展合作，来扩大影响范围。在美国的影响下，日本已经自觉地将"价值观外交"和扩展"自由与繁荣之弧"作为一项重要外交战略。这一点在第六章中已经做过分析。类似的，美国盟友泰国和菲律宾也开始在东盟内部将民主和保护人权作为重要任务，并开始提出要改变"东盟方式"。[①] 印度作为"最大的发展中国家的民主国家"，在美国推广其主导的价值观方面具有独特的作用。2011 年美国五角大楼向国会的一份报告这样描述美印关系：

> 美国和印度是天然的伙伴，双边关系注定会日益密切，因为两国对建立一个稳定和安全的世界有着共同的利益和价值观。与印度的紧密伙伴关系符合美国的利益，有益于两国。我们期望印度未来在美国的利益中扮演重要角色。[②]

加强与民主国家的合作，有利于壮大美国所提倡的民主阵营的力量。美国还直接加强与那些脆弱的民主国家的联系，试图从长期影响这些国家的战略走向。在伙伴关系框架下，美国通过经济援助、政治互动和社会交往，来施加影响。美国与新兴国家印度尼西亚、越南、印度、马来西亚等国家的伙伴关系就包含了这一要素。有学者指出，美国对印度尼西亚大量的军事、经济援助，支持印度尼西亚巩固民主

[①] Ministry of Foreign Affairs, Japan, *Value Oriented Diplomacy and Strive to Form the 'Arc of Freedom and Prosperity'*, July 2007, Tokyo; J. Haacke, "Enhanced Interaction with Myanmar and the Project of a Security Community: Is ASEAN Refining or Breaking with its Diplomatic and Security Culture?", *Contemporary Southeast Asia*, Vol. 27, No. 2, 2005, pp. 188 – 216.

[②] U. S. Department of Defense, *Report to Congress on U. S. – India Security Cooperation*, November 2011, At: http://www.defense.gov/pubs/pdfs/20111101_ NDAA_ Report_ on_ US_ India_ Security_ Cooperation. pdf.

政权、发展经济，目的在于使印度尼西亚成为伊斯兰国家里成功实现民主化的典范，并在该地区扮演美国利益代言人的角色。① 与马来西亚的伙伴关系同样具有类似作用。对于处于转型期的越南，美国则将伙伴关系作为激励越南国内政治改革、促进民主和人权的工具。② 而且，美国还充分强调跨国关系在推进美国利益方面的作用。希拉里任美国国务卿时大力支持全球市民社会的发展，并支持建立了全球市民社会和非政府组织的基金。③ 类似的行动还包括第一夫人马歇尔发起"10万留学生计划"项目（100000 Strong Initiative）来推动美国在中国留学生数量的增长和多样性。④ 这种对市民社会作用的强调，同样从另一个侧面反映了美国的伙伴关系逻辑在于"如果一国的人民反对我们，则我们将无法与这个国家成为伙伴"，从而也就失去了影响一国战略选择的机会。⑤

美国在东亚的伙伴关系，还直接服务于美国的全球目标。随着美国霸权地位的下降，在世界事务中的治理能力不断下降，获得其他国家的支持越来越重要。东亚大量新兴国家的崛起，无疑对美国实现全球战略尤为重要。美国2010年发布的《国家安全战略报告》承认美国对世界支配地位的下降，并认为在全球层次上"更多的行为体现在正获得权力并发挥影响力"。并认为国际体系正"激烈动荡"。⑥ 重新激活传统盟友，并拓展新的合作伙伴，尤其是与影响力日益增强的新兴国家建立伙伴关系，有利于实现"在地区、国家间和全球制度

---

① W. Lohman, Secretary Clinton's Asia Trip: Indonesia's Role in the Spotlight, *Herittage*, Februrary 16th, 2011.

② 李春霞：《从敌人到全面伙伴：越南发展对美关系的战略考量》，《国际论坛》2014年第4期。

③ H. R. Clinton, *A Conversation with US Secretary of State Hillary Rodham Clinton*, September 08, 2010, Washington, D. C.: Council on Foreign Relations. Available at: http://www.cfr.org/diplomacy-and-statecraft/conversation-us-secretary-state-hillary-rodham-clinton/p22896.

④ The White House, *First Lady Michelle Obama Urges American Youth to Strengthen U. S. - China Ties*, January 19, 2011, Available at: http://www.whitehouse.gov/the-press-office/2011/01/19/first-lady-michelle-obama-urges-american-youth-strengthen-us-china-ties.

⑤ U. S. Department of State, *The First Quadrennial Diplomacy and Development Review (QDDR)*. Washington, D. C., December 2010, pp. viii, 1.

⑥ Barack Obama, *National Security Strategy of the United States*, Washionton, D. C., DIANE Publishing, 2010, p. 16.

中的劳动分工,增强地区影响力"的目标。①

3. 伙伴关系作为美国提高东亚地区竞争力的工具

随着美国实力的相对衰落,其在地区的影响力正日益受到来自中国的挑战。中国通过与地区内行为体建立伙伴关系,开展经济合作和政治互动,所带来的"魅力攻势"给美国带来了压力。由于传统同盟框架下国家间的合作,往往强调军事领域的互动,而经济和政治领域的互动受到限制。冷战结束之后,东亚地区面临的紧迫威胁逐渐降低,由此行为体所面临的经济社会问题日益突出。美国的同盟转型就适应了这种需求。同时,在同盟之外,美国通过发展新的伙伴关系,来应对这种变化。

鉴于中国与东亚地区在经济领域日益密切的合作,美国担心中国将日益增强的经济权力转变为政治影响力。因此,美国通过与东亚主要行为体在伙伴关系框架下的合作,为东亚行为体在中国之外提供了替代选择。新加坡学者吴翠玲指出,美国赢得在东南亚的竞争,最好办法就是"打经济牌"。② 因此,美国尤其关注中国与东亚地区的经济合作。在中国与东盟签订双边 FTA 之后,美国迅即与东亚一些国家展开双边 FTA 谈判,并与新加坡、韩国、新西兰和澳大利亚等国签订了双边 FTA,开始与泰国、马来西亚等国展开谈判。但是,由于美国国内利益集团的反对力量太过于强大,影响了美国双边 FTA 的进展。为此,美国转而将多边经济合作的 TPP 作为主要工具,来提高其竞争力。在 2012 年 11 月美国与东盟领导人峰会上,美国决定发起美国—东盟扩大的经济互动倡议 [U. S. – ASEAN Expanded Economic Engagement (E3) Initiative]。这一倡议的短期目标是扩大双方在贸易和投资上的合作,长期则是"为东盟国家加入更为高级的贸易协定诸如 TPP 做准备"。③ 显然,如果所有东盟成员国都达到了TPP 的标准,则美国有望将东盟成员国全部纳入美国主导的 TPP 议

---

① Barack Obama, *National Security Strategy of the United States*, Washionton, D. C., DIANE Publishing, 2010, p. 48.

② E. Goh, *Meeting the China Challenge: The US in Southeast Asia Regional Security Strategies*, Policy Studies No. 16, Washington, D. C.: East-West Center, 2005, p. 44.

③ 关于 U. S. – ASEAN Expanded Economic Engagement Initiative 的基本情况,参见:http://iipdigital. usembassy. gov/st/english/texttrans/2012/11/20121119138863. html#axzz2FWM6TWFp。

程，从而增强对东亚经济活动的影响力。

类似的，中国积极参与的大湄公河次区域经济合作组织取得明显成绩之后，美国即提出"湄公河流域开发计划"，主动介入到这一地区的经济合作当中。提出的这一计划，涵盖了此地区美国的主要伙伴。而且，美国在与伙伴国的合作中，将环保、救灾、文化教育、传染病预防等问题纳入合作范围，形成了全方位的合作。通过这些措施，美国试图改善与东亚国家之间的关系，增强这些国家的竞争力，从而降低这些国家对中国的依赖。

美国意识到，在东亚地区采取类似应对苏联威胁的遏制战略，来应对中国的崛起，是不现实的。而且这种做法必然会导致中国对现状的不满进而改变现行的温和路线。由此，美国的做法就是，培植对美国友好的新力量中心，如泰国、菲律宾、印度尼西亚、越南。这样既能遏制中国的"霸权野心"，又能确保美国继续在东亚扮演一个关键的战略行为体。同时，随着这些新力量中心的崛起，将降低这些力量对中国的依赖，并与中国展开竞争。这种"进退两便"的战略部署，更利于其发挥"离岸平衡手"的角色，从而增强自身的网络力。

第四节　美国的"嵌入"策略：
从"轴辐"到"蛛网"

美国冷战后为了应对来自传统安全、经济领域和政治领域等多元化的威胁构成的"威胁三角"问题，在通过同盟转型和发展新的伙伴关系的基础上，构建了一个战略网。战略网中的节点为美国实现战略目标提供了不同的资源支持。

建立在双边基础上的合作关系并不稳定。从美国战略网中节点的链接方式来看，美国主要混合了两种方式：同盟和伙伴关系。同盟是冷战的遗产，在苏联解体之后，就面临着日益增大的危机。伙伴关系主要是行为体基于共同利益基础上的松散合作，美国霸权地位下降的情况下，正面临着来自更多外部行为体的竞争。而且，同盟作为一种排他性的链接方式，使其往往与伙伴关系之间存在着一定张力。比如，美日同盟与中美伙伴关系之间的张力就非常明显。

在美国相对实力不断下降的情况下，维系战略网的稳定和正常运行尤为重要。战略网包括了节点的选取、节点的链接方式以及节点的维系三个要素。本书前面已经分析了美国在冷战结束之后，对构建战略所做的两项工作：通过增加新的节点（发展新的伙伴关系）、有条件地改变节点的链接方式（对同盟关系进行调整，甚至在同盟基础上建立伙伴关系）。

一 轴辐安全体系的局限

冷战期间及冷战结束后的一段时间内，美国在东亚存在的主要方式是通过在东亚的前沿驻军及其同盟伙伴关系。但是，与冷战期间在西欧建立的"北约"这种多边组织不同，美国的同盟伙伴关系很大程度上是以美国为轴心、其他同盟为轮辐构成的轴辐安全体系形式存在。这种轴辐安全体系越来越难以应对后冷战时代的"威胁三角"问题。

1. 轴辐安全体系面临的外部竞争压力增大

冷战结束之后，美国开始了对同盟关系的转型，并通过发展新的战略伙伴，从而充实了战略网中的合作关系。但是，东亚地区和国际环境的变化，以及美国与东亚之间的权力变迁，使得美国在东亚国家中的战略地位相对下降了。美国战略地位的相对下降，使得其与东亚国家间的合作关系面临着更为激烈的竞争。

轴辐安全体系主要是建立在应对传统安全威胁尤其是苏联共产主义阵营的威胁这一基础之上。冷战结束之后，东亚行为体大都将促进本国经济社会发展作为优先任务。因此，两国之间的经济关系就成为影响战略地位的重要因素。美国与东亚国家之间经济关系中的影响力下降非常明显。例如，1999—2009 年，美国与日本之间的贸易占日本对外贸易总额的比重从 27.1% 下降到 13.7%，而同期日本与中国的贸易从 9.1% 上升到 20.5%。类似的，中国与韩国的贸易从 8.6% 上升到 20.2%，与澳大利亚的从 5.7% 上升到 19.7%。而美国在韩国的贸易则从20.7%下降到9.6%，美国在澳大利亚从15.8%下降到8.1%。① 从美国战略网中节点的链接方式来看，美国战略重要性的下降造成的后果有两个：首先，战略地位的下降对同盟关系的维系变得更为困难，更容易被盟友"抛弃"。其次，伙伴关系建立在共同利益一致的基础之上，这将削弱美国建立伙伴关系的能力。

美国对东亚国家相对的重要性从普通民众的认知中也反映出来。2008年日本外务省开展的一项大型民意测评表明，大部分新加坡、马来西亚和泰国的民众认为中国是比美国更为重要的合作伙伴，而印度尼西亚、菲律宾和越南国内民众也将中国视为未来重要的伙伴。② 尽管BBC开展的一份民意测验认为美国在亚洲的整体影响力增加了，但是其同时指出中国在菲律宾和日本等国的影响力也不断增加，而且菲律宾等国家的民众对中国影响力持负面看法的比例逐渐降低。③

这种认知变化对一国的对外战略显然有着重要影响。沃尔特指出，基于一国综合实力、地理位置上的邻近、进攻能力和威胁感知等因素，影响着一国在对外行为中的追随与制衡的战略选择。④ 从这一意义上来说，随着中国综合实力和军事能力的提升，以及中国与邻国之间的领土、领海争端，使得中国的邻国更愿意选择站在美国一边。但是，上述两个民意调查结果却反映了与沃尔特的理论相反的趋势。显然，美国在东亚正面临着一个竞争力越来越强的中国。

美国战略重要性的相对下降，相对应的是美国的盟友及伙伴也在追求更为平等的权力。冷战结束后美国与同盟的关系调整之后，双边关系更趋于平等，而新建立的伙伴关系所体现出来的平等性更为明显。这种更为平等的合作关系，意味着美国与盟友和伙伴之间合作关

---

① T. Terada, "Japan's Asian Policy Strategy: Evolution of and Prospects for Multilateralism in Security, Trade and Financial Cooperation", *Public Policy Review*, Vol. 10, No. 1, 2014, pp. 227–252.

② Ministry of Foreign Affairs, Japan, *Opinion Poll on Japan in Six ASEAN Countries* (Summary), March 1, 2008, www.mofa.go.jp; The Pew Research Center, *U. S. Seen as Less Important, China as More Powerful: Isolationist Sentiment Surges to Four-Decade High*, December 3, 2009, http://people-press.org.

③ BBC World Service, *Global Views of United States Improve While Other Countries Decline*, 2009, www.news.bbc.co.uk/2/shared/bsp/hi/pdfs/160410bbcwspoll.pdf.

④ ［美］斯蒂芬·沃尔特：《联盟的起源》，周丕启译，北京大学出版社2007年版。

系的维系，取决于美国与这些国家在安全、经济以及政治等方面的共同利益。当一国与美国存在着利益不一致甚至相互冲突的情形时，美国越来越难以使用强制性权力。同时，中国等新兴国家的崛起和地区影响力的增强，为美国的盟友及伙伴提供了新的合作对象。这种变化使得美国与东亚国家之间的合作关系，面临着越来越激烈的竞争，甚至出现美国盟友和伙伴转向其他国家，比如中国。这种情形的确越来越多，比如美国的核心盟友日本，在鸠山由纪夫就任首相之后大力推动中日关系的改善，让美国感到不安。

因此，随着东亚地区和国际环境的改变，以及美国实力的下降，美国东亚国家中的战略地位开始下降。这使得美国与东亚国家间的合作关系面临着日益激烈的竞争。

2. 轴辐安全体系缺乏效力

轴辐安全体系主要是建立在双边基础之上。这意味着美国主要通过双边直接互动，来影响盟友和伙伴的行为。这种互动方式限制了美国应对"威胁三角"问题的能力。

美国与东亚国家之间大量的互动主要是建立在双边同盟基础之上的。同盟作为节点之间的一种强链接，固然有利于美国获取合作对象更为坚定的支持，但是这种关系的排他性又限制了美国影响力的范围。即在后冷战时代，当武力越来越难以发挥作用时，双边基础上的同盟关系很难有效地塑造第三方的行为。例如，美国与日本、韩国等国家强化了同盟关系，但是其无法有效影响缅甸、老挝、柬埔寨等国内的民主和人权问题，其甚至连应对朝鲜的核问题都难以奏效。

考虑到美国面临的"威胁三角"问题，需要建立更为广泛的合作关系。但美国在这方面取得的进展并不理想。美国长期对非同盟国家的忽略，使得美国与这些国家间信任水平不高，影响到美国东亚的整体战略。美国与越南的关系仍然处于较低水平，目前主要限于诸如战略对话、港口访问、非军事行动培训、搜救演习等防务—外交活动。[1] 美国—印度尼西亚关系也面临着类似的局限。一项由新美国世

---

[1] Carlyle A. Thayer, "Vietnam's Defensive Diplomacy", *Wall Street Journal Asia*, 19 Aug. 2010.

纪中心对美国和印度尼西亚关系的调查指出,"尽管美国存在着很高的热情,雅加达和华盛顿仍然面临着来自经济、政治和军事以及相互猜疑等方面的挑战"。① 美国与印度尼西亚军事关系进一步发展所面临的突出障碍,就是美国和印度尼西亚两国军队间在技术方面的巨大差距——具有讽刺意味的是,这是由于美国对印度尼西亚长达 14 年的军事制裁导致的。这一问题导致两国军事协同作战方面存在着巨大问题。在美国取消对印度尼西亚的制裁之后,印度尼西亚获得的大量新武器系统并不能实质性地增强印度尼西亚的战斗能力,使得印度尼西亚的军事现代化并没有完全地弥补这一差距。②

3. 轴辐安全体系稳健性低

轴辐安全体系面临的最后一个问题是结构并不稳定。这种不稳定主要源自冷战结束之后,地区和国际环境的变化导致的东亚国家之间关系的变化。首先,冷战结束之后,随着美国与同盟间的关系朝着更为平等的方向演变,双边之间的分歧和矛盾凸显出来,就成为阻碍进一步合作的因素。例如,美、日、韩在朝鲜问题上各自存在着不同的甚至相互冲突的立场,这些差异往往削弱了美国在地区乃至全球事务中的领导力。美韩双边关系自冷战结束以来一直面临各种挑战,尤其是来自韩国国内民众对韩国政府在对外政策上过度追随美国施加的压力。美国国务院前政策规划司主任迈克尔·莱斯(Mitchell B. Reiss)指出,美国关注朝鲜半岛和朝鲜的军事变革更多地受到国内政治而不是共同的安全威胁的推动。③ 美国和日本的双边关系也不稳定,近期双方围绕着冲绳普天间军事基地的漫长分歧也体现了美日同盟关系日益受到国内政治的影响,即使在中美之间的战略竞争不断加剧的时

---

① Abraham M. Denmark, Rizal Sukma, Christine Parthemore, *Crafting a New Vision: A New Era of US - Indonesia Relations*, Washington D. C.: Center for a New American Century, June 2010, p. 17.

② R. A. Bitzinger, "Military Modernization in the Asia - Pacific: Assessing New Capabilities", in Ashley J. Tellis, Andrew Marble and Travis Tanner eds., *Asia's Rising Power and America's Continued Purpose: Strategic Asia* 2010 - 2011, September 2010, Washington D. C.: National Bureau of Asian Research, p. 108.

③ Mitchell B. Reiss, "Drifting Apart? The US - ROK Alliance at Risk", *The Korean Journal of Defense Analysis*, Vol. 21, No. 1, 2009, pp. 11 - 31.

期，美日的分歧仍然没有减缓。来自美国政府的高层官员甚至指出，美日之间的分歧可能是美国东亚战略面临的最大威胁。①

为了应对"威胁三角"问题，美国往往需要与多个行为体同时合作，由此盟友间的协调问题就变得日益突出。而轴辐安全体系中盟友之间的关系显然缺乏应对"威胁三角"问题所需要的协作能力。例如，在军事行动中，美国的东亚盟友在武器、作战技术等方面的差异，往往影响着集体行动的效果。从更为长远和根本性的角度来看，在影响未来秩序的转型方面美国需要同盟和伙伴之间更高水平和层次的协调和合作。当前东亚乃至亚太地区秩序处于转型之中，高度流动的国际关系使得国家之间很难在新的地区和国际秩序上取得共识。为此，美国也需要协调各方的行动，并试图利用美国主导的伙伴关系作为未来地区和全球秩序的蓝本。

更为严重的是，盟友之间的关系不再牢固，各种潜在冲突开始浮出水面。韩国与日本之间的分歧和矛盾就非常典型。双方围绕着领土的争端以及历史问题，常常引发不快。美国盟友间这些潜在的分歧和矛盾，事实上削弱了美国对同盟的控制，也分散了美国和同盟的精力。

二 三边对话：将战略网从"轴辐"变为"蛛网"

在后冷战时代，美国建立在双边同盟基础上的轴辐安全体系的确面临着越来越大的挑战。由于美国自身实力的衰退以及地区和国际环境的变化，导致其在盟友中的战略地位相对下降。也即同盟关系的价值下降。为了维系同盟关系，美国需要在双边同盟关系之外来发掘同盟关系存在的价值。

美国采取的措施就是，通过在双边同盟关系中引入伙伴关系，从而将基于双边同盟关系形成的轴辐安全体系变成了由伙伴关系和同盟关系共同构成的蛛网。通过伙伴关系的引入，丰富了轴辐安全体系的内容，并改变了关系网的结构，从而为原有的同盟关系提供了新的合

---

① Peter Ennis, "Planning for the Worst: Pressure Builds for US Shift on Okinawa", *PacNet* 29, Honolulu: Pacific Forum CSIS, 19 May 2011.

作动力。但是，在这一由各种合作关系构成的蛛网中，美国仍然处于中心位置，从而获得了网络力。当前美国的蛛网安全体系，主要由大量的三边对话构成，包括美日韩、美日澳，以及新出现的美日印等三边对话。

美日韩三边对话由美日、美韩这两组同盟关系和日韩这一组伙伴关系构成。美日韩三边对话始于第一次朝核危机。第一次朝核危机期间，美国、日本和韩国三方围绕着朝鲜核问题展开磋商，此后在朝鲜半岛能源开发组织以及此后与朝鲜的四方会谈中的合作，使得美日韩三边对话正式形成，并组建了三边协调与监督小组（TCOG）。[1] 第二次朝核危机爆发后，三边对话曾经陷入短时间的停顿，但韩国总统李明博上台后，转而加强了美日韩的协调，三边对话也从司局级、副部级逐渐上升到部级和首脑会谈。美日韩在2009年香格里拉对话间隙举行了首次三边防长会议，2012年又决定三国定期举行三边防长会议。[2]

美日澳三边对话由美日、美澳这两组同盟关系和日澳这一组伙伴关系构成。2002年，美日澳三国开始启动了副外长级的三边高官会议。2006年3月又将这一战略对话上升到外长级（TSD），同时保留了三边高官对话。2007年，美日澳在香格里拉对话和亚太经合组织峰会期间，分别举行了首次三边防长会议和三边首脑峰会。

美日印三边对话则由美日这一组同盟关系和美印、日印这两组伙伴关系构成。美日印三边于2011年第一次举行了三边副部级对话。首次美日印三边对话没有公布具体会谈细节。参会的美国国务院官员会后向媒体披露，会谈涉及阿富汗问题、东亚峰会、中亚和缅甸问题等议题。此外，三方还讨论了如何加强在亚洲现有机制内的合作，改善东亚多边机制的工作状态，从而更好地推进三方的共同价值观和共同利益等内容。[3]

---

[1] J. L. Schoff, *Tools for Trilateralism*: *Improving US-Japan-Korea Cooperation to Manage Complex Contingencies*, Virgina: Potomac Books, 2005.
[2] 王刚：《美日韩防长将定期会晤》，《人民日报·海外版》2012年6月4日。
[3] 张薇薇：《美日印三边合作：议题与意义》，《国际资料信息》2012年第6期，第8页。

这些三边对话包含了政府间不同层次的互动。除了刚刚兴起的美日印三边对话还停留在副部级和具体执行层次的司局级政府机构之间的合作之外，美日澳、美日韩三边对话已经涵盖了从司局级、副部级、部级到首脑会谈等多个层次的政府间合作关系。在这些三边对话中，不同层级的政府机构的合作关注不同的对话议程。其中，在高层次上主要讨论全球和地区的秩序以及全球性议题，而较为基层的司局级政府间网络则主要围绕着诸如反恐、反扩散、海盗等具体议题展开协商。

从合作议题上，这些三边对话涵盖了传统安全、经济和政治等不同领域，从地区国家之间的外交热点到全球治理等广泛议题都纳入对话框架之中。美日韩三边对话始于应对第一次朝鲜核危机，但现在也开始突破这一对话议题，扩展到诸如联合海上搜救、救灾等内容，并举行联合海上军事演习。美日澳三边对话始于海上非传统安全，但是现在也开始关注传统军事领域的合作。[1]美日澳三国在反恐、人道主义问题、自然灾害救援等方面建立了合作机制，通过交换情报信息和协同行动，提高了其应对国际突发事件的能力。[2]

随着这些网络内成员之间互动关系密度的加强，三边对话的内容也不断发生变化，并逐步由应对地区性、具体领域的议题，向着应对全球议题以及地区和全球秩序构建方面转型。美日韩、美日澳、美日印这三组三边对话既在一般意义上围绕亚太地区的秩序转型问题进行合作互动，也就地区内重大的突发事件展开合作，交换各自立场并寻求支持。从当前的演变趋势来看，美日澳和美日印这两组三边关系所关注的议题存在更多交叉部分，尤其强调亚太地区的安全和秩序转型。美日澳三边对话强调"维护全球稳定与安全是三国的共同事

---

[1] Thomas S. Wilkins, "Towards a Trilateral Alliance? Understanding the Role of Expediency and Values in American - Japanese - Australian Relations", *Asian Security*, Vol. 3, No. 3, September 2007, pp. 251 – 278.

[2] Ministry of Foreign Affairs, *Trilateral Strategic Dialogue Joint Statement*. Kyoto, June 27, 2008, http：//www.mofa.go.jp/region/asia-paci/australia/joint0806-2.html.

业",并强调"当前尤其关注亚太地区的安全与稳定"。① 美日韩三边对话最近也开始将关注焦点从东北亚向亚太甚至全球扩展。三边对话开始将维护"亚太和全球的稳定和安全"作为"共同的事业和责任",三国既关注阿富汗、巴基斯坦、缅甸、伊朗、中东局势的发展,也谋求在人道救援和救灾能力建设、航行自由、海上安全、反恐、海盗、毒品、大规模杀伤性武器扩散、气候变化、发展援助、传染病等议题上加强合作。

同样,为了应对朝鲜问题而形成的美日韩三边对话,为美国协调三国在朝鲜问题上的立场扮演了重要角色。尽管如果考虑到朝鲜的不妥协态度,这一组三边对话在朝鲜去核化问题上远未取得成功,但是很少有人质疑其作为谈判过程的有效性。这种谈判过程本身将在培育参与方之间的互信、提高各方行动的透明度以及合作的习惯方面所发挥的作用,仍然不能低估。美日印三国于2011年12月举行了首次三边对话。对话结束之后发布的新闻公告表示"各方对这种全面和坦率的对话表示欢迎",并同时表示"这种对话有助于推进共享的价值观和利益"。②

三 三边对话与美国的网络力

美国在同盟基础上引入伙伴关系,建立起来的诸多三边对话,本质上是美国将自身"嵌入"一张国家间互动关系网之中,通过与他国的合作来实现自身的战略目标。因此,这种"嵌入"策略与东盟构建的制度群、日本构建的"自由与繁荣之弧"一样,同样是对国家间互动关系的管理。对这种"嵌入"策略效果的判断,需要评估其能否有效维系战略网中的主要行为体之间的关系,从而使战略网发挥最大的效力。

美国的战略网是由同盟关系和伙伴关系共同构成的集合体。而美国的东亚同盟和中国是美国战略网中的关键行为体,是美国后冷战时

---

① U. S. Department of State, *Trilateral Strategic Dialogue Joint Statement*. Sydney, March 18, 2010, http://2001 – 2009. state. gov/r/pa/prs/ps/2006/63411. htm.

② U. S. Department of State, U. S. -Japan-India Trilateral, December 19, 2011, Washionton, D. C., http://www. state. gov/r/pa/prs/ps/2011/12/179172. htm.

代应对"威胁三角"、进而控制流动性的主要依托。其他伙伴关系也构成了美国战略网中不可或缺的要素。因此，由同盟和伙伴关系构成的各种三边对话基础上形成的蛛网，其作用仍然取决于其是否有利于美国对其同盟关系和伙伴关系的管理。

1. 美国在三边对话中的中心地位

前面的分析表明，冷战结束之后，由于美国与东亚同盟失去了苏联这一共同威胁而失去了存在的基础。尽管此后美国通过与盟友谈判，实现了对同盟关系的不同程度的转型，甚至还与日本和韩国建立了伙伴关系。但是，美国与盟友之间的关系仍然存在着各种不稳定因素。尤其是，随着中国的崛起及其地区影响力的增强，东亚地区共同体意识的觉醒和地区一体化的开始启动，这些不同形式的合作为东亚国家提供了新的合作选择方案。因此，美国的盟友关系面临着越来越激烈的竞争。在美国实力下降、霸权地位衰弱的背景下，美国面临着被同盟"抛弃"的可能性越来越大。

三边对话通过引入伙伴关系这一更为灵活的合作形式，将美国的盟友置于不同的合作框架之下，从而为美国与同盟间的合作提供了新的动力。同盟关系和伙伴关系作为两种不同的形式被纳入进来，就在合作关系上形成了优势互补。由于同盟相互之间提供的安全保障，就有利于行为体之间对话的展开和合作的进一步推进。伙伴关系则包括了范围更为广泛的政治、经济和社会文化等各个领域的互动，有助于克服同盟关系过于强调军事合作关系的弱点。在美国既有的美日澳、美日印、美日韩这几组三边关系中，每一组三边关系都存在着伙伴关系和同盟关系两种关系形式。这种三边对话将伙伴关系与同盟关系同时纳入进来，使同盟关系的互动范围得到扩大，而伙伴关系的互动深度又得以加深。

这种三边互动，超越了美国与其盟友或者伙伴之间的双边互动，实现了 1 + 2 > 3 的效果。这种互动，使得每一个参与对话者都能同时从另外两个行为体的合作中获得收益。但与此同时，这些合作都是以非正式制度面目出现的。这种对话合作形式灵活，无论是美日韩、美日印还是美日澳之间的三边对话，尽管存在着不同层次、不同机制，而且有不同的政府机构参与，但是其并不没有形成正式的制度。

这就降低了行为体参与对话的压力和顾虑。但是这种对话同样达到了交流信息、培养成员之间的信任以及促进合作的目的。与国际组织中的讨价还价甚至激烈讨论不一样，这种网络化的合作形式，往往通过协商的方式来推动议题的解决。考虑到美国与这些国家之间的关系，这种网络化的合作形式更容易为这些国家所接受。首次美日印三边对话之后，一位参与对话的印度官员表示："我非常热爱这种对话。参加这种对话就如同朋友之间很自然地聊天"[1]。

在这种三边对话中，美国往往以协调者和组织者身份出现，在三边对话中处于中心位置。例如，美日韩三边对话中，日本与韩国之间建立了伙伴关系。由于日本与韩国之间在历史问题、独岛（竹岛）问题上的争端，双方关系一直迟迟得不到改进。美日韩三边对话框架则为日韩之间提供了额外的对话渠道。在美日韩三边对话中，日本与韩国是伙伴关系，而美国作为日本和韩国共同的盟友，则扮演着调停者的角色。从关系强度来看，美日韩三边关系中，美国无疑处于主导地位。同样，美国在美日澳三边对话中也处于类似地位。美日印三边关系中，尽管美国和日本同时与印度建立了伙伴关系，但是在这一组三边关系中，美国同样有其优势。例如，美国在印度洋附近的驻军、主导的美日印三国举行的马拉巴（Malabar）联合军演等，以及美国自身相对日本的优势，都将使得印度偏向美国一方。美国在三边对话中的这种角色，使得其盟友更有理由要与美国合作，无疑有利于进一步巩固双边的同盟关系。

2. 三边对话作为美国影响东亚地区秩序的工具

目前美国主导的三边对话已经涵盖了日本、韩国和澳大利亚等主要的同盟，以及印度这一关键伙伴。在这三组三边对话中，美国都居于主导地位。而且，随着这些三边对话关系的演变，正出现合流的趋势。即正形成一个以美国为中心，由四国、六组双边关系构成的蛛网。这三组三边对话所构成的蛛网，涵盖了从东北亚到大洋洲、从印度洋到太平洋的广阔地域，并且包括了美国介入亚太事务的关键节

---

[1] J. Rogin, "Inside the First Ever U.S.-Japan-India Trilateral Meeting", *Foreign Policy*, December 23, 2011.

点。在此基础上，从地理上看，美国实现了将印度洋与太平洋力量的整合；从力量分布上看，美国实现了将地区传统主导国家与新兴国家之间的整合；从地区秩序上看，美国实现了将主要民主国家力量的整合。因此，通过这三组三边对话，美国以较低的成本实现了参与和引导地区秩序构建的机会。新美国安全中心的帕蒂克·克劳宁（Patrick Cronin）就高度评价这种三边对话给美国带来的实际利益。克劳宁指出，在美日印三边对话中，"美国不需要任何投入，就扮演了这场对话的'主持人'（facilitator）角色。美国通过很低的成本就将印度引入了东亚，又将日本引入了印度洋"①。这种引入，正是美国实现印太战略所必需的步骤。

值得强调的是，这种三边对话与传统的正式国际制度或者同盟集团又不相同。三边对话介于双边同盟和多边国际组织之间。三边对话既弥补了双边同盟在应对地区和全球问题上的能力之不足，又缓解了多边正式制度在应对地区和全球问题上因为"集体行动的逻辑"所导致的低效。因此，美国所建立的三边对话作为对国家间互动关系的管理工具，的确具有明显的优势。

同时，三边对话还被进一步"嵌入"既有的东亚地区多边合作机制之中，为美国对东亚地区多边合作的演进和发展方向施加影响创造了条件。当前东亚地区的多边合作机制主要由东盟建立和领导。美国不仅对多边合作的"东盟方式"不满意，而且也不认可东亚地区倡导的"合作安全"理念。② 美国主导的三边对话正逐步从应对地区热点问题的功能性合作朝着推动东亚地区和全球秩序转型的方向发展。③ 甚至有学者认为，在地区和全球多边合作机制中，正形成以美

---

① Josh Rogin, "Inside the First Ever U.S.-Japan-India Trilateral Meeting", *Foreign Policy*, December 23, 2011.

② Amitav Acharya, and See Seng Tan, "Betwixt Balance and Community: America, ASEAN, and the Security of Southeast Asia", *International Relations of the Asia-Pacific*, Vol. 6, No. 1, January 2006, pp. 37–59.

③ Thomas S. Wilkins, "Towards aTrilateral Alliance? Understanding the Role of Expediency and Values in American–Japanese–Australian Relations", *Asian Security*, Vol. 3, No. 3, 2007, pp. 251–278; Huges White, "Trilateralism and Australia: Australia and the Trilateral Security Dialogue with America and Japan", in William Tow and Mark Thomson, eds., *Asia-Pacific Security: US, Australia and Japan and the New Security Triangle*, New York: Routledge, 2007.

国的三边对话为主、东亚地区多边制度诸如 APEC、ARF 等为辅的局面。①

美国主导的三边对话能否维系其构建的战略网的稳定，需要考虑两个因素：一是参与三边对话的行为体的意愿；二是被排除在三边对话之外的行为体的态度。前者直接涉及三边对话能否开展，后者则涉及三边对话对其战略网中的互动关系产生的影响。无论是东盟还是日本，冷战后都不愿意受到来自同盟关系的过度约束，转而追求更为平等的伙伴关系。因此，如果美国以具有较强约束力的国际组织或者同盟集团的形式来整合同盟关系，将可能引起伙伴国的疑虑反而不利于战略网的稳定。同时，建立排他性的同盟集团势必引起中国等重要伙伴国的担心，进而激发中国采取相应的反制措施。而考虑到美国与东亚国家尤其是中国之间的相互依赖，毫无疑问，这种对话形式的多边合作就成了美国整合双边同盟关系和伙伴关系的首选。

通过三边对话将轴辐安全体系变成蛛网，美国事实上对其战略网中的合作关系进行了管理，并确保美国在战略网节点之间的互动关系中的中心位置。首先，三边对话确保了美国在同盟之间互动关系中的中心位置。这种中心位置，使美国能够更为有效地引导盟友之间的合作，并巩固同盟关系。其次，由于三边对话包括了伙伴关系，并且以非正式形式开展，使其区别于同盟集团。这一性质降低了非对话参与国尤其是战略网中伙伴国的疑虑。这就在一定程度上降低了美国强化同盟关系给其他国家尤其是战略网中的伙伴国的疑虑，从而减轻了美国同盟关系与伙伴关系之间的紧张。

总之，美国通过三边对话巩固了同盟关系，同时又可以大力发展与伙伴关系之间的合作，从而实现了对战略网中行为体之间互动关系的管理和控制。这种对关系的控制使美国获得了网络力。网络力将为美国从外部获得盟友的军事承诺、盟友和伙伴国之间的政策协调以及物质支持等方式，来应对"威胁三角"问题，从而实现对

---

① K. Ashizawa, "Australia- Japan -US Trilateral Strategic Dialogue and the ARF", in Haacke, and N. M. Morada, eds., *Cooperative Security in the Asia-Pacific: The ASEAN Regional Forum*, New York: Routledge, 2007, pp. 101 – 111.

流动性更好的管理和控制。

小　　结

　　由于美国实力的相对下降，以及与东亚国家之间形成的紧密相互依赖，使美国要应对"威胁三角"问题，需要与东亚国家之间的合作。美国与东亚的双边合作，主要以两种形式开展：同盟和伙伴关系。同盟来自于冷战的遗产，伙伴关系则是美国在冷战结束之后因应地区和国际环境的变化的产物。

　　同盟关系在冷战结束之后，已经失去了存在的基础。美国为了应对"威胁三角"的挑战，采取了两种措施来补救同盟关系的新变化：第一，通过改变同盟关系中的权利义务关系、拓宽合作领域，以及在诸如海外驻军等更为具体问题上的协商，对同盟关系实现了转型。并且美国还与日本和韩国这两个冷战期间的重要盟友建立了伙伴关系。第二，拓宽自身的合作渠道，与包括中国在内的主要非盟友国家通过建立伙伴关系来寻求双边的合作。

　　东亚地区和国际环境的变化，尤其是东亚出现的权力变迁，使美国的战略调整并不能解决同盟关系与伙伴关系之间的紧张。一方面，美国与中国之间已经形成了紧密的相互依赖关系，需要借助中国来解决其国内、地区甚至全球所面临的问题。这就需要加强与中国的合作。但是，与中国关系的改善，又会引发盟友对被美国"抛弃"的担忧，从而可能削弱美国与同盟的关系。另一方面，若美国强化与盟友间的合作关系，又可能引发中国的疑虑，削弱中美伙伴关系的效用。为此，美国试图在两者之间取得平衡，同时在两者之外寻求更多的伙伴关系来增强应对"威胁三角"问题的能力。

　　美国在东亚的同盟关系与伙伴关系都是建立在双边基础之上。美国通过在日本、印度和澳大利亚等主要同盟和伙伴之间开展的三边对话，缓解了与主要盟友之间的合作困境。这些三边对话包含了两种关系，一种是由美国及其盟友组成的同盟关系，另外一种则是美国盟友与盟友之间构成的伙伴关系，或者美国新建立的伙伴关系。例如，美日澳三边对话中，就包含了美日、美澳两组同盟关系和日澳这一组伙伴关系。而美日印三边对话，则包含了美日这一组同盟关系，美印和日印这两种伙伴关系。三边对话不仅为美国解决与盟友之间的双边合作中的问题，而且为参与对话的行为体带来了超越双边互动的利益。这种三边对话就达到了 1 + 2 > 3 的效果。美国也因而通过三边对话巩固了与盟友之间的关系。与此同时，在每一组三边对话中，美国都处于中心地位。这种由同盟关系和伙伴关系组成的三边对话，就将美国冷战时期的轴辐安全体系变成了蛛网。美国在这一蛛网中处于中心地位，便利了其对行为体之间互动关系的管理，并将自身置于优势地位。与此同时，三边对话以非正式方式举行，从而降低了参与者的压力和外部行为体的疑虑。这使得美国强化了与盟友之间的合作关系，因此而引发的非参与对话的行为体尤其是战略网中的伙伴国的疑虑大为降低。通过在同盟关系中引入伙伴关系，开展三边对话，美国降低了同盟关系与伙伴关系之间的张力，从而稳固了同盟关系，提高了战略网的稳定性，进而提升了网络力。

第八章

结　　论

本书对后冷战时代东亚国家的伙伴关系战略进行了研究。既有文献往往孤立地看待国家之间的伙伴关系，缺乏系统性分析框架。随着伙伴关系被广泛地应用，复杂的伙伴关系网络正在东亚浮现出来。本书将伙伴关系网的形成，视为行为体精心设计的过程，构成了国家更大战略目标的有机组成部分。为此，本书构建了分析伙伴关系网的 SN 模型，检验了东亚主要行为体东盟、日本和美国在东亚地区建立的伙伴关系如何服务于本国的战略目标。

第一节　伙伴关系与东亚的多节点政治

后冷战时代的东亚正在将伙伴关系作为提升网络力、实现国家安全利益的工具。第一，行为体在伙伴关系框架下的互动，体现为多节点政治。第二，伙伴关系是一种竞争性的战略工具。第三，行为体通过"嵌入"策略，对国家间的互动关系进行管理，以获得网络力，维护国家安全利益。

一　后冷战时代东亚的多节点政治

东亚伙伴关系网的产生，与地区和国际环境的变化密切相关。冷战结束后全球化进一步深入和拓展。在全球化推动下，商品、货物、人员、资本和信息等生产要素的大规模跨国流动，成为平常之事。生产要素的大规模跨国流动，将分散的行为体连接成一个整体，导致了国际关系的网络化。

在国际关系网络中，由于行为体之间形成的紧密的相互依赖关系，一国要实现稳定、发展和繁荣等目标，越来越需要从外部市场获得本国发展所需要的原材料、能源、资金、人才、技术、信息和商品出口市场，等等。这就需要确保本国与外部世界在商品、货物、人员、资本和信息等生产要素领域的正常跨国流动不被中断，即确保对流动性实施有效控制。

影响东亚地区行为体对流动性控制的主要障碍，来自于由传统安全威胁、经济威胁和政治威胁等构成的"威胁三角"。国际关系的网络化降低了行为体依靠自助来应对威胁的有效性。因此，为了应对"威胁三角"问题，与其他行为体的合作成了必需。

行为体选择与谁合作？以什么方式合作？如何协调这些合作者之间的关系？为了解决这些问题，本书构建了一个SN模型（战略网）。该模型认为，为了实现自身战略目标，行为体需要选择与其利益密切相关的他者开展合作。这些合作关系就构成了一国的战略网。其包括三个要素：节点、节点的链接方式以及战略网的维系机制。这一模型被用于分析后冷战时代东亚伙伴关系网。

伙伴关系网在东亚行为体应对"威胁三角"问题中扮演着重要角色。受东亚地缘政治影响，国家之间在双边关系方面不同程度地存在着潜在分歧和冲突，而在多边又未能建立起有效的国际制度。更为重要的是，东亚的流动性分布很不均衡，东亚网络中的经济—安全二元结构使得行为体与中国和美国之间存在着不对称依赖。

在这种背景下，行为体若是选择结盟或者国际制度，将无法同时实现传统安全、经济和政治安全的保障。例如，同盟可能有利于解决传统安全领域的威胁，但是其将会导致行为体面临着政治领域和经济领域的威胁；东亚多边制度可能会有助于解决经济领域和政治领域的威胁，但是却无法解决传统安全威胁。由此，结盟和国际制度在应对"威胁三角"问题上不同程度地面临着"不可能三角"困境。伙伴关系这一合作形式，可以不同程度地有助于应对"威胁三角"问题，但是其缺陷在于国家间非正式的合作形式约束力不强。因此，伙伴关系就成了弥补同盟和国际制度在应对"威胁三角"问题时的工具。

东亚行为体通过将伙伴关系作为战略网中节点之间主要的链接方式，弥补了传统战略工具结盟和国际制度在应对"威胁三角"问题上的不足。由此，战略网中的不同节点，在行为体应对"威胁三角"中发挥着不同的功能。战略网中节点之间的互动，就构成东亚的多节点政治。

东盟是一个由小国组成的地区组织。冷战结束之后，东盟为了应对"威胁三角"、实现对流动性的有效控制，开始与和其利益密切相关的国家建立伙伴关系。在东盟的战略网中，节点之间的链接方式全部是伙伴关系形式。中国和美国是东盟战略网中两个非常重要的节点。中国与东盟之间紧密的经济社会互动和相互依赖，使得中国直接影响到东盟的流动性；美国在东盟应对传统安全和非传统安全、确保流动性不受外部影响而中断方面，扮演重要角色。由于中国与美国在东盟战略网中的这种地位，使得东盟战略网的稳定很容易受到中美关系的影响。为了降低对中美两国过度依赖的风险，东盟在中美之外，引入更多行为体。日本、韩国以及东亚周边的印度、澳大利亚等国也被东盟纳入战略网中，构成了东盟战略网的主要节点。东盟通过与这些国家在战略伙伴关系框架下的合作，不同程度地增强了其对与外部的商品、货物、人员、资本和信息等生产要素的跨国流动的控制能力。

冷战结束之后，随着中国的崛起引发的东亚权力变迁，日本对中国经济上的依赖日益明显。日本的战略网中，美国和中国同样是两个非常重要的节点。但是，随着日本经济的停滞和国际地位的下降，日本在与中美两国所构成的三边关系中，越来越不占优势。尽管日本仍然保留了与美国的同盟关系，但是不管中美之间是竞争还是合作，其都在美国东亚战略地位中处于下降位置。为此，日本与中美两国都建立了伙伴关系之后，将与其利益密切相关的更多行为体纳入了战略网，包括韩国、东盟、澳大利亚、印度等国。此外，日本还与东盟成员国中一些重要的国家越南、马来西亚、新加坡、菲律宾等国建立了伙伴关系。日本与美国在同盟基础上建立伙伴关系，不仅"留住"了美国，加强了美日在军事领域的合作，而且还拓宽了美日之间在政治、经济和社会文化等各个领域的合作。这些伙伴关系，为日本应对

"威胁三角"问题，提供了不同的资源和信息，从而使其能在自身资源有限的情况下，通过与外部建立和发展伙伴关系，提高对流动性的控制能力。

美国从地理位置上看并不是东亚国家，但美国是影响东亚地区国际政治生态的一个重要因素。美国与东亚地区主要行为体都建立了伙伴关系，而且其在东亚的同盟关系对东亚地区伙伴关系的发展产生的影响尤为突出。大多数传统文献都将美国的伙伴关系与同盟关系的作用混为一谈，这种观点不仅会造成我们对美国东亚战略的误判，而且会影响我们对东亚地区内国家间关系的判断。因此，这使得对美国在东亚战略伙伴关系的研究非常重要。

美国同样面临着"威胁三角"问题。在美国的东亚战略网中，其节点之间的链接方式比较复杂，包括了同盟关系和伙伴关系两种形式。本书在第七章的研究发现，美国的同盟关系和伙伴关系尽管都是服务于美国对流动性的控制这一目标，但二者各自的角色并不相同，而且伙伴关系扮演着不可替代的作用。通过引入大量的伙伴关系，美国降低了同盟关系所面临的挑战，并增强了对流动性的控制能力。

上述对东盟、日本和美国这三个重要行为体应对"威胁三角"问题的分析，揭示了后冷战时代东亚的多节点政治。多节点政治中，国家不再是现实主义理论中的完全的"类似单位"。每一个国家只是整个国际关系网络中的一个节点，不同节点之间存在着一定程度的分工。国家依赖于其他行为体的合作，来实现自身的战略目标。一国选择与谁合作、以什么方式合作、如何维系这种合作关系，就构成了多节点政治的主要内容。东盟、日本和美国在冷战结束之后所构建的战略网的运行，就体现了多节点政治的互动过程。

二 伙伴关系是一种竞争性的战略工具

伙伴关系既不能被视为同盟或者同盟的"变体"，也不能仅仅被视为一国的外交辞令。伙伴关系被大量使用、并形成伙伴关系网，国家通过网络中节点的选择、链接方式和战略网的运行维系等过程，可以实现竞争性的战略目标。这种竞争性的战略目标表现为直接获益和间接获益两个方面。

1. 战略伙伴关系带来的直接获益

伙伴关系的直接获益（direct gains）表现为，行为体基于共同利益基础上的合作实现的绝对获益。行为体通过建立伙伴关系，直接改善本国经济社会发展的国内外环境，提高了本国应对"威胁三角"的能力，从而为更好地控制流动性创造了条件。这就使得一国在获得原材料、能源方面获得更多保障，在吸引外来资本、人才方面占据更多优势，在推动本国商品出口方面面临更少障碍。总之，在维持和推动本国与外部世界的商品、货物、人员、资本和信息等生产要素的跨国流动方面，有利于受到自然和人为因素的负面影响，使其更好地服务于本国的战略目标。

首先，东亚行为体在后冷战时代，不同程度地面临着来自传统安全威胁的挑战。相比西欧、北美等地区，东亚地区的冷战遗产问题非常突出。再加上东亚行为体经历的殖民统治历史和现代民族国家建立得晚等因素，使得东亚国际关系呈现出明显的威斯特伐利亚体系的特征：强调国家主权、安全困境、自助。本书的个案研究中已经揭示了东盟、日本和美国所面临的这种传统安全威胁。这些传统安全威胁尽管并不紧迫，但的确会成为影响一国流动性的重要因素。

伙伴关系尽管不存在相互提供安全保障的承诺，也不对一国的武力使用等问题产生约束，但是伙伴关系在协商一致的基础上，达成了两国互动的基本原则，并且双方在各个领域、各个层次建立起广泛的对话和沟通平台。伙伴关系框架下的互动，一方面传递了信息，有利于降低行为体产生"错误知觉"的概率；[1] 另一方面也为双方潜在的分歧提供了协商和沟通的渠道，从而在一定程度上缓解了行为体所面临的安全困境，维持了双边关系的稳定。

笔者在个案研究中发现，日本与中国、美国与中国、东盟与日本、东盟与印度等国家之间都不同程度地存在着"安全困境"和潜在冲突爆发的可能。例如，日本与中国在钓鱼岛、东海等问题上的争端，美国与中国在台湾问题上的分歧，东盟对日本历史问题的担忧，

---

[1] ［美］罗伯特·杰维斯：《国际政治中的知觉与错误知觉》，秦亚青译，世界知识出版社2003年版。

等等。但是，这些国家之间建立的伙伴关系，就在缓解双边的安全困境方面发挥了作用。伙伴关系所依赖的"系统原则"都对双边之间的互动规则进行了界定，并且双方在伙伴关系框架下建立起包括军事领域在内的各种对话机制。例如，中美建设性战略伙伴关系为避免台湾问题的紧张升级，发挥了重要作用。[1]

其次，在应对经济威胁方面，伙伴关系发挥的作用更为直接。由于东亚地区一体化方面取得的进展有限。东亚主要行为体开始通过少边和双边的经济合作来应对挑战，并利用各种机遇。伙伴关系就为行为体之间双边经济合作提供了平台。伙伴关系框架下，两国政府之间通过制定经济合作的目标、开展政策协调、提供开发援助等措施，为相关国家带来直接的经济利益，提高其抵御外部经济风险的能力。同时，伙伴关系除了政府行为体之间的直接互动，往往还伴随着大量的社会互动，从而改善两国经济活动的环境，客观上也促进了经济的发展。例如，国内学者陈友骏在研究日本与印度的经济合作关系时，就注意到"日印全球性战略伙伴关系"在推动两国经济发展上的作用。在全球伙伴关系框架下，印度提出举行"印日工商界领袖论坛"。这一论坛在推动《日印经济合作协定》的签署、为两国工商界牵线搭桥，以及更为具体的经济技术合作等方面发挥了重要作用。[2] 伙伴关系通过采取鼓励双边经济活动的措施，无疑将有利于改善一国的经济发展环境、提高本国抵御风险的能力，从而增强一国对流动性的管理和控制能力。

最后，在应对政治威胁方面，伙伴关系同样可以发挥作用。后冷战时代，东亚地区行为体所面临的政治威胁既可能来自国内，也可能来自地区甚至国际社会。国内的因素包括一些国家内部存在的分裂势力、宗教极端主义、恐怖主义等，这些问题不同程度地存在于东亚国家中。国际上的因素则包括诸如美国等西方国家对东亚一些国家的民主和人权等问题的攻击和指责、通过颜色革命对合法政权的颠覆等。这些政治威胁不同程度地影响着一国的经济社会发展环境，对一国的

---

[1] [美]金骏远：《中国大战略与国家安全》，王军、林民旺译，社会科学文献出版社2008年版，第159—181页。

[2] 陈友骏：《评析日印经济合作关系的发展》，《日本学刊》2012年第3期。

国际形象带来负面影响。若这些问题得不到解决，长期来看将会影响其国际公信力，降低国际地位，从而影响其从外部获得国际社会支持、吸引外来资本、引进人才、获取国际商品市场等的能力，降低了对流动性的控制能力。

总之，伙伴关系发挥的作用，可以通过以下几个方面体现出来。第一，伙伴关系框架下的合作包括了大量的应对政治威胁的合作内容。例如，美国往往将合作打击恐怖主义作为伙伴关系的一项合作内容。第二，伙伴关系框架下行为体之间形成的广泛对话渠道，有利于增进相互了解，降低因为诸如意识形态、价值观等方面的差异导致的分歧。美国与东盟、中国等国家开展的人权、民主等领域的对话，显然就具有这一功能。第三，伙伴关系框架下的互动，还为行为体向外传播观念、对其他行为体进行"社会化"提供了条件。这种社会化，显然有利于降低行为体之间在观念、国际规则、规范等方面的分歧，从而实现自身的目标。

前面的个案研究已经表明，伙伴关系尽管并不具有诸如同盟或者国际制度所具有的强约束力，但仍然能够增强行为体应对威胁的能力，降低"威胁三角"所带来的不确定性。东盟、日本和美国等行为体所建立的大量伙伴关系，不同程度地为其应对"威胁三角"问题提供了支持。这种伙伴关系带来的直接获益，提高了行为体的竞争力。

2. 伙伴关系带来的间接获益

伙伴关系所带来的间接获益（indirect gains）产生的竞争性效果，往往为学界所忽视。在具体总结这一观点之前，我们有必要对间接获益与传统理论中的"相对获益"（relative gains）这一概念进行区分。相对获益是新现实主义理论中的一个重要概念，其关注行为体对合作结果的分配问题。新现实主义理论认强调无政府状态下行为体的相对权力的重要性。在两国 X 和 Y 之间的关系中，若通过合作会导致两国中任何一方相对权力的增加，则 X 和 Y 之间的合作将难以进行。①

---

① ［美］大卫·A. 鲍德温：《新现实主义和新自由主义》，肖欢容译，浙江人民出版社 2001 年版。

间接获益关注的重点在于行为体 X 和 Y 之间的双边合作，对第三方 Z 产生的影响。换言之，X 和 Y 之间的合作，可能使 X 获得了相对于 Z 的优势。由此，X 就获得了间接获益。这种间接获益在网络化的国际关系中，发挥着越来越重要的作用。建立和发展伙伴关系就是提高行为体相对获益的有效手段。

伙伴关系本质上是一种管理国家间互动关系的工具。一国与其他行为体建立伙伴关系，就为管理两国之间的互动关系提供了一个框架。在这一框架下，双方进一步建立起各种层次的对话、政策协调和执行机制，来引导和开展两国间在各个领域的互动。这种伙伴关系框架下的互动，不仅改变了两国之间的关系形态，而且还会影响第三方行为体与外部世界的商品、货物、人员、资本和信息等生产要素的跨国流动环境。因此，一国发展伙伴关系，就为其改善自身环境并且影响第三方的外部环境提供了机会，从而实现了间接获益。这种间接获益，主要通过伙伴关系产生的两种效应来实现：资源转移效应和网络效应。

（1）资源转移效应。资源转移效应指的是行为体 X 和 Y 建立伙伴关系之后，导致 Y 将原本与 Z 之间的自然合作关系转移到 X 的后果。在国际关系网络中，一国与他国之间普遍地存在着相互依赖关系，并存在着不同程度的合作关系。但是，伙伴关系通过政策协调、建立合作机制、政治支持等方式，为促进两国之间的进一步合作提供了平台。鉴于一国诸如外交资源、物质资源等的有限性，将推动行为体将在自然状态下的合作关系转移到与 Y 的伙伴关系合作框架下，从而使 X 获得了相对于未与 Y 建立伙伴关系的第三方 Z 的优势。

（2）网络效应。网络效应是来自于网络理论中的一个概念，本书在第二章第二节已经做过介绍。在此，笔者将结合伙伴关系做更为进一步的分析。当前的伙伴关系主要是以双边的形式开展，但是指导双边行为体互动的原则、规范、规则以及具体的实践，会影响到地区乃至全球行为体之间互动关系的形态。这种影响就是伙伴关系所产生的网络效应。

上述两种效应是本书基于对东亚的伙伴关系进行研究之后，总结出来的关于伙伴关系作为一种竞争性外交战略工具的依据之一。东盟、日本和美国在建立和发展伙伴关系时，不同程度地间接获益。

东盟从伙伴关系中实现的间接获益，体现在传统安全、经济和政治等各个领域。在传统安全和政治领域，东盟的《东南亚友好合作条约》被伙伴关系国全部接受，就是最好的体现。在中国率先签署该条约之后，日本和韩国、印度等东盟的伙伴国紧接着跟上。随着大量伙伴国签署该条约，东盟将其作为加入东亚峰会的必要条件之一，由此俄罗斯、澳大利亚和美国先后都签署了这一条约。在这一过程中，东盟事实上实现将《东南亚友好合作条约》从双边伙伴关系向东亚峰会这一多边平台的推广。在经济领域，东盟通过伙伴关系实现的间接获益也很明显。中国为了降低东盟对中国崛起的疑虑，在加入WTO之后率先与东盟签署FTA。日本、韩国、印度、澳大利亚等国出于担心中国抢占东盟市场的考虑，纷纷与东盟签署了FTA。东盟与大国全方位发展伙伴关系，而大国出于对伙伴关系产生的资源转移效应和网络效应的担心，相互之间围绕着改善与发展东盟的关系形成了一定程度的竞争。这种竞争，常常使得东盟以较低的成本，迫使大国在双边关系中做出让步。

在第五章对日本伙伴关系网的研究中，笔者发现，日本正在利用伙伴关系的间接获益这一特征，来展开与中国在地区的竞争。由于中国的崛起及地区影响力的增强，让日本感受到来自中国的压力。日本在伙伴关系框架下，加大对菲律宾、印度尼西亚、越南、印度等落后国家的经济社会援助，为这些国家在中国之外提供了满足本国经济社会发展所需的资源和信息，以降低这些国家对中国的过度依赖。同时，日本还与澳大利亚、韩国和美国等国家在伙伴关系框架下，加大经济合作力度，以分散这些国家与中国之间过于密切的经济社会互动。通过这种方式，日本为这些国家提供了"中国+1"的战略选择。而"价值观外交"的推出，更是非常明显地体现了日本试图利用伙伴关系来实现间接获益的目标。笔者在梳理日本的伙伴关系的政策文献时，发现日本正在系统地将其所倡导的价值观应用于伙伴关系的援助、经济政治合作之中。而且，日本正试图将这些在双边伙伴关系框架下达成的合作关系和取得的共识，推向东亚地区的多边合作。在对日本的案例研究中，我们已经对此进行了详细分析。

作为大国的美国，尤其是作为地区内部分国家的传统安全这一公共产品的提供者地位，为通过伙伴关系获得间接获益提供了优势。我们在对美国的伙伴关系战略进行研究时发现，尽管美国一直宣称推行多边制度作为实现国家利益的工具，但事实上美国往往更倾向于通过双边的合作在盟友和伙伴国之间产生竞争，从而以较低的成本实现自身目标。最为典型的，美国发起的三边对话就为美国获得间接获益创造了条件。最近，美国在与新加坡、澳大利亚、新西兰等主要伙伴和盟友缔结双边 FTA 之后，在此基础上加入并主导了 TPP 这一多边地区谈判。有学者指出，美国发起 TPP 这一多边谈判的基础仍然是建立在双边盟友和伙伴国尤其是韩国、澳大利亚和新加坡等国家之间的双边经济合作基础之上的。[①] 换言之，美国与盟友和伙伴在双边合作基础上的成果，正通过网络效应变成地区多边合作的基础。

总之，伙伴关系作为一种国家间互动的形式，不仅给参与方带来直接获益，而且还带来间接获益。正是这些获益，使得战略伙伴关系产生的影响远远超过双边关系，并成为一种竞争性的外交战略工具。正是伙伴关系的这一性质，使得不少行为体将其作为提升网络力的有效工具。而在传统研究中，这一点往往为学者们所忽略。随着大量的伙伴关系的建立，伙伴关系产生的竞争性效应将会更加明显。这也正是东亚伙伴关系一旦出现便迅速蔓延的一个重要原因。

三 行为体通过建立伙伴关系提升网络力的途径

随着国际关系的民主化和相互依赖的加深，行为体越来越难以通过武力的方式"谋求阳光下的地盘"，来获得本国发展所需要的原材料、能源、资金、人才、技术、商品出口市场等重要资源和信息。一国要确保本国与外部世界的商品、货物、人员、资本和信息等生产要素的正常流动，并服务于本国的战略目标，越来越需要与他国建立合作关系，并通过国际政策协调、国内政策引导，以及与外部世界互联互通条件的改善等措施来实现。

[①] C. L. Lim, D. K. Elms, and P. Low, eds., *The Trans-Pacific Partnership: A Quest for a Twenty-First Century Trade Agreement*, New York: Cambridge University Press, 2012.

在国际关系网络中，行为体影响国际结果能力的大小依赖于其在网络中的位置，即网络力。对后冷战时代的东亚行为体而言，影响和控制商品、货物、人员、资本和信息等国际生产要素的流动和分配的能力，即影响和控制东亚流动性的能力，正成为多节点政治博弈的主要内容。

在参与多节点政治博弈的过程中，越来越多的东亚国家将伙伴关系作为重要的外交工具，精心设计伙伴关系网。行为体通过对网络中节点构成的选择、节点之间的链接方式以及伙伴关系网的维系等三个方面的精心设计，提高自身对流动性的控制能力。这一过程就体现为东亚行为体提升网络力的过程。

为了实现对流动性的控制，东盟就要减弱甚至消除"威胁三角"所带来的负面影响。在这一过程中，东盟构建的战略网主要由与大国的伙伴关系组成。伙伴关系是弱关系链接，对行为体并不具有很强的约束力。在与大国的每一组双边伙伴关系中，东盟都不具有明显优势。事实上，东盟在与中国和美国的伙伴关系中，明显地处于不对称的获益状态。也即，若我们只从每一组双边关系来看，伙伴关系带给东盟的战略收益远大于其伙伴国由此获得的收益。无论是从合作的相对获益还是绝对获益来看，这种关系意味着东盟很容易"被抛弃"。换言之，东盟作为其伙伴国战略网中的节点，具有很高的可替代性。这种状况显然不利于东盟战略网的稳定。

为此，东盟采取的措施之一，就是建立和积极参与区域多边制度，并将伙伴关系网中的节点"嵌入"区域多边制度之中。于是，东盟对伙伴关系的管理就变成了对区域多边制度的管理。东盟通过将"东盟方式"推广到东亚多边制度之中，并将非传统安全合作作为主要内容，构建起一系列以东盟为中心的多边制度。当前东亚的多边制度无论是综合性的"东盟+3""东盟+6"、东亚峰会，还是更为专业性的东盟外长扩大会议、东盟防长扩大会议、东盟地区论坛，等等，都形成了以东盟为中心，其战略网中的节点普遍参与的区域合作机制。通过这种方式，东盟提高了对其伙伴关系的管理和控制能力，进而使网络力得以提升。网络力的提升，无疑有助于东盟对其流动性进行更为有效的控制。

相对东盟而言，日本在与外部行为体建立和维系合作关系方面要处于更为有利的地位。但是，当被置于更为广阔的网络时，日本的优势地位就面临着来自其他行为体的挑战了。例如，日本在与东盟的合作关系中，可能面临着来自中国、韩国、印度等国家的竞争。更为重要的问题还在于，日本与中国、美国等之间形成的紧密依赖关系。

日本提出的价值观外交，在维系伙伴关系网的稳定方面发挥了重要作用。通过将价值观作为维系伙伴关系网的纽带，日本可以在美国不参与的情况下，单独加强与美国的盟友和伙伴之间的合作关系。这样，日本在美国的战略网中就由"轮辐"变成了"次轴心"。并且，由于日本提倡的价值观与中国相左，从而在不直接与中国对抗的情况下又间接地排斥中国的参与，实现了与中国在地区合作中"相向而行"的目的。由此，日本在不直接挑战中国和美国的背景下，提升了对国家间互动关系的管理和控制能力，即提升了网络力。

伙伴关系在提升美国的网络力方面所扮演的角色要更为隐晦，原因在于美国的大量合作是通过同盟关系来开展的。冷战结束之后，由于行为体之间日益紧密的相互依赖关系，地区和国际环境的整体好转使得一国面临明确的、紧迫的传统安全威胁降低，同盟关系变得不再稳固。美国为有效应对"威胁三角"问题，除了同盟关系，需要与更多的行为体开展合作。美国新建立起大量的伙伴关系，同时仍然将同盟视为其介入东亚地区事务的主要平台。这就在同盟与伙伴关系之间形成了张力，尤其是中美伙伴关系与美国同盟关系之间的紧张。美国在同盟关系中引入伙伴关系，通过与主要同盟日本、韩国、澳大利亚和印度等国开展三边对话，从而增强了对关键同盟和伙伴的吸引力。

美国所开展的所有三边对话，都同时包含着同盟关系和伙伴关系两种不同内容的互动关系。例如，美日韩三边对话包含了美日、美韩两组同盟关系与日韩这一组伙伴关系。伙伴关系与同盟关系同时存在的三边对话，在内容上实现了互补。同盟关系作为强关系，有利于增强三边对话中行为体之间的信任；伙伴关系作为弱关系，有利于拓宽合作领域。由于美国与同盟之间的强关系，使其在三边对话中处于中心位置。美国通过三边对话，稳固了同盟关系，同时也为进一步介入东亚地区事务提供了平台。① 由此，美国通过三边对话，增强了其对国家间互动关系进行有效管理的能力，从而提升了网络力。

第二节 伙伴关系与国际关系研究

伙伴关系的出现时间不长，所包含的许多现象还未完全展示出来。这限制了研究的进一步深入。综合起来看，未来需要从以下几个方面，进行更深入的研究。

一 伙伴关系多边化的可能及其后果

当前伙伴关系主要是以双边形式建立的。随着东亚大量伙伴关系的产生，相互间已经出现了交叉重叠的现象。例如，中国与东盟、中国与韩国、韩国与东盟，这三个国家间两两都互为伙伴关系。这种双边关系的长期互动，会不会形成三方伙伴关系框架？

如果伙伴关系从双边关系演变到三边甚至多边关系，不只是合作数量的增加，还涉及关系结构变化，所产生的影响值得关注。在同盟关系中，当双边同盟演变成集团时，往往引发国际关系发生质的变化。两次世界大战中同盟关系的演变就非常典型。当主要行为体之间的双边同盟逐步演变成同盟集团时，国际关系越来越僵化，最终演变成对立的两大集团，触发世界大战。

伙伴关系并不将特定国家视为威胁来源，而是基于在广泛领域的利益一致基础上的合作。伙伴关系的多边化似乎产生的和平效应更为

---

① 事实上，2010 年中美外长在河内 APEC 会议间隙会谈时，美方已经向中国提议建立中美日三边对话，但遭到中国拒绝。参见《中国外交部：中美日三边官方对话只是美方想法》，2010 年 11 月 2 日，中新网（Available at：http：//www.chinanews.com/gn/2010/11-02/2628290.shtml）。2011 年美日印举行首次三边对话之后，美方代表也表示愿意举行美中印三方会谈。参见 J. Rogin, Inside the First ever U. S.-Japan-India Trilateral Meeting, *Foreign Policy*, December 23, 2011, Available at：http：//thecable.foreignpolicy.com/posts/2011/12/23/inside_the_first_ever_us_japan_india_trilateral_meeting. 国内学者关于立中美韩三边对话的分析，参见孙茹《试析中美韩三边对话与合作的可能性》，《现代国际关系研究》2014 年第 5 期。

明显。由此，我们需要研究通过双边伙伴关系的扩散，到建立区域多边合作甚至建立区域共同体的可能性。到目前为止，伙伴关系主要停留在双边层次上，但其长远趋势及其影响值得进一步研究。

二 伙伴关系与同盟关系之间的互动问题

作为管理国家间互动关系的两种不同工具，同盟与伙伴关系之间有不同的作用机制。本书的研究显示，东亚的伙伴关系是行为体提升网络力的工具。而同盟是通过相互提供安全保障承诺，实现将"同盟的权力附加到自己身上"。换言之，同盟的作用是实现直接的物质资源的转移。从这一角度来看，两种合作方式的区别不仅仅在于是否提供安全保障，更为重要的差异在于实现国家利益的机制。从当前的实践来看，东亚存在着在同盟基础上建立伙伴关系的现象，如美日、美韩分别在保留同盟关系的同时，建立了伙伴关系。但当前并没有出现从伙伴关系转变成同盟关系的案例。对这一问题的研究，可能需要结合东亚地区的整体安全环境、具体国家所面临的威胁性质等方面做进一步研究。

三 伙伴关系网对国际秩序的影响

轴辐安全体系主导着冷战期间东亚的区域架构。冷战结束之后，轴辐安全体系被保留了下来，但已难以适应新的国际局势。冷战刚一结束，时任美国国务卿詹姆斯·贝克就在《外交事务》上撰文探讨亚太正在浮现的"区域架构"。[①] 但是冷战结束至今，东亚仍然未能形成清晰的区域架构。2011年的东亚峰会也将建立区域架构作为一个重点议题，认为其将影响地区和平、稳定与繁荣。[②] 2015年博鳌亚洲论坛特设了一个以"超越冷战思维：新的亚太安全架构"为主题的分论坛，会聚了全球大量的学界和政策界精英人士来讨论这一议

---

① James A. Baker, "America in Asia: Emerging Architecture for a Pacific Community", *Foreign Affairs*, Vol. 70, No. 1, December 1991, pp. 1 – 18.

② ASEAN, *Heads of State /Government of the Participating Countries of the East Asia Summit Adopted: Declaration of The East Asia Summit on The Principles for Mutually Beneficial Relations*, Bali, Indonesia, November 19, 2011.

题。曾任中国外交部副部长的王英凡在论坛上发言时指出，冷战结束之后，地区和全球发生的变化，"建立一个新的亚太安全架构，这是很必要，很及时的"①。

威廉·陶（William Tow）在研究亚洲安全架构时指出，"安全架构"事实上包含了三个要素：首先，"安全架构"的组成内容，即国家之间通过什么样的外交政策工具来维护安全，诸如同盟、国际组织等。其次，架构中的行为主体，即"谁属于这一安全架构"的问题。最后，建立"安全架构"的目的是什么，即人们通过建立安全架构，希望解决什么地区问题、实现什么目标。②按照这一定义，东亚地区大量的伙伴关系的出现，无疑对地区安全架构的形成产生巨大的冲击，甚至会产生塑造作用。为此，我们需要对伙伴关系会如何影响地区安全架构的走向进行分析。

此外，伙伴关系体现了国家之间新的互动模式。伙伴关系的大量出现，会如何影响区域秩序和国际体系，值得关注。

四 伙伴关系网络中的非国家行为体

在东亚的多节点政治中，除了国家行为体，大量的非国家行为体比如跨国公司、非政府组织以及公民个人等之间的互动日益密切。东亚国际关系网络的形成，主要是市场和社会力量的推动。因此，非国家行为体会如何影响政府间缔结的伙伴关系？反过来，伙伴关系又会如何影响非国家行为体之间的互动？这些问题同样包含在多节点政治中。限于精力，本书主要考察了国家行为体之间的互动。事实上，伙伴关系框架包含了大量的非国家行为体之间的互动，比如两国开展的人文、社会、教育等领域的交流就是典型例子。因此，这一部分内容在今后研究中也应该加以重视。

冷战结束之初就有学者预测东亚很快会进入一个同盟频出、相互混战的时代。20多年过去了，尽管诞生于冷战时期的同盟没有消失，

---

① 《王英凡：建立新的亚太安全框架大国之间需良性互动》，2015年3月29日，财经网（http://economy.caijing.com.cn/20150329/3850725.shtml）。

② William T. Tow, and B. Taylor, "What is Asian Security Architecture?", *Review of International Studies*, Vol. 36, No. 1, January 2010, pp. 95–116.

但东亚并没有新的同盟出现。这期间涌现出的大量伙伴关系，无疑是一个值得关注的现象。伙伴关系产生于新的时代背景。时代的变化同样要求我们不能用旧的思维模式和分析框架来看待这一新事物。同盟作为霍布斯状态下的产物，曾被广泛使用，从中国春秋战国时期的"朝秦暮楚""合纵连横"，到伯罗奔尼撒战争期间的提洛同盟和伯罗奔尼撒同盟，再到冷战期间"北约"和"华约"之间的对抗，同盟关系随处可见，由此催生了国际关系关于同盟研究的海量文献。伙伴关系在实践中已经大量涌现，国际关系理论研究也应该为其辟出空间。本书初步建立了研究伙伴关系的分析框架，希望能起到抛砖引玉的作用。

参考文献

陈玉刚：《超国家治理：国际关系转型研究》，上海人民出版社 2009 年版。

陈玉刚：《试论目前国际关系学科建设和理论发展中存在的问题及其嬗变趋势》，《教学与研究》2012 年第 9 期。

房乐宪：《对中俄、中美战略伙伴关系的几点认识》，《教学与研究》1998 年第 9 期。

范宏伟、刘晓民：《日本在缅甸的平衡外交：特点与困境》，《当代亚太》2011 年第 2 期。

郇庆治、王珂：《"全面合作伙伴关系"：从比较的观点看》，《现代国际关系》2002 年第 5 期。

胡守钧：《国际共生论》，《国际观察》2012 年第 4 期。

金熙德：《"中日伙伴关系"的背景、实质及趋势》，《日本学刊》2000 年第 5 期。

金应忠：《为何要研究"国际社会共生性"——兼议和平发展时代国际关系理论》，《国际展望》2011 年第 5 期。

金应忠：《国际社会的共生论——和平发展时代的国际关系理论》，《社会科学》2011 年第 10 期。

金灿荣、赵远良：《构建中美新型大国关系的条件探索》，《世界经济与政治》2014 年第 3 期。

刘江永：《国际关系伙伴化及其面临的挑战》，《现代国际关系》1999 年第 4 期。

李义虎：《论 21 世纪的新型大国关系》，《教学与研究》1999 年第 5 期。

李新春：《家族企业的关系治理：一个探索性研究术》，《中山大学学报》（社会科学版）2005年第6期。

刘春生：《全球生产网络的构建与中国的战略选择》，中国人民大学出版社2008年版。

刘振兴：《论冷战后中国外交的伙伴关系战略》，硕士学位论文，外交学院，2009年。

梁志：《"同盟困境"视野下的美韩中立国监察委员会争端（1954—1956）》，《华东师范大学学报》（哲学社会科学版）2011年第6期。

李冠杰：《一种正常的战略伙伴关系——印俄战略合作的成效与前景》，《俄罗斯研究》2012年第4期。

刘丰：《国际政治中的联合阵线》，《外交评论》2012年第5期。

李春霞：《从敌人到全面伙伴：越南发展对美关系的战略考量》，《国际论坛》2014年第4期。

罗会钧：《美越防务安全合作及其对中国的影响》，《国际安全研究》2017年第3期。

马欣原：《不可能三角——从历史角度的阐释》，《金融研究》2004年第2期。

马缨：《当代印度外交》，上海人民出版社2007年版。

潘忠岐：《世界秩序：结构、机制与模式》，上海人民出版社2004年版。

钱其琛：《外交十记》，世界知识出版社2003年版。

秦亚青：《国际体系的延续与变革》，《外交评论》2010年第1期。

沈国兵、史晋川：《汇率制度的选择：不可能三角及其扩展》，《世界经济》2002年第10期。

孙哲：《结构性导航：中国和平崛起的外交新方略》，《世界经济与政治》2003年第12期。

尚会鹏：《"伦人"与"天下"——解读以朝贡体系为核心的古代东亚国际秩序》，《国际政治研究》2005年第2期。

孙德刚：《准联盟外交探析》，《国际观察》2007年第3期。

孙德刚：《联而不盟：国际安全合作中的准联盟理论》，《外交评论》2007年第6期。

孙玉红：《论全球FTA网络化》，中国社会科学出版社2008年版。

苏长和：《共生型国际体系的可能——在一个多极世界中如何构建新型大国关系》，《世界经济与政治》2013年第9期。

苏长和：《共生型国际体系的可能》，《世界经济与政治》2013年第9期。

唐小松、刘江韵：《论东盟对中美的对冲外交困境及其原因》，《南洋问题研究》2008年第3期。

王施异：《后冷战时期印度—日本关系的战略层面考察》，《南亚研究季刊》2006年第2期。

王义桅：《世界是椭圆的：未来国际秩序展望》，同济大学出版社2007年版。

王缉思：《世界发展趋势与中美关系前景》，《美国研究》2012年第3期。

王森、杨光海：《东盟"大国平衡外交"在南海问题上的应用》，《当代亚太》2014年第1期。

王毅：《盘点2014：中国外交丰收之年》，《国际问题研究》2015年第1期。

余万里：《相互依赖研究述评》，《欧洲研究》2003年第4期。

喻常森：《东盟在亚太多边安全合作进程中的角色分析》，《外交评论》2007年第8期。

俞正樑：《试论美国对华的对冲战略》，《国际观察》2006年第1期。

俞正樑：《论当前国际体系变革的基本特征》，《世界经济与政治论坛》2010年第6期。

于向东、彭超：《浅析越南与日本的战略伙伴关系》，《东南亚研究》2013年第5期。

赵学功：《当代美国外交》，社会科学文献出版社2001年版。

张贵洪：《美印战略伙伴关系与中国：影响和对策》，《当代亚太》2005年第5期。

赵青海：《浅析新美"新型战略伙伴关系"》，《国际问题研究》2011年第4期。

周方银：《中国崛起、东亚格局变迁与东亚秩序的发展方向》，《当代亚太》2012年第5期。

邹应猛：《多节点世界中的中国与世界互动》，《国际论坛》2013 年第 4 期。

[法] G. 塞代斯：《东南亚的印度化国家》，蔡华、杨保筠译，商务印书馆 2008 年版。

[加] 阿米塔·阿查亚：《建构安全共同体》，王正毅、冯怀信译，上海人民出版社 2004 年版。

[马来西亚] 沈联涛：《十年轮回：从亚洲到全球的金融危机》，杨宇光、刘敬国译，上海远东出版社 2013 年版。

[美] 大卫·A. 鲍德温：《新现实主义和新自由主义》，肖欢容译，浙江人民出版社 2001 年版。

[美] 马克尔·巴尼特、玛莎·芬尼莫尔：《为世界定规则：全球政治中的国际组织》，薄燕译，上海人民出版社 2009 年版。

[美] 肯尼斯·华尔兹：《国际政治理论》，信强译，上海人民出版社 2008 年版。

[美] 罗伯特·杰维斯：《国际政治中的知觉与错误知觉》，秦亚青译，世界知识出版社 2003 年版。

[美] 罗伯特·基欧汉：《霸权之后：世界政治经济中的合作与纷争》，苏长和、信强、何曜译，上海人民出版社 2006 年版。

[美] 罗伯特·吉尔平：《世界政治中的战争与变革》，宋新宁、杜建平译，上海人民出版社 2007 年版。

[美] 金骏远：《中国大战略与国家安全》，王军、林民旺译，社会科学文献出版社 2008 年版。

[美] 汉斯·摩根索：《国家间政治：权力斗争与和平》，徐昕、郝望、李保平译，北京大学出版社 2006 年版。

[美] 约翰·米尔斯海默：《大国政治的悲剧》，王义桅、唐小松译，上海人民出版社 2008 年版。

[法] 克劳德·迈耶：《谁是亚洲的领袖：中国还是日本？》，潘革平译，社会科学文献出版社 2011 版。

[美] 约瑟夫·奈：《理解国际冲突：历史与理论》，张小明译，上海人民出版社 2009 年版。

[美] 约瑟夫·奈：《权力大未来》，王吉美译，中信出版社 2012 年版。

［美］约瑟夫·斯蒂格利茨：《全球化及其不满》，李扬、章添香译，机械工业出版社 2010 年版。

［美］理查德·J. 萨缪尔斯：《日本大战略与东亚未来》，刘铁娃译，上海人民出版社 2010 年版。

［美］大卫·伊斯利、乔恩·克莱因伯格：《网络、群体与市场——揭示高度互联世界的行为原理与效应机制》，李晓明、王卫红、杨韫利译，清华大学出版社 2011 年版。

［美］亚历山大·温特：《国际政治的社会理论》，秦亚青译，上海人民出版社 2005 年版。

［美］斯蒂芬·沃尔特：《联盟的起源》，周丕启译，北京大学出版社 2007 年版。

［美］约翰·伊肯伯里：《大战胜利之后：制度、战略约束与战后秩序重建》，门洪华译，北京大学出版社 2008 年版。

［意］乔万尼·阿里吉：《亚当·斯密在北京：21 世纪的谱系》，路爱国、黄平、许安结译，社会科学文献出版社 2009 年版。

［英］巴里·布赞、奥利·维夫、［美］迪·怀尔德：《新安全论》，朱宁译，浙江人民出版社 2003 年版。

［英］巴里·布赞：《美国和诸大国：21 世纪的世界政治》，刘永涛译，上海人民出版社 2007 年版。

［英］巴里·布赞：《人、国家与恐惧》，闫健、李剑译，中央文献出版社 2009 年版。

［英］巴里·布赞、［丹］琳娜·汉森：《国际安全研究的演化》，余萧枫译，浙江大学出版社 2011 年版。

［英］苏珊·斯特兰奇：《权力流散：世界经济中的国家与非国家权威》，肖宏宇、耿协峰译，北京大学出版社 2005 年版。

A. F. Mullins Jr., *Born Arming: Development and Military Power in New States*, Redwood: Stanford University Press, 1987.

A. MacIntyre and B. Naughton, "The Decline of a Japan-Led Model of the East Asian Economy", in T. J. Pempel eds., *Remapping East Asia: the Construction of a Region*, Ithaca: Cornell University Press, 2005.

Aaron L. Friedberg, "Ripe for Rivalry: Prospects for Peace in a Multipolar

Asia", *International security*, Vol. 18, No. 3, Winter 1993/1994.

Aaron L. Friedberg, "Will Europe's past be Asia's future?", *Survival*, Vol. 42, No. 3, December 2000.

Alden, ChrisLarge, Daniel and liveira, Ricardo Soares deeds, *China Returns to Africa: A Rising Power and a Continent Embrace*, New York: Columbia University Press, 2008.

Alan James, "The Realism of Realism: The State and Study of International Relations", *Review of International Studies*, Vol. 15, No. 3, July 1989.

Alasdair Bowie and Daniel Unger, *The Politics of Open Economies: Indonesia, Malaysia, the Philippines, and Thailand*, New York: Cambridge University Press, 1997.

Amitav Acharya, "Will Asia's Past Be Its Future?", *International Security*, Vol. 28, No. 3, Winter 2003/2004.

Andreas Hasenclever and Peter Mayer, *Theories of International Regimes*, New York: Cambridge university press, 1997.

Anne Marie Slaughter, "America's Edge: Power in the Networked Century", *Foreign Affairs*, Vol. 88, No. 1, Spring 2009.

Andreas Hasenclever and Peter Mayer, *Theories of International Regimes*, New York: Cambridge university press, 1997.

Angela Stent and Lilia Shevtsova, "America, Russia and Europe: a Realignment?", *Survival*, Vol. 44, No. 4, Winter 2002 – 2003.

Arjun Appadurai, *Modernity At Large: Cultural Dimensions of Globalization*, Minneapolis: University of Minnesota Press, 1996.

Arnold Wolfers, *In Defense of the Small Countries*, New Haven: Yale University Press, 1944.

Ashley J. Tellis, Andrew Marble and Travis Tanner eds., *Asia's Rising Power and America's Continued Purpose: Strategic Asia* 2010 – 2011, September 2010, Washington D. C: National Bureau of Asian Research.

Barry Wellman, "Network Analysis: Some Basic Principles", *Sociological Theory*, Vol. 1, No. 1, January 1983.

Barry Wellman and S. D. Berkowitz, *Social Structures: A Network*

Approach. Greenwich, Connecticut, JAI Press Inc., 1997.

Bruce M. Russett, "An Empirical Typology of International Military Alliances", *Midwest Journal of Political Science*, Vol. 15, No. 2, May 1971.

Bruno Tertrais, "The Changing Nature of Military Alliances", *The Washington Quarterly*, Vol. 27, No. 2, Spring 2004.

Bruno Charbonneau, *France and the New Imperialism: Security Policy in Sub-Saharan Africa*. Burlington: Ashgate Publishing, Ltd., 2008.

Bruno Charbonneau, "Dreams of Empire: France, Europe, and the New Interventionism in Africa", *Modern & Contemporary France*, Vol. 16, No. 3, September 2008.

C. B. Johnstone, "Japan's China Policy: Implications for Us-Japan Relations", *Asian Survey*, Vol. 38, No. 11, 1998.

C. L. Lim, D. K. Elms, and P. Low, eds., *The Trans-Pacific Partnership: A Quest for a Twenty-First Century Trade Agreement*, New York: Cambridge University Press, 2012.

Charles W. Kegley and Gregory A. Raymond, *When Trust Breaks Down: Alliance Norms and World Politics*, Columbus, SC: University of South Carolina Press, 1990.

Chandr and Jeshurun ed., *China, India, Japan and the Security of Southeast Asia*, Singapore: Institute of Southeast Asian Studies, 1993.

Chin Leng Lim, Deborah Kay Elmsand Patrick Low, *The Trans-Pacific Partnership: A Quest for a Twenty-first Century Trade Agreement*, New York: Cambridge University Press, 2012.

Christopher Hemmer and Peter J. Katzenstein, "Why is there No NATO in Asia? Collective Identity, Regionalism, and the Origins of Multilateralism", *International organization*, Vol. 56, No. 3, Summer 2002.

D. Shambaugh, "Sino-American Strategic Relations: From Partners to Competitors", *Survival*, Vol. 42, No. 1, December 2010.

David Shambaugh ed., *Power Shift: China and Asia's New Dynamics*, Berkeley, CA: University of California Press, 2005.

David Singh Grewal, *Network Power: The Social Dynamics of Globalization*, New Haven & London: Yale University Press, 2008.

David. ALake and Wendy H. Wong, "The Politics of Networks: Interests, Power, and Human Rights Norms", in Miles Kahlered, *Networked Politics: Agency, Power, and Governance*, Ithaca, NY: Cornell University Press, 2009.

David A. Baldwin, "Power and international relations", *Population & the World Economy in Century*, Vol. 288, No. 44, January 2012.

David Brewster, "The India-Japan Security Relationship: An Enduring Security Partnership?", *Asian Security*, Vol. 6, No. 2, May 2010.

David C. Kang, *China Rising: Peace, Power, and Order in East Asia*, New York: Columbia University Press, 2010.

David K. Jackson ed. , *Asian Contagion: The Causes and Consequences of a Financial Crisis*, Boulder, CO: Westview Pres, 1999.

Denny Roy, "Southeast Asia and China: balancing or bandwagoning?", *Contemporary Southeast Asia*, Vol. 27, No. 2, August 2005.

Donald E. Weatherbee, *International Relations in Southeast Asia: The Struggle for Autonomy*, London: Rowman & Littlefield, 2009.

E. N. Luttwak, "Where are the Great Powers: At Home with the Kids", *Foreign Affairs*, Vol. 73, No. 4, July 1994.

Emilie M. Hafner-Burton and Alexander H. Montgomery, "Power Positions: International Organizations, Social Networks, and Conflict", *Journal of Conflict Resolution*, Vol. 50, No. 1, January 2006.

Emilie M. Hafner-Burton, Miles Kahler, Alexander H. Montgomery, "Network Analysis for International Relations", *International Organization*, Vol. 63, No. 3, September 2009.

Emilie M. Hafner-Burton and Alexander H. Montgomery, "Globalization and the Social Power Politics of International Economic Networks", in Miles Kahler ed. , *Networked Politics: Agency, Power, and Governance*. Ithaca: Cornell University Press, 2009.

Ernst B. Haas, "The Study of Regional Integration: Reflections on the Joy and Anguish of Pretheorizing", *International Organization*, Vol. 24, No. 4, Autumn 1970.

Evan S. Medeiros, "Strategic Hedging and the Future of Asia-Pacific Stability", *The Washington Quarterly*, Vol. 29, No. 1, Winter 2005 – 2006.

Evelyn Goh, *Meeting the China Challenge: the US in Southeast Asian Regional Security Strategies*, Washington, D. C.: East-West Center, 2005.

G. Segal, "The Coming Confrontation between China and Japan?", *World Policy Journal*, Vol. 10, No. 2, Summer 1993.

G. Ikenberry and Michael Mastanduno, eds. , *International relations theory and the Asia-Pacific*, New York: Columbia University Press, 2003.

GawdatBahgat, "Energy Partnership: China and the Gulf states", *OPEC Review*, Vol. 29, No. 2, June 2005,

George Liska, *Alliances and the Third World*, Baltimore: Johns Hopkins Press, 1968.

Glenn D. Hook, Gilson Juile, Hughes W. Christopher, and H. Dobson, *Japan's International Relations: Politics, Economics and Security*, New York: Routledge, 2011.

Glenn H. Snyder, "Alliance Theory: A Neorealist First Cut", *Journal of International Affairs*, Vol. 44, No. 1, Spring/Summer 1990.

Glenn H. Snyder, *Alliance Politics*, Ithaca: Cornell University Press, 1997.

Goldstein Avery, "The Diplomatic Face of China's Grand Strategy: A Rising Power's Emerging Choice", *The China Quarterly*, Vol. 168, No. 1, December 2001.

Glenn H. Synder, *Alliance Politics*, Ithaca: Cornell University Press, 1997.

H. A. Simon, "Notes on the Observation and Measurement of Political Power", *Journal of Politics*, Vol. 15, No. 4, 1953.

Helga Haftendorn and Robert O. Keohane, eds. , *Imperfect Unions: Security Institutions Over Time and Space: Security Institutions Over Time and Space*, New York: Oxford University Press, 1999.

Hu Shisheng and Peng Jing, "The Rise of China and India: Prospects of Partnership", in Sudhir T. Devare, Swaran Singh and Reena Marwah, eds., *Emerging China: Prospects of Partnership in Asia*, London: Routledge, 2015.

J. van de Looy and L. J. de Haan, "Africa and China: A Strategic Partnership?", *Strategic Analysis*, Vol. 30, No. 3, January 2006.

John Mueller, "Policy Principles for Unthreatened Wealth-Seekers", *Foreign Policy*, Vol. 102, No. 1, January-Febrary 1996.

James A. Baker, "America in Asia: Emerging Architecture for a Pacific Community", *Foreign Affairs*, Vol. 70, No. 1, December 1991.

James D. Morrow, "Alliances and asymmetry: An Alternative to the Capability Aggregation Model of Alliances", *American Journal of Political Science*, Vol. 35, No. 4, November 1991.

James N. Rosenau, *Turbulence in World Politics: A Theory of Change and Continuity*, Princeton: Princeton University Press, 2003.

Jean A. Garrison, "China's Prudent Cultivation of 'Soft' Power and Implications for US Policy in East Asia", *Asian Affairs*, Vol. 32, No. 1, Spring 2005.

Jessica Tuchman Mathews, "Redefining Security", *Foreign Affairs*, Vol. 68, No. 1, Spring 1989.

Joan M. Roberts, *Alliances, Coalitions and Partnerships: Building Collaborative Organizations*, Gabriola Island, BC: New Society Publishers, 2004.

Joel Rathus, *Japan, China and Networked Regionalism in East Asia*, Hampshire and New York: Palgrave Macmillan, 2011.

Johan Eriksson and Giampiero Giacomello, "The Information Revolution, Security, and International Relations: (IR) Relevant Theory?", *International Political Science Review*, Vol. 27, No. 3, July 2006.

John F. Dulles, "Security in the Pacific", *Foreign Affairs*, Vol. 30, No. 2, May 1952.

John Gerard Ruggie and Anne-Marie Burley, *Multilateralism matters: The theory and praxis of an institutional form*, New York: Columbia University Press, 1993.

John J. Mearsheimer, "The False Promise of International Institutions", *International Security*, Vol. 19, No. 3, Winter 1994 – 1995.

John Swenson-Wright, *Unequal Allies?: United States Security And Alliance Policy Toward Japan*, 1945 – 1960, California: Stanford University Press, 2005.

John Orme, "The Utility of Force in a World of Scarcity", *International Security*, Vol. 22, No. 3, Winter 1997 – 1998.

Jones Lee, "Still in the Drivers' Seat, But for How Long? ASEAN's Capacity for Leadership in East-Asian International Relations", *Journal of Current Southeast Asian Affairs*, Vol. 29, No. 3, September 2010.

Joshua Cooper Ramo, *The Beijing Consensus*, London: Foreign Policy Centre, January 2004.

José A. Rodríguez, *The March 11th Terrorist Network: In Its Weakness Lies Its Strength*, Working Paper EPP-LEA: 03, Department of Sociology and Analysis of Organizations, Barcelona, 2005.

Joseph E. Stiglitz, *Globalization and its Discontents.* New York: W. W. Norton, 2003.

Joseph S. Nye Jr., "What New World Order?", *Foreign Affairs*, Vol. 71, No. 2, Spring 1992.

Joseph Nye, Sr., *Soft Power: The Means to Success in World Politics*, New York: Public Affairs, 2004.

Joseph Nye, Sr., "Public Diplomacy and Soft Power", *The ANNALS of the American Academy of Political and Social Science*, Vol. 616, No. 1, January 2008.

Kal J. Holsti, "A New International Politics? Diplomacy in Complex Interdependence", *International Organization*, Vol. 32, No. 2, March 1978.

Karl W. Deutsch, *Political Community at the International Level*, Salt Lake City, Utah: ECKO House Publishing, 2006.

Khanna, Parag, *The Second World: Empires and Influence in the New Global Order*, New York: Random House, May 2008.

Kierz Kowski and Sven W. Arndt, *Fragmentation: New Production Patterns in the World Economy: New Production Patterns in the World Economy*, New York: Oxford University Press, 2001.

Kurt. M. Campbell, "The end of alliances? Not so fast", *Washington Quarterly*, Vol. 27, No. 2, January 2010.

Lee Poh Ping, Tham Siew Yean, George T. Yu, eds., *The Emerging East Asian Community, Security&Economic Issues*, Bangi: Penerbit, 2006.

Lynn Krieger Mytelka, *Strategic Partnerships: States, Firms and International Cooperation*, London: Pinter, 1991.

Inis L. Claude, *Power and International Relations*, New York: Random House, 1988.

M. D. Barr, "Lee Kuan Yew and the 'Asian values' debate", *Asian Studies Review*, Vol. 24, No. 3, September 2000.

Mark S. Granovetter, "The Strength of Weak Ties", *American Journal of Sociology*, Vol. 78, No. 6, May 1973.

Mark S. Manger, *Investing in Protection: The Politics of Preferential Trade Agreements between North and South*, New York: Cambridge University Press, 2009.

Mely Caballero Anthony, Ralf Emmers, Amitav Acharya eds., *Non-Traditional Security in Asia: Dilemmas in Securitization*, London: Ashgate, 2002.

Mely Caballero-Anthony, *Regional Security in Southeast Asia: beyond the ASEAN Way*, Singapore: Institute of Southeast Asian Studies, 2005.

Michael Barnett and Raymond Duvall, "Power in International Relations", *International Organization*, Vol. 59, No. 1, January 2005.

Michael Borrus, DieterErnst and Stephan Haggardeds, *International Production Networks in Asia: Rivalry or Riches*, Routledge, 2000.

Michael Borrus and Dieter Ernst, eds., *International Production Networks in Asia: Rivalry or Riches*, New York: Routledge, 2003.

Michael C. Clark, "An Institutionalist View", in William M. Dugger, ed., *Inequality: Radical Institutionalist Views on Race, Gender, Class, and*

Nation, Westport: Greenwood Publishing Group, 1996.

Michael F. Altfeld, "The Decision to Ally: A Theory and Test", *The Western Political Quarterly*, Vol. 37, No. 4, December 1984.

Michael Leifer, *ASEAN and the Security of South-East Asia*, London: Routledge, 2013.

Michael Leifer, *Singapore's Foreign Policy: Coping with Vulnerability*, New York: Routledge, 2013.

Michael N. Barnett and Jack S. Levy, "Domestic Sources of Alliances and Alignments: The Case of Egypt, 1962 – 1973", *International Organization*, Vol. 45, No. 3, 1991.

Mikael Weissmann, *The East Asian Peace: Conflict Prevention and Informal Peacebuilding*, New York: Palgrave Macmillan, 2012.

Miles Kahler, ed., *Networked Politics: Agency, Power, and Governance*, Ithaca, NY: Cornell University Press, 2009.

Miles Kahler ed., *Networked Politics: Agency, Power, and Governance*, Ithaca: Cornell University Press, 2009.

Miryta Solis, Barbara Stallings, eds., *Competitive Regionalism: FTA Diffusion in the Pacific Rim*, New York: Palgrave Macmillan, 2007.

Mireya Solis, Barbara Stallings and Saori N. Katada, eds., *Competitive Regionalism: FTA Diffusion in the Pacific Rim*, London: Palgrave Macmillan, 2009.

Mohammed Ayoob, *The Third World Security Predicament: State Making, Regional Conflict, and the International System*, Boulder: Lynne Rienner Publishers, 1995.

Murray L. Weidenbaum, *The Bamboo Network: How Expatriate Chinese Entrepreneurs are Creating a New Economic Superpower in Asia*, New York: the Free Pres, 1996.

Muthiah Alagappaed, *Political Legitimacy in Southeast Asia: The Quest for Moral Authority*, Stanford, CA: Stanford University Press, 1995.

Nagaire Woods, "Editorial Introduction", *Oxford Development Studies*, Vol. 26, No. 2, Summer 1998.

Nick Bisley, "China's Rise and the Making of East Asia's Security Architecture", *Journal of Contemporary China*, Vol. 21, No. 73, January 2011.

Patricia A. Weitsman, *Dangerous Alliances: Proponents of Peace, Weapons of War*, Stanford, California: Stanford University Press, 2000.

Peng Dajun, "The Changing Nature of East Asia as an Economic Region", *Pacific Affairs*, Vol. 73, No. 2, Summer 2000.

Peter Katzenstein, "International interdependence: Some long-term trends and recent changes", *International Organization*, Vol. 29, No. 4, 1975.

Peter Katzenstein and Allen Carlson, eds., *Rethinking Security in East Asia: Identity, Power, and Efficiency*, California: Stanford University Press, 2004.

Peter M. Haas, "Epistemic Communities and International Policy Coordination", *International Organization*, Vol. 46, No. 1, Winter 1992.

Peter V. Marsden and Nan Lin, *Social Structure and Network Analysis*, Beverly Hills: Sage Publications, 1982.

Philip G. Cerny, *Rethinking World Politics: A Theory of Transnational Neopluralism*, New York: Oxford University Press, 2010.

Prashanth Parameswaran, "Explaining US Strategic Partnerships in the Asia-Pacific Region", *Contemporary Southeast Asia*, Vol. 36, No. 2, August 2014.

Prema-chandra Athukoral and N. Yamashita, "Production Fragmentation and Trade Integration: East Asia in a Global Context", *North American Journal of Economics & Finance*, Vol. 17, No. 3, December 2006.

R. McKinnon and G. Schnabl, "Synchronized Business Cycles in East Asia: Fluctuations in the Yen/Dollar Exchange Rate and China's Stabilizing Role", *Institute for Monetary and Economic Studies*, Bank of Japan, 2002.

R. Wade, *Governing The Market: Economic Theory and the Role of Government in East Asian Industrialization*, Princeton and Oxford: Princeton University Press, 1990.

Rajin Menon, *The End of Alliances*, New York: Oxford University

Press, 2003.

Richard Higgott, "The Asian Economic Crisis: a Study in the Politics of Resentment", *New Political Economy*, Vol. 3, No. 3, December 1998.

Richard K. Betts, "Wealth, Power, and Instability: East Asia and the United States after the Cold War", *International Security*, Vol. 18, No. 3, Winter 1993/1994.

Richard Rothenberg, "From Whole Cloth: Making Up the Terrorist Network", *New York Times*, October 14, 2004.

Richard Rosecrance, Alan Alexandroff, Koehler, W. Kroll, J. S. Laqueur, and Stocker, "Whither Interdependence?", *International Organization*, Vol. 31, No. 3, 1977.

Richard Stubbs, "ASEAN's Leadership in East Asian Region-Building: Strength in Weakness", *The Pacific Review*, Vol. 27, No. 4, December 2014.

Robert A. Dahl, "The Concept of Power", *Systems Research and Behavioral Science*, Vol. 2, No. 3, Summer 1957.

Robert A. Pape, "Soft Balancing against the United States", *International Security*, Vol. 30, No. 1, Summer 2005.

Rose Mandel, *The Changing Face of National Security: A Conceptual Analysis*, Westport, Connecticut: Greenwood Press, 1994.

Ross Bernstein and Ross H. Munro, "The Coming Conflict with America", *Foreign Affairs*, Vol. 76, No. 2, March - April 1997.

Robert. D. Kaplan, *Asia's cauldron: the South China Sea and the end of a stable Pacific*, New York: Random House, 2004.

Richard Higgott, "US Foreign Policy and the 'Securitization' of Economic Globalization", *International Politics*, Vol. 41, No. 2, June 2004.

Robert O. Keohane, "The Demand for International Regimes", *International Organization*, Vol. 36, No. 2, Spring 1982.

Robert O. Keohane, *International Institutions and State Power: Essays in International Relations Theory*, New York: Westview Press, 1989.

Robert O. Keohane and Lisa L. Martin, "The Promise of Institutionalist Theory", *International Security*, Vol. 20, No. 1, Summer 1995.

Robert O. Keohane, "Lilliputians' Dilemmas: Small States in International Politics", *International Organization*, Vol. 23, No. 2, Spring 1969.

Robert S. Ross, "Balance of power Politics and the Rise of China: Accommodation and Balancing in East Asia", *Security Studies*, Vol. 15, No. 3, September 2006.

Samuel S. Kim, *The Two Koreas and the Great Powers*, New York: Cambridge University Press, 2006.

Samuel S. Kim, "Regionalization and Regionalism in East Asia", *Journal of East Asian Studies*, Vol. 4, No. 1, Spring 2004.

Sean Kay, "What is a Strategic Partnership?", *Problems of Post-Communism*, Vol. 47, No. 3, May 2000.

Sr Fellow Yonah Alexander and Michael Swetnam, *Usama bin Laden's al-Qaida: Profile of a Terrorist Network*, Leiden, Netherlands: Brill - Nijhoff, 2001.

Shams Ud Bined., *India and Russia: Towards a Strategic Partnership*, New Delhi: Lancer Books, 2001.

Stephen G. Brooks, *Producing Security: Multinational Corporations, Globalization, and the Changing Calculus of Conflict*, Princeton University Press, 2005.

Stephen S. Cohen, "Mapping Asian Integration: Transnational Transactions in the Pacific Rim", *American Asian Review*, Vol. 20, No. 3, September 2002.

Steven R. David, *Choosing Sides: Alignment and Realignment in the Third World*, Baltimore: Johns Hopkins University Press, 1991.

Stephen D. Krasner, *International Regimes*, Ithaca: Cornell University Press, 1983.

Stephen G. Brooks, William Wohlforth, "Hard times for soft balancing", *International security*, Vol. 30, No. 1, Summer 2005.

Stephen W. Bosworth, "The United States and Asia", *Foreign Affairs*, Vol. 71, No. 1, Spring 1991/1992.

Stephen M. Walt, "Alliance Formation and the Balance of World Power", *International security*, Vol. 9, No. 4, Spring 1985.

Stewart Patric, "Weak States and Global Threats: Fact or Fiction?", *Washington Quarterly*, Vol. 29, No. 2, Spring 2006.

Sven W. Arndt and Henry Kierzkowski, *Fragmentation: New Production Patterns in the World Economy*, New York: Oxford University Press, 2001.

T. J. Pempel ed., *Remapping East Asia: the Construction of a Region*, Ithaca: Cornell University Press, 2005.

Thomas S. Wilkins, "Russo - Chinese Strategic Partnership: A New Form of Security Cooperation?", *Contemporary Security Policy*, Vol. 29, No. 2, September 2008.

Thomas S. Wilkins, "'Towards a Trilateral Alliance?' Understanding the Role of Expediency and Values in American-Japanese-Australian Relations", *Asian Security*, Vol. 3, No. 3, 2007.

Thomas S. Wilkins, "'Alignment', Not 'Alliance' —The Shifting Paradigm of International Security Cooperation: Toward a Conceptual Taxonomy of Alignment", *Review of International Studies*, Vol. 38, No. 1, 2012.

United Overseas Bank of Singapore, *The Rise of Intra-Regional Trade in Asia*, Singapore: United Overseas Bank of Singapore, 2012.

Vcitor D. Cha, "Power Play: Origins of the US Alliance System in Asia", *International Security*, Vol. 34, No. 3, September 2009.

Vidya Nadkarni, *Strategic Partnerships in Asia: Balancing without Alliances*, London: Routledge, 2000.

Vincent Ostrom, Charles M. Tiebout and Robert Warren, "The Organization of Government in Metropolitan Areas: a Theoretical Inquiry", *American Political Science Review*, Vol. 55, No. 4, December 1961.

Vinod Aggarwal and Shujiro Urata, eds., *Bilateral Trade Agreements in the Asia-Pacific: Origins, Evolution, and Implications*, New York: Routledge, 2006.

Vinod K. Aggarwal and Min Gyo Koo, eds., *Asia's New Institutional Archi-*

tecture: *Evolving Structures for Managing Trade, Financial, and Security Relations*, New York: Springer, 2008.

Vinod K. Aggarwal and Kristi Govella, eds., *Linking Trade and Security*, New York: Springer, 2013.

Walter F. Hatch, *Asia's Flying Geese: How Regionalization Shapes Japan*, Ithaca: Cornell University Press, 2010.

William H. Bergquist, Juli Betwee and David Meuel, *Building Strategic Relationships*, San Francisco, CA: Jossey-Bass, 1995.

William Tow and Mark Thomson, eds., *Asia-Pacific Security: US, Australia and Japan and the New Security Triangle*, New York: Routledge, 2007.

William Tow, and B. Taylor, "What is Asian Security Architecture?", *Review of International Studies*, Vol. 36, No. 1, January 2010.

Zeev Maoz, *Networks of Nations: The Evolution, Structure, and Impact of International Networks*, 1816 – 2001, New York: Cambridge University Press, 2010.

后　　记

　　生活在当今世界上不同角落的人们，经由发达的计算机、互联网、电话等通信系统，日益便捷的交通工具，以及不断完善的社会组织技术等连接起来，形成了人们津津乐道的地球村。稍一观察就会发现，构成地球村的要素，正是各种不同的"网络"：通信网络、互联网络、交通网络等有形之网，以及成员间互动带来的组织联系、思想观念以及身份认同等无形之网。正是这些网络将我们日益紧密地联系起来，并维持地球村的运转。全球化推动的网络化，也将国际关系带入了一个新阶段。比如，20世纪70年代罗伯特·基欧汉和约瑟夫·奈在《权力与相互依赖》一书中提出，全球化导致行为体间形成不对称相互依赖，构成了权力的重要来源。在网络化世界中，行为体则可以借助更多外部连接，减轻甚至抵消不对称相互依赖所带来的不利后果。可以说，全球化已将地球村进一步变成了一张"天网"。

　　事实上，网络不仅是一种符号、一种隐喻，更是一门科学、一种思维。自20世纪70年代兴起以来，网络理论得到了迅速发展，并被广泛应用于计算机、神经科学、医学、物理学、社会学、政治学等诸多领域。近年来一些学者如泽夫·毛兹、戴维·莱克等已尝试将社会网络分析引入到国际关系研究，并取得了一些可喜成果。但若只单是引进社会网络分析方法，在国际关系研究中的局限性是很明显的。最大的挑战来自于网络数据的可获得性和适用议题的有限性。为此，本书准备超越这种做法，尝试将网络视为一种观察国际问题的思维方式，而非单纯的研究工具。本书就是对此做出的初步尝试。本书选取东亚正在形成中的伙伴关系网作为个案，以此探讨其背后所蕴含的国际关系变革趋势这一宏大命题。

本书得以出版，首先要感谢导师陈玉刚教授。选题之初，其时网络理论在国际关系研究中的巨大价值尚未引起学界关注，他即给予支持和鼓励。正是在他的精心教导之下，我才有机会启动这一颇具开拓性和挑战性的研究，并顺利完成了博士论文答辩。本书就是在我博士论文基础上发展和完善起来的。我真诚地感谢他不倦的教诲、无尽的关怀、包容的治学精神以及深邃的学术洞察力。

在论文开题、写作和答辩过程中，叶江教授、陈志敏教授、唐世平教授、门洪华教授、武心波教授、潘忠岐教授、张建新教授、刘春荣副教授等，提出了许多中肯、宝贵的意见，我受益颇深，在此深表谢意。

此外，本书的出版还受益于云南大学国际关系研究院良好的治学环境和学术氛围，感谢院领导、同仁对我的提携和鼓励。感谢卢光盛教授将本书纳入《云南大学周边外交研究丛书》系列，予以资助。感谢中国社会科学出版社马明编辑出色的努力和专业素养。

最后，我要感谢父母的养育之恩和兄弟姐妹的手足情深。特别感谢妻子多年的理解和付出，感谢女儿芃芃为我的学术写作提供的乐趣和动力。

邹应猛
2019 年 2 月 18 日